HISTOIRE
DE
SAINT-CHINIAN-DE-LA-CORNE
ET DE SES ENVIRONS (HÉRAULT)

I. L'Abbaye Bénédictine de Saint-Anian.
II. La Ville de Saint-Chinian.

Ouvrage couronné par la Société archéologique de Béziers au Concours de 1896

Par L'Abbé A. DELOUVRIER
CURÉ DE PAULHAN,
2 FOIS LAURÉAT ET MEMBRE CORRESPONDANT DE LA SUSDITE SOCIÉTÉ

MONTPELLIER
IMPRIMERIE LOUIS GROLLIER PÈRE, BOULEVARD DU PEYROU

1896

HISTOIRE

DE

SAINT-CHINIAN-DE-LA-CORNE

ET DE SES ENVIRONS (HÉRAULT)

HISTOIRE

DE

SAINT-CHINIAN-DE-LA-CORNE

ET DE SES ENVIRONS (HÉRAULT)

I. L'Abbaye Bénédictine de Saint-Anian.
IV. La Ville de Saint-Chinian.

*Ouvrage couronné par la Société archéologique de Béziers
au Concours de 1896*

Par L'Abbé A. DELOUVRIER.

CURÉ DE PAULHAN,

2 FOIS LAURÉAT ET MEMBRE CORRESPONDANT DE LA SUSDITE SOCIÉTÉ

MONTPELLIER

IMPRIMERIE LOUIS GROLLIER PÈRE, BOULEVARD DU PEYROU

1896

ÉVÊCHÉ
DE
MONTPELLIER

Montpellier, le 3 août 1893.

Cher Monsieur le Curé,

Je vous autorise bien volontiers à livrer à l'impression votre travail intitulé : Histoire de Saint-Chinian.

En vous félicitant de vous être fait l'historiographe de votre ville natale, je vous remercie d'avoir montré quelle a été, dans le passé, l'heureuse influence exercée à Saint-Chinian par les moines de l'abbaye Bénédictine et par mes prédécesseurs les Évêques de Saint-Pons.

Agréez, cher Monsieur le Curé, avec mes vœux pour le succès de vos travaux, l'assurance de mon affectueux dévouement en N. S.

† Fr.-Marie Anatole,
*Évêque de Montpellier
et de Saint-Pons-de-Thomières.*

Béziers, le 18 février 1896.

Monsieur le Curé,

Augustin Thierry n'a-t-il pas écrit que « l'histoire de la ville natale est la seule où notre âme s'attache par un intérêt patriotique ? » Cette parole ne vous a pas laissé insensible et elle a trouvé un écho dans votre cœur. Après avoir offert à vos paroissiens une histoire complète de leur ville, vous avez reporté votre pensée vers votre lieu d'origine et vous avez voulu prouver aux habitants de Saint-Chinian que l'absence, quoique le plus grand des maux, ne vous les avait pas fait oublier. Il naît quelquefois en nous des sentiments auxquels on ne résiste pas, et personne n'ignore que l'amour du clocher enfante des prodiges.

Mais cette ville de Saint-Chinian, qui vous tient tant à cœur, a-t-elle une histoire, se demandera-t-on peut-être ? Est-il un pays, si humble soit-il, qui n'ait point son histoire ? Rien ne résiste à la curiosité. Vos patientes recherches, vos grandes fatigues, vos veilles multipliées concourent pour apporter une réponse affirmative à cette oiseuse affirmation. Pour mieux établir le fait vous montrez d'abord l'action religieuse et moralisante des Cénobites de l'abbaye bénédictine et vous couronnez votre œuvre par la vie politique et industrielle de la Cité.

L'abbaye sort, comme un fruit de sa fleur, de la double union des monastères de Saint-Laurent et de Saint-Anian, sème la prière et la fertilisation dans la vallée de Vernazoubres, donne l'essor à une colonie monastique, et les nombreuses libéralités qu'elle reçoit permettent à ses religieux de se faire les économes des pauvres. Le tableau de ses dix siècles d'existence se déroule sous les yeux du lecteur avec sa bonne et sa mauvaise fortune. Nous assistons à son union forcée avec l'abbaye de Saint-Pons-de-Thomières, à sa soumission de par le pape à l'abbaye de Saint-Victor de Marseille et à son adoption de la réforme des Bénédictins de Saint-Maur dont le premier supérieur général, dom Tarrisse, reçut le jour dans le modeste village de Pierrerue. Nous sommes émus des maux que lui infligèrent les hérétiques albigeois et les chefs calvinistes ; nous nous réjouissons des améliorations qu'elle reçoit et des privilèges que lui octroient les Souverains. Un intérêt particulier s'attache à la longue série de ses quarante-deux abbés et aux détails variés de leur administration ; vous n'empruntez pas le langage d'un panégyriste ou d'un apologiste, mais vous apportez le témoignage d'un ami, d'un admirateur conservant l'impartiale équité que l'Histoire commande. Vous ne dissimulez pas la funeste nomination des abbés commendataires, la turbulence et les prétentions des moines, leur opposition au curé de la paroisse, les tentatives de rivalité entre l'abbaye et l'église. Vous ajoutez des détails nouveaux aux notices si précises de M. Fisquet dans sa *France pontificale*, et il vous est échu de rétablir la saine orthographe de quelques noms propres, privilège réservé surtout à un historien local.

Votre dette payée à l'abbaye, vous abordez les annales de la cité. Vous avez été parfois amené à suspendre le récit de certains évènements pour les rattacher à d'autres. Il me semble qu'à un moment donné il aurait été préférable de ne faire qu'un seul exposé des faits en raison de leur connexité, et l'unité de l'ouvrage aurait été plus complète. Quoi qu'il en soit, c'est d'abord le spectacle de la coopération des moines à sa formation et à ses progrès. Les abbés seigneurs l'affranchissent, lui octroient une charte communale et remettent ses destinées entre les mains des habitants. Ces derniers convoitent des franchises plus étendues et débattent des questions d'intérêt avec les religieux : de là une transaction nouvelle agrandissant la sphère de leur liberté. Laborieuse et soumise, la Communauté travaillait pacifiquement à son développement qui se trouve enrayé par des guerres renouvelées des hérétiques albigeois, par les luttes des protestants ayant à leur tête le capitaine calviniste Bacou, natif de Pierrerue, et par les fréquentes escarmouches de la Ligue.

Après avoir subi ce double contre-coup, il lui fut permis de se livrer avec ardeur aux travaux de l'agriculture, aux premiers essais de la fabrication des draps et à la confection des cuirs, industrie féconde portant dans ses flancs sa prospérité future d'une durée de deux siècles. L'existence des habitants se transforme ; la ville reçoit des embellissements ; l'aisance pénètre dans les familles ; les mœurs changent et le joug de l'abbaye est écarté. Nous pénétrons alors dans la vie intérieure de la cité et nous suivons les phases des tiraillements qui surviennent entre les consuls, les maires, les conseillers politiques, les évêques, les abbés, les curés, les prieurs, les secondaires, les religieux récollets.

Votre méthode vous a fait trouver, dirai-je avec Augustin Thierry, « les matériaux d'une histoire locale ayant ce charme particulier qui nous fait connaître nos pères souvent ombrageux pour la moindre menace pour leurs franchises. » Pour peindre cette vie politique, vous avez mis en œuvre des renseignements documentés dont l'intérêt et l'importance s'équilibrent. Chaque fait s'engendre l'un de l'autre, formant une trame finement ourdie, et la chaîne du récit se déroule sans secousse.

Plus les temps se rapprochent de nous, plus nous aimons d'en connaître l'histoire. Pour satisfaire ce désir naturel, vous embrassez l'époque de la Révolution et vous la poussez jusqu'à la chute du premier Empire. La Municipalité vise à diriger les esprits et à réglementer les événements. Telle est l'œuvre de quelques maires sages et clairvoyants. Il faut compter avec le Club ou société populaire. Il touche à tout et irrite les officiers municipaux. Il faut reconnaître qu'au point de vue social il a fait quelque bien en produisant des actes de bienfaisance. Le fanatisme ne l'a jamais fait tomber dans des excès trop violents, mais on ne peut en nier l'existence. Il se manifeste surtout dans son zèle pour substituer un culte nouveau à l'ancien culte catholique. Une situation particulière est faite au clergé ; il a ses périodes de persécution et de repos. Quel déplorable épisode que l'assassinat des cinq prêtres d'Alby ! Le noble caractère et les vertus du curé Massip consolent de l'apostasie de l'ex-bénédictin Tastavin se faisant l'émule du capucin Chabot.

Le Consulat et l'Empire remédient aux maux de l'âge précédent. Le culte est rétabli. M. Massip est reconnu curé de Saint-Chinian qu'il édifiera par sa piété. La municipalité est reconstituée ; la ville acquiert un hôtel-de-ville ; l'octroi crée des revenus ; des réparations sont entreprises ; la fabrication des draps reprend ; les esprits s'apaisent ; le nouveau régime est accepté ; on vit dans un règne de paix.

Vous présentez à vos compatriotes de Saint-Chinian leurs anciens titres de noblesse sous une forme lumineuse et attrayante. Vous avez voulu leur être utile. Nul doute que votre ouvrage ne soit lu avec profit, car l'histoire et l'historien se conviennent trop. A des notions d'économie industrielle, au tableau de la Charité sous l'ancien régime, vous ajoutez l'historique du sanctuaire vénéré de Notre-Dame de Nazareth. Par où pouviez-vous mieux finir ?

Veuillez agréer, Monsieur le Curé, l'expression de mes sentiments très respectueux.

Antonin SOUCAILLE,
Correspondant du Ministère de l'Instruction publique.

HISTOIRE
DE
SAINT-CHINIAN

INTRODUCTION

Le vallon de Vernazoubres, au diocèse de Narbonne, resta désert et sauvage jusqu'à la fin du VIIIe siècle. Des religieux vinrent alors s'y fixer et commencèrent à le transformer en un séjour agréable et fréquenté. Leur établissement donna naissance à la ville de Saint-Anian, aujourd'hui Saint-Chinian (Hérault).

Le vallon s'embellit et la ville se développa, dans le IXe siècle, sous la direction de l'abbaye royale de Saint-Anian.

Pour comprendre l'action des moines dans la formation et les progrès de Saint-Chinian, il est nécessaire de se rendre compte de la mission providentielle que remplirent avec autant de succès que de zèle, dans les âges de barbarie et d'ignorance, les monastères en général et ceux des Bénédictins en particulier.

Quoique destinées originairement à servir d'asile à la sainteté et à la science, les abbayes exercèrent une influence salutaire sur la société, tant au point de vue politique qu'au point de vue religieux. Au point de vue religieux d'abord, elles furent d'une utilité incontestable : elles recueillirent les âmes d'élite qui aspiraient à une vie supérieure, et les cœurs blessés qui avaient besoin des consolations de la foi ; elles furent d'un grand secours pour l'extension du culte chrétien, en se chargeant du service des églises; elles formèrent des prêtres dont les évêques firent leurs coopérateurs; enfin, elles fournirent à l'Église d'ardents missionnaires pour porter au loin la lumière de l'évangile et de vaillants défenseurs de la foi pour combattre les erreurs des hérétiques. Sous le rapport civil et politique ensuite, les abbayes rendirent d'immenses services. Personne n'ignore la triste situation qui était faite à la société par les invasions des peuples barbares et par les guerres de la féodalité. Les populations s'enfuyaient pour échapper au joug de l'étranger ou pour se soustraire à la tyrannie des seigneurs qui les opprimaient. Désolées et manquant de tout, elles furent heureuses de rencontrer les murs des monastères, véritables forteresses que la Providence leur ménageait pour mettre à l'abri leur foi et leur existence. Ces saintes demeures furent, en effet, des séjours de paix dans des siècles d'anarchie, et des foyers de civilisation au milieu d'une société sans principes et sans mœurs. « Les peuples, dit Bergier, y ont trouvé les secours spirituels et temporels, le repos et la sécurité dont ils ne pouvaient jouir ailleurs. La multitude des abbayes n'a rien d'étonnant pour ceux qui savent le malheureux état de la société en Europe. Les monastères étaient non seulement les seuls asiles où la piété pût se réfugier, mais encore la seule ressource des peuples opprimés, dépouillés, réduits à l'esclavage par les seigneurs toujours armés et acharnés à se faire une guerre continuelle. Ce fait est attesté par la multitude des bourgs et des villes bâtis autour des enceintes des abbayes ». (1)

Nos princes acceptèrent avec empressement le concours que leur offraient les maisons religieuses dans l'œuvre de la régénération sociale, et ils leur donnèrent en toute juridiction des terres de la Couronne, pour les mettre à même de nourrir les populations pauvres qui les entouraient. Grâce à la libéralité des princes et à celle des seigneurs qui suivirent leur exemple, les abbayes se virent à la tête de riches patrimoines qu'elles exploitèrent en vue des malheureux placés officiellement sous leur protection.

La vie des peuples soumis aux seigneurs ecclésiastiques, fut bien différente de celle des peuples assujétis aux seigneurs guerriers. Tandis que ceux-ci étaient constamment forcés à suivre leurs maîtres dans des expéditions dévastatrices et meurtrières contre les seigneurs voisins et quelquefois contre le roi, ceux-là, sous l'œil et avec l'encouragement de leurs maîtres sans ambition ni haine, s'occupaient, dans le calme et la paix, à agrandir leurs cités et à faire produire au sol d'abondantes récoltes. Dans ces

---

(1) Bergier — art. Abbaye.

jours de désordre et de révolutions, les princes trouvaient leurs meilleurs et plus dévoués sujets auprès des abbayes.

De bonne heure, les habitants des villes abbatiales furent admis, à titre d'emphytéotes, à la possession de parcelles détachées des terres seigneuriales ; et le jour où ils furent formés aux qualités civiques comme ils l'étaient déjà aux vertus chrétiennes, les seigneurs abbés les émancipèrent en leur accordant la communauté rurale. A partir de ce moment, on rencontre dans ces villes des consuls et conseillers politiques, désignés par le choix populaire pour veiller aux intérêts communs, sous la haute juridiction des seigneurs abbés. Dans la suite, lorsque le besoin d'autres concessions se fait sentir, plus larges et plus prompts que les seigneurs laïques, les seigneurs ecclésiastiques octroient à leurs vassaux de nouvelles libertés et franchises.

Mais le moment vint, où la Monarchie, jalouse de reconquérir une situation que les entreprises de la féodalité avaient amoindrie, songea à s'attribuer le rôle civilisateur. Elle s'affirma en ramenant à elle tout droit royal usurpé, en exigeant l'hommage et le serment de fidélité, publics et solennels, de tout seigneur vassal de la Couronne, et en prenant les populations sous sa tutelle. La féodalité remit entre ses mains une France forte, pleine de foi, aussi peuplée que celle de nos jours.

La plus importante partie de la mission des abbayes auprès de la société était remplie : elles avaient défriché les terrains incultes et civilisé les peuples ; mais elles pouvaient encore lui être utiles en continuant à nourrir les pauvres et en soutenant la Religion. On leur laissa les terres dont elles jouissaient et la juridiction qui leur avait été confiée. Elles ne tardèrent pas cependant à sentir la main de l'État dans leurs affaires : les princes s'arrogèrent le droit de disposer des bénéfices ecclésiastiques et donnèrent les abbayes en commende à des personnes étrangères aux communautés, dont ils s'étaient réservé le choix.

Alors commença l'affaiblissement des abbayes. Privées d'une grande partie de leurs rentes qui passaient aux abbés commendataires, elles furent obligées de restreindre leurs aumônes, au préjudice des pauvres que les chartes de fondation avaient confiés à leur sollicitude. D'un autre côté, contrairement à un privilège respecté jusque-là, elles n'eurent plus le droit de se donner des chefs qui veillassent sur elles comme des pères sur leurs familles, et fussent les modèles vivants des vertus qui devaient se pratiquer dans les cloîtres.

Soumises par la force des choses aux abbés commendataires comme à leurs seigneurs temporels, les populations restèrent toujours attachées aux bons religieux, qui, pour n'avoir plus à fertiliser la terre ni à lutter contre la barbarie et l'ignorance, comme leurs devanciers, n'en continuèrent pas moins, en général, à édifier le monde par leur piété, à soulager, suivant leurs facultés, les pauvres et les infirmes, et à distribuer à la jeunesse les bienfaits d'une éducation chrétienne.

Les touchantes supplications qui, à la fin du dernier siècle, parvinrent à l'Assemblée Nationale, en font foi. Si celle-ci eût accordé aux placets motivés qui lui furent adressés la considération qu'ils méritaient, la Révolution n'eût point chassé les religieux et fermé les abbayes.

II

Quels étaient les généreux étrangers qui s'étaient chargés de rendre notre vallon beau et fertile? Quel esprit les animait-il pour vouloir former une population digne d'être proposée un jour comme modèle? Ce furent les disciples de Saint Benoît de Nursie; ils observaient la règle du Mont-Cassin élevée à sa plus haute perfection par l'illustre Benoît d'Aniane, le réformateur de la vie religieuse en Occident.

« L'ordre des Bénédictins fut comme une nouvelle arche de Noë ouverte à tous ceux qui sentaient le besoin de la solitude et dont le cœur était brisé par le bouleversement de la société... Cette arche portait, comme l'ancienne, l'espérance d'un nouveau monde, car c'est là que se conservèrent les sciences et les arts, et c'est de là que sortirent les infatigables ouvriers qui défrichèrent une partie de l'Europe et la tirèrent de la barbarie. Quand une société se meurt, dit Balmès, il faut, non des paroles, des projets, des lois, mais des institutions fortes qui résistent au choc des passions, à l'inconstance de l'esprit de l'homme, aux coups démolisseurs des événements; des institutions qui élèvent l'intelligence, pacifient et ennoblissent le cœur et déterminent au fond de la société un mouvement de résistance contre les éléments funestes qui l'entraînent à la mort... Ainsi, lorsqu'en fixant ses regards sur ces temps désolés, on y découvre Saint Benoît animant les institutions monastiques, on croit voir un ange de lumière sortir du sein des ténèbres (1) ».

La prière et le travail des mains ou de l'esprit se partageaient les heures du moine bénédictin. Après avoir passé un temps considérable dans la méditation et le chant des hymnes sacrées, le bénédictin agriculteur s'armait de la cognée pour abattre de vastes forêts et livrer à la culture des terres vierges encore. Il bâtissait ensuite au milieu des campagnes de grands monastères qui étaient comme le modèle et le berceau de la vie laborieuse des champs. Sous ses pas, les lieux sauvages se changèrent en plaines magnifiques dans l'Italie, la France, l'Allemagne et jusque dans la Grande-Bretagne. « Ce sont les moines, dit le cardinal Pacca, qui ont opéré, comme par enchantement, cette prodigieuse et utile métamorphose, et les noms de maintes villes, de maintes terres seigneuriales restent pour témoigner qu'elles doivent leur origine à des abbayes, à des monastères ». Or, pendant que le bénédictin agriculteur fécondait de son travail le sol de l'Europe, le bénédictin savant évangélisait et civilisait les peuples, ou bien il conservait pour les siècles à venir les chefs-d'œuvre de l'antiquité

---

(1) *Hist. eccl.* par un Directeur de Séminaire.

et les monuments de l'histoire des nations. « Affirmer que les Bénédictins ont, pendant des siècles, nourri et éclairé l'Europe, c'est là, dit M. Lenormant, un lieu commun ; c'est une chose dont tous les historiens conviennent, quelle que soit leur origine et leur opinion. »

Que n'était-on pas en droit d'attendre pour notre vallon de ces natures si fortement trempées et de ces âmes d'élite ? Les Bénédictins accomplirent chez nous les prodiges qu'ils firent partout ailleurs.

III

Ces sublimes pionniers de la civilisation chrétienne dressèrent leurs tentes dans nos parages au lendemain de la conquête de la Septimanie sur les Maures par les rois francs. Les sectateurs du Coran, en s'attaquant à tout ce qui était chrétien, avaient arrêté tout progrès dans les diocèses de Narbonne, de Maguelone, de Lodève, d'Agde, de Béziers, de Carcassonne et d'Elne. A peine le joug musulman y avait-il été brisé, qu'on vit arriver une foule de colonies religieuses dont les princes favorisèrent les établissements. Les lieux déserts de la province prirent vie et animation. Sur les bords de l'Hérault, Vitiza, depuis Benoit d'Aniane, se trouva à la tête de 300 moines, et il était la providence d'une multitude de pauvres ; le fameux duc d'Aquitaine, Guillaume, bâtit la célèbre abbaye de Saint-

Guillem dans l'étroite vallée de Gellone, et Attilio releva les ruines du monastère de Cessero. Anian fonda l'abbaye de Saint-Laurent sur le Vernazoubres et celle de Caunes dans le Minervois. Au pays des Corbières, Nébridius donna naissance à l'abbaye de Grasse ; Attala, seigneur espagnol, abattit les forêts de Saint-Polycarpe pour établir son monastère : il était aidé par les affranchis et les serfs qu'il avait amenés avec lui ; Olemond fonda la maison de Montolieu, et Nempius celle de Saint-Saturnin. Villemagne, Joncels et Cabrières, au diocèse de Béziers, virent s'élever de florissants établissements religieux. Il fallut peu d'années à des hommes d'une intelligence supérieure et qu'aucun labeur n'effrayait pour édifier de vastes demeures et mettre en rapport d'immenses terrains, avec leurs serfs et les colons dont ils s'entourèrent et qui furent les premiers éléments des populations qu'on vit grandir à l'ombre des monastères.

Il en fut ainsi pour la ville de Saint-Chinian. Placée dans un nid de verdure, au centre d'une vallée pittoresque fermée par des montagnes et une chaîne de rochers qu'on prendrait pour des murailles du moyen-âge, cette cité, où tout rappelle le souvenir des moines qui lui donnèrent l'existence, charme l'œil par ses belles avenues, ses superbes constructions, ses places publiques. La campagne offre une végétation splendide. Plusieurs villages, des maisons de plaisance, des fermes multiples qui datent des jours des premiers moines, font cortège à la ville comme des vassaux à leur suzerain. Sur tout le parcours de son petit fleuve, les moulins construits par la main des religieux, et les usines qu'a créées l'industrie moderne, entretiennent un mouvement considérable. Or, cette situation, qui tend encore à devenir plus belle, remonte en principe à nos Religieux, et quoiqu'ils aient disparu depuis longtemps, Saint-Chinian vit toujours de la civilisation qu'ils lui apportèrent.

IV

Le passé de notre ville offre des détails trop nombreux et trop importants pour être livrés à l'oubli. Un simple regard sur leur ensemble peut nous en convaincre. D'un côté nous voyons, en effet, la fondation royale d'une double abbaye, célèbre par la longue série de ses abbés, seigneurs spirituels et temporels, et par les succès et les revers que compte son existence de dix siècles. De l'autre, nous trouvons la formation d'une ville remarquable par le nombre de ses habitants, l'affranchissement et les libertés dont elle a été l'objet, les ravages que les hérétiques albigeois et protestants ont faits dans ses murs et dans son terroir. Nous remarquons, en outre, l'établissement de plusieurs manufactures royales, le séjour des évêques du diocèse, des circonstances qui ont jeté un voile de deuil sur la malheureuse cité, et, enfin, la catastrophe de 1875 qui a arrêté un moment ses progrès. Tous ces détails, pleins d'intérêt pour l'histoire particulière, peuvent servir à l'histoire générale de la province.

D'autres, avant nous, avaient entrepris d'écrire une histoire de Saint-Chinian. Un moine de l'abbaye fit, au XVIIe siècle, un travail sur le monastère, pendant qu'un notaire du lieu s'occupait de la ville ; M. Massip, au commencement du XIXe siècle, composa un assez long récit sur la ville et l'abbaye, sous le titre d'*Annales de Saint-Chinian ;* mais la notice du religieux a été victime de la dernière inondation, les annales de M. Massip n'ont pu être retrouvées, et il ne reste qu'un feuillet des pages écrites par maître Aragon. Pour réparer ces pertes regrettables, nous avions cependant la nomenclature des abbés qui figure dans la *France Pontificale*, les documents de la *Gallia Christiana*, l'*Histoire Générale de Languedoc*, les papiers de la communauté, ceux de plusieurs familles, et les archives du presbytère. Après de longues et patientes recherches, que nous avons faites avec l'active et intelligente collaboration d'un de nos compatriotes et parents, M. Louis Pigot, ancien secrétaire en chef de la mairie de notre ville, nous avons eu sous la main un grand nombre de pièces et titres inédits, qui, joints aux documents puisés aux grandes sources indiquées plus haut, nous ont permis de donner une monographie de Saint-Chinian.

Nous offrons à nos lecteurs, avec une notice sur l'abbaye de Saint-Anian, l'histoire d'une population chrétienne et laborieuse, heureux de penser qu'ils attribueront, comme nous, la liberté et la prospérité, dont elle a joui, aux principes religieux qui présidèrent à sa formation et concoururent à son développement et à ses progrès.

Notre travail comprendra donc deux parties. La première sera une étude sur l'abbaye et les églises qui en dépendirent; la deuxième sera le récit des événements qui ont eu rapport à la ville pendant l'administration des seigneurs abbés, sous la Révolution, et depuis cette dernière époque jusqu'en 1815.

PREMIÈRE PARTIE

―✳―

HISTOIRE
DE
L'ABBAYE DE SAINT-ANIAN

―――

Le premier fait qui s'offre à nous, avec la certitude de l'Histoire, dans les annales de Saint-Chinian, c'est la prise de possession de la vallée par des religieux de Saint-Benoît. Ces humbles moines forment une société de sages, dignes de l'antiquité, qui ont renoncé au monde pour chercher Dieu dans la solitude. Un chef les conduit : ils l'appellent leur père, tant son autorité est douce et rend la soumission facile! Il a été choisi à cause de sa sainteté et de sa science, et il sera leur modèle et leur soutien pendant toute sa vie. La règle qui les dirige exclut l'envie, l'ambition, l'esprit de révolte et impose le silence, la prière, la mortification et le travail. Une partie de la nuit est consacrée à la méditation des fins de l'homme; au point du jour, ils se répandent dans les champs qu'ils arrosent de leur sueur. Tant il y a de vie et de force dans la constitution de ce petit État! après mille ans écoulés, le monastère de Saint-Chinian sera encore debout et sa règle en vigueur, malgré les assauts que lui auront livrés les passions humaines dans la suite des siècles, et, pour disperser ses hôtes, il ne faudra pas moins que les mesures tyranniques de la Révolution.

I

Établissement de l'Abbaye et ses développements

Dans le courant du IXe siècle, l'abbaye de Saint-Chinian réunissait deux monastères, celui de Saint-Laurent, martyr, et celui de Saint-Anian, confesseur, fondés le premier par Anian, le second par Durand, sur les deux rives du Vernazoubres, dans le lieu d'Holotian, au diocèse de Narbonne : les chartes de Charles-le-Chauve, en 844, et de Charles-le-Simple, en 899, en font foi (1). Aussi la *Gallia Christiana* et l'*Histoire Générale de Languedoc* mentionnent ces deux maisons et les placent parmi les abbayes du diocèse de Saint-Pons formé, plus tard, d'une partie de celui de Narbonne (2). L'emplacement du monastère de Durand est désigné par les constructions qui subsistent encore dans la ville de Saint-Chinian ; celui du monastère d'Anian est marqué par une très ancienne chapelle du voisinage, hors de service, qui porte toujours, avec la terre qui l'entoure, le nom de Saint-Laurent, et que la tradition orale, confirmée par les registres de l'état civil du XVIIe siècle, appelle l'église du monastère de Saint-Laurent.

Le premier de ces monastères en date étant celui de Saint-Laurent, c'est de lui que nous nous occuperons tout d'abord.

L'*Histoire Générale de Languedoc* dit que lorsque Benoît d'Aniane bâtissait son abbaye, Anian s'établissait en Septimanie, dans une solitude peu éloignée de la sienne, 782,

---

(1) *P. J.*
(2) *P. J.* et *H. G. L.*, T. II, p. 345 et suiv.

et qu'ils se visitaient pour traiter de leurs intérêts spirituels et du bien de leurs communautés (1). Le jeune roi d'Aquitaine, Louis-le-Débonnaire, avait concédé à Anian la partie de la vallée de Vernazoubres qui se trouve sur la rive gauche du fleuve, et c'est dans une petite plaine, située entre le ruisseau de Corbeille et celui de la Coste, qu'Anian vivait retiré avec les disciples qui s'étaient mis sous sa direction. Ce lieu devait sa qualification *in olibegio* aux oliviers qui y croissaient. Anian donna à son monastère le nom de Saint-Laurent, sans doute, en mémoire de celui dont Saint Anian d'Orléans, son patron, avait été d'abord abbé.

La charte de fondation de l'abbaye de Saint-Laurent-de-Vernazoubres n'existe plus, mais on en trouve une indication dans la charte donnée par Charlemagne, en 794, où le grand roi reconnaît Anian pour abbé de Saint-Laurent *in olibegio* comme aussi de Saint-Jean *in extorio* (Caunes). Il lui confirme la possession de tous les biens qu'il a reçus de Louis-le-Débonnaire, et approuve encore la cession du lieu de Caunes que Milon, comte de Narbonne, lui a faite en arrière-fief. C'est pendant le concile de Francfort que cette charte fut écrite. Anian avait été appelé, avec d'autres abbés, pour combattre les erreurs de Félix d'Urgel et d'Élipand de Tolède; il figura à titre d'abbé de Saint-Laurent de Vernazoubres et de Caunes (2).

Le solitaire du Vernazoubres, on le voit, était devenu un personnage important. Dans ses rapports intimes avec Benoît d'Aniane, il avait acquis les qualités nécessaires pour faire fleurir la discipline régulière, d'abord à Saint-Laurent, et ensuite à Caunes. Le savant évêque d'Orléans, Théodulphe, qui l'avait connu en Septimanie, où il avait rempli les fonctions d'envoyé du roi, *missus dominicus*,

(1) *H. G. L.*, T. II, p. 164.
(2) *H. G. L.*, T. II, p. 596.

gardait de lui un bon souvenir. Dans un poëme, qu'il adressa, vers 800, à Benoît d'Aniane, il l'appelait son cher Anian, *Anianique mei*.

Après l'avoir rencontré dans un plaid présidé, en 802, par le vicomte de Narbonne Tixillane, qui reconnut les droits de son abbaye de Caunes, nous perdons de vue l'abbé Anian, mais nous retrouvons son monastère de Saint-Laurent, toujours florissant, en 817. Louis-le-Débonnaire a succédé à son père; il témoigne le plus vif intérêt aux maisons religieuses du royaume, et surtout à celles qu'il fonda lui-même dans nos pays. Il a déjà nommé l'abbé d'Aniane le chef et supérieur de tous les monastères du royaume, et il veut maintenant faire accepter la réforme dont Benoît est l'instigateur. Aix-la-Chapelle voit arriver, à l'appel du prince, les chefs de tous les ordres monastiques, et bientôt l'abbé Benoît est proclamé le grand réformateur des moines d'Occident. Cette illustre assemblée montre son dévouement à la Monarchie qui a fondé les abbayes qu'elle représente, et spontanément elle reconnaît dans le nouvel empereur l'héritier des droits des Mérovingiens et de ceux de Charlemagne. A son tour, Louis-le-Débonnaire se déclare le protecteur des monastères et leur maintient les privilèges qui leur ont été accordés. Les monastères sont divisés en trois classes, et leurs devoirs sont ainsi tracés : la première classe doit au Prince des présents et des hommes de guerre; la deuxième des présents seulement ; la troisième n'est tenue qu'à faire des prières pour l'empereur, sa famille et l'État. Les abbayes de Septimanie sont rangées dans la dernière catégorie, comme étant plus spécialement de fondation royale, et celle de Saint-Laurent figure avec les abbayes de **Villemagne, Saint-Thibéry, Joncels, Cabrières, Aniane, Montolieu et Grasse** (1).

---

(1) *H. G. L.*, T. II, p. 181.

La fondation de l'abbaye de Saint-Anian eut lieu en 826. Les murs du monastère s'élevèrent auprès d'une chapelle, précédemment bâtie au milieu des buissons qui bordaient la rive droite du Vernazoubres, et qu'on avait dédiée à la Vierge sous le vocable de N.-D.-de-la-Barthe. S'il faut en croire la tradition, elle devait son existence à un seigneur qui avait failli, par une nuit d'orage, périr dans les eaux du Vernazoubres, à l'époque où Charlemagne était en expédition contre les Espagnols. Il n'y aurait rien d'étonnant que le nom d'Holotian que portait le pays, avant l'établissement du monastère, lui vint de ce seigneur.

Il existe dans les archives du presbytère de Saint-Chinian, une note, que nous rapportons pour mémoire, d'après laquelle « l'abbé Durand » traversant la vallée en 716, conçut le dessein de fonder une abbaye à côté de la chapelle dont il a été question, à la suite d'un rêve qu'il prit pour un avertissement surnaturel. Après avoir mûri son dessein, il obtint de Louis-le-Débonnaire l'autorisation de réaliser son projet. Cette autorisation aurait été accordée, dit M. Aragon, notaire de Saint-Chinian, au XVII° siècle, en 823, suivant une charte qu'il prétend avoir lue dans les écrits de M. Andoque de Sérièges ; « Laudamus, concedimus..... totum allodium venerabili monasterio sancti Agniani situm in villa nostra dominicata de Cornu nuncupata. » (1)

Ce qu'il y a de certain, c'est que Durand avait complètement édifié son monastère en 826, et que, pour s'assurer la protection royale, il avait fait don de l'abbaye au prince, qui la remit en fief franc et honoré à l'abbé et aux moines, présents et futurs. (2)

Durand, que nos archives présentent, sans titre ni pièces

(1) *P. J.*
(2) *P. J.*

de conviction, comme abbé d'Orléans, mais qui ne nous paraîtrait qu'un personnage investi par le roi de la fonction de clerc noble, vu sa signature apposée sur plusieurs diplômes donnés par Louis-le-Débonnaire, avait, à cette heure, réuni un grand nombre de moines, leur avait donné pour abbé Woïca, et avait pourvu le monastère de meubles, de vases sacrés, de livres et de serviteurs ou serfs; de plus, croyons-nous, il avait apporté une relique insigne de Saint Anian, sous la protection duquel il avait mis sa maison.

La charte donnée par Louis et son fils Lothaire, associé à l'empire, établit à perpétuité les droits seigneuriaux de l'abbé sur le monastère et ses dépendances, avec la charge de nourrir les pauvres. L'abbé et ses gens étaient exempts des droits du fisc et de toute juridiction extérieure. Les religieux ne relevaient ni de l'évêque, ni d'aucun autre monastère, et, seuls, ils avaient le droit d'élire leurs abbés.

Cette charte, titre primitif et fondamental de l'abbaye de Saint-Chinian, fut signée à Kiersy-sur-Oise, le 1ᵉʳ du mois d'août 826.

Les abbayes de Saint-Laurent et de Saint-Anian demeurèrent indépendantes ou du moins séparées l'une de l'autre, ayant chacune un abbé particulier et des terres distinctes. Grâce cependant à l'activité des religieux, le vallon, naguère couvert de forêts, offrait de jour en jour une végétation plus belle. Le lieu, auparavant repaire de bêtes sauvages, était le séjour d'êtres civilisés et intelligents, sans que rien ne vînt troubler la paix dont ils jouissaient ni interrompre leurs utiles travaux.

La mort de Louis-le-Débonnaire fut bientôt une occasion de trouble pour le midi de la France. Pépin, petit-fils de Louis, disputa l'Aquitaine à Charles-le-Chauve, son oncle. Pour le forcer à se désister de ses revendications, Charles prit les armes et vint mettre le siège devant Toulouse.

La présence du prince sous les murs de la capitale du Languedoc fut signalée dans le mois de juin 844. RICHEFROY, abbé de Saint-Anian, eut hâte de se rendre auprès de lui pour solliciter la confirmation des faveurs que Louis-le-Débonnaire avait octroyées à son abbaye. Avec lui se présentèrent Hildéric de Caunes, Adalbert de Castres et plusieurs seigneurs espagnols établis en Septimanie, tous soucieux de conserver, au milieu des révolutions qui agitaient le pays, les droits et privilèges qu'ils tenaient de la Monarchie. Ils demandaient à faire hommage au roi et à lui prêter le serment de fidélité. Flatté de voir son autorité reconnue par ses vassaux, Charles voulut bien revêtir de sa haute approbation les chartes accordées par ses prédécesseurs. Il assura, en particulier, à l'abbé de Saint-Anian les possessions, facultés et exemptions concédées par Louis-le-Débonnaire. Non seulement il fut question des biens que l'abbaye avait reçus des princes, mais aussi de ceux qu'elle avait acquis depuis sa fondation et de ceux qu'elle devait acquérir dans la suite, à quelque titre que ce fût.

Parmi les dépendances actuelles du monastère, la charte donnée à Richefroy spécifiait le couvent de Saint-Étienne sur le ruisseau d'Olivet, dans la banlieue de Carcassonne, et le prieuré de Saint-Jean y attaché, l'île *Duniana*, l'étang *Decimus* et la ville *Scuriata* avec les serfs de tous les lieux.

Il était fait aussi mention d'un couvent, *cellulam*, sis dans le voisinage de l'abbaye et nommé Saint-Laurent. Ce ne pouvait être que l'abbaye de Saint-Laurent que l'abbé Richefroy prenait sous sa sauvegarde. On peut supposer qu'ayant perdu de sa vigueur après la mort de son premier abbé, elle avait été officiellement recommandée aux moines de Saint-Anian (1). La charte est datée du mois de juin, Indic-

---

(1) Voir les notes sur Saint-Laurent.

tion VII, c'est-à-dire l'an 844; elle fut écrite au monastère de Saint-Sernin, pendant le siège de Toulouse (1).

L'abbaye ne vit de longtemps aucun seigneur lui disputer ni ses biens ni ses privilèges. D'un autre côté, il ne paraît pas qu'elle ait eu à souffrir, pendant la seconde moitié du IXe siècle, des invasions des Normands et des Sarrasins : l'histoire qui parle des dégâts que firent ces peuples dans l'Aquitaine et à Narbonne, ne signale pas la présence des barbares dans la vallée. A la vérité, la situation faite à nos abbés les dispensait de prendre part aux mouvements politiques, et la position des lieux mettait leur établissement à l'abri des hordes étrangères qui, dans leurs courses à travers la province, suivaient de préférence les côtes fertiles de la Méditerranée, au lieu de s'engager dans les régions montagneuses, où elles n'auraient trouvé qu'un maigre butin.

Les deux monastères de Saint-Chinian étaient trop rapprochés pour ne pas se nuire mutuellement; d'un autre côté, soumis à la même règle, ils devaient naturellement arriver à s'unir et finalement à se confondre en une seule maison : c'est ce qui eut lieu.

On ne saurait préciser la date à laquelle les religieux de Saint-Laurent et ceux de Saint-Anian reconnurent un seul et même abbé; mais il est certain que l'union était un fait accompli en 899 ou 900. Une charte de Charles-le-Simple, de cette époque, en fournit la preuve, puisqu'en parlant des moines de Saint-Anian en faveur de qui elle était octroyée, elle fait voir « l'abbé BÉRA à la tête du monastère formé de celui de Saint-Laurent, martyr, et de celui de Saint-Anian, confesseur, situés tous les deux au territoire de Narbonne, dans le lieu vulgairement appelé Holotian ». L'union ne devait guère remonter plus haut, car la *Gallia Christiana*

(1) P. J.

dit qu'en 897 Froïa assista au concile de Port avec le seul titre d'abbé de Saint-Laurent-de-Vernazoubres. Le lieu de Port se trouvait sur les limites des diocèses de Nîmes et de Maguelone ; le concile qui s'y tint fit restituer au prêtre Adalbert l'église de Saint-Jean-Baptiste de Cocone dont il était injustement dépouillé.

L'union des monastères dut être la circonstance qui amena la charte de 899. Charles-le-Simple confirma à l'abbé Béra et à ses successeurs la propriété des monastères unis et de leurs dépendances. Aux possessions détaillées dans la charte de 844 on vit s'en ajouter de nouvelles, qui sans doute provenaient du monastère de Saint-Laurent, telles que les métairies de Labrocian, de Treuilles, de Sorteillo, de Maders avec les serfs de la descendance de Donadieu. Le village de Gabianel, avec l'église de Saint-Nazaire et certains salins, dont il n'était pas parlé dans la charte de 844, figurèrent dans celle de 899 avec les moulins et la chaussée de la rivière de Vernazoubres. Le roi confirma tous les anciens privilèges et n'imposa aux religieux que la charge de prier pour lui, sa famille et l'État. Il apposa son sceau à la charte, le 8 des ides de juin, indiction VIIIe (899 ou 900), à Tours (1).

Bien que nous nous réservions de mettre sous les yeux du lecteur les progrès de Saint-Chinian, lorsque nous écrirons la seconde partie de notre travail, il nous est impossible de ne pas remarquer, dès à présent, l'heureux changement qui s'est déjà produit dans le vallon. Charles-le-Chauve a reconnu, en 844, que les moines avaient fait d'un véritable désert un lieu capable de produire toute sorte de fruits, *ex squalore deserti ad cultum fructuum ipsius excoluerunt;* Charles-le-Simple montre dans sa charte que la vie y est partout maintenant.

(1) *P. J.*

Nous arrivons au Xe siècle. Les invasions se renouvellent plus terribles et plus nombreuses. Tantôt les Sarrasins franchissent les Pyrénées, tantôt les Hongrois se précipitent à travers les Alpes, tantôt les Normands apparaissent à l'ouest, tous semblables à des bêtes féroces qui fondent sur une proie. Partout ils sèment la terreur, et lorsqu'ils sont passés, on ne voit que des ruines. Les seigneurs ont fait trêve à leurs différends, et chacun songe à se fortifier chez soi. On voit surgir de tout côté des châteaux-forts flanqués de tours, car aucun lieu n'est, désormais, à l'abri d'une surprise pas plus dans les pays de montagne que dans ceux de la plaine. Saint-Chinian étant une des portes principales du district Castrais et des contrées de Toulouse, et par suite un lieu de passage, les religieux durent veiller à la sécurité de leur monastère et de leur ville. Ils s'entourèrent de murailles hautes et épaisses et construisirent la tour Némorouse pour défendre le pont du Vernazoubres. Il sera parlé plus loin de la tour et des fortifications de la ville.

Mieux pourtant que les plus solides remparts, l'épée de Raymond Pons, comte de Toulouse et marquis de Gothie, protégea la province contre les Hongrois qui avaient juré de faire périr jusqu'au dernier des habitants. Ce valeureux guerrier, à la tête de ses troupes, attaqua les barbares, les tailla en pièces et ne déposa les armes qu'après avoir refoulé les débris de leurs bandes au delà des monts (1). Tant ce peuple sauvage montra de la férocité ! le nom de hongrois réveille encore dans les esprits de sinistres pensées et excite dans les cœurs la haine et la réprobation.

C'est probablement à cette époque que les religieux de Saint-Laurent furent transférés au monastère de Saint-Anian, où, indépendamment de toute autre considération, ils devaient trouver une sécurité plus grande que dans leur maison isolée et peut-être mal défendue.

(1) Catel. *Histoire des Comtes de Toulouse*, p. 88.

Raymond Pons était aussi comte de Narbonne ; à ce titre, il couvrit notre contrée de ses bienfaits et de sa sollicitude, et sa famille marcha sur ses traces. Le pays de Thomières n'avait pour habitants que quelques ouvriers carriers occupés à extraire du sol et à tailler le marbre qu'il produisait. Quoique pauvre, cette population, pleine de foi, avait élevé une église fort belle en l'honneur de Saint-Martin de Tours, tout près de la source du Jaur. Il existait encore dans cette vallée un sanctuaire de Marie. C'était un *ex-voto* d'un pieux chevalier qu'elle avait sauvé d'une mort certaine : égaré de sa route, par une nuit obscure, il allait droit à l'abîme, lorsqu'un éclair arrêta subitement son coursier sur le bord du rocher taillé à pic qui sert de portique à la magnifique source. La Vierge avait accueilli le vœu du seigneur qui l'avait invoquée. Aussi eut-elle une église à l'endroit où elle avait prouvé sa puissance et son amour, et le nom qui fut donné au sanctuaire devait rappeler aux siècles à venir le bonheur du protégé de la Mère de Dieu en même temps que sa reconnaissance. Notre-Dame de Joie ! tel fut son nom et il le porte encore. Ce lieu si chrétien fut choisi par Raymond et sa femme Garsinde pour devenir un centre de population et un foyer de civilisation pour les familles éparses dans les montagnes.

Raymond y bâtit une église splendide en l'honneur de Saint Pons de Cimiez, son protecteur, et il la confia à une colonie de moines bénédictins tirée de l'abbaye d'Aurillac, auxquels il offrit un superbe monastère et assura des rentes pour leur subsistance et pour celle des laborieux et honnêtes ouvriers de la vallée.

Ainsi, à l'exemple des princes qui avaient compté sur les établissements religieux pour civiliser les peuples, les seigneurs fondaient dans leurs domaines des églises et des couvents qui devaient, dans leur pensée, moraliser leurs vassaux. Il est beau de contempler dans ces âges lointains la grande lutte de la civilisation contre la barbarie. On est heureusement surpris de voir des hommes au cœur de fer, que la conquête a jetés sur le pays, changer de nature sous la main de l'Église et se constituer ses zélés défenseurs, et on ne peut qu'admirer dans les ordres religieux qu'elle produit la sagesse et la force de Dieu qui éclaire et sauve les nations. La sympathie et la générosité des puissants du jour furent provoquées par l'abnégation et le dévouement du grand nombre d'hommes remarquables par leur naissance et souvent d'une haute valeur, qui ensevelissaient leur fortune et leur gloire dans l'obscurité des cloîtres, et aussi par le zèle qu'ils mettaient à rendre meilleure la société. Chose digne de remarque! après avoir offert aux monastères des rentes, des terres, des châteaux, les fiers barons leur donnaient leurs enfants et quelquefois leurs personnes.

Les ressources des abbayes avaient beau augmenter, les religieux, qui s'étaient constitués les économes des pauvres, ne se croyaient pas encore dispensés du travail des mains. Ouvriers infatigables, ils avaient à peine défriché un champ, qu'ils songeaient à en mettre un autre en rapport, semblables aux pères de famille qui thésaurisent pour leurs enfants.

L'abbaye de Saint-Anian était parvenue à une brillante situation par les saintes libéralités dont elle avait été l'objet pendant les X° et XI° siècles, et les acquisitions qu'elle avait faites avec ses économies. Il est de toute justice de rappeler avec la bonne volonté de nos vaillants religieux pour la prospérité de leur maison les largesses des bienfaiteurs de leur monastère.

Parmi les nobles protecteurs de l'abbaye, nous nommerons d'abord Raymond 1er, comte de Rouergue, qui voulut bien comprendre le monastère de Saint-Chinian parmi ceux auxquels il légua par testament, en 961, soit des alleus, soit des églises (1). La comtesse de Toulouse, Garsinde, lui

---

(1) *H. G. L.*, T. III, p. 48.

donna aussi par testament, en 974, les masages de Porcilis, Palazaol, Savignan et ses propriétés du lieu de Thezan, pour en jouir après la mort de la vicomtesse de Narbonne, Adélaïde, sa fille, et celle de ses enfants, et encore l'alleu de Linairolas après la mort d'Adralde, son fils (1). Adélaïde de Narbonne, veuve de Madfred, disposa à son tour, en 977, par testament, en sa faveur, de l'alleu de Treuilles et d'une partie de son église. Cette princesse laissa sa vaisselle d'argent à Raymond, son fils, à condition qu'il remettrait 50 livres aux religieux de Saint-Anian et autant à ceux de Saint-Pons, et sa vaisselle d'or à son autre fils Ermengaud, avec une charge pareille. Par un second testament daté de 990, elle fit les moines de Saint-Anian héritiers : 1° des salins qu'elle possédait dans le terroir de Capestang, et dont une partie lui avait été vendue par Bernard, évêque de Béziers; 2° de plusieurs masages qui lui appartenaient dans le même terroir; 3° enfin, des vignes qu'elle avait achetées à Huges d'Aygues-Vives. Le testament portait que les moines jouiraient de ces biens en commun et à perpétuité, et que, si jamais la communauté avait des raisons pour les aliéner, elle devrait préférer les parents de la donatrice à tous autres acquéreurs (2). C'était une donation en fief, avec la réserve du droit de prélation en faveur des ayants-droit du seigneur suzerain. Nous rapporterons maintenant quelques-unes des acquisitions faites par le monastère à titre onéreux.

L'abbé RENAUD, qui était à la tête de l'abbaye, en 1001, acheta à Étienne, évêque d'Agde, un domaine situé à Caunas, dans le diocèse de Béziers (3).

---

(1) *P. J.*
(2) *H. G. L.*, T. III, p. 454.
(3) *F. P.* Dioc. d'Agde, p. 431.

En 1045, l'abbé Sicard acquit une terre labourable sise à Sarièges et comprise dans l'honneur ou propriété du seigneur Aldéric ; la femme et le fils d'Aldéric approuvèrent la vente. L'année suivante, le fils de Bérenger vicomte de Narbonne céda au monastère, sous certaines conditions, un alleu ou terre patrimoniale qu'il possédait dans le terroir de Saint-Anian. La transaction fut confirmée après sa mort par ledit vicomte, sa femme et leurs enfants survivants, 1057 (1).

L'importance de l'abbaye grandissait de jour en jour, et le cercle de son influence s'étendait au loin. A la fin du XI° siècle, elle réunissait sous sa dépendance un nombre considérable d'églises, qu'elle avait bâties elle-même, ou dont on l'avait mise en possession. Dans la juridiction de Saint-Anian on trouvait l'église paroissiale de Saint-Celse, près de la chaussée des moulins, et sa succursale, N.-D.-de-la-Barthe, sous les murs de l'abbaye; l'église de Saint-Jean d'Orte, près du ruisseau d'Houvre ; l'église de N.-D.-des-Ayres à la Servelière, et l'église de N.-D.-de-Nazareth, sur le rocher de la Corne. Hors de la juridiction, elle avait l'église de Saint-Martin de Sabaza (Cébazan), et tout près du village celle de Saint-Bauzille-de-Lodoza. Elle possédait encore les églises de Sainte-Agnès et de Saint-Vincent, probablement dans la banlieue de Narbonne et celle de Carcassonne, et les églises de Saint-Nazaire de Gabianel et de Saint-Julien de Lapejan, aux environs de Capestang (2). Le service divin était fait ou par des religieux, ou par des prêtres séculiers qui avaient été approuvés par l'évêque, après lui avoir été présentés par l'abbé. La subsistance des ministres sacrés était assurée par la dime établie depuis Charlemagne

---

(1) *F. P.* Dioc. de Saint-Pons, p. 598.
(2) *P. J.*

et par les revenus casuels des églises. La direction morale et religieuse des lieux où se trouvaient ces églises appartenait donc à l'abbaye sous la haute juridiction des évêques. Le zèle des moines avait ainsi devant lui un vaste champ, et nous pouvons affirmer déjà, sans crainte de nous voir démentis, dans la suite, qu'il s'exerça d'une manière régulière et produisit les meilleurs résultats. La foi des populations se fortifia en s'éclairant, et les mœurs s'améliorèrent. Avec le christianisme, la civilisation pénétra en tout lieu et s'y maintint par la prédication des vérités de l'Évangile et par l'exemple des vertus des moines.

La prospérité du monastère excita la cupidité des seigneurs voisins. Parmi ceux dont l'abbaye eut à se plaindre nous trouvons les vicomtes de Béziers et ceux de Carcassonne, leurs successeurs. Ils s'emparèrent, en effet, dans les Xe et XIe siècles, de ses rentes, sous le prétexte de l'avouerie ou patronage qu'ils s'attribuèrent à son endroit. On voit dans l'*Histoire Générale de Languedoc* que Roger Ier, comte de Carcassonne, donna par testament, en 1002, l'avouerie des monastères de Saint-Anian et de Caunes à son fils Raymond, époux de Garsinde, fille de Guillaume de Béziers, à la condition d'en laisser jouir sa mère Adélaïde, tant qu'elle le voudrait. Or, Roger tenait ce prétendu droit de patronage de sa propre mère qui, à titre de parente ou d'alliée, avait hérité de Reynald ou Raynard, le plus ancien des comtes de Minerve, lequel descendait des vicomtes de Béziers et tenait d'eux l'avouerie en question (1).

Il n'existe aucun document qui permette de justifier ce patronage. On sait d'ailleurs qu'à cette époque les vicomtes de Béziers se rendirent célèbres par leurs usurpations, non seulement à l'égard des églises placées dans le rayon de leur juridiction, mais aussi de celles qui se trouvaient en dehors. Il est plus que probable que les Raynard auront

---

(1) *H. G. L.* Tom III, p. 103.

mis la main sur les revenus du monastère de Saint-Anian en invoquant un prétexte quelconque, à l'imitation des autres seigneurs féodaux, qui profitaient des bouleversements politiques pour s'emparer des biens ecclésiastiques, ainsi que le dit l'*Histoire Générale de Languedoc,* sans d'autre raison que celle du plus fort. Privés de leurs rentes par des patrons qui s'imposaient, comment les établissements religieux pouvaient-ils se suffire à eux-mêmes et pourvoir aux besoins des populations pauvres dont ils avaient la charge ?

La situation du monastère était tout à fait compromise au début du XIIe siècle. L'archevêque Bertrand dit en effet dans une charte, dont nous allons parler, que des hommes pervers avaient dépouillé l'abbaye de ses possessions et l'avaient réduite à une condition qui n'était rien moins que décente et honorable.

Quels étaient ces hommes pervers, *pravis hominibus ?* Il nous a été impossible de le découvrir, et nous sommes à nous demander s'il s'agirait encore des seigneurs bitterrois ou autres, ou bien de ces sectes qui commençaient à pulluler dans le Midi, cachant tous les vices sous les dehors les plus trompeurs. Toujours est-il que la misère régnait dans le Couvent et que, par suite de l'inobservation de la règle, le monastère était, d'après l'archevêque, à deux doigts de sa perte.

II

Union de l'abbaye de Saint-Anian à celle de Saint-Pons-de-Thomières

BERTRAND, archevêque de Narbonne, au commencement du XIIe siècle, s'intéressait vivement à l'abbaye de Saint-Pons, où Bérenger, fils du vicomte de Narbonne,

Aymeri, venait de faire profession. En vue d'augmenter les ressources de cette maison, il avait investi l'abbé, le 7 février 1102, de plusieurs églises de la vicomté de Narbonne. A la vue du dépérissement du monastère de Saint-Anian, il résolut de l'unir à celui de Saint-Pons et de soumettre ses religieux à ceux de Thomières. Il fit approuver par ses chanoines le plan que, de son propre mouvement, il avait formé à l'égard de ces deux maisons comprises dans son diocèse et, pour donner une sanction plus forte à la mesure qu'il prenait vis-à-vis du monastère de Saint-Anian, exempt en droit de sa juridiction, il appela auprès de lui les évêques de la province et plusieurs seigneurs laïques. Mais les religieux de Saint-Anian regardèrent l'acte de l'archevêque comme un abus de pouvoir, et leurs successeurs le qualifièrent du mot dur de *latrocinium* (1), accusant Bertrand de favoritisme pour l'abbaye de Saint-Pons.

La charte qui fut donnée en cette circonstance par Bertrand, le 14 des Kal. d'avril (19 mars) 1102, renfermait les dispositions suivantes. L'abbaye de Saint-Anian et toutes ses dépendances, terres et églises, appartenaient désormais à Pierre, abbé de Saint-Pons et à ses religieux, et devaient passer à leurs successeurs. Les églises spécifiées étaient celles de Saint-Laurent, de Saint-Celse, avec la chapelle de Notre-Dame-de-la-Barthe, de Notre-Dame-de-Nazareth, de Saint-Jean-d'Orte, de Sainte-Marie-de-Reduza, de Saint-Martin-de-Sabaza, de Saint-Bauzille, de Sainte-Agnès, de Saint-Vincent, de Saint-Nazaire-de-Gabia et de Saint-Julien-de-Lapère ou -de-Lapejan. Le monastère était livré avec tous ses droits et appartenances, libre de toutes charges et de toute juridiction extérieure et exempt d'albergues, usages et censives. Il n'était imposé aux futurs abbés, que l'obligation d'assister au synode diocésain, à raison des églises paroissiales de Saint-Celse, de Saint-Nazaire-de-Gabia et de

(1) **Mém.** de l'abbé Martel

Saint-Julien-de-Lapère et de demander pour elles à l'archevêque les saintes-huiles et le saint-chrême Seuls, l'abbé et les religieux de Saint-Pons devaient avoir l'entière domination sur l'abbaye de Saint-Anian, et nulle autre personne régulière ou séculière n'aurait la faculté d'y établir ni abbé ni religieux. La charte fut signée par le prélat et ses chanoines, en présence des évêques Pierre de Carcassonne, Izarn de Toulouse, Godefroy de Maguelone, et des seigneurs Aymeri, vicomte de Narbonne, Rolland de Bize, Bernard de Maillac et Pons de Bérenger. (1)

L'auteur de la Chronique du Monastère, d'après M. Martel, affirmait que les moines de Saint-Anian fermèrent les portes de leur couvent aux religieux de Saint-Pons, lorsqu'ils se présentèrent pour en prendre possession. Mais l'acte de l'archevêque avait eu trop de solennité; force leur fut d'accepter les faits accomplis. L'abbé de Saint-Pons revint pour installer l'abbé ERMENGAUD, moine de Thomières, et n'éprouva pas de résistance.

La mission du nouvel abbé exigeait de grandes qualités. Ermengaud fut à la hauteur de sa tâche. Simple et modeste, il gagna les cœurs de prime abord. Son zèle, ne rencontrant pas d'obstacles, ranima la discipline; sa vertu fut un puissant encouragement à la piété et aux bonnes mœurs. On peut dire que l'abbatiat d'Ermengaud, qui dura vingt-sept ans, rétablit l'ancienne renommée du monastère. L'estime et les regrets de toute la communauté suivirent ce religieux dans sa tombe.

Sans avoir recours à l'abbé et aux moines de Saint-Pons, les religieux de Saint-Anian donnèrent un successeur à Ermengaud, en 1129. Ce fut GUILLAUME 1er du nom. Les

(1) *P. J.*

circonstances qui entourèrent son élection méritent d'être rapportées; on les trouve dans la lettre que les moines de Saint-Anian adressèrent à l'archevêque pour lui demander la confirmation du choix qu'ils avaient fait : « A Arnaud, archevêque de Narbonne, le petit troupeau de Saint-Anian offre honneur comme à un père et crainte comme à un maître. Nous faisons savoir à votre dignité que notre abbé Ermengaud a quitté naguère cette vie. Ne voulant pas, comme un troupeau sans pasteur, errer longtemps à l'abandon et manquer des soins vigilants d'un bon berger, d'un seul cœur, d'une seule bouche, d'une seule âme et d'une seule volonté, les genoux pliés à terre devant Dieu qui connaît les cœurs, nous avons prié pour obtenir un père qui connût et pratiquât la loi de Dieu et la règle de Saint-Benoît. A la fin de notre prière, faite avec des larmes dans les yeux, nous nous sommes levés et, sans avoir prononcé aucun nom, comme si nous avions parlé d'après un pacte, tous, d'une seule voix, nous avons nommé un d'entre nous père et seigneur, prêts à lui obéir durant notre vie entière, comme le commande le bienheureux Benoît. Nous vous supplions donc de confirmer par votre autorité l'élection que nous avons faite selon les saints canons » (1). Cette lettre portait les signatures de Raymond, prieur; de Raymond, sacristain ; de Jean, cellerier; de Bernard, chambrier; de Pierre et Raymond, prêtres; de Raymond et Pierre, diacres; de Bérenger, aumônier; de Guillaume et Pierre, sous-diacres ; de Bérenger et Guillaume, acolytes, etc. Il est facile de voir que l'union du monastère de Saint-Anian à celui de Saint-Pons était loin d'être consommée. Nos moines, de fait, voulurent dépendre jusqu'en 1182 du métropolitain plutôt que de leurs voisins de Thomières.

---

(1) *Gallia Christ.* — *H. G. L.*, T. III, p. 616.

Le monastère avait pour abbé, en 1140, Pierre d'Adag; il faudrait peut-être lire : Pierre d'Agde. Pierre est nommé avec son titre d'abbé dans les archives de Narbonne.

Guillaume II dirigea l'abbaye depuis 1152 jusqu'en 1167. Pendant le temps de son administration, les affaires temporelles de la communauté se trouvèrent dans une situation si pénible qu'il dut engager plusieurs de ses biens. L'heure était critique pour les ecclésiastiques en général. Dans la province de Narbonne, les barons et leurs officiers avaient, pendant les dernières années de l'épiscopat d'Arnaud, maltraité le clergé et élevé d'étranges prétentions sur ses rentes et possessions. Nous ne pouvons dire d'une manière sûre que notre monastère ait souffert de ce côté, mais nous savons que Guillaume avait perdu, en cour de Rome, sous Adrien II, un procès qu'il soutenait contre l'évêque de Carcassonne, au sujet de la possession de l'église de Cabriérettes, 1155. Cet abbé est mentionné, en 1158, dans une charte qui concerne l'abbaye de Silvanés en Rouergue, et dans un document de 1168 rapporté par don Martène.

La crosse était tenue dans l'abbaye, en 1175, par Pierre II. Les moines de Saint-Chinian continuaient à repousser la supériorité de l'abbé de Saint-Pons, et les archevêques de Narbonne travaillaient à substituer leur juridiction à la sienne. Ermengaud, abbé de Saint-Pons, s'adressa au pape Luce III pour obtenir une bulle qui fixât les possessions du monastère de Thomières. Il parvint à l'avoir et à faire reconnaître ses droits sur le monastère de Saint-Anian. La situation de notre abbaye fut rétablie d'après la charte de 1102. Ainsi nos moines furent forcés de se soumettre à leurs confrères de Saint-Pons, et l'archevêque dut s'incliner devant des droits que le Souverain Pontife avait manifestement proclamés (1).

(1) *Gallia Christ.*

Les Albigeois, ramassis de tout ce qu'il y avait d'abject dans la société, voleurs, usuriers, brigands de grand chemin, assassins, incendiaires, promenaient dans le Languedoc le fer et la flamme, cherchant à faire revivre toutes les erreurs et les horreurs des siècles passés, et ils étaient d'autant plus à redouter que, par peur ou par intérêt, plusieurs seigneurs du pays s'étaient laissés gagner à leur cause.

Cependant la société prenait toutes ses mesures pour se défendre : les évêques condamnaient les doctrines, les princes s'armaient, les populations se soulevaient. Mais tant fut opiniâtre l'hérésie, qu'il fallut, on le sait, une croisade pour parvenir à la dompter.

En 1165, nous signalons un concile tenu à Capestang par l'archevêque de Narbonne, Pons, pour lancer l'anathème contre les propagateurs de fausses doctrines (1). Est-il besoin de dire que l'abbé de Saint-Anian y figura parmi les abbés de la contrée. L'abbé de Saint-Anian était maître d'une grande partie des terres et des églises de Capestang et il avait à se plaindre des hérétiques.

Nous désignerons au lecteur l'établissement des Prémontrés, en 1172, dans le lieu voisin de notre ville qui porte encore le nom de Fontcaude, avec d'autant plus de satisfaction qu'un de leurs abbés prit la plume pour combattre l'hérésie, après les malheurs que notre monastère venait d'éprouver.

La *Gallia christiana* nous apprend, en effet, que l'abbaye eut à souffrir à cette époque, et elle attribue ses infortunes aux Albigeois : C'est sans doute, dit-elle, à cause des dommages que lui causèrent les Albigeois, qu'elle fut obligée de vendre une partie des alleus de Capestang et de Sériège. « *Petrus II vendidit haud dubie, ob damna monasterio ab hæreticis albigensibus illata, alodem Capitis-Stagni et*

---

(1) *H. G. L.* T. IV, p. 222.

Sariege, sedes regia ». (*Gall. Christ.*) Pour relever son monastère, Pierre II dut recourir à des moyens extrêmes : il engagea, en 1203, les biens de l'abbaye, et, en 1208, il aliéna une partie de ses domaines de Capestang et de Sériège. L'alleu de Capestang fut acquis par l'archevêque de Narbonne (1).

Il nous est agréable de nous faire ici l'écho d'une tradition d'après laquelle l'abbaye aurait eu pour hôte, en 1206, l'illustre fondateur des Frères-Prêcheurs, Saint Dominique, lorsqu'il se rendait à Toulouse pour la conversion des hérétiques. L'abbé Martel donne ce fait comme probable; mais l'un de ses prédécesseurs, M. Raynaud, l'affirmait comme certain (en avait-il vu la preuve dans les archives du presbytère encore intactes?), et il faisait remonter la dévotion du pays au Saint-Rosaire à l'époque du séjour de Saint Dominique dans l'abbaye. Dans ce cas, l'on pourrait déterminer le lieu dans lequel le saint, d'après ses biographies, s'arrêta pour réparer ses forces altérées par les difficultés du chemin. Il était parti nu-pieds de Montpellier et, pour éviter les dangers qu'offrait la route par Narbonne, il s'était engagé dans les montagnes. L'abbaye de Saint-Anian devait alors se trouver sur ses pas. Il fut forcé à y rester quelques jours, car, son perfide conducteur ayant dirigé sa marche par des sentiers remplis de cailloux et de ronces, ses pieds ensanglantés lui refusaient leur concours.

La rage des hérétiques s'était surtout exercée sur l'église de Saint-Celse : il n'en restait que le porche. Le service fut transféré dans la chapelle de N.-D.-de-la-Barthe. L'église de Saint-Celse ne devait plus être le siège effectif de la paroisse; toutefois le prêtre chargé du service paroissial dans le lieu de Saint-Anian serait considéré comme le desservant de l'église de Saint-Celse. (2)

L'abbé Pierre dut garder longtemps la crosse abbatiale,

---

(1) *F. P.*, Dioc. de Saint-Pons, p. 599.
(2) Arch. du presbytère.

puisqu'il n'est question de son successeur qu'en 1230. C'était ARNAUD DE CRUZY.

Tout ce qu'on sait de lui, c'est d'abord qu'il racheta certains usages précédemment cédés au bailli Bernard de Salles, (1208). Ces usages affectaient une terre sise à Sériège, probablement celle que le seigneur Aldéric avait vendue, en 1045, à Sicard Iᵉʳ. Bernard de Salles tenait encore, en 1231, le fief de la vignerie dans la juridiction de Saint-Anian. On sait ensuite qu'Arnaud eut des difficultés avec l'archevêque au sujet des églises de Capestang ; les difficultés se terminèrent, en 1248, par une transaction (1).

1232. Le siège abbatial est donné à RAYMOND DE FIGUIÈRES, du lieu de Saint-Pons. Son élection a été faite avec une grande solennité et en présence de l'abbé de Saint-Pons. Nous pouvons expliquer l'éclat qu'on a procuré à sa promotion. Les ancêtres de Raymond sont venus d'Espagne pour s'établir avantageusement dans nos pays ; Raymond lui-même est un favori du roi de Majorque, seigneur de Montpellier. La présence d'une famille espagnole à Saint-Pons n'aura pas lieu de nous étonner, car nous avons à constater de nombreuses relations entre le monastère de Thomières et les lieux d'Espagne qui firent partie de la Gothie. Sanche, roi d'Aragon, a offert en 1093, son fils Ramire au monastère ; l'abbaye tient des rois d'Aragon la ville de Jacca, d'où le prince Pierre, de concert avec les évêques de Huesca et de Tarragone, a forcé l'évêque de céans à transporter ailleurs son siège ; Frotard, le célèbre et savant abbé, compte parmi les gloires de son administration le fait d'avoir rétabli la discipline monastique en Espagne, aussi bien que dans l'Aquitaine. Il y aurait à parler encore du moine Ramire tiré

(1) *F. P.* Dioc. de Saint-Pons, p. 509.

du cloître de Saint-Pons pour être placé sur le trône de ses pères, afin de perpétuer leur race en Espagne, mais nous n'apprendrions rien à notre lecteur, qui sait que Ramire fut dispensé de ses vœux et qu'il rentra, dans la suite, au monastère d'où il n'était sorti que pour être utile à sa patrie (1).

L'élection de Raymond avait eu lieu, le 5 janvier; quelques jours après, il se transportait à Saint-Pons, pour être officiellement investi de sa dignité. Suivant le cérémonial usité, il ploya les genoux devant l'abbé, collateur du bénéfice, joignit les mains dans les siennes, prononça le serment de fidélité et promit l'hommage requis; après quoi, il fut embrassé par l'abbé en signe de la protection sur laquelle il avait le droit de compter (2).

Il ne faudrait pas pourtant croire que les religieux de Saint-Anian eussent fait absolument le sacrifice de leur liberté. Ils ne tardèrent pas à entreprendre de secouer le joug de la communauté de Thomières, et ils organisèrent une résistance si grave que l'ordre des Bénédictins eut à s'en occuper. Guillaume III, abbé de Saint-Pons, se vit confirmer la juridiction sur l'abbé et les religieux de Saint-Anian par la sentence de l'abbé de Grasse, délégué, à cet effet, par l'assemblée des Bénédictins tenue en 1253. En 1258, il obtint l'approbation de cette sentence de la part d'Innocent IV (3). Il avait assisté, en 1254, au concile tenu à Béziers pour approuver une célèbre ordonnance que le roi Saint-Louis, passant par la Narbonnaise au retour de la croisade, avait promulguée en faveur des sénéchaussées de Carcassonne et de Beaucaire (4).

Guillaume appartenait à la noble maison de Paulhan, dans laquelle on retrouve les aïeux de Saint-Vincent-de-Paul.

---

(1) *H. G. L. T.* IV *(passim)*.
(2) *F. P.*, Dioc. de Saint-Pons, p. 599.
(3) *Gal. christ.*
(4) *F. P.*, Diocèse de Béziers, p. 96.

Pendant l'abbatiat de Raymond, on vit reparaître les différends qui avaient existé entre l'abbé Pierre et l'archevêque de Narbonne. Sous prétexte de ce que l'alleu de Capestang avait été vendu à l'un de ses prédécesseurs, l'archevêque réclamait les églises de Saint-Nazaire-de-Gabia et de Saint-Julien-de-Lapejan, pour lesquelles l'abbé de Saint-Anian se rendait toujours au synode diocésain. Raymond accepta une transaction, en 1258.

Deux ans plus tard, Raymond construisait un cloître dans l'intérieur de son monastère. La date de 1260, que les auteurs de la *Gallia Christiana* assurent y avoir vu inscrite, nous autorise à lui attribuer la construction de ce premier cloître.

Quelques contestations suscitées par Raymond Salles, qui descendait probablement du viguier Salles, donnèrent à l'abbé l'occasion de faire délimiter d'une manière plus précise la terre de Saint-Anian. Richard, abbé de N.-D.-de-Quarante, fut pris pour arbitre.

L'administration de Raymond dura 40 ans. Cet abbé administra aussi, mais par procureurs, le monastère de Grasse ; les archives de la Chambre des Comptes, à Paris, le montrent, en 1279, chargé des affaires de cette abbaye. — Mentionnons pour mémoire une bulle que Raymond obtint d'Innocent IV, en 1252, afin d'introduire dans sa communauté l'usage de la viande, interdit jusqu'alors (1).

Arnaud II était en possession de l'abbaye depuis six ans, lorsque la question de la juridiction sur le monastère reparut pour être discutée plus vivement que jamais, 1278. L'archevêque réclamait le droit de juridiction pour son compte ; la communauté de Thomières ne voulait pas se dessaisir des droits que Bertrand de Narbonne lui avait conférés et que le Saint-Siège lui avait maintenus ; l'abbé de Saint-Anian

---

(1) *F. P.*, Dioc. de Saint-Pons, p. 600.

prétendait, en vertu des titres primitifs, n'être soumis à personne. On voit toujours la tendance de notre monastère à ressaisir l'ancienne situation que lui avaient faite nos rois. Les historiens n'ont pu connaître le résultat des longs débats qui eurent lieu ; ils se bornent à assurer qu'il se fit un accommodement entre les parties belligérantes. C'est ainsi que se terminaient toutes les contestations. L'abbatiat d'Arnaud avait fini en 1301.

Sous Bernard Ier de Pons, nous commençons à nous rendre compte des détails de la vie intérieure du cloître. Il s'agit d'abord de l'alimentation des moines, à laquelle l'abbé était tenu de pourvoir avec les rentes de l'abbaye qu'il prélevait. Les moines prenaient encore leur réfection en particulier. Lors de son élection, Bernard de Pons s'était engagé à fournir au couvent 80 livres tournois par année pour les companages, les pitances et les anniversaires, en dehors de la somme nécessaire pour la provision des vivres de cuisine, du pain et du vin ; les companages étaient tout ce qui se consommait avec le pain, viandes, légumes, fruits, confitures, etc. La somme de 80 livres ayant été dénoncée par les moines comme insuffisante, Bernard promit de l'augmenter de 20 livres ; il promit en outre le sel et quelques autres provisions, 13 février 1301. La quantité de pain, d'un autre côté, fut assurée par la transaction faite avec l'approbation du chapitre, par Pierre de Vendres, chambrier, au sujet des moulins d'Estréchoux, qui relevaient de son office : il avait cédé une partie de ses droits pour une redevance de *140 piles* de blé à fournir au couvent par année (1).

L'abbatiat de Pons, lequel avait succédé en 1305 à Ber-

---

(1) *F. P.*, Dioc. de Saint-Pons, p. 600.

nard Ier de Pons, se fit remarquer, en 1307, par un accord fait entre l'abbaye et le vicomte de Narbonne, eu égard à certains biens et droits relatifs au lieu de Cruzy qui étaient en litige.

C'est pour la première fois que nous trouvons le monastère en rapport avec ce lieu. A cette date, le service religieux du pays était à la charge de l'abbé de Saint-Anian. Mais depuis quand et comment l'abbé était-il le curé primitif de cette paroisse? L'*Histoire Générale du Languedoc* commence à parler de Cruzy, en 912. Un diacre, nommé Théodoric, voulait alors assujétir l'église de Quarante ou de Vic (Vicus) à celle de Sainte-Eulalie de Cruzy, en ce qui concernait les droits de dîme. Totbaldus, prêtre titré ou curé de Sainte-Marie de Vic, soutint, dans la personne qu'il envoya à sa place, l'épreuve du feu, pour prouver l'indépendance de son église vis-à-vis de celle de Cruzy. L'église de Cruzy restera unie à la mense de l'abbé de Saint-Anian jusqu'à la Révolution (1).

Pierre III est mis à la tête du monastère en 1313. Le nombre des religieux du couvent est fixé, d'un commun avis, au chiffre de douze, et chacun d'eux aura droit à une pension annuelle, 28 février. En 1315, 15 juillet, il est reconnu que la somme destinée aux moines est trop faible; on l'augmente de 20 livres, qui sont prises sur les 30 que les habitants se sont engagés à payer chaque année à l'abbé, en sus des usages, à raison des nouvelles franchises qu'ils viennent d'obtenir.

La chambrerie, ou office du chambrier, vaqua, en 1318, par la mort de Pierre de Vendres ou celle de son successeur. On profita de cette circonstance pour réorganiser, d'après un plan concerté entre l'abbé et les moines, la chambrerie

---

(1) *H. G. L.* T. II, p. 360 et 699.

et le vestiaire, pour créer des prieurés-perpétuels dans les églises de N.-D.-des-Ayres et de Saint-Jean-d'Orte, et pour mettre sur un meilleur pied la prévôté de Sainte-Croix de Cruzy. La population augmentait ; il fallait augmenter les secours religieux. On verra que l'abbaye se montra toujours pleine de sollicitude pour les besoins religieux des peuples soumis à sa juridiction.

L'office de chambrier fut conféré par l'abbé à Guillaume Roger. Le chambrier était chargé de pourvoir à l'habillement des religieux, de concert avec le moine du vestiaire. Roger dut donc s'acquitter de cette obligation à l'égard des religieux, sauf envers le précenteur, l'ouvrier, le sacristain et l'infirmier; et on lui donna pour remplir sa fonction les usages du lieu de Saint-Anian. Il eut en même temps à sa charge le soin de l'église de Cébazan dont les revenus furent mis à sa disposition.

Le religieux préposé au vestiaire eut à verser au précenteur 50 sous de Tours, à l'ouvrier 40, au sacristain 10, à l'infirmier 20. Raymond Guifred fut nommé à l'office du vestiaire et eut pour remplir sa charge une partie des rentes qui provenaient du moulin d'Estréchoux.

Pierre Martin fut nommé prieur de N.-D.-des-Ayres et eut droit à 30 sétiers de blé et orge à prendre, sur l'aire, des grains de la chambrerie passés au vestiaire, mais il devait verser 10 sous pour la messe anniversaire des religieux défunts, qui était dite le jour de Saint-Hilaire, et autres 10 sous pour la célébration de la fête des saints apôtres Pierre et Paul, dont l'abbé déclara maintenir l'octave dans le monastère. Les charges et avantages du prieuré établi à Saint-Jean-d'Orte et ceux de la prévôté de Cruzy nous échappent, faute de quelques lignes que la dent des rats a détruites; mais la suite du document nous apprend que le prieur de Saint-Jean-d'Orte fut Raymond Ayroher, et que le prévôt de Cruzy fut Sicard d'Assignan.

Les susdits religieux furent officiellement investis de

leurs offices respectifs par l'abbé, en présence de la communauté, capitulairement assemblée au son de la cloche, et des témoins Arnaud de Nébian, vicaire de l'église paroissiale ; Raymond Boyer, clerc de la Redorte ; Raymond Arnaud, clerc de Puy-Serguier, et Pierre Fabre, notaire public. Ils prêtèrent serment de fidélité au seigneur abbé comme à leur suzerain, 18 août 1318 (1).

Le culte religieux, que les dépradations commises par les hérétiques avaient longtemps paralysé, était maintenant assuré dans toutes les dépendances de l'abbaye, grâce à l'initiative de l'abbé, seigneur de Saint-Anian. Un ministre sacré était attaché d'une manière stable à chaque église sous le nom de prieur; on y trouvait, à son défaut, un vicaire. Des transactions avaient été passées avec les habitants par les titulaires, et l'abbé les avait confirmées. Ainsi les archives mentionnent l'accord qui eut lieu entre le chambrier et les gens de Cébazan et l'approbation que lui donna Pierre III, le 25 décembre 1322.

Pierre assista à deux conciles qui se tinrent à Béziers, l'un en 1317 et l'autre en 1327 ; il fut définiteur avec les abbés d'Aniane et de Lodève, en 1329, dans le chapitre des abbés de la province de Narbonne réunis à Saint-Thibéry (2).

Pendant le cours de l'abbatiat de Pierre, survint un événement considérable, auquel notre monastère ne pouvait rester indifférent : ce fut la création de l'évêché de Saint-Pons-de-Thomières. Le pape Jean XXII, pour accomplir les intentions de Clément V, transforma, en 1317, l'église des Bénédictins de Saint-Pons en église cathédrale par une bulle datée d'Avignon. Le 1ᵉʳ mars de l'année suivante, le pontife fixa la circonscription du nouveau diocèse, qui comprit les villes de Saint-Pons, Saint-Anian, la Voulte, Riols, Aygues-Vives, Minerve, Angles, la Salvetat, Olargues et Cruzy. Il

(1) *P. J.*
(2) *Gall. Christ.*

établit dans l'église cathédrale un chapitre formé des moines de l'abbaye. L'*Histoire Générale de Languedoc* dit, au sujet des évêchés qui furent constitués à cette époque : « Les églises des abbayes que Jean XXII érigea en évêchés servirent de cathédrales, et les bénédictins ou chanoines réguliers, à qui elles appartenaient, continuèrent à faire le service divin et composèrent le chapitre sans aucun changement à l'observance régulière ». Pierre IV de Roger fut le dernier abbé du monastère de Saint-Pons et le premier évêque du nouveau diocèse. Il était fils de Pierre Roger, seigneur des Rosiers, dans le Limouzin, et très probablement l'oncle de Pierre Roger qui devint pape sous le nom de Clément VI. Il y eut plus tard dans le monastère de Saint-Pons un religieux appelé Hugues Roger, prieur de l'église de Pardailhan ; il fut fait cardinal et puis élu pape en 1361, pour succéder à Innocent VI ; mais il supplia le Sacré-Collège de changer de sentiments à son égard, à cause de son grand âge (1).

S'il faut en croire l'auteur de la Chronique des abbés de Saint-Anian, l'honneur fait à l'abbaye de Saint-Pons excita la rivalité des moines de notre abbaye, et l'abbé se permit de remontrer au pape et au roi que son monastère était plus ancien et dans de meilleures conditions pour devenir un évêché que le monastère qu'on lui préférait dans ce but. La fin de non recevoir qu'on opposa à sa demande fut pour nos moines un nouveau motif d'animadversion contre ceux de Saint-Pons, leurs supérieurs, et un puissant aiguillon pour secouer leur joug.

Dès ce moment ils mirent tout en jeu pour ravoir leur indépendance. Ils parvinrent à faire reconnaître par Charles IV, roi de France, tous les privilèges et droits que la Monarchie leur avait accordés dans la suite des siècles, 1324. De son côté, Jean XXII déclara, par une bulle du

---

(1) *Hist. de l'abbaye de Saint-Pons.*

30 mai 1331, que le temporel du monastère ne dépendait en rien de l'église romaine (1).

Il résulta que l'abbaye de Saint-Anian fut rendue à elle-même et n'eut à reconnaître dans l'évêque de Saint-Pons que le premier prélat du diocèse. C'est pourquoi, lorsque Raymond, successeur de Roger, se présenta pour accomplir sa visite pastorale dans la paroisse, l'abbé, à titre de curé-primitif, le reçut dans l'église abbatiale; il procura à la célébration de la messe pontificale la plus grande solennité.

Il semblait qu'affranchis de toute entrave, les religieux de Saint-Anian allaient, au milieu d'une paix profonde, reprendre leurs pieux exercices avec une ferveur extraordinaire. Hélas! l'humanité est partout, et parfois les âmes les plus saintes se montrent sujettes à des défaillances qui chez elles revêtent un caractère de plus grande gravité. En 1340, sous SICARD II, abbé, le monastère fut en pleine révolution.

Le scandale qui fut causé arriva par voie de dénonciation aux chefs de l'ordre. Le 7 mai 1341, le chapitre provincial des abbés et prieurs des églises cathédrales et monacales de la province de Narbonne, Toulouse et Auch, eut à s'occuper des troubles qui régnaient dans les murs de notre abbaye. Le 6e des statuts qui furent dressés dans cette assemblée est ainsi conçu : « Item, les dénonciations portées contre Jean d'Ayron, Guillaume de Cambanon, Sicard et quelques autres moines de Saint-Anian, ont été par les abbés de Lézat, Joncels, Saint-Hilaire et Saint-Ferme, présidents du présent chapitre, remises au visiteur des monastères pour, en place et de l'autorité desdits présidents et de la sienne propre, punir et châtier lesdits moines ainsi qu'ils le méritent » (2).

Nous n'en savons pas plus long sur cette affaire. Néanmoins, après avoir déploré un égarement que nous n'étions

---

(1) *P. J.*
(2) *F. P.*, Dioc. de Saint-Pons, p. 501.

pas habitué à voir chez nos moines, nous constaterons la rigueur avec laquelle il dut être réprimé. Les fautes des religieux étaient alors sévèrement punies. Qu'on nous laisse reproduire la scène représentée par une sculpture sur bois qu'on voyait autrefois dans le monastère et qui est aujourd'hui dans l'église de Babeau. Cette pièce offre un moine expiant au fond d'un précipice une conduite moins régulière. Le moine médite, en présence d'une croix de bois et d'une tête de mort, pendant qu'au moyen d'une corde on lui fait descendre un peu de nourriture. C'est plus qu'une allégorie, c'est l'indice d'une séquestration plus ou moins longue qu'on réservait au religieux infidèle à ses devoirs.

L'abbaye eut pour la diriger, à partir de 1350, PIERRE IV DE BOYER, lequel était chambrier, lors de la visite pastorale de l'évêque Raymond, en 1336. Il était né à la Redorte, au diocèse de Narbonne.

Pendant son abbatiat, le beau domaine de Sériège fut ravagé par le prince Noir, 1355. Andoque et Froissard disent, en effet, que le prince anglais, fils d'Edouard III, ayant pénétré dans le Languedoc (par Bordeaux), détruisit les faubourgs de Carcassonne et de Narbonne ; brûla Cabezac, Sériège, Coussergues. Bessan ; prit Capestang, Béziers, St-Thibéry et arriva jusqu'à Fabrègues, couvrant tous ces lieux de ruines et de désolation. Le prince de Galles voulait arriver jusqu'à Avignon ; mais les armées qui se formèrent à la fois du côté de Montpellier et du côté de Toulouse le forcèrent à se retirer en Guyenne. Il revint sur ses pas chargé d'un immense butin, laissant en particulier à notre abbé de grandes pertes à réparer (1).

Pierre IV est rangé parmi les hommes illustres de l'ordre de Saint-Benoît. Ecrivain distingué, il a laissé

---

(1) Andoque. *Hist. de Lang.*, p. 400 et suiv. — Chroniques de Froissart, T. IV, *p.* 168 et suiv.

quelques poèmes et un commentaire fort apprécié de la règle bénédictine. Trithème parle avantageusement de lui dans son livre *Des personnages célèbres de l'ordre de Saint-Benoît*, et Van Haeften en fait le plus grand éloge, au livre *Des études sur les moines*. Pierre IV fut choisi pour présider, en 1350, le chapitre général des provinces de Narbonne et d'Auch, à Carcassonne ; il fut nommé le premier des présidents d'un autre chapitre qui devait se tenir dans cette même ville et, à ce titre, il reçut du pape, avec la mission de défendre les intérêts de l'ordre, le pouvoir de frapper des censures ecclésiastiques tous ceux qui porteraient atteinte aux biens et aux personnes dépendants du chapitre ; il fut aussi définiteur dans plusieurs assemblées, et de plus visiteur des monastères de Septimanie.

Le mérite de Pierre fut reconnu, et sa réputation fut cause qu'on vint prendre l'abbé de Saint-Anian pour le placer sur le siège épiscopal d'Orviéto (Italie), en 1362. Il passa de là à l'évêché de Vaison, en 1370. Six ans après, il revint à sa première église; mais deux ans s'étaient à peine écoulés qu'ayant embrassé le parti de Clément VII (Robert de Genève), il fut déposé de son siège par Urbain VI (1).

Nous dirons plus loin que les habitants du lieu de Saint-Anian durent à Pierre IV de Boyer le bienfait de leur affranchissement, en 1351.

(1) *Gall. christ. (passim).*

III

Le monastère de Saint-Anian sous la juridiction de l'Abbaye de Saint-Victor de Marseille

Le successeur de Pierre IV de Boyer fut Arnaud III de Verdale. Il est probable qu'il appartenait à la maison des Verdale de Carcassonne dont un membre, Arnaud II de Verdale, avait été évêque de Montpellier, 1339-1352. Le pape Urbain V le nomma abbé, *la 3ᵉ année de son pontificat*, qui avait commencé le 6 novembre 1362. Or, le pape Urbain soumit, le 23 janvier 1365, à l'abbaye de Marseille, à ses abbés et à sa discipline régulière le monastère de Saint-Anian avec ses prieurés, granges, maisons, droits, dépendances et personnes tant régulières que séculières. Le 27 novembre de cette année, dit la *France Pontificale*, l'abbé Arnaud et son couvent acceptèrent cette disposition du pontife Urbain; mais il n'est pas certain qu'elle ait sorti son effet aussitôt.

Nous dirons un mot de l'abbaye de Saint-Victor, à laquelle la nôtre fut unie en droit, sinon en fait, de par l'autorité du chef de l'Eglise, et nous signalerons la circonstance qui amena cette union. Urbain V, après avoir été moine au prieuré de Chirac, dans le Gévaudan, fut élu abbé du monastère de Saint-Victor, en 1358. Le Pape Innocent VI utilisa ses grands talents dans diverses légations qu'il lui confia. A la mort d'Innocent VI, le Sacré-Collège, persuadé qu'il ne pouvait remettre les destinées de l'Église universelle en de meilleures mains que celles d'Urbain, plaça cet homme éminent sur la chaire de Saint-Pierre. Le nouveau pape y parut avec l'habit monastique et conservant le titre d'abbé de Saint-Victor. Son élévation au pouvoir suprême lui fournit les moyens de rendre son abbaye prospère et brillante. Par ses soins, les bâtiments furent réparés et le monastère fut entouré de murailles ; un grand nombre de maisons religieuses furent ensuite soumises par lui à l'abbaye. Pour ne citer que celles de nos contrées, avec la maison de Saint-Anian, nous nommerons l'abbaye de Saint-Sauveur au diocèse de Lodève, celle de Joncels, au diocèse de Béziers, et celle de Caunes, au diocèse de Narbonne, qu'il retira de la juridiction des ordinaires.

Arnaud III fut définiteur au chapitre provincial de 1370. En 1374, il assista au concile provincial convoqué dans l'église de Narbonne. Tel était le but de ce concile. Ému du relâchement qui gagnait le clergé et qu'on attribuait à l'interruption des conciles particuliers, Grégoire XI avait ordonné que les évêques réuniraient le clergé séculier et régulier, en vue des réformes à apporter à la discipline ecclésiastique. Il fallait recourir aux grands moyens pour raffermir l'esprit de foi et les bonnes mœurs dans les rangs du clergé, qu'on devait rendre capable d'éclairer et de soutenir les peuples dans ce siècle éprouvé par les terribles fléaux qui démoralisent la société, la guerre, la peste et la famine. Pour y parvenir, le chef de l'Église voulait mettre à contribution toutes les forces dont il pouvait disposer : les abbés devaient se prêter aussi bien que les évêques, et les prêtres réguliers devaient s'unir aux prêtres séculiers. Pierre de la Judie, archevêque de Narbonne, reçut, le 30 juin 1373, l'ordre d'appeler autour de lui, dans l'espace de six mois, les évêques, les abbés et les prélats exempts, même ceux de l'ordre de Cîteaux, qui se trouvaient dans la province. Le concile ouvrit ses séances, le 15 avril 1374. On y remarqua les évêques Sicard de Béziers, Pierre de Carcassonne, Bernard d'Alet, Jean de Saint-Pons, Hugues d'Agde. Ceux de Montpellier, de Nîmes, d'Uzès et de Lodève envoyèrent leurs procureurs. Parmi les abbés figurèrent Guy, abbé de Grasse; Embrun, abbé de Caunes; Étienne, abbé de Quarante; Pons, abbé de Saint-Thibéry; Pierre, abbé de Joncels, et Arnaud, abbé de Saint-Chinian. On dressa vingt-huit canons de discipline sous l'œil ombrageux du duc d'Anjou, qui avait déjà fait défense au concile de rien décider de contraire aux intérêts du roi (1).

Les règlements du concile produisirent en général d'heureux résultats. Pourquoi faut-il qu'en particulier le monastère de Saint-Anian n'ait pas en tout tenu compte de ses sages prescriptions? Il y eut de nouveaux troubles dans son sein, et ils furent tels que le chapitre provincial de 1379 dut s'en préoccuper. Par le 14e de ses statuts, il ordonna la visite et la réformation de la maison par les soins des abbés de Saint-Hilaire et de Saint-Polycarpe. Nous ignorons la cause du désordre, mais nous savons certainement que l'abbé Arnaud avait beaucoup de peine à contenir ses religieux (2).

Parmi les documents relatifs à l'administration d'Arnaud se trouve une transaction passée entre les habitants de Cruzy et l'abbé, le 6 avril 1388, au sujet des dîmes et prémices dues au monastère. Cette transaction mit un terme aux différends, en fixant la quantité de blé, de raisin, de chanvre et autres denrées, ainsi que le nombre d'agneaux qui devaient en même temps être remis à l'abbé sans contestation. Il y a aussi la quittance d'une somme de 120 francs d'or payée par Guillaume-Bernard de Durfort, sieur de Villesèque, du diocèse de Carcassonne, le 10 septembre 1391, pour le prix de l'arrentement des biens du monastère, en présence de Guillaume de Sicard, religieux de Saint-Anian; de noble Bertrand de Bernard, seigneur de Verdale, etc.

Or, cette même somme fut donnée le même jour au sieur de Villesèque comme la dot de Cécile Bernarde, nièce de

(1) *H. G. L.*, T. VIII, p. 278.
(2) *F. P.,* Dioc. de Saint-Pons, p. 103.

l'abbé Arnaud et épouse du susdit sieur de Villesèque. En outre, il y a une quittance du 11 novembre suivant, faite par l'abbé à Guillaume Sicard, moine et ouvrier de Saint-Anian, à raison d'une somme de 100 fr. d'or, versée par ce dernier à titre de rentes du monastère.

L'abbé qui siégeait en 1400 était SICARD III° du nom. Cette date est celle d'une transaction faite entre l'abbé et les moines, à l'occasion des pensions que ces derniers recevaient de l'abbé pour leur entretien. Chaque jour la vie devenait plus chère, l'argent perdant de sa valeur; c'était une source de difficultés. Pour avoir la paix, l'abbé fut forcé d'augmenter le traitement qu'il faisait à ses religieux. On voit dans cette transaction qu'il y avait toujours douze bénédictins dans le couvent (1).

Le 16 mai 1401, l'abbé JEAN 1er se fit remarquer au chapitre provincial qui se tint à Carcassonne, dans la maison des Frères-Prêcheurs : il figurait parmi les quatre définiteurs. L'assemblée lui confia la mission de visiter les monastères de Villemagne, de Joncels, de Saint-Thibéry et d'Aniane, et le désigna en même temps pour présider le prochain chapitre provincial avec les abbés de Sorèze, de Montoulieu et de Saint-Polycarpe. Il présida aussi le chapitre de 1410 avec les abbés de Simorre, de Saint-Polycarpe et de Villemagne. Les Historiens de Languedoc signalent sa présence au concile de Pise en 1409. On sait que ce concile eut pour motif le schisme qui désolait l'Église, et qu'on y déposa les deux prétendants de l'époque à la papauté, « coup terrible, dit Bossuet, qui fut le prélude de son extirpation complète ». Tous les abbés de la province y assistèrent ou y furent représentés (2). Jean 1er

(1) *Arch. du Presbytère.*
2) *H. G. L.*, T. VII, p. 346.

garda la crosse abbatiale jusqu'en 1430, d'après dom Martène ; mais d'autres prétendent que Raymond II était abbé de Saint-Anian en 1425.

Quoi qu'il en soit, RAYMOND II présida le chapitre provincial de Carcassonne, en 1444, et fut définiteur dans celui de 1448. Il eut un procès avec les habitants de Cruzy touchant la rente des olives qu'ils devaient au monastère ; les habitants furent condamnés à payer la dîme de ce fruit. Raymond vivait encore en 1452, mais il n'était plus à la tête de l'abbaye.

Il y avait, en effet, deux ans que l'abbaye était gouvernée par RENAUD DE VALLONE OU DE VALON. Cet abbé mérita bien du pays et de l'abbaye. Il renouvela, en 1461, les traités qui avaient été faits dans le temps entre les habitants et le monastère pour leurs avantages réciproques, et, en 1465, il accorda, pour assurer la paix et la concorde entre la ville et l'abbaye, des franchises très étendues. La charte célèbre qu'il donna, en cette dernière circonstance, mit fin, en effet, à une foule de procès et régla avec équité et sagesse les rapports qui devaient exister entre les abbés et les consuls et habitants, manants ou forains. Le nom de Renaud de Valon fut toujours vénéré ; il a survécu à la Révolution.

Après Renaud de Valon, ANTOINE DE NARBONNE fut intronisé dans l'abbaye. Son nom fait penser à la noble et puissante famille de Narbonne d'où il était sorti. La *Gallia Christiana* le présente comme un homme distingué par ses qualités autant que par sa naissance et, pour cela, choisi à l'effet de présider une foule de chapitres généraux de l'ordre, dont l'un tenu au mas d'Azil et un autre à Toulouse, dans l'église de N.-D.-de-la-Daurade.

Jusqu'à ce moment, rien dans nos archives ne nous a

permis de faire assister le lecteur à la prestation du serment de fidélité par nos abbés au roi leur souverain seigneur. Nous rencontrons aujourd'hui sur nos pas Jean II de la Garde, d'aucuns disent de la Coude, faisant le dénombrement des biens de l'abbaye par devant le sénéchal de Carcassonne et de Béziers, et déposant entre ses mains l'hommage et le serment de fidélité dus au roi son suzerain, 16 décembre 1517. Par contre, l'année suivante, il exige l'hommage et le serment de Bernard d'Aubussagues, auquel il a inféodé l'office de sacristain et de prieur claustral et baillé en emphytéose certains biens du monastère. Obligés de se reconnaître vassaux du prince, les abbés se posaient en suzerains vis-à-vis de leurs moines (1).

Guillaume III, de la noble maison de Caissac, en Auvergne, devint abbé de Saint-Anian, en 1540. Il était fils de Nicolas de Caissac, seigneur de Sédages, Armagnac et autres lieux. En prenant possession de l'abbaye, il fit son recensement et jura fidélité. Après avoir investi frère Guy de Journaux de l'office de sacristain, 1542, il se retira chez son père et de là dirigea les affaires de la communauté, tantôt par lui-même, tantôt par un vicaire général.

Une première fois, le 5 juin 1544, il institua frère Etienne Pigeaire son vicaire au temporel et au spirituel; puis, il le remplaça par Antoine du Moulin, qui donna à Pigeaire l'office d'infirmier. Il revint ensuite à Pigeaire qui permit à Pierre de Tarboriech, habitant du lieu, d'élever un colombier, en 1554. Un peu plus tard, il data de Sédages l'inféodation qu'il fit lui-même au frère Vitalis de l'office de chambrier (2).

On voit que cet abbé ne résidait pas, au moins d'une manière suivie, dans son monastère, et on n'a, pour expli-

---

(1) *F. P.*, Dioc. de Saint-Pons, p. 605.
(2) *F. P.*, Dioc. de Saint-Pons, p. 605.

quer l'état d'abandon où il laissait l'abbaye, que l'institution des abbés commendataires dont l'exemple semblait autoriser Guillaume à s'affranchir du devoir de la résidence, quoique encore il fut abbé régulier, puisqu'il avait conservé l'autorité spirituelle.

GEORGE D'ARMAGNAC ouvrit chez nous la série des abbés commendataires, qui devait être généralement nuisible à la ferveur des cloîtres et devenir une cause fatale de décadence pour leur gloire des jours précédents.

D'après le concordat conclu entre Léon X et François Ier, la nomination des abbés appartenait au roi et au pape. Bergier dit à son sujet : « Si le prince et le pontife s'étaient réservé le droit de nommer exclusivement les abbés, c'était pour soustraire leur choix aux influences des puissants du jour qui s'arrogeaient ces dignités, en entreprenant sur leur autorité et leur direction. » Mais il n'est pas moins vrai que, dès ce moment, le roi tint dans sa main tous les biens des abbayes, qu'il en disposa à son gré et en jouit parfois par le droit de régale. Il est certain que ces abbés d'un genre tout nouveau et qui par le fait n'étaient que des administrateurs de biens ecclésiastiques, sans aucune juridiction spirituelle, ne se croyaient pas obligés à la résidence, qui d'ailleurs eût été souvent impossible ; ils se tenaient habituellement loin de leurs monastères et en laissaient le soin à l'un des moines institué leur vicaire pour le temporel, quand ce n'était pas une personne laïque.

Lorsqu'ils se rendaient dans leurs abbayes, c'était pour régler des questions litigieuses avec les habitants, ou pour débattre avec les religieux le prix de leurs pensions ; et ils avaient hâte de quitter ces maisons de solitude pour rentrer à la Cour, ou pour siéger au Parlement. Or, pendant le court séjour qu'ils faisaient dans le couvent, ils ne pouvaient se contenter de l'habitation modeste des moines ; il leur fallait des appartements à part et richement décorés. C'est, sans doute, à nos abbés commendataires que l'on doit attribuer la construction de la partie du monastère qu'on appela le dôme, ou pavillon, bâti sur la route de Béziers, entre cour et jardin. On était donc bien loin des Benoît de Mont-Cassin et d'Aniane.

Les malheureux cénobites ne furent pas seulement privés du privilège de désigner eux-mêmes, pour les conduire dans les voies de la perfection monastique, le plus éclairé, le plus vertueux et par suite le plus digne d'entr'eux; ils eurent à subir le spectacle du faste des grands seigneurs qu'on leur imposa pour maîtres, et à gémir de les voir plus occupés du produit de leurs bénéfices que du progrès spirituel des communautés. Autrefois les rentes des maisons religieuses se consommaient sur place; une partie, peut-être la plus considérable, prend désormais une direction lointaine. Donc, l'abbaye de Saint-Anian n'a plus d'abbé en titre; et l'abbatiat, qu'ont illustré tant d'hommes pieux et savants, doit vaquer jusqu'à la fin du monastère, c'est-à-dire jusqu'à la Révolution.

Lorsqu'il fut nommé abbé de Saint-Anian, George d'Armagnac était cardinal-évêque de Rodez et administrateur des diocèses de Vabre et de Lectoure. Prévit-il les difficultés qu'il devait, un jour ou l'autre, rencontrer dans l'abbaye, ou bien la délicatesse de sa conscience le poussa-t-elle à décliner la responsabilité de ce cumul de bénéfices? Après cinq mois, il se démit du monastère en faveur de Nicolas de Salerne, florentin, protonotaire apostolique.

On sent bien que presque partout les moines ne devaient accepter qu'à contre-cœur le nouvel état de choses : il suscita, en effet, les plus opiniâtres résistances. Les abbés commendataires étaient regardés comme des intrus. Pour parvenir à se faire tolérer, ils durent se montrer bons princes.

Installé le 24 avril 1535, Nicolas ne tarda pas à se rendre compte des dispositions des esprits. Les religieux demandèrent des concessions qui lui parurent exagérées. Il s'agissait du prix des pensions monacales et du mode de leur paiement. Le 3 février 1559, de guerre lasse, il finit par transiger avec eux sur ce chapitre. Mais cela n'empêcha pas qu'il n'eût à soutenir des luttes sérieuses pour d'autres questions qui ne furent résolues qu'en 1562.

Les moines, jusqu'en 1559, avaient toujours pris leur réfection, séparés les uns des autres ; ils résolurent de se réunir dans un seul et même local pour leurs repas. Était-ce par mesure économique, ou éprouvaient-ils le besoin de se rapprocher entr'eux pour être plus forts contre l'ennemi commun, leur maître ? C'est alors qu'ils construisirent le vaste réfectoire qu'on voit sur le plan de la construction du monastère, joignant le cloître, à l'ouest (1).

Tournons nos yeux vers l'église du lieu pour voir ses rapports avec le couvent et étudier la condition du service paroissial. Le sacristain de l'abbaye est prieur de N.-D.-de-la-Barthe, où le culte est célébré toujours par un vicaire ; mais celui-ci s'efface, dans les grandes solennités, devant le prieur qui entend exercer les droits de curé-primitif attachés à la mense de l'abbé. Le prieur cependant, avec l'approbation de l'abbé, lui a assuré l'existence et les moyens de remplir sa charge depuis le jour où il a été reconnu vicaire perpétuel ; au lieu de la portion congrue, il lui a cédé des droits aux dîmes qu'il prélevait lui-même à raison du service religieux. Un jugement rendu par le sénéchal de Béziers fait connaître les rentes qui ont été affectées au vicaire perpétuel, 1556. On reconnait à « Domaison, vicaire perpétuel en l'église de N.-D.-de-la-Barthe, son droit de prémice et on condamne par provision les consuls et habitants à lui payer, par an, trente sétiers de bled et de tous aultres grains un sétier, soixante charges de foin, une charge de vin, soixante chevreaux ou agneaux, soixante quintaux de

---

(1) *Gall. Christ.*

laine, ung couchon sur chaque treize et de chaque maison nourrissant de poulaille une poule, un quintal de lin chanvre et enfin soixante *fours* d'oignons (1) ». En dehors de son service, le vicaire perpétuel devait contribuer aux réparations à faire à l'église et, de plus, payer de sa personne pour la garde du lieu, en temps de paix comme en temps de guerre, en vertu d'une sentence du sénéchal, du 15 septembre 1549 (2). Cette date n'indiquerait-elle pas que la situation du vicaire fut réglée à l'occasion du Concile de Trente ? Nos vicaires perpétuels datent-ils de cette époque seulement dans l'église de N.-D.-de-la-Barthe, ou remontent-ils à l'époque des conciles du XIIe siècle, présidés par Alexandre III et Innocent III, qui forcèrent les curés-primitifs à avoir des vicaires perpétuels ?

Les consuls et habitants trouvaient cependant le droit de prémice exorbitant ; c'est pourquoi ils avaient refusé de s'y soumettre. Ils relevèrent appel de la sentence qui fut rendue contr'eux ; mais, « à cause des troubles et guerres civiles, l'instance demeura pendante au parlement de Toulouse jusqu'en 1611, époque où il fut fait une transaction entre le vicaire Baudema et la communauté (civile) (3) », dont nous parlons plus loin.

Nous touchons à des temps biens durs : les protestants vont faire revivre les horreurs commises jadis par les Albigeois.

HIPPOLYTE D'EST, cardinal de Ferrare et archevêque de Narbonne, déjà pourvu des abbayes de Fontfroide et de Fontcaude, obtint en 1562, toujours en commende, l'abbaye de Saint-Chinian. Les gens de la religion réformée ne tardèrent pas à mettre tout à feu et à sang dans le Languedoc. Comme les sectaires qui les avaient précédés, ils s'acharnè-

---

(1) (3) *P. J.*
(2) *Sentence du Sénéchal* du 17 novembre 1549.

rent contre les églises et les monastères. La florissante abbaye de Saint-Anian ne devait pas manquer d'attirer la rage des nouveaux barbares. On vit, en effet, arriver le baron de Faugères à la tête d'une troupe de fanatiques. Il s'empara de la ville et détruisit presque entièrement les murs de l'abbaye. La date néfaste de ce désastre est le 29 septembre 1567.

Le 1ᵉʳ octobre, le monastère de Saint-Pons tomba pareillement sous les coups démolisseurs du vicomte de Saint-Amans. La manière dont fut traitée l'abbaye de Thomières nous apprendra, en l'absence d'autres documents, ce qui dut se passer chez nous. « Sous la conduite du vicomte de Saint-Amans, les huguenots, invités et incités par quelques esprits de la ville irrités contre les moines, entrèrent par la porte qui était près de l'évêché et, sans faire aucun mal à la ville (elle était vendue à l'hérésie), ils ne s'en prirent qu'à ce qui était sacré. Ils donnèrent véritablement la vie aux religieux, mais ce fut à la condition qu'ils leur abandonneraient le fort; c'est ainsi qu'on appelait l'enclos du monastère. Ils en retinrent quatre qui s'engagèrent à découvrir le trésor de l'église et tout le reste. Ils retirèrent donc tout ce qu'il y avait d'ornements et d'argenterie dans l'église. Il y avait un grand nombre de châsses d'or et d'argent où reposaient des reliques considérables de plusieurs saints, qui devinrent la proie de leur féroce impiété. Ils mirent au pillage tout ce qu'il y avait de meubles dans le monastère, de titres et documents dans les archives. Ils n'épargnèrent pas le magnifique édifice de l'église, construit à grands frais d'un beau marbre ; les grands arcs qui restent encore sont des témoins aussi illustres que *néfastes*. Des quatre clochers ils en renversèrent trois et emportèrent toutes les cloches » (1).

Le monastère de Saint-Anian resta à l'état de ruine jus-

---

(1) *Notice sur Saint-Pons.*

qu'en 1571, et il est probable que les membres de la communauté vécurent dispersés en dehors du monastère, car le vicaire de N.-D.-de-la-Barthe étant mort en 1569, un prêtre du nom de Jean Cabrol s'adressa à Rome pour obtenir des lettres portant provision de la vicairie-perpétuelle, et fut mis en possession, le 26 mai de la susdite année, par un prêtre de Saint-Chinian, étranger au monastère, Jean Roucairol, « après avoir présenté à noble Jean de Mandajors sieur de Solanters, vicaire général de l'évêque de Saint-Pons, lesdites lettres et l'ordonnance de la Chancellerie y relative ». Ce ne fut qu'en 1571 qu'Hippolyte d'Est put entreprendre la restauration du monastère, mais pour pouvoir faire les travaux, il fut forcé à aliéner entièrement le magnifique domaine de Sériège. Une fois commencées, les constructions marchèrent à souhait. L'abbé n'eut pas cependant la satisfaction de les voir achevées; il mourut à Rome le 2 décembre 1572. Il n'y eut point d'abbé jusqu'en 1585; néanmoins, les réparations se continuèrent sous la direction d'un économe chargé de les mener à bonne fin.

Les constructions nouvelles étaient à peu près terminées en 1578, et l'on s'attendait dans le couvent à des jours tranquilles, quand le calviniste Bacou, originaire de Pierrerue, village voisin, vint avec une forte troupe piller et abattre le monastère. Les moines purent échapper à la mort, mais on ne parvint à sauver ni leurs effets ni leurs papiers, qui furent livrés aux flammes pendant qu'on renversait les murs de l'abbaye. Dans cette fâcheuse conjoncture, les religieux furent recueillis par le sieur Dichéry ou d'Icher, propriétaire du Tandon, résidant à Saint-Chinian.

Lorsque les huguenots eurent disparu, Dichéry s'occupa de la situation de l'abbaye. Il écrivit à Jérôme Tudesque, clerc de Reggio, vicaire général de l'évêque de Narbonne, qui était chargé des affaires du monastère, pour l'informer du cruel événement et solliciter son concours pour relever au plus tôt les ruines qu'avaient faites les fanatiques. Jérôme Tudesque répondit que le couvent serait rétabli sans tarder.

De nouveau on mit la main à l'œuvre, mais les opérations se firent lentement. Pour les activer, le chevalier Jacques Pelet, seigneur de la Vérune, procureur de noble Jean de la Mosson, conseiller du roi et gouverneur des ports de la province, fut établi, en 1582, économe de l'abbaye, en vertu des Lettres-Patentes du roi.

Il engagea pour cinq ans les fruits du monastère et, grâce aux fonds qui lui furent avancés et aux secours que lui apportèrent les habitants, il poursuivit avec succès la reconstruction des bâtiments.

Jacques Pelet avait un neveu, probablement moine puisqu'il est désigné sous le nom de frère Jean Pelet, qui fut docteur en droit et chanoine de Montpellier. Le choix de Jean pour l'abbatiat de Saint-Anian était naturellement indiqué par les services qu'avait rendus Jacques Pelet; Jean ne pouvait, d'ailleurs, que prendre intérêt à l'abbaye que son oncle avait, en quelque sorte, fait revivre.

La date de la nomination de JEAN III PELET nous échappe, mais nous avons trouvé qu'il était en possession de son bénéfice en 1585 (1). Il avait pour vicaire général un religieux de Saint-Pons, auquel il avait donné l'office de sacristain : un acte de 1585 le mentionne sous le nom de Louis Cabrol. Cet acte montre que, le 13 mars de cette année, le frère Cabrol bailla en emphytéose perpétuelle aux frères Hugues et Louis Salvagnac, du lieu de la Servelière, une terre sise au ténement des Pradassés, à l'usage de six deniers tournois. Cabrol déclare « avoir heu et receu, pour l'entier lods dû à l'abbé, une journée d'homme avec deux ânes employés à charrier du sable pour remettre *l'église de*

(1) P. J.

l'abbaye ruinée. » Nous pouvons donner d'autres détails sur l'administration de Cabrol. Cette même année, au nom et à la place de l'abbé, Cabrol prêta son concours aux habitants pour relever l'église paroissiale que les hérétiques avaient également démolie. En 1592, il mit en possession de la charge de capiscol le frère Nicolas Dichéry, membre de la famille de ce nom, si dévouée aux moines, surtout pendant les heures de crise pour le couvent. Dans le courant de l'année, il présenta à l'évêque de Saint-Pons, Pierre de Fleyres, le prêtre Baudema pour le faire agréer comme vicaire perpétuel dans l'église de N.-D.-de-La-Barthe (1).

Mais Baudema, on ne dit pas pour quel motif, ne prit possession que le 21 janvier 1593 de « l'église de N.-D.-de-la-Barthe et de celle de Monsieur Saint-Celse en dépendante, vacantes par le décès de Raymond Dombas..., en vertu des titres de provision et de collation à lui faites par Monseigneur l'Évêque de Saint-Pons ». S'étant présenté devant l'église paroissiale, « il fut reçu par frère Jean Delouvrier, ouvrier et prieur claustral du monastère et abbaye du dit lieu. » Et après qu'il eut promis, en présence « des consuls Routaoult et Lacourt, de faire tout comme ses prédécesseurs, le prieur le prit par la main et le mit en possession d'abord de l'église de N.-D.-de-la-Barthe....., et ensuite de l'église de Saint-Celse où ils s'étaient transportés » (2).

Jean III Pelet, après avoir coopéré à la réédification du monastère, résigna son bénéfice ou peut-être mourut, en 1593; il était fils de Étienne Pelet et de Jeanne d'Orléans.

Le fils de Jacques Pelet fut alors investi de l'abbatiat : GUILLAUME IV PELET DE LA VÉRUNE entra en jouissance de ses droits, le 16 mars 1593, par procureur, mais ce fut pour peu de temps, car il se démit l'année suivante de son titre.

(1) *F. P.*, p. 606.
(2) *P. J.*

Guillaume fut prévôt de l'église cathédrale de Montpellier et grand vicaire de l'évêque siégeant.

Lorsque Guitard de Ratte, abbé de Val-Richer, au diocèse de Bayeux, fut chargé de l'abbaye de Saint-Anian, 15 février 1596, une grande effervescence régnait parmi les moines. Jacques de Ribes s'était inutilement présenté comme vicaire général de l'abbé de Saint-Victor de Marseille, pour introduire des réformes dans le monastère. Les religieux furent assignés au parlement pour avoir refusé de les accepter. L'arrêt qui fut rendu, le 8 octobre 1597, les condamna à se reconnaître dépendants de la maison de Saint-Victor. Mais trop jaloux de leur liberté et trop fiers du titre d'abbaye royale accordé dans l'origine à leur monastère, ils refusèrent de se soumettre (1).

L'abbé de Ratte, nous le dirons plus tard, dut sa promotion aux abbayes de Val-Richer et de Saint-Anian et aussi à l'évêché de Montpellier au zèle qu'il avait mis à servir les intérêts du roi Henri IV. Il vécut jusqu'au 17 juillet 1602, préoccupé, d'un côté, par les difficultés que son abbaye de Saint-Anian avait avec les moines de Saint-Victor et, de l'autre, par les luttes qu'il avait à soutenir contre les prétentions toujours croissantes que les protestants de Montpellier élevaient depuis l'édit de Nantes. Il eut pour procureur général, à Saint-Anian, « le frère Jean Delouvrier, prieur claustral, bachelier en droit canon, lequel bailla, le 14 janvier 1602, à nouvel achept et inféodation perpétuelle pour le profit de l'abbé et l'augmentation de l'abbaye, à Pierre Salvagnac du masage de La Servelière, terroir de Saint-Anian (désormais Saint-Chinian), une terre *herme* et inculte de dix sétérées, à l'usage de six deniers par sétérée et du dixième de tous les fruits y excroissants » (2).

(1) *F. P.*, p. 607.
(2) *P. J.*

L'abbaye resta-t-elle vacante après la mort de Mgr de Ratte ? Pierre de Réveilles, chanoine de Paris, ne fut nommé abbé que le 10 mai 1606, pour ne prendre possession du bénéfice que le 28 août 1608. En présence du refus obstiné que les religieux faisaient de reconnaître l'abbé de Saint-Victor pour leur supérieur, le parlement avait été appelé à donner, le 10 août 1606, un nouvel arrêt qui confirma le premier ; mais le conflit ne s'était pas de si tôt apaisé, et c'est sans doute ce qui explique le retard que mit Pierre de Réveilles à prendre la direction du monastère. Pendant ce temps, Jean Roger, provincial des abbayes des provinces de Toulouse et de Narbonne, fut constitué administrateur de la maison de Saint-Chinian. Sur les instances de quelques-uns des moines, il fit décréter l'union du monastère à la congrégation des Exempts. On crut par là faire rentrer la paix dans l'abbaye. C'était cependant mal apprécier le tempérament de nos religieux : ils ne voulaient, au fond, dépendre de personne. L'union ne put se réaliser, au moment voulu.

Nous avons dit que le procès entre les habitants et le vicaire perpétuel au sujet de la prémice devait rester pendant jusqu'en 1611. Il y eut, cette année, une transaction et l'abbaye intervint. Le vicaire Baudema consentit à réduire les chiffres de la prémice, et les consuls Balthasar de Bosquat, Jean Boutes et Michel Tarboriech s'engagèrent, en retour, à faire apporter les dîmes dans la maison des vicaires aux frais des habitants ; ils déchargèrent, en outre, lesdits vicaires des réparations et des dépenses qui leur incombaient du côté de l'église. De plus, le sacristain de l'abbaye, qui était prieur de l'église, se dessaisit, en leur faveur, de l'offrande du pain et du vin qui se faisait dans l'église paroissiale, à l'occasion des fêtes de Pâques, Pentecôte et la Toussaint, à condition d'être, lui aussi, dispensé de contribuer aux réparations. Les vicaires n'eurent plus à faire la garde personnelle du lieu, pas même en temps de guerre, ni à servir le repas dit *des âmes*, le jour des morts, aux ouvriers bassiniers de l'église. La transaction eut pour témoins le sieur de Cabrol, prieur-mage de l'église cathédrale de Saint-Pons ; Pierre Tarboriech, docteur en théologie, religieux de Saint-Anian; Antoine Capre, bourgeois de Serignan, etc., et Pierre de Planès, notaire (1).

Les religieux de Saint-Anian acceptèrent cependant la visite du vicaire général de l'ordre de Saint-Victor, en 1615. Henri Fornier, assisté du sieur de Ribbes, prieur de Cédras, diocèse de Nimes, à titre de promoteur, arriva dans notre ville, le 23 décembre, au soir. Il descendit à l'auberge des Trois-Rois, bien que le prieur de Bosquat lui offrît l'hospitalité dans le couvent. Le lendemain, il fut reçu dans l'église du monastère et exposa les ordres qu'il avait à transmettre aux religieux. Ceux-ci s'écartèrent pour délibérer et reparurent pour déclarer qu'ils se soumettraient à ce qu'on exigeait d'eux « sous la réserve des protestations que venait de rédiger Tiffis, notaire de Cessenon » (2).

Dans la réunion qui eut lieu le 25 décembre, le prieur, en tant que vicaire général de l'abbé, fut interpellé sur la situation du monastère. Il énuméra les droits et les charges du seigneur abbé, et détailla, après cela, les dîmes prélevées par les officiers claustraux. « L'abbé, dit-il, comme seigneur, prend les droits seigneuriaux portés en ses reconnaissances ; il a des moulins à blé, à huile, des fours banniers ; il lève des dîmes à Saint-Chinian et à Cruzy. Les fermiers des droits de l'abbé ont à compter 2.000 livres et prennent à leur charge les pensions dues aux religieux, les aumônes que fait l'abbé depuis la Toussaint jusqu'à la fête de Saint Jean-Baptiste, les honoraires du prédicateur du carême, les rentes à faire au clergé paroissial, etc. — Le sacristain a la dîme de toute l'huile de Saint-Chinian, autres dîmes et droits de

(1) P. J.
(2) P. J.

directe, s'élevant de 400 à 500 livres, et les fruits de la métairie, des prés et champs appartenants à son office; il est prieur de l'église paroissiale de Saint-Chinian. — Le capiscol a le revenu d'un pré, à la Rive, qui donne 40 livres; il est prieur de l'église de N.-D. de Nazareth. — L'infirmier n'a que le temporel et un jardin; il jouit de la dîme des lieux *chanvriers* et d'autres certaines dîmes avec le droit de directe au terroir de Saint-Laurent et aux jardins de l'Horte haute, pouvant valoir 30 livres de rente annuelle. — L'ouvrier prend ses revenus au terroir de Lodéran et à la métairie du baron de Puy-Serguier, dite Saint-Bauzille (Cébazan), consistant en dîmes des fruits excroissants, 50 ou 60 livres. — Le camérier, enfin, prend la 3ᵉ partie des fruits décimaux de Cébazan où il fait le service divin, et arrente ses droits pour 60 livres; il a, en outre, une directe de deux ou trois maisons. — L'abbé et le sacristain s'occupent, à cette heure, de racheter quelques immeubles aliénés » (1).

Le 26 décembre, nouvelle réunion, dans laquelle il fut question des réformes à établir. Le promoteur commença par représenter au vicaire général Fornier que l'ordre de Saint-Benoît, pour reprendre son ancienne splendeur, devait faire cesser dans toutes les abbayes les désordres « qui existaient à la suite des guerres passées ». « Le culte, dit-il, est mal fait; les moines ne portent plus leur costume en son entier, ils s'absentent de leurs couvents sans être autorisés, logent en ville et se font servir par des femmes. Il y a des abus dans les délibérations capitulaires. On reçoit des religieux sans qu'ils aient fait leur noviciat; on empiète, d'un autre côté, sur les droits des évêques pour les confessions, etc. » Pour ce qui concernait spécialement le monastère de Saint-Anian, le promoteur déclara avoir appris « qu'Antoine Belot, camérier, résidait actuellement à Toulouse, malgré les ordres réitérés que le prieur claustral lui envoyait de

(1) *P. J.*

rentrer, et que, là, il entretenait une guerre acharnée contre le prieur et les religieux, les traînant et au parlement et au conseil du roi, etc. » Et le promoteur conclut à la réformation de tous les abus qu'il pourrait y avoir dans le monastère (1) ....

Sur les remarques et observations faites par Fornier, les religieux promirent d'accomplir toutes les réformes que réclamait la situation du couvent, notamment de veiller sur les novices que dirigeait le capiscol. Le prieur de Bosquat, l'ouvrier N...., le capiscol Pierre Tarboriech, l'infirmier Pierre Balthasar et les frères Sadde, Gizard, Fuzier et Granier souscrivirent à l'ordonnance que rendit, séance tenante, le vicaire général de l'ordre.

Félicien du Faure, chanoine de l'église de Grenoble, fut donné au monastère pour abbé, l'année suivante, 1616, mais ne prit possession de l'abbaye qu'en 1617, le 2 mai, par procureur. Le lecteur assistera peut être avec plaisir à la cérémonie de sa réception, dans laquelle la ville comme le monastère devaient intervenir. Louis de Bosquat, religieux sacristain, official de l'évêque de Saint-Pons, avait été désigné par le pape pour donner au sieur du Faure l'investiture de l'abbatiat de Saint-Anian. Un prêtre du diocèse de Grenoble, nommé Garnier, se présenta à lui au nom et en place de Félicien, pour qu'il fût procédé à l'installation du nouvel abbé dans sa personne, et, à cet effet, lui apprit qu'en vertu des concordats passés entre les rois de France et le Saint-Siège, le roi avait promu messire du Faure à la commende du monastère et que le pape lui avait accordé ses bulles. Sur la convocation de l'official, on vit arriver dans sa maison, d'un côté les religieux profès Louis d'Icher, ouvrier; Pierre Barbe, infirmier; Picon, Tailhades, Antoine

(1) P. J.

Gizard et Jacques Romieu, faisant la plus grande et plus saine partie du chapitre du couvent, et de l'autre, maîtres Jean Boutes, Jean Siffre et Antoine Robert, consuls, assistés de plusieurs notables du lieu. Ayant été avisés de la demande du procureur de Félicien du Faure, les consuls et les religieux se retirèrent pour délibérer à ce sujet........

C'était un jour de dimanche. Quand l'heure de la messe arriva, l'official suivi du procureur s'acheminèrent vers l'église de l'abbaye. Le notaire Diffis et les témoins Baudema, prêtre, et Jean Tarboriech et Granier, bourgeois, venaient après eux. Comme ils arrivaient sur le plan de l'église abbatiale, les religieux en habit de chœur et formant procession, avec les consuls et les habitants, allaient à leur devant au chant du *Veni, creator spiritus*. Le procureur formula, en présence du cortège, la demande de l'installation de l'abbé.

Les bulles et la procuration furent lues à haute et intelligible voix. Les religieux, par la bouche de frère d'Icher, déclarèrent accepter le sieur du Faure pour abbé, consentant à ce qu'il prît possession du monastère dans la personne de son fondé de pouvoirs, à la condition toutefois de jurer, lorsqu'il entrerait dans le couvent, d'observer les statuts du chapitre, de payer les droits accoutumés, de donner comme ses prédécesseurs une chapelle ou gage de joyeux avènement, et enfin de maintenir les religieux en la jouissance des privilèges accordés et des transactions accomplies ci-devant. Les consuls s'avancèrent ensuite, et le sieur Boutes, au nom de ses collègues et de l'université, protesta qu'il ne serait mis aucun empêchement à la possession par le seigneur abbé des droits temporels du monastère, réclamant néanmoins pour les habitants le maintien des facultés, libertés et franchises dont le pays avait bénéficié jusqu'alors.

Le notaire ayant pris acte de tout, l'official déclara : « l'abbé du Faure être mis en possession et jouissance de l'abbaye et commende d'icelle, tant au spirituel qu'au temporel, des fruits, profits, revenus et émoluments en dépendants, enjoignant aux religieux de lui rendre et porter le respect, révérence et obéissance requis, et, aux sujets, vassaux et emphytéotes de lui payer dorénavant les droits et devoirs accoutumés, et faisant inhibitions et défenses à toute personne qu'il appartiendra de ne le troubler en sa dite possession, sous peine d'excommunication. »

Cela fait, le sieur Garnier fut introduit dans l'église au chant du *Te Deum*; il baisa l'autel et gagna la chaire abbatiale pour entendre la messe. L'office achevé, les religieux vinrent lui donner le baiser de paix, et les notables lui offrirent leurs hommages et leurs félicitations. Alors l'official, prenant par la main le procureur, l'introduisit dans le palais réservé à l'abbé, lui fit parcourir les diverses parties du couvent, le fit sortir et entrer par la porte principale, et lui remit finalement tous ses titres et instruments comme la preuve authentique de la tradition qui lui avait été faite de l'abbaye, pour le compte de l'abbé du Faure.

IV

Les Religieux de Saint-Anian embrassent la Réforme de Saint-Maur

La discipline bénédictine, introduite en France presqu'aussitôt qu'elle avait été instituée au Mont-Cassin, se relâcha sous la première race de nos rois, à cause des troubles occasionnés par les guerres. Saint Benoît d'Aniane, on le sait, la fit refleurir sous Charlemagne, qui avait ramené la paix et le bon ordre dans ses États. Louis-le-Pieux la maintint de tout son pouvoir tant qu'il vécut. « Mais bientôt, dit Bergier, le travail des mains fut méprisé, sous prétexte d'étude et d'oraison. Les abbés ne songèrent qu'à profiter des biens de l'ordre, pour se produire avec éclat dans le monde; ils affectèrent de se mettre au rang des évêques; leur crédit alla même jusqu'à se faire admettre avec eux dans le parlement. Ensuite, les courses des Normands achevèrent de tout ruiner, et la discipline touchait à son dernier anéantissement, lorsque parut Odon, homme recommandable par son zèle et par ses vertus. Ses premiers soins furent de relever la discipline monastique dans la maison de Cluny, fondée en 910, par Guillaume-le-Pieux, duc d'Aquitaine et comte d'Auvergne. » D'après le même auteur, en voulant s'étendre, l'ordre de Cluny s'affaiblit, et la discipline rétablie dans son sein ne put se soutenir. Saint Robert, d'un autre côté, fit reprendre dans la maison de Cîteaux, qu'il fonda en 1098, la règle à la lettre et sans aucune modification : le travail des mains recommença; la loi du silence absolu fut imposée et les moines ne purent quitter leur retraite. L'habit blanc distingua les moines de Cîteaux de ceux de Cluny, qui portaient l'habit noir.

Vers le XIVe siècle, tant chez les uns que chez les autres, la ferveur primitive n'existait plus. Les abbés, qui auraient dû donner l'exemple de la soumission à la règle, ne songeaient plus qu'à vivre comme des prélats et à imiter dans leurs allures les grands seigneurs de la féodalité. Se regardant comme seigneurs dans leurs communautés, ils érigèrent en fiefs les offices claustraux, et, avec l'appareil usité dans les châteaux, ils en investirent les moines en exigeant d'eux l'hommage et le serment de fidélité que les vassaux prêtaient d'ordinaire aux suzerains. Le Concile de Trente, ému de ces prétentions scandaleuses, sentit la nécessité d'introduire une réformation sérieuse dans les établissements monastiques par des règlements plus conformes à l'esprit de l'évangile. L'ordre de Cluny fut le premier à accepter ces règlements, et l'heureuse réforme dite de **Saint-Maur** fut le beau fruit qu'ils produisirent. La pieuse et savante congrégation qui prit ce nom eut pour principal fondateur dom Darbouze, 1613, et fut approuvée par Grégoire XIV, en 1621. Tous les religieux bénédictins n'adhérèrent pas à la réforme; c'est pourquoi il y eut deux observances. Les moines de Saint-Chinian prirent le parti de s'unir aux religieux dits de Saint-Maur.

Ce fut à la sollicitation de Pierre de Tarboriech, prieur claustral, de Pierre de Bosquat, sacristain, et d'Antoine de Belot, qui étaient jaloux de l'honneur et de la tranquillité du monastère, que Félicien du Faure consentit à préparer cette union, le 9 juin 1621. En 1623, elle n'était encore qu'en projet, mais comme aux suffrages des religieux susdits ceux des autres religieux, Taillhades, Guizard et Granier, étaient venus s'adjoindre, on ne tarda plus à la réaliser. Le contrat définitif fut passé avec la maison de Saint-Maur de Toulouse. Il faut dire que Jean-Grégoire Tarrisse, qui fut prieur du monastère de Cessenon, avant d'être supérieur général de la nouvelle congrégation, eut une grande part à la décision prise par les moines de Saint-Anian. Tarrisse était originaire de Pierrerue, comme le calviniste Bacou. Si cet humble lieu avait eu le triste mérite de produire un chef de sectaires, il eut la gloire d'avoir donné le jour au premier supérieur général d'une illustre compagnie religieuse. On s'accorde à dire que Tarrisse fut un homme d'un jugement solide, d'une conduite très éclairée et d'une prudence peu commune.

Forts de l'appui de la congrégation à laquelle ils appartenaient désormais, les religieux de Saint-Anian résolurent de ne s'épargner en rien pour relever leur maison sous tous les rapports et de la rendre plus prospère que jamais.

L'abbé Félicien n'était à la tête que de neuf moines; leur nombre avait été forcément réduit. Il régla avec ses religieux qu'on porterait leur chiffre à douze tel qu'il était avant 1620. Mais il fallait créer des revenus pour se procurer des moyens d'existence. Il chargea de ce soin deux des religieux, mais leurs efforts restèrent vains. En 1629, il envoya d'autres moines à Toulouse, vers la maison de Saint-Maur, avec une semblable mission. Leur mandat rempli avec succès, ces derniers revenaient vers leur couvent, mais de crainte qu'ils n'apportassent avec eux les germes de la peste qui régnait dans la capitale du Languedoc, on les obligea à séjourner pendant quarante jours dans la solitude de Nazareth, où on leur fournit les vivres et les meubles nécessaires. Le temps de leur quarantaine expiré, ils descendirent dans la ville, et, comme à ce moment on réparait les cellules et autres bâtiments du monastère, on les logea dans la maison contiguë à l'église paroissiale (côté du Sud), que Louis de Bosquat avait donnée à l'abbaye, en 1624, et on leur remboursa leurs frais de voyage.

Les travaux qu'on faisait dans le couvent étaient, paraît-il, considérables; ils entraînèrent une forte dépense. Les frères rivalisèrent de générosité: Louis de Bosquat renonça à sa pension de moine, se contentant du revenu de son office de sacristain, 1623; en 1629, il abandonna aussi les émoluments de son office; le frère de Feynes marcha sur ses traces, en faisant le sacrifice de sa pension monacale; quant à l'abbé Félicien, il consacra à la restauration du monastère la 6e partie des rentes qu'il tirait de l'abbaye. L'exemple était donné, le reste des moines et les notables du pays firent preuve de bonne volonté à l'endroit du monastère.

L'abbé du Faure allait voir les travaux terminés; la mort vint le surprendre, 1629. Il laissa à ses moines le souvenir d'une justice et d'une bonté parfaites, dit la *France Pontificale*. Il ne s'était pas uniquement préoccupé des bâtiments du monastère; par ses largesses il avait assuré l'hospitalité aux voyageurs et aux pèlerins; il avait encore procuré au prieur claustral le moyen d'exercer avec plus d'aisance les devoirs de sa charge (1).

(1) *F. P.*, p. 608.

Louis de Gordes de Simiane de la Coste, chanoine de l'église de Grenoble et grand vicaire de l'évêque de cette ville, fut appelé à recueillir la crosse abbatiale de Saint-Anian, le 14 août 1630. Il n'entra dans son monastère que le 11 juin 1631. On mettait alors la dernière main au nouveau cloître que la congrégation de Saint-Maur s'était chargée de construire. Au milieu, il y avait un bassin avec jet d'eau, servi comme le couvent par une source qui se trouvait, dit-on, dans le champ appelé plus tard *champ des pauvres*. Le monastère était désormais en bon état.

Mais il n'en était pas de même pour l'église abbatiale. Dans un moment donné, elle pouvait s'abattre sous le faix des siècles. Grâce au zèle du nouvel abbé, il fut résolu de la démolir pour en édifier une autre, à laquelle on procurerait des proportions plus grandioses. La vieille église se trouvait entre le dôme et le cimetière, c'est-à-dire qu'elle était flanquée au côté Est du monastère, le long du chemin de Béziers. On en voit quelques restes dans les maisons qui ont pris sa place. La nouvelle devait être adossée aux bâtiments qui faisaient face à la ville du côté du nord et l'entrée devait être voisine de la porte régulière. De cette manière, l'église serait orientée, le sanctuaire étant placé au côté de l'Est.

C'est peut-être pour se faire des fonds en vue de cette importante construction, que Louis de Gordes inféoda au sieur Charles de Feynes, gentilhomme de la chambre de Mgr Frère du Roi, parent du frère de Feynes, religieux du couvent, un terrain noble, sur lequel il lui fut permis de bâtir une maison avec cour, tour et créneaux. Nous voulons parler du château de Saint-Chinian, qui fut le séjour des évêques de Saint-Pons et qui est actuellement occupé par les dames Franciscaines. L'inféodation eut lieu le 6 décembre 1639 (1).

(1) *P. J.*

La première pierre de la nouvelle église fut posée par l'abbé, en 1647 ; mais la construction ne devait être terminée qu'en 1664. Jusqu'à ce moment donc les offices se firent dans la vieille église. Les registres des décès montrent qu'elle servait de lieu de sépulture aux plus considérables familles du pays, qui avaient une grande considération pour ses murs berceau de leur foi. Les nobles de Bosquat, de Tarboriech, de Geoffre, d'Icher et les notables Granier, Andral, Tailhades, Mouly voulaient y reposer après leur mort. Le père Félix, récollet, y fut enseveli en 1644. On voit dans la *France Pontificale* et dans nos documents que Éléonore de Thézan, veuve du baron de Ferrals, sénéchal de Lauragais, demanda à y être inhumée, après avoir fondé une messe à dire à perpétuité pour le repos de son âme, en 1640.

Ce fut probablement à cette époque que, dans l'intention de multiplier les secours de la religion dans leur ville et ses environs, les Bénédictins ouvrirent les portes de Saint-Chinian à une compagnie de Récollets détachés de leur couvent de Saint-Pons. L'abbé leur inféoda dans le faubourg, sur la rive gauche du Vernazoubres, un terrain où ils bâtirent une église, leurs cellules et un cloître, et transformèrent en jardin un vaste champ qui était contigu aux habitations. Plus tard, ils ajoutèrent à leur église un chœur assez grand et arrosèrent leur jardin avec l'eau du canal de l'abbé, conduite à travers le pont Trompette.

La présences des Récollets fut surtout agréée par les habitants du faubourg. Dans leur zèle à être utiles à cette partie de la population, ces religieux ne tardèrent pas à empiéter sur les droits du curé-primitif de la paroisse et sur ceux des vicaires perpétuels. En 1681, l'évêque dut intervenir pour leur faire respecter l'usage établi et réglé par les Bénédictins de présenter les morts dans l'église de l'abbaye avant les sépultures. Plus tard, les Récollets se permirent d'exercer certaines fonctions curiales, ce qui amena une série de difficultés avec les vicaires perpétuels. La division dura jusqu'en 1708. Dans le courant du XVIII⁰ siècle, la témérité des Récollets atteignit ses dernières limites en accueillant un prêtre interdit et en lui permettant de célébrer publiquement dans leur église. L'évêque eut à sévir à plusieurs reprises.

L'abbé Louis de Simiane se dessaisit de son titre en faveur d'ALPHONSE DE SIMIANE DE LA COSTE, fils de François de Simiane, président au parlement de Dauphiné. *L'Histoire Généalogique des grands officiers de la Couronne* porte qu'il fut député aux États Généraux de 1645, à raison de sa qualité de prieur et seigneur de La Grand.

Alphonse de Simiane, neveu de Louis de Gordes de Simiane, son prédécesseur, nommé par brevet royal, fut confirmé par une bulle papale du 9 juillet 1657. Il prêta serment entre les mains de Pierre de Bosquat, chanoine de Saint-Pons et vicaire général de l'évêque Tubeuf, que le pape avait délégué pour le mettre en possession de l'abbaye.

Il eut l'honneur d'achever la construction de l'église commencée par son oncle. L'édifice fut grand et beau. Alphonse avait contribué, lui seul, pour 7,000 livres. Trois ans plus tard, eut lieu la consécration solennelle de ce monument par Monseigneur de Montgaillard, évêque de Saint-Pons, 9 juillet 1667. Il manquait cependant à cette église un chœur qui fût en rapport avec elle. La congrégation de Saint-Maur ne voulut pas laisser l'œuvre incomplète ; elle le fit bâtir à ses frais.

La halle moderne, qu'on a formée avec une partie de la nef, suffirait pour nous donner une haute idée de la beauté de l'église ; nous pouvons mieux l'apprécier avec le plan de l'abbaye. Ce plan donne au temple 40 mètres de longueur sur 14 de largeur, non compris une grande chapelle à gauche, près de la porte du public. Le chœur prenait la moitié de l'édifice et contenait un autel couvert d'un riche baldaquin soutenu par huit colonnes de marbre. Ces colonnes furent portées pendant la Révolution à l'église des Récollets ; grâce à M. Massip, elles sont en partie dans l'église paroissiale et en partie dans la chapelle de l'hôpital. On peut se représenter la décoration intérieure par l'examen des boiseries sculptées et les tableaux que l'on a transférés soit dans l'église paroissiale de Saint-Chinian, soit dans celle de Babeau. Quant au trésor de la sacristie, les inventaires faits pendant les jours de la Révolution montrent quelle fut sa richesse en fait de vases sacrés ou d'ornements sacerdotaux.

L'église paroissiale paraissait cependant pauvre et mesquine à l'évêque, lorsqu'il la comparait à celle de l'abbaye ; de fait, elle était insuffisante pour la population, qui avait considérablement augmenté, grâce à l'industrie de la draperie. Dans une visite pastorale faite en 1673, le prélat en ordonna l'agrandissement : il mit à la charge des décimateurs, l'abbé, les religieux et le vicaire perpétuel, les travaux du chœur, et à celle des consuls et habitants, ceux de la nef. Le promoteur obtint du sénéchal de Béziers une sentence qui lui donnait action sur les fruits-prenants et les consuls. Nous dirons ailleurs les difficultés qu'eut l'abbé avec les habitants, mais nous signalerons ici celles qu'il eut avec les moines. Transportons-nous dans l'abbaye. Les religieux prétendent que la dîme de l'huile, à raison de laquelle on veut les obliger à concourir à la réparation de l'église paroissiale, ne doit servir entre leurs mains, d'après les accords faits avec les abbés, qu'à l'entretien et avantage de la sacristie, et veulent se décharger de toute contribution sur Alphonse de Simine. Ils invoquent, dans ce but, un précédent de 1585 : lorsqu'il fallut rebâtir, à cette date, l'église de N.-D.-de-La-Barthe ruinée par les hérétiques, l'abbé et les habitants eurent seuls cette charge. Et quand ils voient que l'abbé exige toujours que, comme fruits-prenants, ils partagent les frais avec lui, ils réclament le prix de la chapelle de son avènement resté impayé, celui de la réparation du dortoir et autres bâtiments qu'ils ont eux-mêmes déboursé, la restitution des dépouilles des religieux défunts et de leurs anciennes maisons sises aujourd'hui hors de l'enceinte du monastère, enfin la pension des trois autres moines rétablis par Félicien du Faure, lors du concordat passé avec la congrégation de Saint-Maur. Un trouble profond règne dans les murs du monastère. La division entre l'abbé et les moines amène des luttes violentes, des procès multiples, à la suite desquels les religieux opèrent des saisies sur les rentes de leur abbé. Les supérieurs sont forcés d'interposer toute leur autorité pour obliger les belligérants à désarmer et à transiger entr'eux.

Les religieux acceptèrent enfin la charge qu'on leur imposait et donnèrent main-levée des saisies opérées en leur faveur, à raison des sommes qu'ils avaient fournies pour la restauration de l'abbaye. Mais, de son côté, l'abbé s'était engagé à payer les 300 livres affectées aux trois places monacales rétablies par du Faure ; il avait cédé aux moines les dépouilles des pères décédés et les maisons qui étaient hors de l'enclos. Il s'était seulement réservé de fixer lui-même le prix du joyeux avènement qu'il avait promis de verser au plus tôt.

L'acte d'accord fut passé le 9 juillet 1679, entre Pierre Galfard, avocat de Grenoble, procureur fondé de l'abbé, et les révérends pères Antoine Arnaud, prieur, Henri Cheneau, Charles Mouret, Pontgivi, Jean Massian, Antoine Poumel, Mathias de Zénobis, Benoît Juquier, Joseph Mourrut, Jean Uzillis et François Malet. Le père François de Girord, visiteur de la province de Toulouse, confirma le 4 décembre le susdit accord, au nom de la congrégation de Saint-Maur.

Alphonse de Simiane a laissé quelques ouvrages de valeur, préférant se présenter au public avec la qualité d'abbé du monastère Saint-Firmin. Il mourut à Paris en **1681**.

Le successeur de cet abbé fut JEAN IV DE ROSE DE LA CHE-

VALLERIE ; le brevet qui le nommait abbé commendataire de Saint-Anian fut expédié le 30 mai 1681. Le 27 septembre, son procureur fondé Bézard, affermait aux sieurs Étienne Roussel et Louis Caraguel, de Saint-Chinian, avec des réserves, pour la durée de 4 ans et au prix annuel de 4,000 livres, tous les fruits et revenus de l'abbaye, les dîmes à prélever dans les terroirs de Saint-Chinian et de Cruzy, les intérêts à payer par le clergé de Narbonne. D'après l'auteur de la Chronique de l'abbaye, le monastère possédait une partie de la ville de Narbonne, appelée l'*Ile* — était-ce l'île Duniana ? — et la rente due par l'évêque comme acquéreur des biens de M. de Feynes. On voit les charges qui pèsent sur les revenus de l'abbaye dans les engagements que prennent les fermiers. Ils doivent payer, chaque année, 300 livres pour l'augmentation des places monacales, indépendamment des pensions ordinaires que touchent neuf religieux et le frère lai, en vertu du traité de 1559 ; ils ont à servir au vicaire une rente en argent et en denrées et, de plus, la somme de 30 livres pour le luminaire du Saint-Sacrement ; ils ont à verser 150 livres pour l'honoraire du prédicateur de carême et 260 pour les réparations du monastère et la nourriture des moines de passage ; ils sont obligés à faire l'aumône de 60 sétiers de blé pris au moulin ; les frais des visites épiscopales et autres sont à leur charge. Il y a encore d'autres obligations pour les fermiers dont il sera question dans la seconde partie de l'ouvrage ainsi que des réserves de l'abbé. (1)

L'abbé de la Chevallerie fit faire à ses vassaux des reconnaissances féodales, en 1687. Quoique nous ayons résolu d'étudier plus tard tout ce qui a rapport à la seigneurie temporelle et par suite le chapitre des reconnaissances, nous nous arrêterons ici sur l'une d'elles, parce qu'elle parle des malheurs de l'abbaye et montre le dévoûment

(1) P. J.

d'une honorable famille à ses intérêts. Il s'agit des frères Jean et Gabriel Salvagnac, de la Servelière, qui « ont donné des marques de leur zèle et affection pour le bien et advantage de ladite abbaye, ayant, pour cet effet, vacqué et s'estant employés par plusieurs et diverses fois aux affaires d'icelle... Ils ont fait connaitre plusieurs antiens droitz appartenans à la dite abbaye..., et ont remis des actes antiens et advantageux. Et comme ce n'est pas d'aujourd'huy seulement que la dite abbaye reçoit de grands services de la maison desdits Salvagnac, et que, depuis un très long temps, les autheurs ont été toujours très attachés à lui rendre service pendant les guerres civiles et autres mouvemens antiennement arrivés dans le royaume, ladite abbaye se trouve obligée à reconnaître ces services et à encourager lesdits Salvagnac à continuer leurs soins et à travailler pour le bien de ladite abbaye ». Les usages dus par les frères Salvagnac, à raison de leurs terres, dont le dénombrement remplit cinq grandes pages, furent réduits « à une cartière de bled, mesure de Saint-Chinian, et cinq sols de monnoie » (1).

L'abbaye de Saint-Anian fut sous la dépendance de Rose de la Chevallerie pendant un demi-siècle; toutefois à partir de 1703, il en afferma les droits utiles et honorifiques aux religieux de son monastère. A ce moment, il venait de céder son moulin à huile, son tinal et ses prisons pour que les moines pussent construire une hôtellerie, une cour et une infirmerie au côté de l'Ouest, et il avait fait avec les consuls l'échange du terrain compris entre le clocher du couvent et l'église paroissiale contre un terrain situé entre le clocher susdit et le béal, où il devait installer le *tinal*, les prisons et le moulin à huile nouveaux.

Monseigneur de Montgaillard fixa sa résidence dans le château des de Feynes, dont il avait fait l'acquisition dans

---

(1) *Livre des Reconnaissances* de 1687.

la pensée d'y établir un hôpital général pour le diocèse, 1680. N'ayant pu réaliser son projet, il avait résolu de le laisser après sa mort aux évêques de Saint-Pons, comme un lieu de plaisance, persuadé que le site et le climat de Saint-Chinian leur serait agréable. Ses prévisions ne furent pas trompées : la ville de Saint-Chinian devait jouir de leur présence et de leur protection jusqu'au dernier jour de l'ancien régime.

Nous dirons ailleurs l'emploi que fit notre évêque de sa haute influence en faveur de la prospérité matérielle du pays, pour nous occuper ici de son zèle à l'égard du bien religieux de la population.

Les temps avaient marché. Les droits des seigneurs féodaux étaient battus en brèche par la Monarchie, et leurs prérogatives honorifiques se trouvaient aussi bien discutées par le clergé que par les habitants. C'est pourquoi nous ne serons pas surpris des conflits que nous allons rencontrer entre les religieux du couvent et les prêtres de l'église paroissiale. Ceux-ci repoussent la supériorité que ceux-là réclament comme un droit, et ne veulent relever que de l'évêque. Déjà, en 1667, le vicaire perpétuel avait prétendu à l'honneur de recevoir l'évêque en cours de visites pastorales, au détriment des religieux qui, à titre de curé-primitif, avaient joui de ce privilège jusqu'alors. Monseigneur de Montgaillard arrivait dans la localité, le 5 juin, « venant de Cessenon, accompagné du sieur de Massane de Vessas et d'autres officiers ». Le chapitre des bénédictins l'attendait à la porte de la ville pour le conduire à l'église abbatiale. Le vicaire perpétuel avec quelques prêtres se présenta pour l'amener, au contraire, à l'église paroissiale. Devant ces prétentions opposées, le prélat demanda ce qu'on avait fait en pareille occurrence, et, quand on l'eut assuré que ses prédécesseurs avaient été reçus dans l'église du couvent comme étant l'église matrice, il passa, après avoir réservé la question de droit, sous le dais des Bénédictins que portaient le viguier et les consuls, et se dirigea vers le monastère, précédé des pères récollets, du clergé paroissial et des bénétins. La relation de la réception dit qu'il prit pour texte de son discours ces paroles de la Sainte-Écriture : « *qua mensura mensi fueritis remetietur et vobis*, on vous mesurera à votre aune », qu'il trouva, dit-on, en rapport avec le commerce en vigueur dans le pays. Il se retira ensuite dans la maison du vicaire.

Depuis lors, les luttes qui régnaient partout avaient amené le roi à restreindre les prérogatives des curés primitifs pour favoriser par des déclarations et des édits le clergé des paroisses, comme il restreignait les privilèges des seigneurs pour soulager les populations. Il avait senti la nécessité de donner plus de liberté au clergé et aux populations. C'était, du reste, le moyen de les rapprocher de la Monarchie ; tel était son but.

Résumons l'histoire du culte paroissial afin de mieux comprendre la nature et les suites des luttes qu'il occasionna aux XVII° et XVIII° siècles. Dès l'origine, le culte fut établi et exercé par les moines sous la juridiction des évêques. Un jour vint où, contraints de rentrer dans le cloître, les religieux confièrent les cérémonies à des prêtres séculiers, auxquels ils donnèrent une partie des dîmes affectées au service divin, c'était la portion congrue. Par le progrès du temps, ces prêtres, d'abord amovibles, obtinrent une position stable et furent reconnus comme vicaires perpétuels ; leurs traitements furent assurés du côté des abbayes et du côté des populations. L'abbé restait le curé-primitif ou le patron des églises qu'il avait fondées ; il nommait les vicaires qui le remplaçaient, mais il s'était réservé de paraître, à certains jours, dans l'église paroissiale et d'y exercer certaines fonctions : ainsi les églises paroissiales étaient soumises à celles des abbayes considérées comme églises matrices. L'église de Saint-Chinian avait été érigée en prieuré et le sacristain de l'abbaye en avait été pourvu ; le vicaire perpétuel relevait donc de ce dernier qui, à son tour, répondait à l'abbé. Cet état dura jusqu'au moment où, les offices claustraux ayant été abolis, toutes les prérogatives du sacristain, prieur de N.-D.-de-la-Barthe, furent remises entre les mains du supérieur du chapitre, qui réunit les divers offices, 1623.

Ces privilèges, qui ressortiront des débats dont nous allons faire l'histoire, furent réduits plus tard, par ordre royal, à la faculté pour le supérieur du chapitre de célébrer le service divin dans l'église paroissiale aux jours des quatre festivités et du patron de l'église, à condition que les offrandes appartiendraient aux vicaires perpétuels, à moins que les prieurs des églises eussent des titres authentiques à ces offrandes ou témoignassent d'une possession constante. Telle fut la teneur des édits de 1686, 1690 et 1693. Mais on n'était pas d'avis, à l'abbaye, de renoncer à une foule de prérogatives dont on se flattait d'avoir joui jusque là sans interruption.

D'après un mémoire trouvé dans les papiers de M. Massip, curé de Saint-Chinian, la paroisse ayant été confiée, en 1695, au sieur Bonhomme, prêtre, en attendant que M. Pradal eût reçu ses lettres de provision, les tiraillements commencèrent à exister. Bonhomme ne crut pas devoir, vu les édits, s'assujétir à l'usage de conduire les morts à l'abbaye où l'un des religieux les recevait dans l'église pour faire, depuis ce moment jusqu'à la sépulture inclusivement, toutes les cérémonies, avec l'assistance passive du clergé paroissial. L'usage de présenter les corps au couvent était devenu, du côté de l'abbaye, odieux et nuisible au clergé et à une partie de la population. Le clergé se voyait privé de ses honoraires, la population était parfois vexée du zèle des moines à réclamer ses droits. En 1681, il fallut exhumer les restes de la dame Bouquejay, déjà ensevelis dans l'église des récollets pour les présenter dans celle des bénédictins. Tout n'était pas là, Bonhomme ne voulait pas que l'honneur de recevoir l'évêque dans ses visites pastorales échût aux religieux. Il lui répugnait d'assister aux processions qui avaient lieu, à l'abbaye, le premier dimanche du mois ; la messe du prône, à l'église paroissiale, en souffrait ; d'ailleurs on faisait à vêpres une procession pareille à celle de l'abbaye. Et puis, il était impatient à la pensée de ne pouvoir prêcher dans l'après-dîner, parce qu'il ne fallait pas, disaient les moines, contrarier les prédications du couvent. Le prêtre Bonhomme, probablement soutenu en haut lieu, s'affranchit de ces servitudes, mais on prit acte de sa rébellion et on le traîna devant le sénéchal. Au milieu des troubles dont ces incidents furent cause, l'évêque parut en personne dans l'église paroissiale, le 13 novembre 1695, et lut en chaire l'ordonnance suivante : « Nous ordonnons, sur les contestations qu'il y a entre le sieur Curé et les R. P. Bénédictins, touchant les offices divins et droits curiaux, que les déclarations du Roi seront exécutées..., et, s'il y a contestation entre les parties, celles-ci pourront convenir par arbitres » (1).

M. Pradal entra en possession de la cure de Saint-Chinian deux mois après. Il voulut faire observer les déclarations du roi et l'ordonnance de l'évêque, mais il fut pris à parti par les religieux, qui menacèrent de faire casser l'ordonnance et se dirent capables de faire expliquer le sens des déclarations en leur faveur. Il fallait affronter les ennuis et les chances d'un procès, dans lequel les pauvres revenus du curé et le respect dû aux décisions épiscopales auraient à lutter contre le crédit d'un grand corps, et les tendances du parlement de Toulouse toujours favorables, malgré les intentions du roi, aux privilèges honorifiques des seigneurs. M. Pradal se mit à réfléchir : mieux valait transiger. Tel fut aussi l'avis de l'évêque, qui offrit son influence pour arranger l'affaire.

Monseigneur de Montgaillard avait auprès de lui un sien

(1) *Arch. du Presbytère.*

neveu, dont il avait fait son grand-vicaire ; c'est ce dernier qui engagea les négociations. Il obtint, le 2 avril 1696, pour Pradal la décharge de quelques-unes de ses servitudes ; mais les bénédictins demeurèrent curés-primitifs de son église, et même les termes de la transaction furent tels qu'ils eussent consacré, à leur endroit, tous les privilèges possibles si les déclarations royales n'eussent annulé d'avance « tout ce qui pouvait être fait et accordé contre elles. »

Le curé de Saint-Chinian (c'est le titre que l'évêque donnait maintenant au vicaire perpétuel) avait obtenu la faculté de faire quelques prédications dans l'après-midi, celle de chanter à part les *Te deum* demandés par le prince, mais à une heure différente de celle des moines ; il pouvait faire, en seul, les sépultures dans l'église paroissiale et au nouveau cimetière acquis par les habitants, moins toutefois celles des officiers du seigneur abbé, mais il était redevable à l'abbaye d'une indemnité annuelle de 45 livres pour la défrayer de la perte de la cire qu'elle aurait à subir. On lui avait accordé le droit de porter son étole pendant les processions générales, à condition que, dans ses rapports avec le couvent, il ne prendrait jamais la qualité de curé. Les religieux entendaient conserver pour eux ce titre comme les prérogatives qu'il leur assurait, soit dans l'église paroissiale, où ils continueraient à officier dans les jours de solennités, soit dans celle de l'abbaye, où le vicaire perpétuel devait, en certaines circonstances, se rendre, toujours dans les conditions d'humble vassal.

Si le curé Pradal avait accepté cette situation, ce n'avait été qu'à cœur défendant et par déférence pour l'évêque et son grand-vicaire : il prévoyait que les religieux ne manqueraient pas de lui faire sentir, en toute occasion, leur autorité. C'est ce qui arriva, s'il faut s'en rapporter aux plaintes qu'il adressa bientôt après à l'évêque. Elles furent si graves et si nombreuses que nous nous abstiendrons de les détailler. Qu'il nous suffise de dire, d'après lui cependant, que, pour ne pas laisser se perdre leurs usages, les religieux ne cessaient de troubler les offices paroissiaux au point de soulever les murmures des fidèles, de provoquer l'indignation publique et même de s'exposer aux plus terribles représailles.

Il est de fait qu'en 1705 leur ingérence affectée dans le service qui eut lieu le jour de Sainte-Croix, comme d'ordinaire, dans l'église Saint-Laurent dépendante du monastère, en faveur de la confrérie des *Pareurs de draps*, souleva une grosse difficulté dans laquelle l'évêque dut intervenir. Mais leurs exigences revêtirent un caractère plus grave, en 1713, à l'occasion de la sépulture de Monseigneur de Montgaillard, décédé en son château de Saint-Chinian.

L'évêque avait déclaré par testament qu'il voulait être enseveli dans le cimetière paroissial du lieu où il finirait ses jours. A titre de curé-primitif, les bénédictins réclamèrent le droit de faire la cérémonie de la sépulture et, pour mettre M. Pradal dans l'impossibilité de leur contester cet honneur, ils obtinrent du sénéchal de Béziers une ordonnance en leur faveur, après avoir allégué deux motifs, l'un tiré des convenances à garder vis-à-vis de leur qualité de curé-primitif et aussi de la dignité épiscopale, et l'autre tiré des projets de violences qu'ils imputaient au vicaire perpétuel. Pour fiche de consolation, le sénéchal n'avait concédé au vicaire que la faculté de faire valoir plus tard ses droits. Dans cette conjoncture, les chanoines de Saint-Pons voulurent se charger de faire eux-mêmes la sépulture ; mais le syndic du chapitre somma par exploit d'huissier le vicaire perpétuel d'écarter les chanoines et de faire respecter les droits de l'abbaye et les siens. Cependant le sieur Pradal signifia au syndic qu'attendu que le sénéchal avait été induit en erreur sur son droit comme sur ses dispositions et sur les dernières volontés de l'évêque défunt, et que d'un autre côté le juge-mage avait prononcé sans entendre toutes les parties intéressées, il relevait appel au parlement de Toulouse et maintenait son droit émanant de la transaction de 1696.

L'acte de la sépulture de Monseigneur de Montgaillard rédigé par le curé Pradal ne fait nullement mention de la présence des bénédictins pas plus qu'il n'indique le concours des chanoines, mais attribue au curé de la paroisse l'honneur d'avoir enseveli l'évêque de Saint-Pons. M. Pradal avait fait prévaloir son droit; il ne pouvait que s'attendre à un retour offensif de la part de l'abbaye. En effet, la sonnerie des cloches de la paroisse, les détails des sépultures et autres circonstances fournirent aux religieux des occasions de discussions nouvelles qu'ils ne laissèrent pas échapper, pour ne rien perdre de leurs prérogatives. C'est ainsi qu'en 1719, dans une transaction qu'ils firent avec M. Pradal, ils attribuèrent au chapitre les droits du curé-primitif, comme ayant réuni dans ses mains les offices claustraux, y compris celui du sacristain, prieur de l'église paroissiale.

La lutte fatiguait cependant l'abbaye aussi bien que le presbytère. Les religieux se plaignaient d'avoir à défendre, eux seuls, les droits de l'abbé. Ainsi s'exprimait, à ce sujet, l'auteur de la Chronique, à la vue de l'indifférence des abbés dans les questions de ce genre : « On ne saurait trop repousser l'institution des abbés commendataires qui, vivant loin de leurs communautés, s'y intéressent fort peu et négligent d'en soutenir les privilèges, même les plus anciens et les plus légitimes. Cette année, le prédicateur du carême s'est permis de prêcher dans l'église paroissiale, en présence de Monsieur de Saint-Pons, alors que, de temps immémorial, les prédications avaient lieu dans l'église de l'abbaye, et le vicaire perpétuel a eu la témérité de bénir les rameaux et de les distribuer chez lui, alors que monseigneur notre abbé, comme curé-primitif, avait seul le droit de le faire dans son église abbatiale. Avec un peu de conteste et un bon procès, on aurait raison des prétentions de l'évêque » (1).

(1) Mémoire de l'abbé Martel.

Ce n'est qu'en vertu des accords successifs qui étaient quasi imposés au clergé séculier que les anciens usages continuaient à prévaloir. Cependant la lettre des déclarations et des édits n'était pas seule à être violée, l'esprit qui les avait dictés était méconnu et repoussé par système. Ce que voulait le prince, c'était l'affranchissement des paroisses. Sans doute les religieux les avaient fondées en beaucoup de lieux, et elles leur devaient leur développement et leur prospérité ; les moines y avaient prêté leur concours aux évêques pour le bien de la religion, et leur zèle méritait une vive reconnaissance ; mais l'heure était venue de les remettre entièrement aux mains des supérieurs ecclésiastiques, comme au XIVe siècle on avait remis les communautés civiles au pouvoir politique. Les religieux devaient émanciper les paroisses parce qu'elles n'avaient plus besoin de leur tutelle. Au lieu de s'offrir au clergé séculier comme des collaborateurs, ils continuèrent à se poser envers lui comme des maitres. Aussi les plaintes éclatèrent de toutes parts, en voyant persister les empiètements des religieux sur les droits des évêques comme sur ceux des curés. Les règlements de la Monarchie étant foulés aux pieds, une nouvelle déclaration royale devait voir le jour.

Le roi la donna, en 1726. Le droit de prêcher et d'administrer les sacrements sans entraves dans les églises paroissiales fut reconnu aux curés revêtus de juridiction par les évêques. « L'attachement que les communautés religieuses mettaient à réclamer des droits et des prérogatives qui ne tendaient qu'à assujétir les prêtres séculiers à des servitudes qui les dégradaient » fut condamné. C'est pourquoi il fut dérogé « à tous usages, possessions ou titres contraires à la déclaration, sans qu'aucune prescription pût être alléguée pour quelque laps de temps que ce fût. » Les religieux ne purent « ni prêcher ni administrer les sacrements sans une mission spéciale des évêques. » Mais, comme on le verra, on n'en avait pas fini chez nous avec les prétentions des **pères bénédictins**.

L'abbé de La Chevallerie mourut, en octobre 1729, à Paris, dans sa maison d'habitation située sur la paroisse de Saint-Roch. Il laissait un testament qui intéressait les pauvres de Saint-Chinian, dans un avenir plus ou moins lointain, et qui ne devait être connu qu'après bien des années.

Charles-Léonce-Octavien d'Anthelmy était évêque de Grasse depuis deux ans, lorsqu'il fut pourvu de l'abbaye de Saint-Anian, dont il jouit depuis 1729 jusqu'en 1752.

L'édit royal de 1726 fut généralement discuté par les religieux qu'il intéressait, ce qui donna lieu à une déclaration plus explicite. Elle parut en 1731. L'article IV fixait les jours où les curés-primitifs pouvaient célébrer les offices dans les églises paroissiales, et défendait à ces derniers d'administrer les sacrements sans avoir reçu une mission spéciale des évêques. C'était déjà réglé et sur ce point les difficultés n'existaient guère. L'article VI avait pour objet les réunions qui se faisaient dans les églises des abbayes et était ainsi conçu : « Nous n'entendons donner atteinte aux usages des lieux où le clergé et le peuple ont accoutumé de s'assembler dans les églises des abbayes pour les *Te Deum* et les processions du Saint-Sacrement, de l'Assomption, celle du patron et autres processions générales qui se font suivant le rite du diocèse et les ordonnances épiscopales, lesquels usages seront entretenus comme par le passé. »

Le prieur Courbil, armé de ce texte, signifia au curé Robert d'avoir à assister à toutes les processions faites par les religieux. Il prétendait faire revivre les usages qui avaient existé avant 1726. Le curé lui répondit « qu'il ne se croyait tenu à assister qu'aux processions générales, en vertu de la déclaration de 1731, attendu que toutes les autres n'étaient ni selon le rite du diocèse ni selon les usages du pays. » Et depuis ce moment, le clergé paroissial ne parut dans l'abbaye que lors des grandes processions;

Mgr de Guénet, en résidence à Saint-Chinian, continua à présider l'office paroissial tous les jours de solennités, à la place du prieur du monastère qui, depuis 1719, ne revendiquait plus ce privilège laissé aux prélats ou en vertu d'un accord que nous ne connaissons pas, ou à cause du respect dû à la dignité épiscopale.

Monseigneur d'Anthelmy attira dans Saint-Chinian, pour diriger l'école des filles, les sœurs de La Croix, que fournit leur maison de Narbonne. Il en sera parlé dans la seconde partie de l'ouvrage.

Le séminaire de Grasse fut institué l'héritier des biens de Monseigneur d'Anthelmy ; les pauvres de Saint-Chinian eurent part aux dons testamentaires de l'abbé de Saint-Anian.

Les bâtiments de l'abbaye et la chaussée des moulins étaient en mauvais état, lorsque DENIS PÉGULHAN DE LARBOUST prit la succession de l'évêque de Grasse, en 1752. S'appuyant sur les principes du droit d'après lesquels « le nouveau titulaire devait entrer dans son bénéfice sans bourse délier, et l'ancien possesseur était responsable des dégradations survenues par manque de réparations, ou par suite de réparations mal faites », l'abbé de Larboust attaqua les héritiers de son prédécesseur. Il fit, d'abord, condamner les prêtres du séminaire de Grasse à la reconstruction de la chaussée de Saint-Celse, qui ne fournissait plus l'eau au moulin de la Rive. Les travaux n'étaient pas terminés, qu'une inondation emporta les constructions nouvelles et mit la chaussée dans une situation pire qu'auparavant. D'après les conventions, les travaux auraient dû être achevés à ce moment. Le fermier du moulin demanda des dommages à l'abbé ; l'abbé s'en prit aux héritiers. Le sénéchal donna gain de cause à l'abbé, laissant aux héritiers le recours contre les ouvriers. Mais ceux-ci trouvèrent le moyen de se dégager, en disant que leur retard à parachever l'ouvrage n'avait eu pour cause que l'irrégularité des paiements. L'instance fut reprise et, cette fois, l'abbé perdit son procès. Il fit appel, mais avant que l'affaire fût appelée une seconde fois, les parties transigèrent, tant pour la réparation de la chaussée que pour celle des bâtiments du monastère.

La question de rivalité persistait toujours entre l'église paroissiale et celle de l'abbaye. La moindre circonstance faisait naître un différend et la lutte s'engageait de nouveau. Le sieur O'Connel avait à peine pris possession de la cure de Saint-Chinian, que l'évêque ordonna de chanter un *Te Deum*, à l'occasion de la naissance du comte de Provence. Le nouveau curé ne communiqua pas le mandement épiscopal au chapitre des religieux; il fut même accusé d'avoir affecté de chanter le *Te Deum* à l'heure prise par le couvent. Pour cette fois, les moines se contentèrent de lui faire de simples remontrances. L'année suivante, la prise de l'île Majorque et de Mahon par les Français ayant donné lieu à un autre *Te Deum*, O'Connel alla à l'abbaye pour prendre connaissance des transactions dont on se prévalait contre lui, et n'y ayant rien vu qui pût gêner sa liberté, il fit le lendemain sa cérémonie, en même temps que les bénédictins, à l'heure déterminée par l'évêque. La menace d'une poursuite en justice ne l'émut pas. Loin de faire amende honorable, il n'assista pas à la procession générale de l'Assomption, s'étant contenté d'envoyer au couvent son vicaire pour représenter le clergé paroissial, et cela, sous le prétexte des exigences du service de son église. Les moines ne se firent aucune illusion sur le mobile de sa conduite, et sans tarder, ils entrèrent en procès avec lui. Ils allaient droit à un échec : les dispositions de l'administration supérieure n'étaient rien moins que favorables à leurs antiques privilèges.

Le sénéchal, saisi de l'affaire, écarta tout d'abord la question de la non assistance du curé à la procession, attendu que celui-ci avait présenté des excuses, et que, d'ailleurs, il ne contestait pas le droit que réclamaient les religieux ; il jugea ensuite que les religieux, aux termes des ordonnances royales, n'avaient point le droit d'imposer leur autorité dans la circonstance du chant du *Te Deum*. Le lieutenant de juge rapporteur appuya l'opposition faite par le sieur O'Connel à la prétention qu'avaient ses adversaires de se faire reconnaître comme curé de la paroisse, et repoussa le cas d'exception qu'ils trouvaient en leur faveur, disaient-ils, dans la déclaration de 1731. D'après lui, le vicaire n'aurait été tenu d'assister au *Te Deum*, sur la réquisition du chapitre, que si les moines eussent été en titre réel ou en possession légitime. Or les titres qu'ils présentaient étaient pour lui sans valeur. C'étaient trois transactions, l'une de 1611, l'autre de 1696, la troisième de 1719. La première et la dernière, n'ayant pas été homologuées, étaient nulles ; la seconde, quoique plus régulière, ne pouvait pas plus que les autres conférer aux religieux les pouvoirs de curé-primitif qui appartenaient de droit à l'abbé, puisque la mense des moines n'était pas séparée de la table de l'abbé. En tout cas, à supposer que l'abbé eût pu céder son titre au chapitre, il était certain qu'il n'était pas intervenu dans la transaction de 1719 qu'on invoquait. Et ce qui, *positis ponendis*, eût pu être accompli avant la déclaration de 1726, ne pouvait plus, depuis lors, avoir lieu, les fonctions ayant été déclarées incessibles. Quant à la possession légitime, elle n'existait pas, ajouta le rapporteur, car elle devait être centenaire et ininterrompue. Or, le chapitre n'avait pris la place du sacristain, soi-disant curé-primitif, à raison de sa qualité de prieur, qu'au moment de la réforme, c'est-à-dire, en 1624, et il était de toute évidence que les évêques avaient fait la fonction de curé-primitif dans l'église paroissiale, à partir de 1719.

Les bénédictins, pour ne pas rester sous le coup de la sentence qui abattait leur prétention, firent appel au parlement de Toulouse. L'affaire resta pendante jusqu'en 1773, et, à cette époque, le roi ayant donné un édit plus hostile aux droits honorifiques des religieux que ceux qui l'avaient précédé, le syndic du chapitre s'entendit avec le sieur O'Connel, alors archiprêtre d'Azillanet, pour mettre fin au procès. L'ancien curé de Saint-Chinian consentit à ce que l'affaire demeurât impoursuivie, moyennant la décharge des frais qu'il avait supportés pour sa part.

Bien que les parties eussent stipulé que leurs droits respectifs restaient sauvegardés, c'en était fait des privilèges de l'abbaye; le droit naturel des églises paroissiales avait triomphé. L'édit royal portait, à l'article XXII, que les religieux, de tout ordre et de quelque qualité qu'ils fussent, devaient être soumis aux évêques et qu'ils avaient à régler les heures de leurs offices de telle sorte qu'ils ne portassent aucun préjudice aux offices des paroisses.

Les religieux, après avoir vu tomber leur autorité et leur prestige, n'en demeurèrent pas moins chargés de l'entretien des églises paroissiales, à titre de décimateurs, et leurs charges allèrent en augmentant, à mesure que les populations s'accrurent et eurent besoin de nouveaux secours religieux.

La population foraine de La Servelière demanda, en 1762, que le troisième secondaire de la paroisse qui la desservait se fixât au milieu d'elle pour être mieux à la portée des fidèles de La Servelière, de Bouldoux, de Cauduro, de Pouzany. L'évêque ayant accueilli cette demande, il fallut se préoccuper des moyens d'existence du futur desservant et des frais de la construction d'une église, d'un presbytère, d'un cimetière. C'étaient des dépenses considérables et les revenus de l'abbé devaient s'en ressentir. L'abbé de Larboust écrivait, en 1768, au nouveau curé de Saint-Chinian, sieur Massip : « Quant au prêtre que vous voulez établir à Babeau, je ne demande pas mieux que de faire ce qui convient, mais pensez, mon cher ami, que c'est une charge de plus sur mes bénéfices..... Mgr l'évêque de Saint-Pons se donne bien garde de me ménager aux dîmes. Je suis écrasé de partout, et bientôt mon abbaye ne me produira rien, si les réparations continuent à m'écraser comme depuis deux ans. » Il parlait des réparations qui se faisaient en ce moment à l'église paroissiale.

M. Massip avait abandonné l'archiprêtré d'Azillanet pour la cure de Saint-Chinian, en 1766; ses talents autant que l'influence de sa famille avaient ramené ce prêtre intelligent et actif dans la paroisse qui lui avait donné le jour et dans l'église où déjà s'était exercé son zèle. La maison de Dieu ne lui paraissant pas dans un état convenable, avant d'en prendre possession, il sollicita la visite de l'évêque pour constater la nécessité d'importantes réparations, en présence des co-decimateurs, l'abbé, le syndic des bénédictins, O' Connel et les consuls du lieu. Le devis des travaux à faire se porta à 10,000 livres. L'abbé devait intervenir dans les frais pour la moitié et un douzième; les religieux pour un cinquième et le douzième du cinquième, O' Connel, ex-vicaire-perpétuel, pour un sixième et l'évêque pour un trentième; M. Massip, quoiqu'il ne fût nullement responsable des négligences de son prédécesseur, entra en part dans les dépenses. Mais l'abbé Larboust fit appel contre l'ordonnance épiscopale, en invoquant un prétexte futile pour établir qu'il y avait abus de la part de l'évêque. Le vrai motif de cette fin de non recevoir venait de la somme considérable qu'il fallait verser. Pour pouvoir combattre tout mauvais vouloir, M. Massip obtint la consultation suivante : « La dépense imposée ne ressemble en rien aux précédentes; le temps, les mœurs, la discipline de l'Église ne changent-ils pas? La qualité, le nombre même des habitants, leurs facultés, l'état de la paroisse n'ont-ils pas changé? Cette communauté; une des anciennes les moins peuplées, la plus pauvre, la plus sauvage, est devenue la plus peuplée, eu égard à l'étroitesse de son territoire. Tout y est défriché, toutes ses terres sont en bonne culture; les chemins ouverts; son commerce fort étendu ; un luxe prodigieux ; des chaumières devenues de grandes maisons ; les ameublements les plus recherchés jusque chez les artisans, qui portent la soie et l'or. Les temps où régnait la simplicité ne sont plus. Accoutumés à de chétives demeures, mal ou grossièrement vêtus, les habitants trouvaient précieux les ornements d'église, quelque simples qu'ils fussent : des figures ridicules et grotesques les mettaient dans l'enthousiasme. Aujourd'hui tout cela révolterait un village devenu une ville, la seconde du diocèse ; on pourrait même dire qu'elle est supérieure à la capitale. » La consultation disait encore : « L'abbé, ou son procureur, s'efforce, dans ces circonstances, aussi bien que les religieux, d'arrêter le prêtre qui veut son église propre et décente, en lui rappelant sans cesse pour l'humilier qu'il n'est qu'un vicaire perpétuel. »

M. Massip parvint cependant à persuader à l'abbé de Larboust de se désister de son appel, et il se hâta de faire des réparations suffisantes pour que le service divin, qui avait été transféré à l'église des récollets, pût être repris dans l'église paroissiale. L'abbé avait donné ordre à son viguier, le sieur Fourcade, de compter 5,000 livres ; il fit condamner O'Connel qui cherchait à se dérober à l'obligation de contribuer à la dépense, en vertu de l'article XVI de l'édit de 1695, qui forçait les co-décimateurs à entretenir le chœur des églises et à fournir les objets du culte, les rendant solidaires les uns des autres. Les travaux se poursuivirent, et en 1770, « la vérification des travaux effectués et des objets acquis » put être faite officiellement. Le grand-vicaire, le siège épiscopal étant vacant, avait commis, à cet effet, les sieurs Castelbon, curé de Cébazan, et Théron, curé de Villespassans, qui procédèrent en présence des sieurs Fourcade, viguier de l'abbé, et Coulon, notaire et avocat, son procureur.

C'est de cette époque que datait l'ornementation du chœur, telle qu'on l'a vue jusqu'à M. Martel. Mais on reprocha à

M. Massip d'avoir fait des dépenses excessives. Il répondit que « s'il avait excédé, en certaines choses, les prescriptions de l'ordonnance, il n'avait été conduit que par son zèle pour la maison de Dieu, mais qu'il n'entendait pas blesser le droit des co-décimateurs… », et pour le prouver, il prit à sa charge tout ce qu'il avait fait de sa propre initiative. Il s'était s'imposé le sacrifice d'une certaine somme; ses notes font foi qu'il fit arriver cette première somme au chiffre de 4.000 livres.

Les pères bénédictins se trouvèrent en face d'un homme résolu à faire prévaloir les droits du curé de Saint-Chinian sur les privilèges dont ils ne voulaient, à aucun prix, se dessaisir. Autant ils affectaient de le considérer comme un simple vicaire perpétuel, autant il s'obstina à se croire indépendant à leur égard. Jamais les moines n'avaient rencontré un adversaire moins souple ni plus habile. Deux camps se formèrent et la population se divisa. M. Massip avait du crédit dans le pays; les moines y conservaient de l'influence. Si l'église de la paroisse était protégée par un prêtre de talent et d'énergie, l'abbaye était défendue par des religieux d'un mérite réel et d'une prudence rare, tels que les pères Valeton, Bousquet, Salles. Les parties militantes étaient jalouses de leurs positions respectives; elles se surveillaient avec l'intention de profiter des fautes l'une de l'autre. Il y eut dans le conflit des circonstances que notre récit ne peut pas relever; elles rendirent la situation plus délicate et les rapports plus tendus. Du reste, l'entente était impossible entre les moines, qui usaient de tous les moyens pour conserver les privilèges qu'ils avaient acquis, et le clergé qui travaillait de toutes ses forces à ressaisir les droits qu'il avait aliénés dans le principe des choses. La suite des événements le prouvera. Revenons un peu sur nos pas.

Mgr de Guénet, évêque et seigneur de Saint-Pons, mourut à Saint-Chinian dans son château, le 26 août 1769, et fut enseveli dans le cimetière paroissial (1). Les Pères de Saint-Benoit avaient offert d'assister aux cérémonies de la sépulture dans l'ordre observé aux processions générales, et à condition qu'ils quitteraient le convoi au moment de sa rentrée dans l'église paroissiale. Cette proposition fut transmise à M. Massip par les délégués du chapitre de Saint-Pons qui s'étaient rendus aux obsèques. Il fallait donc reconnaître la supériorité des moines et leur permettre d'infliger une humiliation publique à l'église de la paroisse. M. Massip était trop fier pour s'incliner devant quelques moines; il repoussa leur assistance. L'un des syndics du chapitre de Saint-Pons célébra la messe d'obit, mais monsieur Massip a eu soin d'insérer dans l'acte de sépulture qu'il ne le permit que pour satisfaire à l'amitié personnelle qu'il professait pour les sieurs Delecouls et Deshons, les délégués du susdit chapitre.

En 1783, les religieux mirent en avant l'influence du maire de Saint-Chinian pour obtenir de Mgr de Chalabre une ordonnance afin de forcer M. Massip à les suivre dans leur église au retour de la procession générale de la Fête-Dieu. L'ordonnance obtenue fut signifiée au curé de la paroisse par exploit d'huissier. Telle fut la réponse qui fut faite par M. Massip à la sommation qu'il reçut : « M. le Maire, n'ayant pas en tout respecté la vérité dans sa lettre à l'évêque de Saint-Pons, a exposé l'ordonnance à être attaquée comme d'abus...; le promoteur n'a pas agi selon le droit canonique en n'appelant pas les parties intéressées....; enfin, il n'était pas nécessaire à l'autorité épiscopale d'avoir recours au ministère des huissiers pour se faire obéir, si elle était dans son droit... » Cette réponse, aussi convenable que ferme à l'endroit du maire, qui avait invoqué des usages n'existant pas, est écrite de la main de M. Massip sur *la copie* qui lui fut baillée. Le parlement, appelé à émettre son avis, donna raison à M. Massip.

(1) *P. J.*

Le curé de Saint-Chinian ajouta à sa réponse quelques lignes pour déclarer qu'il se trouvait en présence d'une foule d'abus, dont il sentait le besoin de délivrer sa paroisse; mais que l'opposition qu'on lui faisait systématiquement rendait sa tâche difficile et même impossible.

Malgré l'ennui qu'il éprouvait, M. Massip n'était pas homme à se laisser abattre quand il s'agissait du bien de ses paroissiens. Persuadé que les intérêts des pauvres étaient mal servis par le Bureau de Charité que présidait le prieur du couvent, il entreprit une campagne contre le vieux règlement en usage, qui était contraire aux lois et arrêtés, et travailla à faire déposséder le prieur d'une prérogative que l'État réservait au juge ou aux consuls. On raconte qu'un jour, le prieur et le curé, s'étant rencontrés dans une des premières maisons du pays, eurent entr'eux une explication assez vive. Le prieur témoigna au curé l'étonnement que lui causait son zèle prononcé pour les pauvres. M. Massip lui répondit: « Il n'y a rien d'étonnant, mon révérend Père, qu'un curé se préoccupe de l'avantage de ses pauvres; mais vous me permettrez de vous dire que je suis très surpris que vous persistiez à vouloir être chargé de l'intérêt des malheureux, comme si vous leur portiez un vrai dévouement. Je vous ai rencontré souvent chez les personnes riches ou aisées, mais jamais chez des gens pauvres ».

Les temps avaient marché, et l'esprit religieux se ressentait des atteintes de l'esprit philosophique du XVIIIe siècle. Les moines se recrutèrent plus difficilement. Il vint un jour où la maison de Saint-Chinian ne réunit pas même l'ancien nombre de religieux qui était alors absolument requis par les règlements royaux pour maintenir l'existence de l'abbaye avec ses prérogatives temporelles et spirituelles. L'abbaye de Saint-Anian était à la veille d'être supprimée et la communauté allait être réunie à une autre communauté de l'Ordre. Son sort devait être fixé au prochain chapitre général qui serait sous peu tenu à Paris. C'était en 1778.

Les habitants de Saint-Chinian qui, dix ans auparavant, avaient vu le couvent des Récollets se fermer pour un motif semblable, furent alarmés et forcèrent les consuls à agir pour conserver les religieux bénédictins. Un conseil général fut convoqué, une délibération fut prise en faveur du maintien de la communauté, et grâce à l'archevêque de Narbonne, à l'évêque de Saint-Pons et à l'abbé de Larboust, conseiller d'État depuis 1768, Saint-Chinian conserva les fils de Saint Benoit.

« L'origine de l'abbaye, disait la délibération dont nous venons de parler, est illustre par une charte de Louis-le-Débonnaire de l'an 826, et par les privilèges qu'ont accordés quelques autres de nos rois, comme il est prouvé par un extrait d'iceux compulsé et collationné par le viguier et juge en la vicomté de Narbonne, le 14 décembre 1551. Les biens possédés par M. l'Abbé et ceux possédés par les Bénédictins composent un corps considérable et consistent en droits honorifiques et seigneuriaux et en dixmes, le tout sis dans le terroir de Saint-Chinian ou à une lieue environ. Même les Bénédictins possèdent un domaine utile aux portes de la ville, lequel dépérirait s'il cessait d'être sous les yeux du maître ; les autres droits ne pourraient aussi que se ressentir de leur union à une maison éloignée. Lesdits biens de la mense abbatiale produisent un revenu de 12,000 livres et ceux de la mense conventuelle, y compris les offices claustraux ou petit-couvent, peuvent se porter à pareille somme. Enfin, ces biens étant destinés à l'acquit de fondations ou services divins et soulagement des pauvres, ce serait renverser des droits aussi sacrés que anciens, en supprimant une maison qui par ses revenus peut suffire à toutes ses obligations et notamment à l'entretien de neuf religieux, qui est porté par les titres passés entre les anciens abbés et les religieux et celui prescrit par l'édit de mars 1768. De plus les Bénédictins sont d'une utilité bien grande en ce que, de tous les temps, quelques-uns d'entr'eux se sont prêtés et se prêtent encore à enseigner la jeunesse. Ce secours naissant serait susceptible de développement et pourrait produire une institution formée pour l'éducation. La nature semble s'être fait un plaisir de réunir dans Saint-Chinian tous les avantages propres à donner à une nombreuse et brillante jeunesse la vigueur et la constitution nécessaires pour lui faire supporter les plus grandes fatigues. L'air et l'eau y sont d'une salubrité reconnue ; l'assiette de la ville dans un vallon charmant ne peut que donner à l'esprit des enfants cette vivacité et cette gaîté qui font la base de l'esprit français ; les aliments y sont des meilleurs. A quatre lieues de la mer et au pied des montagnes, on y jouit de leurs productions respectives sans ressentir les inconvénients des pays montagneux et des lieux maritimes. Le moral se joint au physique, puisque, d'un côté, Monseigneur l'Évêque, qui fait son séjour ordinaire dans cette ville, ne pourrait qu'aiguillonner puissamment les écoliers, et que, de l'autre, le zèle que les Bénédictins témoignent pour donner l'éducation dans plusieurs villes et celui que l'on éprouve ici depuis longtemps est un favorable auspice pour faire espérer qu'ils voudront bien se prêter, à l'avenir, à l'établissement d'un collège, d'autant plus nécessaire dans cette ville, que celui de Saint-Pons, qui est à la charge du diocèse, n'est point rempli actuellement de régents pour toutes les classes, ce qui le rend défectueux et peu propre à une éducation parfaite. S'il fallait que les Bénédictins évacuassent quelqu'une de leurs maisons, il serait plus convenable qu'ils abandonnassent celles de Narbonne ou de Villemagne, parce que la première n'est pas une abbaye et n'a pas de revenu pour l'entretien de neuf religieux, et que la seconde, étant dans un lieu champêtre et au milieu des montagnes, n'est propre à aucun établissement utile. 23 avril 1778. »

L'Ordre ne satisfit pas au désir de la ville relativement au collège, dont elle caressait l'idée depuis plusieurs années et qu'elle n'abandonna pas encore ; mais en présence d'une manifestation aussi éclatante de l'estime et du dévouement qu'elle professait pour ses religieux, il ne put se résoudre à fermer le monastère de Saint-Anian. Les bénédictins continuèrent donc à remplir chez nous leur mission de zèle auprès de la jeunesse, de charité envers les pauvres, d'édification pour la population.

Denis de Péguilhan de Larboust, vicaire général de Meaux, abbé de Saint-Chinian depuis 1752, maître de l'Oratoire du Roi de 1757 à 1760, abbé de Breuil Saint-Benoît, au diocèse d'Évreux en 1763, conseiller d'État en 1768, mourut en 1789, assez tôt pour n'avoir pas la douleur de voir la fin de son abbaye.

On lui donna pour successeur N. DE SAINT-GEYRAT, chanoine théologal de l'église de Saint-Pons, grand-vicaire de Mgr de Chalabre, évêque de cette ville. Il devait être dépouillé de son bénéfice par la Révolution presqu'aussitôt en avoir pris posésion.

En effet, après avoir vécu dix siècles sans interruption aucune, l'abbaye royale de Saint-Anian était arrivée, hélas ! à sa dernière heure, mais elle était toujours forte et pleine de vie. La Révolution, qui sembla tout d'abord ne s'être proposé pour but que de faire disparaître les abus de l'ancien régime et de donner une nouvelle direction à la société au moyen de la liberté politique et de l'idée religieuse plus favorisée que jamais, apparut tout-à-coup menaçant toutes les institutions du passé, et prête à renverser l'autel et le trône. Les murs des monastères lui furent désignés par les sociétés secrètes comme les plus forts boulevards de la Religion et de la Monarchie, parce qu'ils représentaient le principe de l'autorité que les philosophes n'avaient cessé de combattre pour exalter la raison libre de tout frein religieux et civil. Les clubs avaient condamné les couvents ; la Révolution allait les exécuter.

Nous cherchons dans nos murs des abus, des actes tyranniques qui eussent motivé la haine de la Révolution contre les paisibles habitants d'une solitude qui avait donné tant de relief à notre cité, ou lui eussent, du moins, fourni des excuses pour ses mesures oppressives, nos yeux n'en découvrent point. Nous consultons l'opinion publique pour connaître les griefs qu'elle aurait à reprocher à l'abbaye. Voici la réponse qu'elle nous donne par l'organe des magistrats et des habitants, le 11 mai 1790, au moment où la Révolution en détresse songe à réduire le nombre des couvents pour s'approprier leurs dépouilles.

Après quelques paroles flatteuses adressées pour la circonstance aux membres de l'Assemblée nationale, les officiers municipaux et les notables du pays s'exprimaient ainsi dans un placet en faveur de nos religieux : « Par un de vos décrets, les Bénédictins sont obligés de refluer dans les maisons qui leur seront assignées, car l'abbaye de Saint-Chinian est trop resserrée pour être du nombre de celles que vous conserverez. Elle peut cependant contenir quinze religieux, quoique cinq seulement en composent actuellement la communauté. Mais, Nosseigneurs, quelque petit que soit leur nombre, les secours abondants qu'ils nous procurent ne seraient-ils pas un motif suffisant pour vous porter à nous conserver cette maison? C'est à eux que Saint-Chinian doit son existence : fondée en 825, leur maison n'a cessé, depuis cette époque, de bien mériter de la Religion et de la Patrie. S'il est de bonnes mœurs parmi nous, nous le devons aux leçons et aux exemples des habitants de ce saint asile. Si notre contrée nous fournit d'abondantes récoltes, c'est de leurs sueurs que nous les tenons. Si notre ville, composée de plus de 4,000 âmes, remplit tous les devoirs que la Religion impose et s'il est en elle quelque étincelle de foi, nous en sommes redevables à l'exactitude avec laquelle les religieux se livrent aux exercices de leur loi sainte et au recueillement qui accompagne les fonctions de leur sublime ministère. Nous avons, sans doute, un pasteur qui n'épargne aucun de ses soins pour faire fructifier en nous la semence de l'Évangile ; mais il succomberait, s'il n'avait un nombre suffisant de coopérateurs fidèles capables d'alléger son fardeau. »

« Il est encore d'autres motifs qui demandent la continuation de l'existence de l'abbaye. Les pauvres y trouvent de quoi soulager leur misère ; les riches de quoi entretenir le lien d'une honnête société ; le pays un secours de prières. En un mot, tous sentent le besoin que nous avons de ces religieux, et si des ordres émanés de votre tribunal viennent nous les enlever, en nous soumettant à vos décrets, nous verserons des larmes sur leur exécution. Aucun de nous ne verra, d'un œil sec, l'asile de la vertu devenir peut-être le théâtre du vice. Les habitants partageront nos regrets et se trouveront en état de ne nous être jamais plus utiles, car ils seront privés des secours que des siècles leur avaient procurés. »

« Nous sentons, Nosseigneurs, qu'en diminuant le nombre des maisons religieuses, vous voulez subvenir aux besoins urgents de l'Etat ; mais quand même on pourrait aliéner la maison de Saint-Chinian, ce qui n'arrivera jamais, comme nous en avons un exemple dans la suppression d'une maison de Récollets, quel profit en retirerait la Nation ? Dix mille livres ne rendraient pas l'Etat plus florissant, tandis que la conservation de l'abbaye rendra la Religion plus respectable, le culte plus majestueux, les fidèles plus chrétiens, et les habitants de Saint-Chinian seront pleins de reconnaissance et de vénération pour les Représentants de la Nation » (1).

Cette adresse fut rédigée en plein conseil général, sur la proposition du sieur Pierre Viala, président, en l'absence du maire Tricou, et eut l'approbation des officiers municipaux Pierre Salvagnac, Bernard Decor, Jean Decor, Jean Valme-

(1) Délibérations communales.

gère, du procureur de la Commune, Belpel, et du greffier d'office, Jean-Antoine Valentin. Elle fut encore revêtue des signatures de cinquante-huit notables, citoyens actifs, parmi lesquelles on voit celles de Courbil, de Carrière, de Chabbert, de Falcou, de Gache, de de Grandsaignes, de Jamme, de Martin des Albières, de Pagès, d'Antoine Sèbe, de Planès, de Claude Bouttes, de Guiraud, de Castel, de Delassus, de Barre, de Rouanet, de Calmette, de Valentin père, de Castelbon, etc.

De quel poids n'aurait pas dû être un témoignage si éloquent, rendu spontanément par toute une population dans une circonstance aussi solennelle, si les membres de l'Assemblée nationale n'eussent prêté l'oreille qu'à la raison et à la justice. La Révolution allait commettre une faute grave et une flagrante injustice en fermant les maisons religieuses et en s'emparant de leurs biens. D'abord, elle privait les pauvres des secours habituels qu'elles étaient obligées de leur distribuer en vertu des chartes de leur fondation, et elle enlevait en même temps aux populations, avec les soins spirituels qui leur étaient donnés, l'exemple de la vertu sans laquelle la société ne peut vivre. En second lieu, si l'État pouvait, à quelque titre, reprendre les biens que la Monarchie avait placés, dans l'origine, entre les mains des congrégations, celles-ci pouvaient, en toute justice, réclamer le prix des améliorations apportées par leur travail ; d'un autre côté, elles possédaient des biens sur lesquels l'État n'avait aucun droit, car ou ces biens leur avaient été cédés par des propriétaires légitimes, la plupart avec des charges, ou elles les avaient acquis avec le fruit de leurs économies. C'est en vain qu'on invoquerait contre elles les besoins de l'État, tout le monde sait que le clergé, pour faire éviter cette spoliation révoltante et criminelle, avait offert de contribuer le plus largement à l'extinction de la dette publique.

Nous terminions notre étude sur l'abbaye de Saint-Anian,

lorsqu'un heureux hasard nous a mis sous la main les deux importantes pièces que nous avons rapportées presque intégralement à la suite de l'une et de l'autre : elles ne pouvaient pas arriver plus à propos pour justifier nos appréciations sur le zèle de nos religieux et le résultat de leur mission dans notre vallée.

Le 7 décembre 1790, le directoire du district de Saint-Pons, en vertu des Lettres-Patentes du 26 mars de la même année, délégua deux de ses membres, Rossel et Carrière, pour visiter l'abbaye et pour juger lui-même, sur leur rapport, s'il y avait lieu à la supprimer................. Nous ne mettrons pas sous les yeux du lecteur le tableau des agents volontaires ou contraints de la Révolution qui envahissaient depuis un an le monastère, chaque jour, pour réclamer des inventaires, des déclarations de biens et de droits, pour inventorier eux-mêmes les meubles, les bibliothèques, les titres, les documents. On les verrait avec peine s'agiter sans cesse tant dans l'église et la sacristie que dans toutes les salles du couvent et celle de la justice seigneuriale. Qui ne serait pas mal impressionné à l'aspect de ces hommes sinistres qui viennent troubler le silence de cette sainte solitude, interrompre les pieux exercices des religieux et profaner par leur tenue et leurs propos impies un séjour vénéré pendant de longs siècles ?

Hélas ! nous sentons, à la vue de ces signes précurseurs, que le moment fatal approche. Quelques jours à peine nous séparent du moment où les habitants de l'abbaye recevront l'ordre de sortir de leurs cellules et de se disperser........

On était arrivé au mois de mai 1791. De graves événements avaient eu déjà lieu. Les cinq religieux Salles, prieur, Tastavin, Méric, Juin d'Oupia et Gay, formant la communauté qui avait à sa tête l'abbé de Saint-Geyrat, après s'être vu arracher successivement leurs droits et privilèges royaux, leurs titres, leurs pensions, leurs terres, leurs meubles, leurs moulins, furent définitivement chassés de leur maison.

C'en était fait de l'illustre et antique abbaye de Saint-Anian. La longue série de ses abbés était terminée ; ses moines étaient dispersés ; les jours heureux et pleins de gloire de l'abbaye ne devaient plus revivre ! Seuls, les murs du monastère restaient debout, pour dire au siècle à venir le long et édifiant séjour des moines de Saint-Benoît et rappeler à la ville de Saint-Chinian qu'elle leur devait son existence et sa civilisation chrétienne.

NOTES

I

Possessions de l'abbaye à la veille de la Révolution

Malgré les nombreuses inféodations de parcelles de leur domaine dont nous parlerons dans la 2° partie de cet ouvrage, les religieux possédaient au moment de la Révolution:

1° En bâtiments :

Le monastère et ses dépendances; — l'hermitage et la chapelle de N.-D. de Nazareth; — la chapelle de Saint-Laurent; — deux moulins à blé et un moulin à huile dans Saint-Chinian; — un moulin à blé à la Rive; — un moulin à blé à Cauduro; — un moulin à blé à Poussarrou; — la métairie dite Sacrestie ou Sacrestenarié et ses appartenances;

2° En terres :

Les terres des Poujols; — Capels; — Montplaisir; — le pré Capistol; — les Pradassés, etc.

La commende de l'abbaye était taxée en Cour de Rome à 400 florins.

II

Saint-Laurent de Vernazoubres.

I. *A-t-il existé à Saint-Chinian sur la rivière de Vernazoubres un monastère dit de Saint-Laurent? — II. Ce monastère est-il le même que celui de Saint Laurent in olibegio fondé par Anian, abbé? — III. La chapelle dont on voit actuellement les restes sur la rive gauche de Vernazoubres, près de Saint-Chinian, marque-t-elle l'emplacement de l'ancien monastère ?*

I. — L'ancienne existence d'un monastère de Saint-Laurent sur notre rivière de Vernazoubres est démontrée : 1° en 899, par la charte de Charles-le-Simple qui fait mention du « monastère de Saint-Anian, confesseur, et de *Saint-Laurent*, martyr, lesquels *sont situés* au district de Narbonne, dans le lieu dit Holotian » ou Saint-Chinian (1). — 2° Elle est établie, en 897, par la présence de l'abbé « Froïa, abbé de Saint-Laurent de Vernazoubres » au concile de N.-D. du Port, sur les limites des diocèses de Nimes et de Maguelone (2). — 3° Elle ressort de la vente de quelque terre que fit Froïa au nom de sa communauté de Saint-Chinian à l'abbé de Montolieu en 894 (3). — 4° Il est fait mention, en 844, dans une charte de Louis-le-Chauve, d'un monastère de Saint-Laurent situé tout près de celui de Saint-Anian et sous sa dépendance (4). Le terme de *cellula* qui lui est appliqué ne doit pas faire une difficulté, après les preuves déjà données ; on s'en servait, du reste, en 837, pour désigner le monastère de Saint-Guillem-le-Désert : *cellulam nuncupantem Gellonis sitam in pago Lutevense* (5). — 5° Enfin les registres paroissiaux indiquent, en 1644, un mariage célébré dans l'église du monastère de Saint-Laurent.

II. — Le monastère de Saint-Laurent sur le Vernazoubres est le même que celui de Saint-Laurent *in olibegio* : 1° Mabillon place le monastère de Saint-Laurent *in olibegio* sur les bords du Vernazoubres (6), et ce n'est que lorsqu'il s'est aperçu qu'il a confondu le monastère fondé par Anian avec le monastère de Saint-Anian que, pour se tirer d'embarras, il transporte le monastère de Saint-Laurent sur la rivière d'Argendouble à Caunes, mais c'est sans donner aucune preuve, comme le fait observer l'*Histoire Gén. de Languedoc;* — 2° La *Gallia Christiana*, en énumérant les abbayes du diocèse de Saint-Pons (autrefois de Narbonne), cite « une ancienne abbaye de Saint-Laurent *in olibegio* ou de *Vernazoubres*, fondée et dirigée par Anian, qui fut plus tard abbé de Caunes, et ajoute qu'en 899, elle fut unie à l'abbaye de Saint-Anian » (7) ; —

(1) *P. J.*
(2) *F. P.*, p. 597.
(3) *Id.*
(4) *P. J.*
(5) *H. G. L.*, T. II, p. 625.
(6) Diplomatique.
(7) *P. J.*

3° L'*Histoire Gén. de Languedoc* estime que « le monastère de Saint-Laurent *in olibegio* n'est point différent de celui de Vernazoubres qui subsistait à la fin du IX⁰ siècle sur une rivière du même nom, dans le voisinage de Saint-Chinian, au diocèse de Narbonne (1). Dans la note X du tome II, p. 446, elle dit que ce monastère doit être distingué, non seulement de celui de Saint-Anian, mais aussi de celui de Saint-Laurent de Cabreresses qui fut uni, en 877, à l'église de Narbonne (2) ; — 4° Le dénombrement des abbayes royales fait à Aix-la-Chapelle ne montre dans la province de Septimanie qu'une seule abbaye de Saint-Laurent, fondée par Anian (3). Or, seul le monastère de Saint-Laurent de Vernazoubres est reconnu dans le IX⁰ siècle (844, 899) comme de fondation royale. Il ne peut qu'être le monastère de Saint-Laurent *in olibegio* reconnu, en 794, par Charlemagne à Anian.

III. — La chapelle qui subsiste à l'état de masure sur la rive gauche du Vernazoubres indique la place de l'ancien monastère d'Anian. Sur tout le parcours de la rivière, qui n'est que de quelques kilomètres, on ne trouve ailleurs ni trace ni souvenir du monastère de Saint-Laurent ; mais, en revanche, tout concourt en faveur du lieu occupé par la chapelle : 1° La charte de 844 dit que le monastère n'était pas loin de celui de Saint-Anian. — L'*Hist. Gén. de Languedoc* dit que les deux monastères étaient à peine séparés par la rivière. — 3° La chapelle a servi au culte jusqu'à la Révolution sous le nom de chapelle du monastère de Saint-Laurent. — 4° Autour de la chapelle on a découvert des sépultures très anciennes et nombreuses. — 5° Enfin le lieu où se trouve la chapelle était très favorable à un établissement monastique, et l'aptitude du sol à produire l'olivier ne peut que justifier la qualification *in olibegio* donnée au monastère de Saint-Laurent de Vernazoubres.

(1) *H. G. L.*, T. II, p. 145 et 357.
(2) *Ibidem*.   id.   id.
(3) *Ibid*.   id.   181.

III

LES ABBÉS DU MONASTÈRE DE SAINT-ANIAN

Fondateur l'abbé Durand

I. Woïca	en	826
II. Richefroy		844
III. Froïa		897
IV. Béra		899
....		
V. Renaud		1001
VI. Sicard Ier		1045
VII. Géraud (par conjecture)		
VIII. Ermengaud		1102
IX. Guillaume Ier		1129
X. Pierre d'Adag		1140
XI. Guillaume II		1152
XII. Pierre II		1175
XIII. Arnaud I de Cruzy		1230
XIV. Raymond Ier de Figuières		1252
XV. Arnaud II		1289
XVI. Bernard I de Pons		1301
XVII. Pons		1305
XVIII. Pierre III		1312
XIX. Sicard II		1340
XX. Pierre IV de Boyer		1350
XXI. Arnaud III de Verdale		1364
XXII. Sicard III		1400
XXIII. Jean Ier		1401
XXIV. Raymond II		1425
XXV. Renaud de Valon		1450
XXVI. Antoine de Narbonne		1490
XXVII. Jean II de la Garde		1517
XXVIII. Guillaume III de Caissac		1540
XXIX. George d'Armagnac (Ier abbé commendataire)		1554

XXX. Nicolas de Salerne, ab. com............... 1555
XXXI. Hippolyte d'Est, ab. com................. 1562
XXXII. Jean III de Pelet, ab. com............... 1585
XXXIII. Guillaume IV de Pelet de la Vérune, ab. com... 1595
XXXIV. Guitard de Ratte, ab. com............... 1596
XXXV. Pierre de Réveilhes, ab. com............. 1606
XXXVI. Félicien du Faure, ab. com.............. 1616
XXXVII. Louis de Gordes de Simiane de La Coste, ab. com... 1630
XXXVIII. Alponse de Simiane de La Coste, ab. com...... 1657
XXXIX. Jean IV de Rose de la Chevallerie, ab. com..... 1681
XL. Charles-Léonce-Octavien d'Anthelmy, ab. com.... 1729
XLI. Denis Pégulhan de Larboust, ab. com........ 1752
XLII. N. de Saint-Geyrat, ab. com.............. 1789

IV

Prieurs claustraux du Monastère de Saint-Anian connus

Raymond......en	1129	Guillaume Aurias........	1740
Aymery............	1465	Dolluen..............	1742
Bernard d'Aubussagues...	1516	Courbil..............	1752
Étienne Pigeaire........	1554	Desnoyers............	1753
Jean Delouvrier........	1595	Pierre Aliquot........	1753
De Bosquat...........	1615	Courbil..............	1761
Pierre de Tarboriech.....	1620	Maury...............	1766
Féteau.............	1629	Dupré...............	1773
Antoine Arnaud........	1679	Bose................	1774
Guirbaldy...........	1696	Sauret..............	1775
Courtade............	1697	Masdieu.............	1776
Galland.............	1705	Valeton.............	1778
Pierre-Paul Fleyres.....	1706	Bousquet............	1785
Arribat.............		Salles...............	1790

V

ÉGLISE DE N.-D.-DE-LA-BARTHE

L'abbé curé-primitif. — *Vicaires-perpétuels connus*

Dombas... en	1549
Domaison...	1556
Jean Cabrol, 9 avril.................................	1569
Jean Baudema, 31 janvier..........................	1593
Dominique Baudema.................................	1611
Jean Delouvrier.....................................	1613
Jean Dupré..	1624
Jean Dumas..	1628
Antoine Chavardés...................................	1642

Décédé le 25 juillet 1665, enseveli à Vall, près Ginestas (Aude).

Pierre Izarn...	1665
Soulié...	1683

Passa à Maureillan en 1694.

Intérim de Bonhomme.................................	1694
Amans Pradal...	1696

Mort en 1725, enseveli au cimetière paroissial.

Estienne Robert......................................	1725

Décédé le 15 février 1753.

Cusanian de Mynard...................................	1753
O' Connel (Massip secondaire).......................	1755

Fut ensuite archip. d'Azillanet.

Massip, archip. d'Azillanet, fut nommé en...........	1766

SUCCURSALLE DE BABEAU

N.-D.-des-Ayres

Fournier, prêtre régiste........................ en	1763
Cros, desservant.....................................	1770
Tabariès, desservant.................................	1783
Martin aîné, desservant.............................	1785
Bec, procuré...	1791

VI

Sépultures dans l'église des R. P. Bénédictins

Parmi les sépultures qui ont eu lieu dans la vieille église de 1615 à 1665, nous relevons celles de :

Antoine Mouly, 85 ans............................en	1615
Balthazar de Bosque, bourgeois......................	1627
Jean Tarboriech de Campredon........................	1627
Damoiselle de Savoie, femme du sieur de Bosquat.......	1628
Isabeau de Savoie, femme du sieur du Tandon..........	1629
Claude Decor, femme du bailli de Cebazan.............	1631
Antoinette Dichery, dans sa chapelle.................	1631
Catin de Bernières, femme du sieur du Tendon.........	1636
Anne de Moulières, femme du sieur Vianes.............	1636
Émeraude de Bosquat, femme de Grenier de Thourouzelle.	1639
Éléonore de Thézan, veuve du baron de Ferrals.........	1640
François Boultes, dit parisien.......................	1643
Père Félix, de l'Ordre des Récollets..................	1644
Antoine de Grenier...................................	1648
Frère Louis de Bosquat, religieux bénédictin..........	1652
Guillaumette de Poix, veuve de noble de Cup...........	1658
Jean-Jacques Andral..................................	1665

Parmi celles qui ont eu lieu dans la nouvelle église nous citerons celles de :

Daniel de Geoffre, viguier, 60 ans,.................en	1668
Barthélémy Robert, 66 ans............................	1672
Catherine Villebrun, épouse Philippe Dichéry.........	1672
Pierre de Feynes, rel. bénéd. décédé au château......	1679
Jean-Gabriel Pastre, fils de Marc du Tandon, major de dragons, (subdélégué), et de Charlotte Dichéry........	1680
Philippe Tarboriech de Campredon, 82 ans.............	1693

Antoinette de Geoffre, veuve Viala....................	1715
Louis Tarboriech de La Combe, 77 ans................	1718
Antoine Andral, 65 ans, dans sa chapelle.............	1731
Philippe Tarboriech de Campredon, 75 ans............	1742
Marie Cabrol de Monredon, veuve Tarboriech Philippe, 75 ans..	1759
Marie-Anne Janot, épouse Jean-Baptiste Tarboriech de Campredon...	1763
Élisabeth, fille de Jean Jullien, receveur des tailles à Agde.	1766
Symphorian Andral, 83 ans............................	1768
Marie Courbil, épouse Calmettes, avocat en Parlement....	1768
Alexandre Courbil, 60 ans............................	1770

VII

Principales sépultures faites dans l'église paroissiale à partir de 1628

Daniel Delouvrier............................en	1628
Jean de Geoffre.....................................	1629
Jean Dumas, vicaire-perpétuel (devant le maître-autel).....	1642
Damoiselle Thonette de la Roque.....................	1644
Élisabeth de Montal, épouse Massip..................	1645
François Massip, époux Montal.......................	1645
David Boyer, prêtre bénéficier de Saint-Nazaire de Béziers.	1646
Joseph Mouly, viguier...............................	1652
Jeanne Caraguel.....................................	1700
Noble Jean de Geoffre, bailli de Pierrerue............	1707
Noble Estienne de Roussel...........................	1710
Noble Saint-Clément de Cabrol, subdélégué...........	1718
Noble Saint-Clément de Cabrol fils..................	1750
Noble Daniel de Geoffre, prieur du Tiers-Ordre de Saint-Dominique, 74 ans.................................	1719

1re PARTIE. — ABBAYE DE SAINT-ANIAN

Jeanne de Cabrol d'Alibert, 93 ans	1741
Jeanne de Cabrol, veuve de noble Louis de Roussel, sieur de Saint-Amans, 77 ans	1759
Élisabeth de Noguier, 92 ans	1772

VIII

Quelques sépultures dans l'église des Récollets

Enfant de M. Massip	1706
Marion Massip, 45 ans	1710
Anian Gizard, notaire, 73 ans	1716
Jacques Decor	1718
Raymond Fraissé, 80 ans	1723
Marie de Laporte, veuve Thomas	1724
François Lenthéric, prêtre	1740
Jean Bermond, marchand	1742
Paul Pailhoux, inspecteur des manufactures, 67 ans	1743
Père Ambroise, vicaire du couvent de Lavaur, fils de Symphorian Andral	1761
Guy Pailhoux, médecin, 65 ans	1756
Anne Dichery, épouse Andral, 80 ans	1756
Catherine Louvrier, épouse Pailhoux de Cérénoles	1759
Symphorian Andral	1761
Dominique Tricou, ancien inspecteur de la Jurande de Clermont-Lodève, 75 ans	1766
Jean Raboul de Grandsaignes, receveur des tailles à Saint-Pons, 60 ans	1767

Les sépultures furent interdites dans les églises à partir de 1776. M. Louis-Joseph Tarboriech, seigneur d'Assignan, bien qu'il eût son tombeau chez les Bénédictins, fut enseveli au cimetière paroissial, le 26 octobre de cette année. Il fut le premier atteint par les Lettres-Patentes du Roi.

DEUXIÈME PARTIE

HISTOIRE
DE
LA VILLE DE SAINT-CHINIAN

Le vallon de Vernazoubres avant la fondation de l'abbaye de Saint-Anian.

Les peuples qui ont précédé les Francs dans le Languedoc sont les Celtes Tectosage, les Romains et les Sarrasins d'Espagne. Or, à peine reste-t-il quelques traces de séjour de ces peuples dans notre vallée. Des Celtes il n'apparaît que le nom de Vernazoubres (pays coupé par les eaux), qu'on donna simultanément au petit fleuve et au vallon, et quelques débris de la civilisation de ce peuple, découverts naguère dans les grottes de Poussarrou par M. Villebrun, maire de Saint-Chinian, et M. Miquel de Baroubio. On a bien prétendu qu'au XIVe siècle il existait encore dans le pays des pierres druidiques, mais nous ne pouvons l'affirmer. Rien n'empêcherait cependant d'admettre que les bords du Vernazoubres aient attiré plusieurs familles gauloises : on sait que les Gaulois vivaient de la chasse et de la pêche, et on verra plus loin que le gibier et le poisson abondèrent longtemps chez nous. Les Romains n'ont laissé aucun monument de leur passage; toutefois, d'après certaines traditions, ils auraient construit une tour d'observation sur le mont Nazareth et un fort sur le Rocher, *au pas de la Corne*. Pour les Sarrazins qui ne se portaient dans les contrées du Midi que pour y faire de butin, il n'est guère probable que, pendant qu'ils occupèrent Narbonne, ils aient fait des excursions dans nos montagnes, trop pauvres pour les attirer. Le vallon dut donc rester à peu près désert jusqu'à l'arrivée des Francs dans notre province.

Au moment où les Bénédictins résolurent de s'établir sur les rives du Vernazoubres, ce lieu portait les noms d'Holotian et de la Corne. On a cherché à expliquer ces dénominations. La première, d'après les uns, viendrait d'un mot grec signifiant jardin, et d'après les autres, d'un mot latin indiquant une demeure royale. Quant à la seconde, l'historien Andoque la tire de Cornus ou Cornutus, fils d'un préfet romain de Narbonne, et possesseur du vallon, tandis que La Martinière en trouve la vulgaire origine dans les cornes de bœuf auxquelles les tanneurs de l'endroit suspendaient leurs cuirs. Pour nous, en présence de la difficulté de découvrir l'idée de jardin ou de demeure princière dans un lieu hérissé de broussailles et inculte, nous supposerions volontiers, comme nous l'avons déjà fait, que le mot Holotian affecté à la partie du vallon où les moines bâtirent leurs cellules, était le nom du Seigneur qui éleva, avec la permission du roi, la chapelle de N.-D.-de-la-Barthe ou des buissons. Quant au nom de La Corne, nous accepterions bien l'opinion de M. Andoque, en écartant l'histoire fabuleuse de la naissance du proconsul (1), si nous n'avions pour l'interpréter et la forme du rocher de Nazareth et celle du vallon lui-même avec la fertilité du sol, qui ont fait prendre à la ville pour armes une corne d'abondance. L'idée de la

(1) P. J.

Martinière ne saurait être accueillie, car l'industrie des tanneurs n'avait pas été introduite dans le lieu, que depuis longtemps la ville portait le nom de La Corne.

Quoi qu'il en soit de l'étymologie de ces noms, c'est dans la partie du vallon de Vernazoubres appelée Holotian, au diocèse de Narbonne, et dans un terrain appartenant en propre au roi, que l'abbé Durand eut la faculté de construire le monastère de Saint-Anian, 823-826, lorsque déjà, sur la rive opposée, Anian avait construit le monastère de Saint-Laurent dans la terre qu'il avait reçue de Charlemagne, et à laquelle une plantation d'oliviers avait fait donner la qualification *in olibegio*.

Auprès de ces deux monastères et sous leur influence devait naître et grandir la ville qui porta d'abord le nom de Saint-Anian, à raison du nom de l'abbaye de Durand ou du nom du fondateur de celle de Saint-Laurent, et mieux, à raison de l'un et de l'autre. Ce nom fut changé, au milieu du XVIe siècle, en celui de Saint-Chignan ou Saint-Chinian, pour distinguer notre ville de plusieurs autres qui avaient une dénomination semblable.

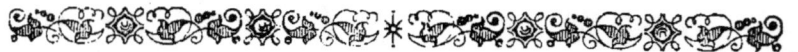

LIVRE PREMIER

SAINT-CHINIAN PENDANT LA FÉODALITÉ

de 826 a 1351

Sous la juridiction des seigneurs abbés, la ville est fondée, formée et affranchie.

Les abbés :

Woïca, — Richefroy, — Froïa, — Béra, — Renaud, — Sicard Ier, — Géraud, — Ermengaud, — Guillaume Ier, — Pierre d'Adag, — Guillaume II. — Pierre II, — Arnaud de Cruzy, — Raymond Ier de Figuières, — Arnaud II, — Bernard Ier de Pons, — Pierre III, — Sicard II, — Pierre IV de Boyer,

Seigneurs temporels :

Quelques serfs attachés au service de l'abbaye, tels furent les premiers éléments d'une population qui devait atteindre, un jour, le chiffre de 4,000 âmes. Ces serfs sont mentionnés dans les chartes accordées soit à Anian, fondateur du monastère de Saint-Laurent, soit à Durand, fondateur de celui de Saint-Anian. Leur séjour était encore désigné, au dernier siècle, par le nom de Casallaces affecté au quartier de la ville avoisinant, à l'ouest, les prisons primitives de la juridiction, et par celui de la Servelière, premier nom de Babeau.

A ces serviteurs qui faisaient partie de la terre, s'en adjoignirent d'autres qui vinrent s'offrir d'eux-mêmes, ou qui furent attirés par les moines, pour l'exploitation des champs de l'abbaye. La petite population s'accrut par l'arrivée d'émigrants chassés de leurs pays par la guerre ou par la persécution religieuse. Les pauvres et les malheureux qui se fixèrent autour du cloître la firent encore augmenter.

Les serfs, nourris et traités avec bonté, ne paraissaient pas fatigués de leur condition, qui était comme une espèce d'état de domesticité ; elle devait s'améliorer par le bienfait de l'affranchissement que ne pourraient s'empêcher d'accorder des seigneurs ecclésiastiques. Les étrangers ruinés par la guerre obtinrent, à titre de colons et moyennant des censives, des parcelles du terrain seigneurial qu'ils cultivèrent eux-mêmes pour leur propre compte. Parmi eux, il dut se trouver des réfugiés espagnols, car dom Vaissette affirme qu'il s'en établit un grand nombre en Septimanie où, selon les ordres des princes, ils furent reçus avec toute sorte d'égards. Le nom de *colondat* attaché à une partie de Saint-Chinian désignait un terrain donné à des colons. Quant aux pauvres, les religieux pourvurent à tous leurs besoins. C'était, du reste, une des principales charges de l'abbaye, et l'on sait que les malheureux trouvaient toujours un gîte et du pain auprès des fils de Saint Benoit : ainsi l'abbé d'Aniane, dans un temps de famine, en nourrit jusqu'à trois cents.

Les populations se formèrent rapidement autour des monastères. L'état de l'Europe, d'un côté ; l'accueil qu'on rencontrait auprès des religieux, de l'autre, suffisent pour expliquer la création, pour ainsi dire, spontanée d'une foule de villages, de bourgs et de villes sous les murs protecteurs des monastères.

Quelle différence entre les populations groupées auprès des paisibles monastères et celles qu'on trouvait sous les tours des seigneurs guerriers ! Les sombres manoirs des barons et des vicomtes retentissaient sans cesse des cris de guerre et du fracas des armes. Le seigneur voisin, après avoir fait le dégât dans la campagne, s'apprêtait à monter à l'assaut du château convoité ; repoussé, il rentrait dans sa terre. Quelques jours après les représailles commençaient. Autour des abbayes, au contraire, l'on jouissait d'une paix profonde, et la campagne respectée se couvrait de riches moissons. Tandis que, soumis à l'*ost* et à la *chevauchée*, les vassaux des seigneurs laïques n'étaient, la plupart du temps, occupés que de la préparation de leurs flèches ou du jeu des machines de guerre, ceux des seigneurs ecclésiastiques soignaient les pacifiques instruments de la culture de la terre ou apprenaient des moines l'art de combattre les vices du cœur humain. Le sang répandu, les ruines entassées ne servaient qu'à entretenir chez les premiers des habitudes rudes et sauvages ; les mœurs des seconds devenaient douces et polies par les rapports suivis qu'ils avaient avec les hommes d'église. De la vallée sanctifiée par la présence des religieux montait vers le ciel, à toutes les heures du jour, l'harmonie des chants divins avec l'encens de la prière ; des rochers escarpés, où se dressait, dans son orgueil, le château menaçant, avec ses tours et ses contreforts, partaient à tout instant des appels aux combats que répétaient les échos, remplissant de terreur tous les lieux d'alentour.

Bien que nos abbés ne prennent aucun des titres prétentieux que s'arrogent les seigneurs féodaux, ils n'en sont pas moins maîtres et seigneurs dans leur terre. Ils ont la juridiction sur les serfs et sur les hommes libres de tout leur domaine. Par des privilèges spéciaux, nuls juges ou leurs officiers ne peuvent exercer leurs fonctions dans les dépendances du monastère. Louis-le-Débonnaire l'a ainsi réglé, en détachant la terre de Saint-Anian de la juridiction des vicomtes de Narbonne. Ses successeurs reconnaissent que l'abbaye et ses appartenances relèvent directement et uniquement du roi de France. Le monastère n'est pas soumis aux tailles royales ; il est exempt de toutes albergues et corvées ; il n'a à fournir ni à loger des gens de guerre. Seigneur temporel, l'abbé a la direction du lieu et tout lui est soumis. Il pourvoit lui-même à tout : il entretient le moulin, le four, le canal, les chemins, les ponts, les fortifications de la ville. Les habitants lui fournissent, à leur tour, leur travail, des censives, des tailles. A voir l'ordre et la bonne volonté qui règnent, on ne sait ce qu'on doit le plus admirer, ou du zèle qu'a le maître pour le bien de ses vassaux, ou de l'ardent empressement avec lequel les vassaux servent le seigneur.

Un siècle ne s'est pas encore écoulé depuis la fondation de la ville, et déjà, sous la direction des moines, les habitants ont transformé le vallon. Ce lieu, naguère désert, est rempli de masages, de fermes à colonage. Nous distinguons clairement le mas de Sorteillo et, sous des noms anciens, nous découvrons les divers villages modernes de Salavert, La Servelière, Bouldoux, Tudéry, Lamoureire, Cazo, Malivert et Donadieu, séjour de la descendance de Déodat. Les terres que le soc de la charrue n'avait jamais ouvertes auparavant et qui n'avaient produit que des arbustes sauvages, offrent aujourd'hui, sous un aspect riant, d'abondantes récoltes ; partout de vastes prairies, des jardins complantés d'arbres fruitiers de toute espèce. Les eaux du Vernazoubres canalisé fécondent les terres et font mouvoir les moulins de la ville et des hameaux.

Pendant les troubles que l'ambition des princes a causés dans l'Aquitaine et la Septimanie qui lui est restée unie jusqu'en 865, comme pendant l'invasion des Normands dans les contrées voisines et les ravages des Sarrazins dans le district de Narbonne, les habitants de Saint-Anian n'ont cessé de jouir de la paix, sous Voïca, Richefroy, Froïa et Béra.

Nous sommes au X⁰ siècle. Les peuples étrangers, profitant de l'anarchie qui règne dans le royaume, vont reprendre leurs courses à travers le midi de la France. A leur approche, chaque seigneur tremble pour son fief. Les comtes ont obtenu du monarque la permission de fortifier leurs demeures, et ils donnent cette faculté à leurs vassaux. Partout on voit s'élever des châteaux-forts. A Saint-Anian, l'abbé entoure son monastère de murailles; il se préoccupe ensuite de la ville, qui est encore mal défendue. A sa voix, les habitants s'agitent; chacun apporte son concours. Des fondements larges et profonds sont creusés à l'Est et à l'Ouest, et bientôt des murs épais courent depuis les constructions du monastère jusqu'au Vernazoubres, chargé lui-même de protéger la cité du côté du Nord, tandis que le canal de l'abbé la défendra au Midi. On laisse deux ouvertures à la muraille de la ville, l'une auprès du pont, et une autre qui lui fait face, au couchant : ce sont les portes de l'enclos, auxquelles on donne tous les moyens possibles de résistance. Mais les fortifications ne seraient pas complètes sans la Tour Némoreuse, qu'on élève en présence du pont pour en commander le passage, et sans les fossés dont on entoure les remparts à l'Est et à l'Ouest; l'eau du canal sera chargée de les inonder au besoin.

Les événements ne tardèrent pas à prouver que ces sages précautions étaient nécessaires pour rassurer les esprits. Les communications étaient déjà fréquentes entre les pays de Narbonne et de Béziers avec ceux de Castres et de Toulouse par Saint-Anian. Ouverte de tous côtés, notre ville aurait pu être surprise à tout instant. En effet, les Sarrasins franchirent les Pyrénées plusieurs fois, en particulier en 920, mettant tout à feu et à sang jusqu'aux portes de Narbonne; heureusement pour nous, écrasés sous les murs de cette ville, ils ne purent aller plus loin. Après eux, les Normands, ayant pénétré en France par Bordeaux, firent beaucoup de mal dans le Midi. Les Hongrois se précipitèrent ensuite sur le Languedoc à travers les Alpes. Ils eussent fait de cette province un vrai désert, sans l'indomptable valeur de Raymond Pons, comte de Toulouse et marquis de Gothie. Tout fuyait devant les hordes barbares, dit l'*Histoire de Languedoc*, d'après Catel, car elles avaient résolu de faire périr jusqu'au dernier des habitants. De fait, « cette province, quoique très fertile et très abondante par elle-même, se trouva réduite à la dernière extrémité. » C'est ce que les évêques apprirent au pape Jean, en lui annonçant en même temps que le comte Raymond avait anéanti cette nation féroce.

Nous avons dit déjà les soins que prenaient nos seigneurs abbés pour rendre la population honnête et chrétienne, pour instruire la jeunesse, pour écarter l'hérésie loin de la ville. Le zèle qu'ils témoignèrent à l'endroit des besoins spirituels de leurs sujets ne fut pas, en effet, inférieur à celui qu'ils montraient pour leurs avantages temporels. Pas n'est besoin de rappeler la construction de l'église de Saint-Celse au milieu des hameaux qu'ils avaient à desservir; nous n'insisterons pas non plus sur l'établissement de l'école monacale, dont jamais on n'a contesté l'utilité ni les résultats; l'orthodoxie de notre cité prouve la vigilance des gardiens de sa foi.

Ainsi, sous l'égide de nos seigneurs qui, soit dit en passant, ne s'imposaient à leurs vassaux que sous les nom et qualité de Pères, nos aïeux traversèrent les Xe et XIe siècles, âges d'ignorance et de barbarie, sans ressentir la déplorable influence de ces deux fléaux, dont la société souffrit tant à cette époque. Ils avaient au milieu d'eux un foyer de lumière et l'exemple vivant de la douceur et de la charité. Sans doute, ils ne prirent aucune part aux affaires politiques, et nous n'avons pas à vanter leur vaillance dans les combats. Furent-ils plus malheureux de n'avoir pas à se produire? N'est-ce pas, au contraire, le cas de répéter : heureux les peuples qui n'ont point d'histoire? Mais si les vassaux restèrent dans une avantageuse obscurité, les seigneurs abbés portèrent haut le nom de leur maison et celui de leur ville, en paraissant avec éclat dans les conciles et dans les grandes assemblées de l'ordre des Bénédictins.

Le bonheur qu'on goûtait dans la ville de Saint-Chinian faillit disparaître de ce lieu privilégié, vers la fin du XIe siècle, avec les religieux, que des hommes pervers avaient dépouillés de leurs biens et privés de toute ressource. Louis-le-Débonnaire prévoyait qu'ils auraient, un jour ou l'autre, à lutter contre des gens animés des plus mauvaises passions, et c'est pour cela qu'il avait, d'une manière aussi expresse que solennelle, mis l'abbaye sous la sauvegarde de ses successeurs. Mais que pouvaient faire, à ce moment, les princes, obligés qu'ils étaient de défendre eux-mêmes contre la noblesse leur sécurité autant que leurs intérêts. La Providence ne voulut pas cependant permettre que l'abbaye de Saint-Anian, déjà si célèbre, fût détruite, et que le pays fût privé de sa tutelle avant qu'il fût rendu capable de se diriger par lui-même. La population fut heureuse et fière de conserver ses protecteurs; mais c'est avec amertume qu'elle les vit forcés de se soumettre aux religieux de Saint-Pons-de-Thomières, qui avaient près de deux siècles d'existence de moins qu'eux. C'est peut-être de cette heure que date la rivalité des deux villes de Saint-Chinian et de Saint-Pons.

Revenons un instant sur nos pas pour retrouver et nommer les abbés seigneurs dont les archives font mention, après Béra. Ce sont Renaud, Sicard 1er, Géraud et Ermengaud.

Un long siècle s'écoulera, à partir de ce jour, dans le silence de l'histoire, et nous n'aurons qu'à montrer la succession des abbés seigneurs du pays. Aussi devons-nous nous contenter de nommer Guillaume Ier, Pierre Ier d'Adag, **Guillaume III et Pierre II.**

En 1203, nous signalons un Pierre de Salles ; il est bailli du seigneur Pierre II. Son titre est l'indice de la justice exercée par l'abbé et la preuve de la juridiction que l'abbé tient du roi. Haut-justicier, le seigneur Pierre II connaît par son juge de tous les crimes, délits et différends qui se rencontrent dans les limites de sa terre. Nous avons constaté l'existence et le lieu des prisons ; nous trouverons plus tard les insignes de la juridiction seigneurale sur le *plain* (place) des Bénédictins, installés en ce moment au lieu dit *les Fourches*.

Il y a longtemps qu'on n'entend plus parler des serfs des seigneurs abbés : c'est qu'ils ont été affranchis. On les voit avec leurs familles dans les bois et les prairies qui sont au haut du vallon, près de la source du Vernazoubres. Ils exploitent la campagne dite La Servelière, à titre de colons, et ils jouissent de leurs récoltes, moyennant de légères censives ou rentes annuelles et perpétuelles.

Cette petite population dispersée dans la campagne vit accourir auprès d'elle les habitants de Saint-Celse que les Albigeois avaient chassés de leurs demeures. Les hérétiques s'étaient jetés dans notre vallée et avaient renversé de fond en comble leur église et leurs maisons, qu'ils avaient rencontrées sur leur passage. Mais la haine de ces barbares contre la foi catholique ne se borna pas à ce dégât. Les hérétiques s'attaquèrent aussi aux murs de l'abbaye et à ceux de Saint-Anian. Pour relever les ruines que les Albigeois avaient faites, le seigneur abbé fut obligé d'aliéner plusieurs biens du monastère.

On a vu que le service religieux, suspendu à Saint-Celse, fut repris dans l'église de N.-D.-de-la-Barthe, annexe de l'église paroissiale en ce moment détruite. Pour ne pas laisser les hameaux du haut vallon, qui avaient bénéficié de la population de Saint-Celse, privés des secours spirituels que leur devait le monastère, le seigneur abbé construisit, à La Servelière, l'église de N.-D.-des-Ayres, et, à Bouldoux, celle de Saint-Jean-d'Orte, que ses successeurs devaient ériger en prieurés.

La population avait pris des proportions plus considérables, et les charges des seigneurs avaient naturellement augmenté. Il fallait procurer aux habitants les moyens de pourvoir à leur existence et de fournir des rentes aux seigneurs. Le nombre des colons se multiplia dans la terre seigneuriale ; mais le maître n'avait encore affaire qu'avec des fermiers, aussi libres d'abandonner le champ qu'ils cultivaient que lui-même était libre de le leur retirer. Il s'agissait d'attacher les colons à la terre et d'en faire des vassaux fidèles et dévoués. Les colons furent changés en emphytéotes, vrais propriétaires, moyennant l'hommage et la fidélité envers les seigneurs abbés. Dès ce moment, les habitants cultivèrent, avec une ardeur nouvelle et une satisfaction particulière, la parcelle de terrain qu'ils exploitaient ; elle leur était inféodée à raison d'un prix et d'une redevance qui leur en assuraient la propriété. Ce fut un progrès d'une grande portée que l'admission des roturiers à la possession des terres jouies jusqu'alors par la noblesse. Les hommes des champs commencèrent une nouvelle existence, plus conforme à la dignité de la créature intelligente et libre par droit de nature.

Il y eut lieu désormais à garder et à défendre, au besoin, le lopin de terre qu'on avait acquis avec tant de peine. C'était bien cette parcelle qui fournirait, avec le pain indispensable pour vivre, le subside que réclamait le prince, les censives qu'exigeait le seigneur, les tailles dues à l'université. Les habitants mirent en commun leurs intérêts privés ; ils choisirent des gardiens pour veiller à la conservation de leurs fruits, des procureurs pour défendre leurs droits lésés, des syndics pour traiter des affaires où le bien général était en jeu. Tels furent les premiers essais de la communauté civile, à la veille de s'établir dans les petits centres, comme les communes s'étaient formées dans les villes.

Par suite des concessions faites aux emphytéotes, la terre seigneuriale fut morcelée et les intérêts divers se trouvèrent souvent en opposition. Il fallut définir des droits et fixer des limites. Les seigneurs furent en lutte avec leurs vassaux, ainsi que les vassaux entr'eux. Entre les seigneurs et les vassaux la lutte prit des proportions de plus en plus sérieuses : les premiers voulaient conserver sur les terres cédées des servitudes que consacraient les droits de la Féodalité ou des accords consentis ; les seconds voulaient affranchir leurs champs et faire triompher le principe de la propriété. Ce fut une époque de crise sociale : le système féodal devait sombrer ou faire des concessions ; la Monarchie était contre lui et faisait cause commune avec le peuple.

Nous pouvons suivre les incidents de la lutte dans notre localité. En 1265, l'abbé de Figuières est en désaccord avec Raymond de Salles au sujet de leurs terres limitrophes ; l'abbé de Quarante est choisi pour arbitre. Sous les seigneurs Arnaud II et Bernard de Pons, il n'y a pas de contestations, au moins apparentes ; mais en 1315, les habitants et Pierre III mettent fin à un différend qui dure depuis longtemps. Eu égard à la franchise que le seigneur leur accorde, les habitants s'engagent à faire au seigneur une rente annuelle de 30 livres. Le même Pierre III, en 1329, se voit forcé par le sieur de Villespassans de défendre sa propriété de Granios et de sauvegarder le droit de dépaissance dont jouissent ses vassaux dans son devès. Le 4 mai de cette même année, il signe une transaction qui permet aux gens de Villespassans et de Saint-Anian de paître et d'abreuver leurs troupeaux dans les terroirs les uns des autres.

Au XIV° siècle, sous Sicard II, Saint-Anian s'offre à nos regards, avec l'aspect d'une ville murée et entourée de plusieurs villages qui relèvent de sa juridiction. Les populations sont instruites et laborieuses ; elles sont surtout chrétiennes et puisent dans leur foi religieuse la connaissance de leurs devoirs et la force de les remplir. Rendons hommage à la vérité et ne craignons point d'attribuer ces heureuses dispositions à l'éducation donnée par les moines bénédictins.

Il ne reste plus aux seigneurs abbés qu'à affranchir notre ville et à en remettre les destinées dans la main de ses habitants, mûrs aujourd'hui pour la liberté. Ce que l'on n'obtient ailleurs qu'avec difficulté des seigneurs laïques va leur être accordé par les abbés de Saint-Anian avec empressement et générosité.

Les rois de France ont ramené au Domaine de la Couronne le comté de Toulouse, les vicomtés de Narbonne et de Béziers et la baronnie de Montpellier; leur influence se fait sentir sur tout le Languedoc. Or, ils favorisent le mouvement qui pousse les populations de la campagne à créer la communauté rurale. Les seigneurs résisteront-ils aux demandes réitérées qui leur sont faites, en les voyant appuyées par les princes? L'heure est venue d'octroyer des lettres d'affranchissement, sous peine de s'exposer à des révoltes et des représailles.

Nous nous trouvons en l'année 1351. Il y a à la tête de la seigneurie de Saint-Anian un homme distingué par son mérite et à larges vues. C'est Pierre IV de Boyer. Il a jugé que le moment est venu de donner aux habitants la faculté de choisir leurs magistrats et de confier à ces derniers le soin des intérêts de la population et de la direction des affaires communes. A cette fin, il dresse la charte que nous allons faire connaître, et la propose ensuite à ses vassaux réunis sur la place publique.

« Premièrement, l'abbé et son monastère ont conclu et consenty que les habitants puissent avoir de conseulz et une maison commune dans la Tour Némorouse assize prés le pourtal du Pont....., une bource et coffre communs et autres armoiries et signes du consulat, suivant la forme que s'ensuit, sçavoir trois conseulz et neuf conseilhers.

Item. Le jour de la translation de Saint-Benoît, que est le 11 juillet annuellement, lesd. trois conseulz avec leurs conseilhers esliront autres huict hommes des plus notables dud. lieu, qui assemblés avec lesd. conseulz et conseilhers, faisant en tout le nombre de vingt, presteront le serment ez mains dud. abbé, son viguier en la temporalité ou d'autres de la partie dud. abbé..., de bien et fidellement se comporter... en eslizant des personnes aptes et suffisantes pour exercer l'office de conseulz... *Item*, led. serment ainsy presté, lesd. vingt hommes assemblés esliront trois hommes habitans et taillables dud. lieu, les plus notables et âgés par dessus vingt-cinq ans, aptes pour exercer l'office du consulat... *Item*, après la délibération..., lesd. conseulz antiens, ce même jour, présenteront en escript ou autrement..., les trois conseulz esleus aud. abbé ou à son viguier, lesquels recevront lesd. trois conseulz esleus pour exercer le consulat en lad. année que finira à la translation de Saint-Benoît suivante. *Item* les trois conseulz esleus, avant qu'ils puissent exercer leur office, tant à leur propre nom que de toute l'université..., presteront le serment qu'ils seront bons et fidelles aud. sieur abbé..., jureront aussy de bien se desporter au gouvernement et administration de leur consulat, de procurer tant que pourront le proffit de l'université, esviteront l'indempnité d'icelle, feront à lad. université ou député d'icelle bon et loyal compte de l'administration et presteront le reliquat... *Item*, lesd. conseulz, incontinent après ce dessus, procèderont à l'élection des neuf conseilhers qui presteront le serment.. de donner bon et sain conseil, selon Dieu et leur bonne conscience, viendront lhorsqu'ils seront mandés et tiendront les conseils secrets. *Item* celui qui aura été conseul ne pourra estre esleu de trois ans...» (1).

(1) Transaction de 1465. Arch. de la Mairie.

Cette charte réalisait les vœux de la population ; elle fut acceptée avec joie et reconnaissance. L'affranchissement de la ville de Saint-Anian fut promulgué. Dès lors la Communauté, reconnue par le seigneur et autorisée par le roi, était **établie dans la cité.**

LIVRE II

LA COMMUNAUTÉ DE SAINT-ANIAN SOUS LES ABBÉS SEIGNEURS

I

1351-1490

En accordant l'affranchissement à leurs villages, les seigneurs conservèrent les droits fonciers et juridictionnels que la Féodalité avait attachés à leurs terres. Mais, pour le progrès des affaires communales, les villages eurent besoin de nouvelles libertés et franchises; aussi travaillèrent-ils à diminuer à leur profit les avantages dont jouissaient leurs maîtres. A la vue des exigences qui augmentaient chaque jour, du côté de leurs sujets, les seigneurs se tinrent plus près de leurs intérêts. La lutte s'accentua. Elle devait être fatale à la Féodalité, car les populations s'attiraient de plus en plus la protection du roi, en le reconnaissant pour leur souverain maître et seigneur. Les procès se multiplièrent entre seigneurs et vassaux. Des transactions plus ou moins tardives, mais absolument nécessaires, mirent fin à une situation pénible pour tous.

Arnaud III de Verdale, — Sicard III, — Jean Ier, Raymond II, — Renaud de Vallon.

La ville de Saint-Chinian eut aussi des démêlés avec ses seigneurs. L'histoire des difficultés qui éclatèrent entre 1351 et 1465, dates de l'affranchissement de l'université et de la grande transaction qui régla d'une manière définitive les rapports des habitants avec les abbés, nous échappe dans les détails, mais nous savons par le préambule de l'acte d'accord que les questions soulevées par les emphytéotes furent nombreuses, et que les parlements eurent souvent à intervenir entre eux et le monastère. On lit, en effet, en tête de la transaction : « ayant été soulevés plusieurs procès et débats entre les seigneurs abbés du vénérable monastère et les habitants du lieu de Saint-Anian et aussy entre ces derniers et le R. P. en J. C. Renaud de Vallone, abbé dud. monastère, tant en la souveraine cour de Tholoze que ailleurs.... » L'objet des débats est encore manifesté : « il y eut procès à l'occasion des herbages et pasturages du terroir, de la chasse des bestes et oyseaux sauvages, de la pêche du poisson, de la paissière estant en un ruisseau duquel les preds et les jardins en sont arrosés ; encore à l'occasion des moulins tant de bled que de l'huille, du four, et pareillement des conseuls et sur le gouvernement des habitants dud. lieu, et de la queste, pension ou tailhe annuelle, que lesd. habitants avaient accoustumé faire aud. abbé ou à son monastère et de plusieurs autres choses.... ».

Généralement les Chartes, qui firent cesser des luttes longues, passionnées et ruineuses, ne parurent qu'à la fin du XVIe siècle ou au commencement du XVIIe. Celle des seigneurs de Saint-Anian fut donnée bien plus tôt, comme on le voit. Le nombre de libertés et franchises qui furent accordées fait honneur à nos abbés. L'analyse que nous allons donner de l'importante transaction nous fera connaître les rapports qui devaient désormais exister entre seigneurs et vassaux, et nous montrera la ville de Saint-Anian avec ses habitudes, sa situation et ses intérêts, au XVe siècle.

La charte de 1465, renfermant 61 articles en 40 pages d'écriture, fut octroyée par Renaud de Vallon avec le concours de « Raymond de Corneilhan, habitant de Béziers, et de Me Lamasse, notaire, de Cessenon, amiables compositeurs et amis communs ». Il y est dit que « l'abbé voulut, pour satisfaire au vœu des fidelles vassaux, délaisser et enlever les difficultés que font naitre les dissentions entre les prélats des églises et monastères et les personnes qui sont soub leur charge, affin que l'union de charité et concorde de leurs esprits procurent paix et vertu à iceux...»

L'ensemble des articles résout d'avance toutes difficultés, empêche toute revendication injuste et prévient tout conflit mal fondé.

L'article Ier a trait aux fruits spontanés des bois et forêts de la juridiction, dans lesquels les seigneurs ont déjà admis les troupeaux des habitants, « moyennant la part et portion dudit bestial ». Ces fruits seront communs aux bêtes des seigneurs et à celles des manants. La surabondance du pâturage ne pourra être vendue qu'avec le consentement des parties contractantes et à leur profit; mais l'abbé promet de faire don à l'université des sommes qui lui reviendront.

Par l'article II il est permis aux habitants de couper du bois dans les forêts du seigneur pour en faire des instruments aratoires, à leur usage ou à celui d'autrui.

Dans l'article III, l'abbé déclare se dépouiller du monopole du vin et reconnaît à chaque particulier le droit de vendre du vin dans toute la juridiction.

D'après l'article IV, le seigneur renonce à la succession

de tout individu qui décèdera sur sa terre *ab intestat*; et, d'après l'article V, il fait remise à tous ses sujets des offrandes que la coutume les obligeait à lui faire les jours de fête ou autres.

L'abbé n'exigera, en vertu de l'article VI, de quiconque fera un commerce des glands ramassés dans ses bois qu'une seule mesure (quartière) de glands par an.

L'article VII regarde les frais de sépulture : l'abbé et la communauté pourront tenir chacun un lit mortuaire (bière) dans l'église paroissiale. Celui de l'abbé sera fourni pour le prix de 5 sols et 6 deniers ; mais l'abbé n'exigera rien à l'occasion des enfants pupilles décédés.

A l'article VIII, il est question de la création des consuls. Les concessions faites, à leur endroit, en 1351, et que nous avons rapportées, sont rappelées et maintenues selon le règlement établi.

L'article IX reconnait aux consuls le droit de nommer les officiers politiques, tels que clavaires, prévôts, *caritadiers*, bandiers, estimateurs de tailles, juges des bans, ouvriers, auditeurs des comptes, « lesquels officiers ainsin esleus seront présentés par les conseulz à l'abbé ou à son viguier, qui les installera, sans aucune difficulté ou retard, dans leurs offices et recevra leurs serments d'être fidelles audit sieur abbé ou à son monastère et à l'université de Saint-Anian, sauf qu'ils fussent inhabiles ou inaptes ».

Les consuls, art X, ne pourront assembler leur conseil, sans y être autorisés par l'abbé et sans qu'un délégué de sa part ne soit présent à leurs délibérations. « Lesd. conseulz exerceront leur charge, art. XI, tant que les nouveaux esleus n'auront point prêté serment ».

Art. XII. Il s'agit de deux bandiers qui auront à garder les terres des habitants et les prés des seigneurs : ils pourront « bandanger, après avoir été agréés par le viguier, par tout le terroir ». Le droit de faire des procès-verbaux est accordé au viguier et aussi au sergent de l'abbé, s'il a prêté serment.

Les difficultés qui existeront seront réglées par les juges des bans. Tout homme âgé de 25 ans est autorisé par l'art XIII à lever le ban et à capturer en tout lieu le bétail étranger ; chaque propriétaire a le même droit dans son propre fonds.

Les art. XIV et XV accordent à la Communauté les amendes faites en dehors de la cour de l'abbé. S'il y a contrainte et jugement, un tiers des amendes reviendra aux officiers de Justice. Le ban sera double, si le délit a été commis de nuit ou par des étrangers. « Les conseulz pourront, s'il y a lieu, faire augmenter le ban par le seigneur ou par ses officiers ».

Quant aux art. XVI et XVII, ils se rapportent au moulin à blé et au four à cuire le pain. Le moulin se trouvait au bout du pont ; en ce moment il n'était pas en état. L'abbé s'engagea à le réparer et à y faire fonctionner deux meules dans l'espace de deux ans. Il promit de faire toujours moudre le blé des habitants avant celui des forains et des étrangers. Il fixa le droit de mouture à la 16e partie du grain. De leur côté, les habitants ne devaient point porter leur blé à moudre hors du terroir, à moins qu'ils fussent obligés d'attendre plus de 12 heures. En cas de mauvaise mouture, le viguier, sur le rapport de deux experts, devait condamner le meunier à des dommages. Il fut stipulé que le grain recueilli dans le pays, comme celui qui venait du dehors, seraient apportés au moulin de l'abbé, mais que le blé étranger pouvait être moulu partout ailleurs, avant d'entrer dans la juridiction. Tout blé du lieu porté au dehors était soumis à l'amende de la double mouture. — Quant au four banal, l'abbé se chargeait d'y opérer la cuisson du pain des habitants, moyennant la 19e partie de la pâte ; il exigeait, au contraire, le double, si le pain se cuisait à tout autre four, qu'il fût dans le lieu ou au dehors. Les masages étaient aussi forcés d'user des fours qu'ils tenaient du seigneur. Des prud'hommes avaient mission de juger les différends des habitants avec les fourniers de l'abbé, art. XVIII.

On voit par l'art. XIX que jusque là les produits de la vigne n'entraient dans la ville que par la porte du Pont. C'était pour rendre plus facile la surveillance à l'égard de la perception de la dîme. Pour l'avantage des propriétaires et, ajouta-t-on, pour la commodité du seigneur, au cellier duquel on apporterait plus aisément les tasques, il fut convenu qu'on userait des deux portes de la ville, en temps de vendange, pour introduire la récolte du raisin, et aussi pendant le reste de l'année, pour faciliter les travaux de la campagne.

La chaussée du seigneur fut l'objet du XXe article. La construction dut en être refaite en deux ans prochains dans les meilleures conditions. La communauté s'y trouvait intéressée encore plus que l'abbé. Ce dernier prit à sa charge la 4e partie des travaux à faire ; les trois autres furent laissées à celle de la communauté.

Pour les réparations subséquentes, celles-là seules incombaient au seigneur, qui ne demanderaient que le travail de deux journées d'homme ; la communauté devait accomplir toutes les autres avec le concours des riverains du canal et celui des propriétaires des moulins foulons et drapiers qui, dans l'avenir, se serviraient de l'eau du canal. Un règlement établi par l'art. XXI concerne la distribution de l'eau aux jardins et aux moulins.

L'art. XXII attribue à l'abbé, en retour des concessions d'eau qu'il faisait, les fruits décimaux des jardins et les tasques déjà établies. L'abbé eut aussi, par l'effet de l'article XXIII, le droit de prendre, en présence des bandiers, trois raisins de chaque vigne de la juridiction, la veille de l'une des fêtes de Saint-Laurent, de N.-D. d'août et de Saint-Barthélémy.

Les art. XXIV, XXV et XXVI s'occupent des *devois* du seigneur. Il en existait trois principaux. Le premier comprenait la partie de la rivière s'étendant de l'embouchure du ruisseau de Corbeille ou Saint-Laurent au lieu dit le

Saut. Dans tout ce parcours du Vernazoubres, la pêche fut réservée au monastère. En compensation, le seigneur accorda aux habitants comme aux gens de l'abbaye la faculté de pêcher dans les autres parties de la rivière et aussi dans les caves ou fossés de la ville, à la condition expresse de respecter la truite, du 12 d'octobre jusqu'à la fin de novembre. Toute truite prise vivante devait être remise à l'eau; celle qui aurait cessé de vivre devait être apportée à l'abbé. Les deux autres *devois* étaient ceux de Canimals et de Florençolles, dont les abbés avaient toujours joui. Il fut défendu d'y chasser, d'y cueillir des glands et d'y introduire aucun troupeau, sous peine d'une obole pour chaque bête *menue* et de quatre deniers pour chaque bête *grosse* qu'on y trouverait, si l'on ne pouvait prétexter ignorance ou méprise; mais s'il y avait eu « vol, mauvaise foy ou trahison, les amendes seraient portées à quatre deniers ou cinq sols, suivant la qualité des bêtes ».

Les trois articles qui viennent après sont consacrés au droit de chasse octroyé aux habitants. En effet, l'art. XXVII impose à tout individu qui aura pris un sanglier de plus de six mois l'obligation d'en porter la hure à l'abbé. Sur cinq têtes prises, quatre appartiendront au seigneur; la cinquième sera laissée à la disposition de la communauté; l'art. XXVIII permet aux habitants de vendre tout le gibier qu'ils auront chassé, « perdrix, conils (lapins), lièvres, etc. », et même de le porter hors de la juridiction, à condition qu'ils l'auront présenté au monastère, à moins qu'ils ne soient forcés de se détourner de la route à suivre; l'art. XXIX veut qu'à titre de reconnaissance, la communauté fasse hommage à l'abbé, chaque année, à la fête de Noël, de six perdrix ou de six lapins, ou moitié des uns et moitié des autres.

L'abbé pourra exiger qu'on lui vende, pour les besoins du monastère, partout où il s'en trouvera, des œufs, du lait, du fromage et des viandes, art. XXX. Il a droit aux langues de bœuf, au râble et à l'un des pieds des bœufs et des cochons qui seront tués à la boucherie, art. XXXI.

Personne ne put défricher du terrain dans les bois communs, à moins d'y être autorisé simultanément par l'abbé et par les consuls, art. XXXII. La dépaissance des troupeaux dans les prés sujets aux dîmes fut interdite depuis N.-D. de février jusqu'à mi-mai, tant que l'abbé et le monastère n'auraient point prélevé leurs droits, art. XXXIII. L'article XXXIV empêcha d'entrer, en aucun temps, dans les prés des religieux, soit ceux du camérier, du précenteur, du scristain et de l'infirmier qui étaient attachés à leurs offices respectifs.

L'abbbé doit, en vertu de l'art. XXXV, avoir et conserver les étalons des mesures qui serviront à la communauté à l'exclusion de toutes autres ; ces mesures porteront les armes de l'abbaye.

Toute personne conduite aux prisons du seigneur par ordre de la Cour de l'abbé ou par ordre de la Cour royale ou de tout autre, payera quatre deniers pour son entrée dans la geôle. Si sa condamnation est reconnue injuste, les quatre deniers lui seront remboursés, art. XXXVI.

Les art. XXXVII, XXXVIII et XXXIX règlent les salaires du sergent, des huissiers, du viguier et du notaire de l'abbaye

L'université, lorsqu'elle en sera requise, devra livrer au seigneur les instruments qui le concernent, lui et son monastère : elle le fera devant témoins et aura droit à ce que les pièces lui soient rendues dans trois jours, art. XL.

L'art. XLI traite des corvées ou prestations auxquelles sont soumis les hommes de la juridiction avec leurs bêtes. Les hommes invalides sont dispensés des corvées. L'abbé ne peut exiger qu'on travaille pour lui dans le temps des semences ; mais si, avant ce temps, les emphytéotes n'ont pas satisfait à leurs obligations, il peut les y contraindre par prise de corps.

L'art. XLII a rapport aux portes et fenêtres faites à la muraille de la ville. Il ne doit y avoir aucune ouverture au dessous de *la carrière haute* du rempart, et, en cas de guerre, celles que l'abbé aura autorisées seront bâties à chaux et à sable. On pourra garnir de créneaux les maisons adhérentes à la muraille.

La transaction passe ensuite au moulin à huile de l'abbé. D'après l'art. XLIII, toutes les olives recueillies dans la juridiction doivent être portées au moulin susdit, et l'on payera à l'abbé cinq deniers pour chaque *caude* et aux meuniers le prix de leur labeur et des dépenses faites. L'abbé s'engage à construire un autre moulin, en dehors du monastère, dans l'enclos ou ailleurs, et même d'en faire un autre si celui-là ne suffit pas. Il tiendra pour chaque moulin quatre hommes et les bêtes nécessaires. Les olives récoltées hors du terroir seront reçues, mais celles de la juridiction leur seront préférées. Les consuls désigneront deux hommes probes pour surveiller les moulins. Le pressoir du moulin sera mis gratuitement à la disposition des habitants pour leurs vendanges, art. XLIV.

Art. XLV. L'université se reconnaît obligée de payer à l'abbé ou à son monastère une taille de 6 marcs d'argent (sous Louis XI le marc valait 10 livres et le sol 20 sous), au lieu de la pension qu'elle lui devait pour les franchises obtenues, et cela, non seulement en vertu des accords passés, mais aussi de la condamnation de la Cour de Toulouse. A cet effet, les consuls seraient tenus « de faire cottizer lesd. six marcs ou de livrer, faute de payement, le livre de la taille, auquel sera la part et portion que chacun doit solder, le jour de la Toussaint, sous peine d'être appréhendés au corps, conduits au plan du monastère et placés aux arrêts jusqu'à ce que la somme due ou le livre de la taille soient remis aux mains de l'abbé ». Les arrérages dûs furent fixés à 400 livres et payés contre quittance. L'abbé laissa à la communauté le choix du *corratier* (courtier), à la condition qu'elle le lui ferait agréer et que celui-ci lui prêterait serment, et encore que l'abbé, les moines et les habitants ne seraient soumis à aucune rétribution, quand ils auraient requis son service. Dès ce moment le courtage fut considéré comme un bien de la communauté.

L'art. XLVI permet aux religieux de faire leur provision de victuailles, pour les besoins du monastère, indistinctement chez tous les emphytéotes, moyennant un juste prix et sous la réserve de ne pas toujours frapper aux mêmes portes. L'art. XLVII autorise les habitants à faire du charbon dans les bois communs, soit pour leur usage, soit pour celui des étrangers; le droit du seigneur sur chaque *charbonnière* de 20 quintaux destinés aux gens du dehors sera de 1 quintal 1/2 de charbon.

Voici maintenant les accords qui furent faits à l'égard des fortifications du lieu. Art. XLVIII, XLIX, L, LI, LII. La partie de la muraille qui entoure le monastère sera entretenue par les religieux, à leurs propres frais. La muraille qui s'étend depuis le *palais* et le cimetière des moines jusqu'à la rivière, d'un côté (à l'Est), et celle qui joint, de l'autre (Ouest), le Vernazoubres à la porte régulière seront à la charge de la communauté. En temps de guerre, les religieux feront réparer le mur qui sépare le monastère de la ville, se réservant deux portes aux extrémités de ce mur. Les fossés qui sont autour de la ville et du monastère seront entretenus par les habitants, qui n'auront besoin d'aucune permission pour les mettre en état. On ne pourra désormais adosser à la muraille aucune construction nouvelle.

L'art LIII a rapport aux agras, usages pris sur des terres.

L'abbé avait un *devois* à Granios et il était en lutte avec les gens de Villespassans au sujet de la dépaissance qu'ils y réclamaient pour leurs troupeaux. Par l'art. LIV de la transaction, il consentit à le partager en deux portions pour pouvoir admettre dans l'une les bêtes des habitants de Saint-Anian, après que messire Aymery de Pratz, sacristain de l'abbaye, et Pierre de Lamasse, notaire, pour l'abbé, et Jean Vidal, pour la communauté, en auraient fixé les limites. En outre, les habitants pourraient pénétrer dans la portion réservée à l'abbé pour y cueillir des baies rouges, dites *vermillon*, et y chasser aussi. Dans le cas où l'abbé serait forcé de recevoir dans sa terre les bêtes de Villespassans, il y accueillerait de même celles de Saint-Anian.

Art. LV. L'université regardera comme exempts de la taille annuelle des six marcs qu'exige le seigneur, le viguier, le notaire et ceux des sergents que l'abbé désignera; mais ces officiers resteront soumis aux tailles royales et à celles de l'université qui sont levées pour les constructions et réparations de la muraille, de l'église et des cloches et aussi des fossés de la ville. Ils seront, de plus, assujétis, comme tous les autres habitants, à « faire garde et *poële* quand besoin sera. »

L'art. LVI porte que les transactions qui ne sont pas annulées par la présente demeureront en vigueur. Quant à cette dernière, l'abbé et son monastère, en accordant les franchises qu'elle contient, entendent qu'elles n'exemptent nullement l'université de leur juridiction. Aussi, pour que la paix ne puisse être troublée, il est et demeure réglé et convenu que dès qu'une difficulté sera soulevée ou par l'abbé ou par la communauté, ils se signifieront réciproquement leurs prétentions, nommeront des experts, établiront, s'il le faut, un tiers, auront recours au juge royal ou à son viguier comme arbitres, et se soumettront aux dernières décisions rendues. La partie qui se retirerait devant une cour étrangère, ne voulant pas accepter le jugement des arbitres, qu'elle triomphe ou qu'elle succombe, sera passible de tous les frais et sera encore obligée de payer 10 marcs d'argent à la partie adverse. De plus, lorsque le seigneur sera en procès avec l'un ou plusieurs de ses vassaux, ni l'université, ni les consuls ne prendront parti contre lui, à moins que l'intérêt général ne se trouve lié au procès, art. LVII.

Par l'art. LVIII les habitants s'engagent « à susciter aucun procès contre le sieur homme et monastère de Saint-Aignan ny ses officiers ». Ils conviennent par l'art. LIX d'observer scrupuleusement la transaction et révoquent d'avance « tout ce qu'ils pouraient faire contre elle par inadvertance ou mauvaise foy ». L'art. LX arrive pour punir toute contravention, faite par les parties ou par des personnes interposées, d'une amende de 50 marcs d'argent applicables, la moitié « au Roy nostre sire, et l'autre moitié à la partie fidelle ». Enfin l'art. LXI institue le viguier de Béziers conservateur de la transaction et le charge de la faire valoir, en cas de besoin, « sans aucune figure de procès comme aussy sans préjudice pour les droits de Justice du seigneur, qui demeurent sains et saufs ».

Telle fut la Transaction accomplie « soub le bon plaisir et volonté du Roy nostre Sire et de sa redoutable Cour de parlement de Tholose, par le R. P. Renaud de Vallone, abbé du vénérable monastère, seigneur seul et entièrement, en toute juridiction, haute, moyenne et basse, mère et mixte empire, et aussy les religieux de Saint-Benoît frères Aymèry, prieur claustral et sacristain, Guillaume de Roter, camérier, Pierre Ambrun, précenteur, de Bosque, ouvrier, Raymond Bousquet, infirmier, et Nicolas de La Baillie, moyne, assemblés capitulairement au son de la cloche, d'une part ; et d'autre, par Jean-Marie-Guillaume Buolgue, B. Bousquet, Fulcran Abbes, J. Barbary, J. Pagés, Guiraud Palasin, J. Bousquet, m^re Pierre de Vaissié, P. Girard, P. Donadieu, R. Buroncle, R. Bousquet, J. André, E. Audemar, R. Jean, J. Grimaud, B. Terral, m^re André Josin, J. Castelbon, J. Barberousse, B. Bousquat, J. Pasquat, J. Armoisin, E. Rouquayrol, D. Pascal, G. Brettes, A. Audemar, J. Chirq, A. Bosque, P. Ouvrier, B. Jasin, J. Séquéry, H. Séquéry, G. de Bosque, E. Robert, G. Bastard, E. Brun, P. Brun, P. Séquéry, du masage de Campredon, Guyot Saisin, R. Saisin, Thomas Bertuel, R. Seyrin, P. André,

P. Cardonnel, R. Cardonnel, J. Verdier, E. Martin, G. Granier, P. Bonnemaire, B. Icher prestre, P. Angles, G. Martin, maître maréchal, P. Serrier, Compz, J. Tarbouriech, B. Tarboriech du masage de Tuderin, G. Roncellier, H. Gorsa, J. Vidal, tous habitants du lieu et terroir de Saint-Anian ». La Transaction porte la date de 1465, indiction 13e et 9 juin, sous le Pontificat de Paul II et le règne de Louis XI, témoins Astorc de Compéra, moine infirmier de l'église cathédrale de Saint-Paul, J. Baichier, bachelier, et P. Ollier, prêtres de Saint-Anian, messire J. Bonnemaire, notaire, de Cessenon, D. Bringuier, clerc du diocèse de Rodez, etc., et Maurice Barbe, notre royal et apostolique, et Pierre Vaissière, notre de Saint-Anian.

N'avions-nous pas raison de dire que cette transaction devait nous faire connaître le Saint-Chinian du XVe siècle ? Le monastère, la ville, la campagne s'y révèlent ; avec une étude approfondie nous y trouverions d'autres détails très intéressants, si nous n'avions plutôt à insister sur les avantages de la situation qui vient d'être faite à nos pères. Le choix, la nomination des consuls leur sont confirmés ; la sphère de leur liberté est agrandie. Ils sont en quelque sorte anoblis : ils participent à la possession de la terre seigneuriale ; ils jouissent des droits de chasse et de pêche si convoités partout. Les seigneurs les associent à leurs privilèges et traitent avec de grands égards la communauté. La soumission, quelques tailles, voilà tout ce que les maîtres demandent en retour de l'abandon de plusieurs de leurs droits et de la protection qu'ils garantissent aux vassaux, dont évidemment ils veulent se faire des amis et des alliés plutôt que des sujets et des serviteurs.

Grâce à leur vouloir persévérant et fort et à la générosité des maîtres, les habitants ont fait triompher le droit naturel sur les prérogatives usurpées par la Féodalité. Les seigneurs ne les regarderont plus comme des serfs taillables et corvéables à merci, mais comme des hommes libres ; à leur tour, ils seront considérés par eux, non comme des maitres qu'on craint, mais comme des pères qu'on aime.

On observera avec nous que par leur condescendance, les seigneurs abbés viennent de prémunir à temps la cité contre l'esprit de « licence et d'indépendance » qui, prenant en partie pour prétexte les abus de la Féodalité, se soulèvera, au siècle suivant, contre l'autorité et amènera la Réforme et les guerres religieuses.

Désormais, sous la haute juridiction seigneuriale, la communauté de Saint-Anian va fonctionner, libre et responsable vis-à-vis d'elle-même. Ses droits sont reconnus, ses devoirs sont définis. Le mouvement est donné ; nous aurons cependant le regret de ne pouvoir suivre encore la marche des affaires, car les registres publics ne doivent paraître que vers la fin du XVIIe siècle. Mais étant connus tous les ressorts de la vie communale, il nous sera facile de nous représenter ce que sera notre ville, et ses progrès n'auront pas lieu de nous étonner, surtout tant que lui restera l'appui du seigneur de Vallon.

L'abbé Renaud fut à la tête de Saint-Anian jusqu'en 1490, époque de sa mort. Toujours entouré de la considération et de l'amour de ses sujets, il assura les bons effets de l'entente qu'il avait rétablie entre le monastère et la ville. On peut dire qu'il mit Saint-Chinian dans des conditions capables d'exciter la jalousie de toutes les villes qui l'entouraient. Ce seigneur est une des plus belles figures que nous ayons à présenter au lecteur dans l'histoire de notre pays. Le règlement qu'il fit pour la distribution des eaux du canal de l'abbé devait empêcher pendant longtemps d'oublier sa mémoire. Il est encore en vigueur, quoique modifié par l'accord du 15 mai 1634 et le décret constitutif du 25 avril 1851 qui régit de nos jours le canal.

II

1490-1602

Pendant la période dont nous allons nous occuper, la ville de Saint-Chinian se présentera à nous successivement sous deux aspects divers. Nous la verrons, en effet, tout d'abord, laborieuse et soumise, travailler à son développement, au milieu de la paix qui aura été le fruit de la Transaction de 1465 ; nous la trouverons ensuite maltraitée à plusieurs reprises durant les guerres religieuses par les protestants, à cause de sa foi. Elle profitera des jours calmes pour se livrer avec ardeur à l'agriculture et faire les premiers essais de l'industrie de la draperie et de celle de la tannerie ; aux heures de crise, elle restera attachée à Dieu et au roi, c'est-à-dire, à l'autorité contre laquelle les hérétiques s'acharneront.

Antoine de Narbonne, — Jean II de La Garde, — Guillaume III de Caissac, — George d'Armagnac, — Nicolas de Salerne, — Hippolyte d'Est, — Jean III de Pelet, — Guillaume III de Pelet, — Guitard de Rate.

Après l'importante transaction de 1465, un long siècle se déroula sans laisser trace de luttes entre seigneurs et vassaux et sans que la paix fût troublée d'ailleurs. De jour en jour, la population augmenta et il se forma autour de la vieille cité une ville nouvelle. L'on vit apparaître le faubourg dit *les Barris*, les rues de Bagnesolles et de Tournefeuille; quelques maisons s'échelonnèrent sur la route de Béziers, à l'est du canal de l'abbé.

Quoique les documents nous manquent (ceux de cette époque sont si rares partout) pour donner la date précise de la création de ces nouveaux quartiers de la ville, nous avons quelques indications pour fixer à peu près l'heure de leur formation. Une note prise dans les archives de la Généralité de Montpellier fait remonter à l'an 1430 la rue des Tisserands, qui a été détruite par l'inondation de 1875; on y avait installé les premières tanneries du pays. La rue de Villeneuve existait à la fin du XVIe siècle: l'hôpital primitif établi dans cette partie du faubourg fut alors renversé par les protestants. Au commencement du XVIIe siècle, les tanneries avaient été changées à la rue de Bagnesolles.

Les reconnaissances féodales établissent, d'un autre côté, que la campagne avait suivi le mouvement imprimé à la ville. Les masages avaient vu s'accroître leurs populations; une foule de fermes et de métairies avaient été construites; on les nommait Pierre-Morte, La Dourny, Malivert, Canimals, La Fourbedarié, la Miquelarié, la Rive, le Martinet, Campredon. Salavert et Costeberbouze étaient devenus des hameaux.

La principale occupation des habitants en général était encore l'agriculture, et l'on peut se convaincre que le terroir, déjà grandement divisé par les nombreuses inféodations faites par les seigneurs, était mis en rapport suivant ses diverses aptitudes. Les rives du fleuve étaient couvertes de verdoyantes prairies; la plaine complantée d'oliviers; les coteaux remplis de vignes; les hauteurs couronnées de grands bois. On élevait de nombreux troupeaux.

L'industrie des draps cherchait cependant à prendre pied dans le pays, qui produisait de belles laines. On commença à faire des étoffes. Grossiers d'abord, ces produits avaient acquis vers la fin du XVIe siècle une certaine réputation, comme on peut en juger par le testament de Salvagnac de délégué de la communauté, le bail fut donné à prix-fait à l'architecte Saysset. L'évêque, l'abbé, les religieux, le vicaire-perpétuel et les consuls avaient, à eux tous, à lui compter dans un temps déterminé la somme de 3884 livres (1). Rien désormais ne devait arrêter les travaux.

L'abbé de Simiane reçut des reconnaissances féodales; pendant ce temps, Monseigneur de Montgaillard faisait l'acquisition du château du sieur de Feynes, traitant avec sa veuve « dame de Fraissinet de Vessas, procuratrice de noble Jean-Baptiste de Feynes, son fils, écuyer de S. M. en sa grande écurie, le 6 décembre 1680 » (2).

L'abbé de Simiane mourut à Paris, le mois de mai de l'année suivante.

Le brevet du roi qui reconnaissait Jean de Rose de la Chevallerie (Jean-Rose Laisne), clerc du diocèse de Paris, abbé et seigneur de Saint-Chinian, lui fut expédié, le 20 mai 1681. La *France Pontificale* dit que Jean IV prit possession de l'abbaye le 29 novembre 1685, ayant été confirmé par Lettres apostoliques, le 23 novembre 1684. Il est toutefois certain, que le 27 octobre 1681, il afferma les rentes de la seigneurie aux sieurs « Estienne Roussel et Louis Caraguel, de Saint-Chinian ».

Il réclama, en 1687, les reconnaissances féodales des emphytéotes. Ces reconnaissances, au nombre de plus de 500, forment un gros volume, qui est du plus haut intérêt pour l'histoire du pays : avec les noms de tous les propriétaires de l'époque, on retrouve leurs habitations, leurs terres et les chiffres des censives auxquelles ils sont astreints vis-à-vis du seigneur. Le notaire Aragon a reçu toutes les déclarations en présence de noble Saint-Clément de Cabrol, sieur de Monredon, et de sieur Pierre de Nouguier, procureurs fondés de l'abbé, désignés par Louis-Anne de Bézard,

---

(1) *P. J.*
(2) *P. J.*

sieur de Villeneuve, procureur de l'abbé de La Chevallerie qui demeure à Paris, sur la paroisse de Saint-Roch.

Parmi les vassaux notables on remarque les nobles Jean de Bosquat de Saint-Pons-de-Thomières, Saint Clément de Cabrol, Jean de Geoffre, Pierre de Bosque, Estienne de Roussel, procureur juridictionnel, et les bourgeois Louis Guiraud, Daniel Geoffre, Anian Gizard, notaire, Jean Bouttes, Massip, de Saint-Chinian, et Salvagnac, de La Servelière. L'ensemble des dénombrements prouve que la ville et les faubourgs sont très peuplés, ainsi que les masages, et montre la campagne en plein rapport. Il y a des moulins à blé à Cauduro et à la Rive comme à Saint-Chinian ; des moulins foulons à la Rive, à Saint-Chinian et à La Sacrestie (Sacrestenarié). La rue de Bagnesolles a plusieurs ateliers de tannerie. La manufacture de draps occupe toute une armée d'ouvriers tisserands, cardeurs, pareurs, teinturiers, etc. L'abbé a des emphytéotes à La Servelière, à Bouldoux, à Pouzany, à Cazo, au Priou, à La Roque, à La Miquelarié, à Salavert, à Cauduro, etc. Il est fait mention des métairies de La Dourny, du Martinet, de Canimals, de Sorteillo, de Saint-Cels avec son église, de Campredon, etc.

Après avoir réglé la question des censives d'après les anciennes reconnaissances, l'abbé réclama le prix de l'abonnement des tasques et du fournage impayé depuis 1680 : c'était une rente de 250 liv. par an. Il demanda encore 3,000 liv. dues au seigneur comme compensation d'usages éteints. La communauté fut menacée de voir disparaître les anciens accords pour laisser revivre tous les droits seigneuriaux. La situation était critique. Le conseil général, s'étant assemblé, reconnut sans peine que la justice voulait que le seigneur fût désintéressé, et regretta que les États eussent obstinément refusé d'autoriser la rente établie pour le fournage et les tasques, et que la ville n'eût pas été jusqu'alors en fonds pour acquitter la dette des 3,000 liv. Il fut résolu qu'on offrirait de satisfaire le seigneur, si les fonds devaient être employés à la construction d'un moulin à huile promis par la transaction de 1465, et de plus un four à cuire le pain, absolument nécessaire. Et aussitôt une délégation se rendit au logis (auberge) du Pont-Trompette, auprès du sieur de Villeneuve, pour lui faire connaître les résolutions qu'on avait prises. Le procureur de l'abbé se présenta à l'hôtel-de-ville pour promettre le moulin et le four, à condition que les fonds où ils seraient construits seraient exempts de la taille communale.

La maison de Granier située au voisinage du moulin à blé de l'abbé fut acquise pour en faire un moulin à huile, 29 avril 1694. Mais il ne fut pas question du four. Il était cependant nécessaire : les ateliers des manufactures avaient attiré une foule d'ouvriers auxquels ne pouvait suffire le four de la ville. Émus des désordres qui se commettaient dans ce lieu, ouvert le jour et la nuit, les notables réclamèrent l'appui de l'évêque. Le procureur de l'abbé proposa à la communauté de le construire elle-même à ses frais, en lui promettant de la dédommager d'un autre côté. Mais la question des finances était en jeu de part et d'autre ; les difficultés surgirent.

Lorsque l'été fut arrivé, l'eau manqua au moulin de l'abbé. Le meunier contrarié s'arme, un beau jour, d'une pioche et, sans le moindre scrupule, court éventrer toutes les *paissières* ou barrages qu'il trouve depuis Cauduro, c'est-à-dire depuis la source de la rivière, jusqu'au moulin de Saint-Chinian, pour capter toute l'eau à son bénéfice. Qui pourrait dire toutes les colères que le meunier du seigneur souleva et les menaces de procès qu'on fit à l'adresse de l'abbé !

Sur ces entrefaites, l'abbé inféoda, sans le consentement des consuls, plusieurs pièces de terre. Il en résultait, au dire des habitants, un grave préjudice pour la dépaissance « des bestiaux et des cabaux ». C'étaient les dernières terres, *hermes* ou incultes, dont jouissait la communauté. Le procédé du seigneur fut déclaré par les consuls arbitraire et tyrannique, autant qu'injuste et nuisible. Et voilà les magistrats partant en guerre contre le seigneur. Les juges sont appelés à connaître de cette affaire ; ils remettent la décision à l'avocat Portalon et autres, 1696. Mais voici les représailles. Les agents du seigneur commencent par poursuivre deux *pangoussiers* (marchands de pain) qui ont fait moudre leur blé au moulin du Tandon, en dehors de la juridiction, et le procureur de l'abbé assigne devant les ordinaires Bousquet et Babou, pour avoir coupé le canal qui verse l'eau dans le réservoir du moulin abbatial.

La communauté prend fait et cause pour les marchands de pain, en invoquant des privilèges particuliers, et le consul Vallat place sous sa garantie Bousquet et Babou, auxquels il a ordonné lui-même d'intercepter l'écoulement de l'eau dans la *gourgue* où venait de tomber « un fils unique » qu'il fallait sauver d'une mort certaine ; d'autant plus que cette chute est imputable au meunier qui a abattu « le garde-fou » et ne l'a pas relevé. Cassan n'insiste pas moins pour avoir des dommages.

Il se forme une nouvelle levée de boucliers, du côté des habitants, contre les gens du seigneur, parce qu'ils coupent du bois dans les forêts communes pour l'usage du four banal. Les consuls se tournent vers le Juge des Eaux et Forêts pour avoir raison d'eux ; mais messire de La Chevallerie assigne le maire et les consuls devant la *Table de marbre* à Toulouse, requérant qu'il soit fait défense au juge de Mazamet d'attaquer son personnel, puisque l'État n'est pas intéressé. Il ne s'agit pas, en effet, dit-il, des arbres de haute futaie qui sont sous la sauvegarde du roi, mais uniquement du bois menu que, du reste, le traité de 1465 accorde aux seigneurs comme aux habitants. Le maire, Saint-Clément de Cabrol, sentant que la communauté s'est mise dans une fausse position, a hâte de réunir le conseil politique pour lui faire comprendre qu'il est aussi téméraire qu'injuste de vouloir écarter le seigneur des bois communs et l'engage à accepter la paix que Fraisse, procureur de l'abbé, est chargé par le seigneur de rétablir.

L'entente se fait aisément sur la question du bois des forêts ; il n'en est pas de même pour les dommages que Cassan réclame au sujet de son moulin. Condamnée par les avocats-arbitres, la communauté relève appel. Deux experts nouveaux sont désignés ; Cassan récuse l'un d'eux. L'évêque est prié de régler le différend ; il se substitue M. du Rivage, de Narbonne ; mais Cassan se dérobe. Les consuls saisissent alors les *punières* dont se sert Cassan au moulin de la Rive et à celui de Saint-Chinian ; elles sont reconnues pour être fausses. Le délit est si flagrant et le préjudice que cause le meunier à ses clients est si grave, que le procureur juridictionnel va poursuivre le meunier au criminel.

La situation devenait de plus en plus mauvaise pour la communauté. Un procès sur les bras, des frais exposés, des difficultés croissantes avec le seigneur, il y avait de quoi réfléchir. D'un autre côté, l'Intendant demandait qu'on mît un terme aux hostilités ; les belligérants étaient, du reste, fatigués de la lutte. Des arbitres rétablirent la paix au moyen d'un concordat, qui fut attaqué plus tard. La communauté eut à payer 1268 livres, 1699.

L'abbé de La Chevallerie vint à Saint-Chinian quelques mois après. Le maire, Jean de Geoffre, fils du viguier Daniel, soucieux des intérêts et de la tranquillité de la ville, s'empressa de lui proposer une rente de 200 livres pour un abonnement des usages des terres déjà inféodées ou à inféoder, des droits de fournage des fours sis en dehors de l'enclos, des usages des moulins, et généralement des droits seigneuriaux. L'abbé voulut être bon prince et dit qu'il était heureux d'avoir l'occasion d'être agréable à ses vassaux ; il se retira ensuite à Paris. Ce qui prouve qu'il s'était quitté en bons termes avec la ville, c'est que, sur un simple désir qu'il avait exprimé, on nomma, le 11 juillet suivant, pour consuls Bouttes, Esquirol, et Tarbouriech, de Cauduro, toutefois sans conséquence pour l'avenir. *Que de luttes auraient été évitées, si les seigneurs avaient toujours résidé au milieu de leurs sujets !*

A peine le seigneur abbé était-il sorti de nos murs que le père syndic du couvent se mettait en mouvement pour faire déclarer les religieux exempts des tailles communales, en vertu de certains arrêts rendus récemment en faveur des monastères. Le conseil politique eut à s'occuper des prétentions du père syndic, le 29 mars 1700. Tout d'abord, il sembla vouloir éluder la question ; mais les consuls, plus prudents, demandèrent les pièces qui pouvaient justifier la démarche du syndic, et promirent, s'il y avait lieu, de s'en rapporter à des arbitres. Le père dom Durand ne refusa pas l'arbitrage, se réservant d'en référer au chapitre du couvent. Le maire, en l'absence du juge écarté pour cause de suspicion, avait interposé son autorité judiciaire et son décret dans la délibération du jour.

Dom Durand obtint-il la suppression des tailles de ses religieux ? Nous n'avons pu le constater. Quoi qu'il en soit, nous le voyons paraître, le 11 juillet 1701, dans la salle des délibérations consulaires, au moment des élections, pour protester, une ordonnance de l'Intendant à la main, contre le nombre des conseillers qui était toujours de 51 au lieu de 12. La séance est orageuse ; il est impossible de faire le choix des nouveaux officiers. On se sépare ; mais, le 24, on se réunit encore et, malgré les réclamations de Durand, le chiffre de 51 conseillers est maintenu et le sera jusqu'en 1707, comme étant en rapport avec le chiffre de la population.

L'abbé de La Chevallerie se déchargea des soucis de l'administration de la seigneurie, en cédant, en 1703, tous ses droits honorifiques et utiles aux religieux du monastère.

Revenons sur nos pas pour nous rendre compte du zèle intelligent et dévoué des hommes qui ont été chargés jusqu'à ce jour des affaires de la communauté.

Parmi les magistrats qui ont présidé aux destinées du pays, nous avons remarqué les sieurs Massip, Pierre de Nouguier, Tarboriech de Campredon, Caraguel, Pailhoux, Andral, Jean de Geoffre, Gizard, de Roussel, Saint-Clément de Cabrol. Plusieurs d'entr'eux se sont trouvés, à certains moments, auprès des seigneurs, occupés à rendre la justice. Des relations de parenté ou d'amitié ont attiré les uns dans nos murs; les autres s'y sont fixés pour se livrer à la manufacture des draps, et tous ont fait honneur à Saint-Chinian qui leur a ouvert ses portes.

La prospérité de la ville fut le but de tous nos maires et consuls. Ils se préoccupèrent, avant tout, de créer des sources de revenus : ils refirent le livre du compoix pour y inscrire 250 livres nouvelles d'allivrement, 1675; ils obtinrent de la Cour des Aydes de pouvoir « assujétir à la taille communale, à titre de cantonnage, les travailleurs et gens faisant du négoce qui, sans payer de tailles, profitaient cependant des facultés et privilèges communs du bois, du four, du canal, de la pêche, etc. », 1576; à diverses reprises ils eurent recours à la capitation fixée d'après trois échelles formées par les propriétaires de chevaux ou mulets, les marchands et artisans, les brassiers ou artisans à la journée, en particulier en 1677; ils affermèrent la pêche dans la rivière et les ruisseaux, en taxant la vente du poisson (1), 1677; ils vendirent le sol inutile autour des murailles, 1678; ils établirent un droit sur le vin étranger, sur la chaux, le foin, les grains, etc., 1681. La collecte des tailles fut mise aux enchères et livrée au moins disant. Rarement on eut recours au collecteur forcé. Responsables des deniers publics, les consuls payèrent quelquefois pour les fautes ou négligence des collecteurs.

---

(1) La livre des *luzières* fut fixée à 1 sol 6 deniers, la livre des *loches* à 1 sol, la livre des barbeaux à 2 sols, la livre d'anguilles et des truites à 3 et 4 sols.

Si l'on veut connaître l'emploi des fonds recueillis, il faut étudier la mande, quand elle est retournée aux consuls par l'assiette de Saint-Pons qui a réglé les dépenses à faire, en dehors de tout délégué du pays. Et ici un sentiment pénible nous gagne, en voyant que nos édiles sont écartés de cette assemblée aussi bien que des Etats. C'est en vain que Galphac, intendant de l'abbé, s'est proposé de faire cesser cet injuste ostracisme, et que Jean de Geoffre et Pierre de Nouguier ont fait leurs démarches vers le même but, 1679. La ville de Saint-Pons persiste à tenir Saint-Chinian dans sa situation d'infériorité. Saint-Chinian acceptera la Révolution dans l'espoir d'en sortir.

Les consuls n'en sont que plus attentifs aux avantages de la communauté. Souvent ils font appel à la sollicitude de l'Intendant de la province et à la bienveillance de l'Évêque de Saint-Pons, membre des Etats. En 1680, quand les récoltes ont péri par la sécheresse, ils apprennent par l'évêque que l'Intendant d'Aguesseau a pris des mesures qui leur sont favorables; l'évêque leur fait savoir, en outre, qu'à sa demande le syndic du diocèse leur fait prêt de la moitié de leurs impositions. Il va plus loin, dans sa bonté, il cherche les 500 setiers de blé qui sont nécessaires au lieu, et après les avoir trouvés à La Bastide, il se donne la peine de les lui faire apporter.

Les consuls se font partisans du système protectionniste pour favoriser le pays. La production du vin suffit à la consommation des habitants; il faut que cette récolte se vende dans l'endroit sans la concurrence étrangère, 1698. La délibération de 1670, homologuée par le parlement, permettait au vin du dehors de pénétrer dans la ville, depuis le 14 septembre jusqu'au 11 novembre, et non en d'autres temps, sous peine de 10 liv. d'amende applicables à l'œuvre de la paroisse; cette concession est abrogée.

Pourquoi ne louerions-nous pas l'établissement de la boucherie close, qui procure à la ville de bonne viande à un prix modique, grâce aux conditions avantageuses qui sont faites aux fermiers de la grande et de la petite boucherie, et aussi à la surveillance dont le débit des viandes de diverses qualités est l'objet. L'un des bouchers trompe un jour la confiance du public, il est sévèrement puni, et ses balances sont clouées, comme au pilori, sur les murs de la maison consulaire. Dès qu'un troupeau est signalé comme *picoteux*, on a soin de l'isoler, s'il est du lieu ; de le chasser, s'il appartient à d'autres localités, 1691, 1701.

Les droits acquis par la communauté sont protégés par les consuls. Chaque année, la 20ᵉ partie des bois communs est coupée et distribuée aux habitants, selon les règlements de 1465. En 1676, les consuls prêtent main-forte à Guiraud, baïle des pauvres, contre le vicaire-général du Mont-Carmel et de Saint-Lazare qui réclame l'hôpital. Après cela, ils prennent la défense « d'Etienne de Roussel, marchand, et de Jean de Geoffre, bailli de Pierrerue, contre Jean de Bosquat, conseiller à la Cour des Aydes, héritier de la veuve de Bosquat » ; ce dernier exigeait d'eux les droits du courtage auxquels seuls les étrangers étaient assujétis. Dans un autre temps, ils font prévaloir le privilège dont jouissent les lieux de la vicomté de Narbonne relativement au droit de leude. Les consuls de Quarante ont saisi la toile de Blanc, pendant le jour de la foire, sous prétexte qu'il a refusé de payer le droit de plaçage. Nos consuls n'ont pas de repos jusqu'à ce qu'ils aient retrouvé le titre d'exemption qui date des jours les plus anciens et découvert que Quarante a hérité de la foire qui se tenait à Sériège, lorsque les religieux de Saint-Chinian étaient maîtres et seigneurs de ce dernier lieu. L'Intendant ordonne la restitution de la toile ; les consuls de Quarante résistent, disant que ceux de Saint-Chinian ont agi sans autorité. Mais le procureur de l'abbé intervient, et l'affaire se termine dans l'abbaye de Quarante, où Saint-Chinian est représenté par le viguier Saint-Clément de Cabrol, le consul Gizard et le bourgeois Raymond Fraisse,

1692. Les consuls protestent, cette année, contre le baron de Pardailhan qui détient les mulets de Babou et de Brousse, prétendant les avoir surpris dans sa terre, et ils le forcent à procéder à la délimitation des terrains limitrophes de Pardailhan et de Saint-Chinian ; le monastère de Saint-Pons est intéressé dans cette délimitation. Quelque temps après, ils viennent en aide à l'*hôte* Tarbouriech et autres contre les dragons du roi qui refusent de payer leur dépense suivant les prix convenus avec l'évêque. Une ordonnance royale les met en aise à l'égard des mendiants étrangers et des pauvres du pays. Cette ordonnance qu'on ne saurait trop apprécier, surtout de nos jours où la mendicité est devenue une profession et couvre une foule de malfaiteurs circulant en toute liberté, portait en substance, que les consuls n'avaient à secourir que les passants munis des certificats de leurs maires, en leur donnant du pain et de la soupe et en leur procurant un logement, distinct pour les sexes, pendant 24 heures. Ils devaient ensuite diriger les mendiants vers leurs pays, en les menaçant de la peine de la prison et des galères, s'ils venaient à reparaître. Quant aux pauvres de l'endroit, il fallait les forcer à travailler si leur état le permettait. A faute de ressources, les municipalités étaient autorisées à emprunter.

Nous avons à mentionner les travaux de réparation ou de construction qui firent honneur aux consuls et portèrent profit et avantage à la ville. Le canal de l'abbé fut un sujet de préoccupation constante pour eux : les ponts de l'Hermite et de Tailhades, les chaussées de l'abbé et de la Rive les tinrent en haleine. Il fallait que l'eau arrive aux jardins et à la ville ; tout souffrait tant que l'eau manquait. L'agrandissement de l'église paroissiale a été déjà annoncé : on donna à l'édifice les proportions splendides qu'elle a conservées. A la place de la Tour Némourouse s'éleva le clocher actuel ; du côté du nord, l'église gagna du terrain au dépens de la maison consulaire. Le *presbytère* (sanctuaire) comme la nef eurent l'élévation de l'église abbatiale ; les chapelles furent exhaussées. Parmi les incidents qui survinrent pendant la durée des travaux, nous signalons la divergence des appréciations au sujet d'une porte latérale reconnue nécessaire pour les gens du faubourg. Les consuls préféraient qu'elle se trouvât au levant, pour pouvoir faire une petite place couverte sous le porche du clocher et offraient un chemin de ronde autour de l'église (1) : l'évêque voulut que cette porte s'ouvrît du côté de la *Barbacane*. Nous signalons encore l'entente qui eut lieu entre les décimateurs et la communauté pour l'acquisition des marbres de Caunes et d'un rétable en bois fait à Béziers, qui devaient orner le sanctuaire. Tout fut terminé en 1695. A cette date, en effet, on voit Jean de Geoffre régler les dépenses, après qu'on a mis la dernière main au clocher. En cette même année, les consuls soldèrent le prix du terrain acquis, en 1692, pour un nouveau cimetière.

Il fallut donner au clergé un logement fixe et convenable. Le clergé jouissait, depuis 1669, de la maison Bosquat située auprès de l'église, ayant obtenu un arrêt qui condamnait la communauté à lui construire une habitation suffisante pour plusieurs prêtres ou à lui payer une indemnité de logement. En attendant de bâtir une maison presbytérale, la municipalité lui servait une somme de 30 livres par an. Le vicaire Pradal insistait en 1700 ; Jean de Geoffre se rendit à ses instances, et le presbytère fut enfin accordé. Deux ans après, une belle construction s'élevait sur l'emplacement du vieux cimetière et du jardin affecté au vicaire-perpétuel, adossée en partie, au midi, à la maison de Guy Delouvrier, et le clergé en prenait possession.

Pendant ce temps, on jetait un pont sur le Vernazoubres,

---

(1) On arrivait à la maison consulaire de l'intérieur de la ville par une impasse située entre l'église et les maisons avoisinantes du côté du nord.

au lieu de la Servelière, pour empêcher le retour d'un fâcheux accident qui venait d'avoir lieu. Grossi par l'orage, le fleuve avait surpris dans son lit un villageois et ses bêtes et les avait fait périr dans ses flots. Ce pont devait aussi permettre aux forains d'aller entendre, en tout temps, la messe à l'église de la ville. Il se construisait un autre pont, à Saint-Chinian, sur le béal, à côté du jardin des pères, pour favoriser la manufacture de Roussel, et les égouts souterrains de la ville étaient réparés. Ce fut à cette époque qu'on forma l'allée des Ormeaux, dont quelques-uns subsistent encore, sur le terrain voisin du presbytère, que la communauté venait d'acquérir du monastère en échange de celui qu'elle avait cédé sur la grand'route à l'abbé, pour qu'il pût y transférer le tinal et les prisons de l'abbaye situés jusque là du côté des Casallaces. Afin d'élargir la grand'rue, on porta le long de l'allée le petit canal qui recevait les eaux du moulin à huile de l'abbaye pour les jeter, au niveau du chevet de l'église, dans le réservoir du moulin à blé de l'abbé.

Nous n'avons pas seulement à admirer la prodigieuse activité et le désintéressement de nos magistrats qui consacrent tous leurs moments au bien de la communauté et sacrifient leur propre maison pour augmenter celle de Dieu; nous avons aussi à montrer la délicatesse de leurs sentiments vis-à-vis de l'honneur de leur évêque.

Monseigneur de Montgaillard applaudissait au progrès de Saint-Chinian, la deuxième ville de son diocèse, et, sans doute, sa présence n'était pas étrangère au développement de sa prospérité. Plein de reconnaissance, le conseil politique voulut lui donner un haut témoignage d'estime et de sympathie, à l'occasion des « pamphlets que les récollets de Saint-Pons avaient imprimés et envoyés partout contre lui, le clergé et les fidèles ». Pénétré d'une noble indignation, en présence « des suppositions fausses et calomnieuses dirigées contre l'évêque et le clergé », il se réunit et proteste de toutes ses forces dans une longue délibération tenue expressément pour cette fin. Il est beau de voir Saint-Chinian se lever pour défendre l'orthodoxie du prélat et la moralité du clergé attaquées par des gens auxquels le chef du diocèse donnait l'hospitalité chez lui, 14 décembre 1696.

Le maire Jean de Geoffre avait provoqué cette protestation contre les récollets. Il a avait aussi à cœur de diminuer le prestige et les privilèges féodaux des bénédictins contre lesquels le clergé, soutenu par la Monarchie, commençait à réagir. Il exigea que le vicaire-perpétuel, Pradal, se rendît en procession au feu de joie ordonné pour fêter la naissance du duc de Savoie et qu'il l'allumât avec lui. Ce privilège avait toujours appartenu à l'abbé, comme seigneur du lieu. Depuis quelque temps, il est vrai, les maires se l'adjugeaient à la suite de récents arrêts, mais les vicaires-perpétuels ne pouvaient y prétendre. Quoi qu'il en fût, après avoir mis le feu au bûcher préparé, le maire passa son flambeau à Pradal; mais aussitôt le frère Lizet se précipita sur le vicaire pour le lui arracher et, ne pouvant y parvenir, il le tordit dans ses mains. Cette scène regrettable se serait aggravée, si Pradal ne se fût réfugié au milieu des officiers municipaux, aux éclats de rire que sa triste aventure arrachait à la foule. Le vicaire chercha à s'excuser auprès de l'official, en disant qu'il avait obéi au maire, de crainte de paraître se désintéresser des affaires du Roi. Il avait aussi obéi au sentiment qui poussait partout le clergé paroissial à secouer le joug des curés-primitifs. Aussi ne sommes-nous pas étonnés de voir, en 1701, le vicaire de Saint-Chinian et ses secondaires déserter, le jour de Saint-Anian, leur église, pour se retirer dans la chapelle de La Servelière, laissant aux moines le soin et l'honneur de célébrer la fête, non point dans l'église paroissiale dont ils avaient emporté les clés, mais seulement dans l'église abbatiale. On ne peut se figurer le mouvement général qu'occasionna cette fugue. Il fut question dans l'abbaye de faire casser la convention passée entre le couvent, curé-primitif, et le vicaire Pradal : on parla d'aller en parlement. Le viguier consulté fut d'avis d'entendre d'abord les raisons de Pradal, et le procureur de la juridiction opina qu'il était plus à-propos de porter la difficulté devant l'Ordinaire.

Cette question avait été réglée, sans que nous ne puissions dire comment, lorsqu'en 1702, pendant les processions des Rogations, il surgit une nouvelle affaire. Le chapitre des bénédictins présidait les cérémonies, comme c'était son droit; les secondaires de la paroisse y assistaient. L'un de ces derniers, apercevant dans les rangs un drapeau, crut que c'était l'insigne de la jeunesse (1) et déclara qu'il allait se retirer avec la croix de la paroisse. Le prieur et les consuls l'ayant rassuré à ce sujet, la procession continua sa marche; mais elle était à peine à la place du grand Ormeau, que, se détachant brusquement du cortège, les jeunes prêtres entrèrent dans l'église par la petite porte. La foule irritée rendit le vicaire-perpétuel responsable, et on lui aurait retiré son droit de prémice sans l'intervention du sieur de Roussel, second assesseur, qui fut d'avis d'attendre que les juges compétents eussent parlé, ce qui ne tarderait pas, puisque Tarboriech, sieur de La Combe, allait partir pour Toulouse dans ce but.

Ce serait le lieu de montrer la manufacture royale de draps dans sa splendeur et de faire paraître l'armée des travailleurs qu'elle occupe; nous réservons ce beau spectacle au lecteur dans le chapitre des manufactures.

(1) Était-il dans l'erreur ? Ce qui est certain, c'est qu'on traînait les drapeaux bénits dans les bals et les cabarets. Le prieur Courtade et le curé Pradal avaient demandé à l'évêque de les interdire dans les cérémonies religieuses.

IV

1703-1729.

Les Religieux veulent faire revivre les droits utiles dont les seigneurs abbés se sont dépouillés par diverses transactions; la population lutte pour conserver les avantages temporels qu'elle a acquis depuis 1465. La Monarchie se substitue de plus en plus à la féodalité dans son rôle civilisateur; sous sa protection, la communauté veille elle-même à ses propres intérêts ; elle est puissamment aidée par l'évêque de Saint-Pons.

Les Religieux exerçant les droits de seigneurerie.

Le chapitre signifia l'acquisition qu'il avait faite de la seigneurie aux consuls et à la communauté de Saint-Chinian et les obligea à reconnaître sa juridiction.

Voulant bénéficier de la déclaration royale du 18 juillet 1782, qui permettait aux maisons religieuses de racheter leurs biens aliénés, les religieux assignèrent les consuls devant les ordinaires pour les amener à se désister : 1° de l'abonnement du fournage; 2° de l'abonnement des tasques, droit sur le vin; 3° de l'abonnement des usages et censives; 4° de la jouissance des parties du domaine seigneurial acquises par la communauté. Ils prétendaient aussi à plusieurs autres privilèges cédés, qu'ils se réservaient de réclamer plus tard. Or, pendant qu'ils s'attaquaient à la communauté en corps, ils sommèrent le 3° consul d'acquitter avec ses bêtes les prestations qu'il devait au monastère comme le commun des vassaux. Il ne s'agissait de rien moins que de revenir à l'accord de 1465, c'est-à-dire, de rétrograder de plus de deux siècles ; mais les habitants connaissaient les luttes que leurs aïeux avaient soutenues pour obtenir leur affranchissement et les sacrifices qu'avaient faits leurs plus proches devanciers pour obtenir de nouvelles facultés et franchises. La conduite des ancêtres les excitait à défendre les droits légitimement acquis.

Le conseil général opposa à la demande des moines les traités passés, les compensations accordées, les prescriptions légitimes. L'entente ne fut pas possible et la lutte commença.

Les assignations partirent alors de tout côté comme un feu croisé. Les moines ayant déféré l'affaire au Conseil du roi, les consuls offrirent de prouver que les tasques avaient été abolies par transaction et que les journées de prestation étaient tombées en désuétude, par suite de l'empressement que les vassaux mettaient à porter au *tinal* et au moulin de l'abbé les dîmes, de leur nature quérables sur place. Ils accusèrent, par un retour agressif, le seigneur d'avoir agi déloyalement, lors du règlement du chômage du moulin, en 1696, attendu que les experts avaient, sans mission et d'une manière subreptice, traité de matières étrangères au procès et capté l'adhésion du public à des choses contraires au droit de la communauté. C'est ainsi, disaient-ils, que, sans s'en apercevoir, les habitants avaient été déclarés soumis aux corvées, que le four et le moulin récemment construits avaient été soustraits aux tailles, et que le blé acheté hors du terroir ne pouvait être moulu qu'au moulin de l'abbé, malgré les arrêts de la Cour de Toulouse. Et sans attendre la décision du Conseil du roi, les consuls mirent au compoix le four et le moulin nouveaux, et assignèrent les pères en cassation de l'échange des terres de la communauté contre le champ de l'abbé sis aux Ayres, et de l'usage de porter les dîmes au *tinal* et au moulin. Pour toute réponse à l'assignation, le père prieur fit emprisonner le valet consulaire qui avait annoncé, *avec sa trompette*, la réunion du dernier conseil, sans que le chapitre eût été averti et qu'il eût accordé son autorisation.

Pendant que l'affaire était débattue au grand Conseil, des réjouissances publiques furent ordonnées à l'occasion d'une victoire remportée sur le prince Eugène. Monseigneur de Basville écrivit à Salvagnac, maire, de s'entendre avec le prieur au sujet du feu à allumer. Le prieur dit qu'il marcherait le premier et seul, et qu'il allumerait le feu avec une torche de dimension supérieure qui lui serait fournie. La communauté devait donc être reléguée au second plan. On lut au conseil politique l'article 25 du règlement du roi qui voulait que les maires allumassent les feux, conformément à l'édit de leur création, avec l'assistance de leurs officiers, « même là où les ecclésiastiques allaient en procession, conjointement avec lesdits ecclésiastiques ». Que se passa-t-il ? On ne le sait pas ; mais le conflit dura jusqu'à ce qu'il fut résolu que maires et seigneurs allumeraient simultanément les feux. Pour l'affaire pendante au Conseil du roi, il est assez difficile d'en connaître le résultat général. Il semblerait que l'abonnement du fournage fut cassé, vu que le syndic remboursa les sommes qu'on avait versées pour l'obtenir. Pour tout le reste, il dut y avoir une transaction.

Nous laisserons l'abbaye et les consuls régler laborieusement leurs conditions de paix, pour porter notre attention sur la sollicitude que témoigne l'évêque à l'endroit de la ville menacée par les fanatiques. Surexcités par leurs prophètes et appuyés par les protestants étrangers au royaume, les religionnaires avaient repris les armes pour soumettre nos contrées. Monseigneur de Montgaillard était en souci pour les populations disséminées dans les montagnes de son diocèse. Saint-Chinian était l'une des portes du pays confié à sa juridiction ; c'était le lieu de sa résidence. Il mande le maire de Geoffre, le 21 septembre 1703, et lui

remet la lettre suivante pour être lue au conseil politique :
« Je vous ai envoyé chercher pour vous dire, Monsieur le Maire, la position de Saint-Chinian, où les fanatiques, qui ont commencé à faire des désordres dans nos montagnes, pourraient aborder de colline en colline et de bois en bois, et la déclaration qu'ils ont faite qu'ils en voulaient aux églises et aux prêtres, et qu'il y a dans le lieu de Saint-Chinian un curé avec ses secondaires, un monastère de bénédictins réformés d'environ douze religieux, un couvent de récollets de douze religieux, et trois églises où il y a considérablement d'argenterie. Nous nous croyons obligé de prendre des mesures pour tout ce qui concerne la Religion. C'est pourquoi je vous charge expressément d'assembler en diligence la communauté, à laquelle vous représenterez que votre lieu est ouvert de tous côtés, que si une petite troupe se saisissait de trois ou quatre rues, elle égorgerait sans résistance les prêtres et les religieux, prophanerait le T.-S. Sacrement et pillerait les vases sacrés. Je vous prie de nous apprendre ce que vous aurez résolu dans votre conseil pour pourvoir à la sûreté du service divin, afin que je prenne mes mesures pour ne rien hasarder dans une affaire de cette importance ». Le conseil résolut, à la suite de cette lettre, de demander à l'Intendant l'autorisation de faire la garde jour et nuit, de conserver sa milice bourgeoise avec armes et munitions, de fermer la ville au moyen de bâtisses et de palissades, le vicaire et les religieux devant contribuer aux dépens avec les gens du lieu.

Forcés d'envoyer la garde bourgeoise dans la vallée de l'Orb, au secours de Mr de Fontès, qui la réclamait avec de l'argent pour son entretien, les consuls n'avaient pas répondu à l'évêque, le 20 septembre ; l'évêque voulut savoir quelle était la cause de ce retard. On lui apprit alors qu'on s'était arrêté aux dispositions suivantes. Les bénédictins allaient transporter le portail de l'avenue de Béziers entre l'abbaye et la maison d'Albes ; les consuls feraient fermer les portes de Chirq et de la Vaque, la rue de M. Tarboriech vis-à-vis la glacière du seigneur, les brèches et les portes et fenêtres des remparts. On se procurerait des tambours de guerre, des armes, des munitions et tout l'attirail d'un corps de garde. Le sieur de Saint-Clément de Cabrol serait requis de restituer les fusils, mousquets et hallebardes qu'il avait retirés des mains des habitants, par ordre du roi, lors du dernier désarmement. L'on monterait les gardes d'après le règlement que M. de Parata, commandant des troupes du Haut-Languedoc, avait donné, en écrivant : « Il y a, paraît-il, des esprits inquiets dans la commune de Saint-Chinian ; nous ordonnons d'accomplir les gardes et patrouilles de telle sorte que le maire montera la première garde ; et puis, il fera assembler, toutes fois et *quantes qu'il* conviendra au besoin du service du Roy et à la tranquillité du pays, toute la bourgeoisie et donnera rendez-vous en cas d'alarme.... ».

Le 3 octobre, après s'être concerté avec M. Pastre du Tandon, subdélégué de l'Intendant, et autres, magistrats et officiers, l'évêque envoya un plan de fortifications. La porte dont les bénédictins avaient la garde devait être placée entre l'angle de leur jardin et la maison de M. de Portes, baron de Pardailhan, et l'angle du jardin devait être flanqué d'un redan. Les portes de Chirq et de la Vaque devaient être fermées, comme aussi toutes les portes qui se trouvaient à la muraille et les fenêtres qui n'étaient pas à douze pans au-dessus du sol, surtout celles qui donnaient sur la rivière. Il fallait établir des barrières aux rues des Logis (placette), des Morts, de Bouissonnel, du Cimetière et de l'Hôpital. Même précaution serait prise aux avenues de la rivière et à la rue des Tanneurs. Un mur serait bâti à la maison de Malaret (avenue de l'abattoir) et un autre entre la fontaine et la maison Donadieu pour boucher le passage le long du parc (le magot). Il y avait à creuser un fossé de 12 pans de large et de 8 de profondeur, depuis la porte des Ayres jusqu'au mur du parc de l'évêque ; enfin on élèverait sur les fondements du vieux cimetière une muraille de douze pans de haut.

Ces précautions avaient leur raison d'être. Les fanatiques s'étaient avancés dans notre vallon. Le 7 octobre on signala dans le bois du Bousquet une bande de protestants. Le sieur du Tandon donna ordre aux habitants d'aller les déloger. Nos notes disent qu'au retour de son expédition, la troupe fut traitée, aux frais de la communauté, dans les auberges d'Hortola, de Senaux et de Rouïre.

Monseigneur de Lamoignon, intendant, donna, le 14, l'ordre de commencer les fortifications, de retirer les fusils des mains du sieur Cabrol, et de faire verser les sommes recueillies pour l'achat d'armes et munitions. Les premiers travaux furent faits à la porte des bénédictins ; ils furent terminés le 11 novembre. Tous les fonds étant alors employés, le maire de Geoffre se rendit à Montpellier, afin de faire approuver par les États une imposition qui devait durer dix ans, pour permettre de continuer les fortifications. Les travaux se poursuivirent, mais l'ardeur à monter les gardes se refroidit, et il fallut incorporer à la milice bourgeoise du pays les gens des villages de Cruzy, Villespassans, Assignan, Cebazan, Montouliers, etc., qui n'étaient pas moins intéressés à tenir loin les ennemis que ceux de Saint-Chinian eux-mêmes.

Il n'est plus question, après cela, des fanatiques. En 1704, la guerre civile avait cessé. On en avait fini avec les protestants, soit en leur infligeant des supplices qu'ils avaient mille fois mérités, soit en traitant avec les principaux d'entr'eux qui se retirèrent à Genève, conservant l'espoir de revenir en France pour y exciter de nouveaux troubles. Avec des mesures bien concertées et plus actives, les armées du roi eussent eu plus vite raison de quelques poignées de forcenés et empêché d'innombrables horreurs.

On voit que ce ne sont plus les seigneurs abbés qui veillent à la sûreté de leurs vassaux : ils ont abandonné à d'autres leur noble rôle. Leurs seigneuries ne sont plus pour eux que des bénéfices dont ils prélèvent régulièrement les rentes. La Monarchie se rapproche, au contraire, de plus en plus, des peuples qui ont mis tout leur espoir en elle; sa protection coûte cher sans doute, mais on l'accepte, à n'importe quel prix.

Louis XIV abusa, en effet, de la confiance des populations par la création et le trafic des offices, qui fut pour lui un moyen pour remplir les caisses de l'État pendant qu'il avait l'Europe entière sur les bras. S'il réussit à flatter la vanité de ceux qui aimaient les honneurs, il désorganisa les administrations locales et souleva l'hostilité contre les nouveaux magistrats qu'il imposait sans discontinuer : on vit des maires alternatifs, des maires mytriennaux, des maires perpétuels, des gouverneurs, des lieutenants de maire, des prévôts des marchands, des échevins, des assesseurs, etc.

Il y avait, soit dans les cérémonies de la réception des officiers de nouvelle fabrique, soit dans les avantages de leurs charges, de quoi séduire la pauvre humanité. Jean de Geoffre, bailli de Pierrerue, après avoir versé 2,500 livres, fut nommé maire perpétuel en vertu d'un arrêt du Conseil d'État rendu le 17 février 1693. Le notaire Gizard, assisté des consuls en chaperon écarlate et des conseillers politiques, que précédaient des gens armés de fusils, pistolets et épées, partit, au son du tambour, de la maison commune pour aller complimenter le nouveau maire dans son domicile, l'orner de son chaperon, lui mettre l'épée au côté et le conduire ainsi équipé à l'abbaye. Les corps des bourgeois et des marchands firent partie du cortège. Les lettres de provision et l'arrêt du Conseil d'État furent lus solennellement dans une salle préparée à cet effet. Jean de Geoffre fut proclamé maire perpétuel. A l'église du couvent, le père Guirbaldy célébra la messe du Saint-Esprit dans la chapelle érigée par la famille Geoffre, toutes les bannières déployées, pendant qu'au dehors on faisait résonner l'artillerie. Le magistrat fut ensuite ramené chez lui toujours en grande pompe. Avec l'honneur d'être maire perpétuel, Geoffre devait avoir les prérogatives et privilèges attachés à son titre, et Dieu sait si on les multipliait pour rendre les offices capables d'exciter la convoitise.

Le grand roi sut aussi tirer profit de l'aversion des communautés pour les officiers qu'elles ne choisissaient pas, en leur offrant de racheter les offices. Un jour, Saint-Chinian voulut se débarrasser d'un lieutenant de maire de circonstance ; mais il fallait verser 1,000 livres. Un impôt *cabaliste* fut proposé pour avoir cette somme. Au moment de le voter, le consul Fort rassemble le conseil dans la maison de Fraisse, et le prieur dom Durand fait irruption dans la salle pour dire du haut d'une chaise où il se dresse : « Messieurs, prenez garde, si l'impôt sur vos bêtes passe, c'est la ruine totale et la destruction de la ville ». Le coup réussit : les promoteurs de l'impôt furent éconduits.

On attendait avec impatience, au monastère, le moment des élections de la communauté, en 1707, pour revenir à la charge contre les conseillers matriculés. Le 11 juillet, le viguier Cabrol et le procureur juridictionnel demandèrent qu'on fît cesser l'abus introduit dans le nombre des conseillers politiques. Les matriculés furent néanmoins maintenus : on donna pour raison que l'ordonnance de l'Intendant avait été captée au nom supposé des consuls ; d'ailleurs on ne l'avait pas produite.

Les tiraillements se seraient éternisés si, en haut lieu, on n'avait donné l'ordre de ramener à douze le nombre des conseillers. Les matriculés, dont le pays était si jaloux, avaient vécu ; mais la communauté vaincue ne désarma pas. Il lui fallait un casus belli ; elle le trouva dans le refus que l'abbaye avait toujours fait, disaient les vieux papiers, de remettre au greffe de la maison consulaire les étalons des poids et mesures qui devaient y séjourner, surtout en vertu d'un ordre de l'Intendant daté du 12 mars 1687. C'était une bonne occasion de faire sentir au couvent qu'il appartenait à la ville de surveiller le poids public. Les étalons firent-ils élection d'un nouveau domicile, sur la requête des consuls ? Nous n'osons l'affirmer, en voyant l'agression dont les religieux furent l'objet, à l'occasion du four banal des *barris*. Un incendie l'avait détruit, on l'avait refait, mais il demeurait fermé. Les pères étaient accusés de chercher à contraindre les gens du faubourg à se porter au four de la ville. Mais là, il se commettait de graves désordres et « les femmes sans honte ni macule n'heussent peu y aller à toute heure » du jour et de la nuit. Les consuls firent trois réquisitions au père prieur pour l'obliger à rouvrir le four, dont, prétendaient-ils, la jouissance était due aux habitants, en vertu des engagements pris par l'abbé en 1465. Le prieur ne reconnut pas les consuls, dont il n'avait pas reçu le serment le jour de leur élection ; il l'avait refusé. Sur ce, le maire Andral convoque la communauté. Le juge Cabrol et Caraguel, procureur, se retirent. On règle qu'on va intenter un procès et 119 signatures se placent au bas de la délibération. La ville, mise bientôt au courant, est dans la plus grande agitation, et les religieux, derrière les murs du cloître, ne sont pas sans éprouver une certaine émotion : les foules soulevées sont toujours à craindre. N'eût été l'influente action des gens sensés et calmes, il y eût eu à redouter des désagréments pour les habitants du monastère. Le mouvement populaire s'apaisa autour du couvent, pour se tourner du côté du fournier qui détériorait le pain et du meunier qui *gâtait* la farine ; il y eut même des reproches d'incurie à l'adresse des consuls, qui se hâtèrent de nommer des *vérificateurs* des délits.

A ces querelles presque journalières s'adjoignait la préoccupation continuelle de fournir au roi des recrues pour l'armée, de loger des gens de guerre, de prélever des subsides et le don gratuit. Les bonnes volontés se fatiguaient et les esprits devenaient chagrins. La pluie, la grêle, les inondations, la sécheresse vinrent, à tour de rôle, aggraver encore la situation. Heureusement la fabrication des draps, dans toute sa vigueur, ramena les gens au calme et suppléa au défaut des récoltes.

Signalons en passant la nomination du sieur Louis de Roussel, fils d'Étienne, comme gouverneur de la ville et remarquons que son titre lui donne des privilèges dont les consuls sont irrités. Le sieur de Cabrol de Monredon est député auprès de l'Intendant pour défendre les consuls et la communauté contre « des privilèges qui violent la justice et sont deshonorants pour la ville ». 1713.

Monseigneur de Montgaillard s'éteignit, cette année, le 13 mars, dans son château, à l'âge de 80 ans. Suivant ses dernières volontés, écrites le 28 février, il fut enseveli dans le cimetière paroissial, au pied de la croix (1). Il avait refusé tout éloge funèbre et tout honneur, autre que celui qu'on accordait à un simple prêtre. M. Paris, curé d'Olargues, était chargé de défendre son hérédité dans le procès qu'il avait avec son chapitre et son théologal. Les hospices de Saint-Pons et de La Salvetat étaient ses héritiers ; mais l'hôpital de Saint-Chinian n'était pas oublié, car il lui était réservé deux champs situés près le *pontil de l'Hermite*, entre la maison et le moulin du sieur de Roussel, à condition que leur revenu ne pourrait être ni donné ni *albergué*. La maison de Maurel, acquise par l'évêque, devait servir de refuge aux pauvres ou aux Filles de la Providence, suivant le règlement de son successeur. Quant au legs du château, S. G. disait dans son testament : « J'ai acheté cette maison dans le dessein de l'unir au diocèse de Saint-Pons ; je la donne à mon successeur, tant pour lui que pour ceux qui viendront après lui ». Monseigneur de Montgaillard laissait

---

(1) Les restes du prélat furent placés dans un tombeau voûté ; ils y sont demeurés jusqu'en 1845, pour être transportés au nouveau cimetière.

cependant à M. de Champlain, gentilhomme de Beauce, sa vie durant, la jouissance d'une petite maison bâtie au milieu du parc, celle des terres du parc et autres, le tout devant revenir, après sa mort, à l'évêché, moyennant une rente de 200 livres en faveur des héritiers du légataire. Citons entr'autres legs le don fait au chapitre, dans l'intention de mettre fin à un procès pendant, de la chapelle et des ornements pontificaux de l'évêque, celui de 1,000 livres destinées à l'établissement d'un collège de la Doctrine chrétienne à Saint-Pons, et celui des fonds nécessaires pour achever le chœur de l'église cathédrale et pour construire les logements des prêtres du bas-chœur au-dessus du cloître (1).

Nous avons dit l'attrait qu'avait Saint-Chinian pour Monseigneur de Montgaillard. Les difficultés que l'éminent évêque eut du côté du grand archidiaire de Saint-Pons, le sieur François-Gabriel de Thézan d'Olargues, conseiller au parlement de Toulouse et abbé de Villemagne, contribuèrent peut-être à nous assurer sa résidence. Ce dernier le poursuivit à Rome pour abus, à cause des changements qu'il avait faits au Propre du diocèse et il le fit censurer. Mais il alla si loin contre son son évêque qu'une de ses lettres fut condamnée, en 1701. Les récollets de Saint-Pons se rangèrent parmi les ennemis du prélat et s'attirèrent ses représailles : il fit une ordonnance défendant aux fidèles d'assister aux offices divins dans l'église des récollets. Nous renverrons le lecteur à la *France Pontificale* pour ce qui concerne les doctrines Jansénistes de l'évêque de Saint-Pons-de-Thomières, qui furent condamnées en 1710. Si nous ne pouvons approuver ses attaches au parti de l'erreur, il nous sera permis de nous souvenir que nos consuls le vengèrent noblement des calomnies dont il fut l'objet dans les odieux factums de ses adversaires, et de nous associer à la *Gallia Christiana* dans les éloges qu'elle lui donne, quoiqu'ils

(1) *P. J.*

paraissent en certains points exagérés. « Il fut, dit-elle, le modèle des évêques et comme l'abrégé de toutes les vertus. Ses mœurs furent pures et mortifiées. Bon et généreux pour les pauvres, il ne cessa d'édifier le clergé et les fidèles ». Une lettre trouvée au Vatican prouve, dit la *France Pontificale*, qu'il avait retracté ses erreurs. (1)

En laissant sa maison aux évêques de Saint-Pons, Monseigneur de Montgaillard nous promettait la protection de ses successeurs et probablement leur présence habituelle. Le château de Montgaillard fut, en effet, le lieu de leur résidence. Après avoir été illustré par le séjour de plusieurs prélats, il fut vendu pendant la Révolution comme bien national. Dans le cours de ce siècle, il a servi de collège aux frères Paute. C'est là que nous avons fait nos premières études ; nous devons un souvenir au frère aîné qui fut un peintre distingué — plusieurs églises du diocèse en font foi, — et au frère cadet, M. Édouard, qui y mourut en odeur de sainteté. Puis on attira les religieuses de Saint-Joseph de Cluny. Maintenant on y voit les religieuses de Saint-François d'Assise, qui ont embelli ce séjour et l'ont rendu propice à l'éducation des jeunes personnes que les familles sont heureuses de leur confier. Le parc a été divisé depuis longtemps en une foule de parcelles, mais il reste assez d'espace autour du château proprement dit pour pouvoir rappeler l'agrément que cette demeure princière procura aux évêques seigneurs de Saint-Pons. Nous aimerions à voir, au château comme à l'hospice, l'image du prélat qui appartient à notre cité par une partie de sa vie, par sa mort, et mieux, par son affection et ses bonnes œuvres.

Le sieur Louis de Roussel, gouverneur de Saint-Chinian, fit, à cette époque, l'acquisition de la seigneurie de Saint-Amans (Tarn). Depuis deux siècles elle était occupée par les de Génibrouse, qui s'étaient vendus à l'hérésie de Calvin.

(1) *F. P.*, Dioc. de Saint-Pons, p. 585 et suiv.

M. Calvet dit, dans son *Histoire de Saint-Amans*, que Louis de Roussel parvint à faire oublier les mauvais jours de leur administration et qu'il fut lui-même, ainsi que sa dame, Jeanne de Cabrol, l'idole de la population : « Louis de Roussel d'Auriac, gouverneur de Saint-Chinian, fût celui des seigneurs de Saint-Amans qui fit le plus de bien à la ville-mage de Saint-Amans », soit en assainissant le lieu et en y amenant les eaux de Belle-Isle, soit en agrandissant et en ornementant le château, au point d'en faire une demeure princière (1). Il acquit La Bastide en 1723.

Le seigneur de Saint-Amans, néanmoins, n'abandonna pas sa manufacture royale de Saint-Chinian, et fit sa principale résidence dans notre ville. En 1720, il y célébra les noces de sa fille Marguerite, et il y mourut en 1732.

Son fils Étienne, dont il sera bientôt question, hérita de ses domaines, avec la charge de payer à sa sœur une dot de 134,208 livres. Pour satisfaire à cette obligation, il fut forcé de vendre les deux seigneuries, en 1743 (2).

Jean-Louis de Balbes de Berton de Crillon, originaire du Comtat-Venaissin, vicaire général de l'archevêque de Vienne, son oncle, nommé à l'évêché de Saint-Pons le 22 avril 1713, vint prendre possession de son château en 1715. Nous regrettons l'absence des cahiers publics qui nous eussent permis de constater par nous-même les qualités que lui donne la *France Pontificale*. Elle dit : « Ce prélat avait l'esprit des lettres, l'esprit des affaires et l'esprit de la conversation. Une profonde connaissance des hommes, son éloquence naturelle, l'art de gagner les cœurs et l'amour de l'ordre lui gagnèrent la confiance du Languedoc. » Les États le chargèrent, en 1720, de présenter à Louis XV le cahier des doléances de la province (3). Nous

---

(1) *Hist. de Saint-Amans*, p. 147 et suiv.
(2) *Ibid.*, p. 163.
(3) *F. P.*, Dioc. de Saint-Pons, p. 591.

l'avons rencontré dans nos murs cette même année : il bénissait le mariage contracté par Jean-Louis de Catelan, conseiller au parlement de Toulouse, avec Marguerite de Roussel de Saint-Amans, ayant pour témoins les sieurs de Najac, de Boussanelle, subdélégué de l'Intendant à Béziers, et de sieur de Ladevèze.

C'est pendant les premières années de l'épiscopat de Monseigneur de Crillon que les récollets de Saint-Chinian construisirent le chœur de leur église. On peut voir encore que cette partie de l'édifice est moins ancienne que la nef. Il y eut entr'eux et la communauté un échange de terrain, à cet effet : les récollets reçurent une partie du cimetière paroissial et cédèrent une portion de leur jardin, 1714.

Le 6 août 1720, le consul Laporte assemble le conseil politique et lui annonce que partout on prend des précautions contre la peste qui a éclaté à Marseille et se répand au dehors. Il propose de fermer les portes de l'enclos et les rues du faubourg, et de repousser les gens qui viendraient des lieux atteints par le fléau. Une armée ennemie prête à entrer dans la ville eût causé moins d'effroi que la perspective du terrible mal. Sans désemparer, on désigne les sieurs de Campredon, Bouttes, Donadieu et Malaret pour dresser un état des familles capables d'avancer les fonds nécessaires pour se garantir contre tout danger.

Le lendemain, le fils Roussel de Saint-Amans arrivait de Marseille, et spontanément se retirait dans l'ermitage de Nazareth pour y faire quarantaine sans doute ; on craignit que sa famille le rappelât à Saint-Chinian, car on consulta l'Intendant à son sujet, et l'Intendant répondit que le fils Roussel méritait des louanges, et que les consuls, obligés par leur charge à veiller au bon ordre et à l'intérêt public, devraient, au besoin, arrêter les démarches de ses parents qui tendraient à l'attirer chez eux.

On remarqua cependant que la dame Laporte, venant aussi de Marseille, était dans le pays depuis le 4 de ce mois, avec son commis et sa servante, et le consul dut donner avis de ce fait à l'Intendant, observant néanmoins que la santé des trois personnes n'inspirait aucune crainte. Il fut répondu que la dame Laporte aurait agi prudemment en se retirant, avec ses domestiques, à la campagne pour quelques jours ; mais qu'on ne devait pas les inquiéter, à moins que leur présence ne fût une cause de préoccupation. Après la lecture de cette réponse, le consul requit le conseil de délibérer et, avec une abnégation digne des âges anciens, il sortit de la salle pour laisser à chacun la liberté d'exprimer son avis. La dame, qu'on allait peut-être chasser de la ville, était la mère du consul. Toutes les circonstances furent discutées. Lorsque cette dame était sortie de Marseille, le 30 juillet, le bruit de la peste était répandu ; le commis avait été repoussé de Bize, où il allait rejoindre sa femme ; les villages voisins refusaient de communiquer avec Saint-Chinian, à raison de la présence de la mère du consul. Le conseil fut unanime à imposer la quarantaine. Alors le consul rentra et signa l'ordre d'expulsion de sa mère, en disant que le salut public devait passer avant tout autre ordre de considérations, 11 août.

Le 20 août, les consuls exécutaient un arrêt du parlement du 7, « en visitant avec le médecin gagé les drogues et médicaments des apothicaires qui furent trouvés suffisants ». Les sieurs Massip et Guiraud furent désignés pour surveiller les viandes des boucheries, et l'on poussa la prudence jusqu'à « interdire la vente du poisson de la mer et des étangs, à cause de la communication qu'il aurait pu avoir avec le rivage de la ville pestiférée ». Le 25 août, on bailla à prix-fait la construction des barricades qu'on avait retardée, en comptant, en vain, sur des nouvelles rassurantes ; mais on abandonna l'idée d'un grenier d'abondance qu'on avait d'abord adoptée. On constitua, le 3 septembre, « un bureau de santé chargé de décider des affaires concernant la contagion et des moyens de l'éviter, et de surveiller les étrangers et leurs marchandises ».

Des armes étaient nécessaires pour défendre l'entrée de la ville à quiconque chercherait à user de violence pour y pénétrer. Le duc de Roquelaure offrit celles qu'on avait retirées des mains de la milice bourgeoise. Il est de fait qu'on faillit s'en servir contre un cavalier qui parut, un soir, disposé à forcer la porte des Ayres.

Le 29 septembre, le maçon Sipière avait terminé les travaux convenus ; mais les mesures prises ne pouvaient suffire. Il fut résolu d'établir une autre barricade à la descente de la maison Castelbon, où on ne laisserait qu'un passage pour permettre d'abreuver les bêtes à la rivière, et aussi de donner des guérites aux sentinelles postées aux avenues de Béziers et de Saint-Pons.

L'*Hist. Gén. de Languedoc* dit qu'on plaça des gardes sur le parcours de l'Orb pour couper toute communication entre les pays voisins et que le commerce s'arrêta dans toute la province. Cette situation dura jusqu'en 1723. La cessation de l'épidémie fut saluée partout par le chant d'un *Te Deum*. Le fléau avait été apporté par un vaisseau arrivant de Seyde. Des précautions infinies et de toute nature furent prises dans tous les lieux pour mettre obstacle au progrès du mal, qui se communiquait avec une effrayante rapidité. On vit les facultés de médecine s'unir pour chercher un remède. Ranchin, chancelier de l'Université de Montpellier, et autres à sa suite écrivirent des livres savants sur la peste ; mais, parus après coup, ils ne servirent de rien. Il demeura seulement acquis que le remède unique était de n'avoir aucune relation avec les lieux ni avec les personnes atteints du mal. Par deux fois, dans ce siècle, le même fléau a paru, terrible, dans notre ville ; avec tous les secours de la science, on n'a pu lui échapper. Nos pères surent le prévenir. Il est vrai que la province s'était levée en masse pour repousser son invasion.

Délivré du cauchemar qui avait pesé sur son cœur, la population se remit au travail des manufactures de drap ;

elle planta des vignes dans les terres abandonnées. L'abondance et la joie reparurent. En ce moment, Saint-Chinian avait pour gouverneur, le sr de Ladevèse.

Le 23 juin 1725, le vicaire-perpétuel, Pradal, mourut en odeur de sainteté et fut enseveli à côté de l'évêque de Montgaillard. Natif de Cordes, en Albigeois, il avait exercé le ministère à Alet, et il avait ensuite dirigé le Petit-Séminaire de Saint-Pons. Il eut pour successeur Robert, d'Olargues. Trois ans après, l'abbé de la Chevallerie mourut à Paris ; il sera plus tard question d'un des legs de son testament en faveur des pauvres de la seigneurie. Nommé à l'évêché de Saint-Pons, en 1727, Monseigneur Paul-Alexandre de Guénet prit possession, en 1728, succédant à Monseigneur de Crillon, transféré au siège métropolitain de Narbonne.

V

1729-1753

La lutte se poursuit sur le terrain des droits honorifiques de l'abbé seigneur. Les consuls, toutes les fois qu'il s'agit des affaires de la communauté ou de celles du Roi, réclament les préséances jouies jusqu'alors par les seigneurs ou leurs officiers. La bourgeoisie travaille à supplanter les maîtres de céans ; le peuple crie contre les abus des fermiers des droits seigneuriaux.

Charles-Léonce-Octavien d'Anthelmy

Charles-Léonce-Octavien d'Anthelmy, évêque de Grasse, fut pourvu de la seigneurie de Saint-Chinian en 1729; il établit le prieur de son monastère son procureur auprès de la Communauté.

Le nouveau seigneur commença par régler sa situation vis-à-vis des emphytéotes. Il fit porter le chiffre des usages de 200 à 250 livres, après avoir fait casser l'ancien abonnement par le sénéchal, à cause de la dépréciation de l'argent. La communauté devait prendre les 50 livres en plus sur le revenu de l'impôt *cabaliste*. Mais, en 1737, le prieur Courbil informait Monseigneur d'Anthelmy qu'il n'avait pu encore obtenir le supplément de l'abonnement. L'année suivante, le seigneur abbé vint à Saint-Chinian pour faire consigner dans un acte public les accords qui avaient été convenus. Il se montra si bienveillant, disent les registres, que la population lui promit la plus entière soumission et fidélité; mais les difficultés qu'elle avait à faire approuver son budget par l'assiette trahissaient sa bonne volonté, encore en 1739.

A partir de Monseigneur d'Anthelmy, les litiges entre les seigneurs et la ville ont moins pour objet les droits utiles de l'abbé que ses droits honorifiques, à l'occasion desquels la Monarchie s'est réservée la faculté d'intervenir. Le clergé, nous l'avons vu, lutte de toutes ses forces pour sortir de la condition d'infériorité où le tient le monastère, et la communauté, qui se rapproche de plus en plus du roi, souverain seigneur, veut faire prévaloir la situation politique qui lui est faite par l'État.

En 1733, le premier consul, Figuières, dispute la présidence du conseil au lieutenant de justice, Andral. En attendant que le parlement saisi du différend se soit prononcé, le consul, uniquement animé de son devoir, prend sous sa protection le vin qu'on porte au monastère contre les fermiers de la subvention. Quand il les voit obstinés à retenir le vin et les bêtes qu'ils ont mis en séquestre, il les menace de toutes les rigueurs qu'il peut employer, et il finit par faire reconnaître le droit d'exemption que l'abbaye met en avant.

Le parlement ne s'occupa de la question de la présidence du conseil qu'en 1740, à l'occasion d'un nouveau débat entre l'abbé et la ville. Ladoux était maire; sa présence fut jugée encore nécessaire dans l'administration, au moment des nouvelles élections. On proposa donc, le 11 juillet, de conserver les officiers sortants. Jean Andral s'y opposa et demanda main-forte au prieur, qui vint sommer les conseillers d'observer les accords de 1465 confirmés par un arrêt de 1738. Les consuls voulant être maintenus, le procureur juridictionnel interjeta son veto et la séance fut levée. L'évêque se montra alors ouvertement et chargea le viguier de prendre inscription de la déclaration suivante : « En tant qu'à la tête des commissaires du diocèse, l'évêque regarde comme nécessaire que Ladoux, consul, soit continué pour un an et sans conséquence. Les affaires de Saint-Chinian sont fort embrouillées et Ladoux seul en a la clé. N'étant pas occupé, il pourrait s'en charger. Il connait la manufacture et ne travaille plus. L'avantage sera certain, car il y a 7 ou 8 mille livres de reliquat à faire rentrer. Les États veulent être renseignés sur des impositions mal faites et de l'argent mal employé. On doit surseoir à toute nomination de consuls avant d'être avisé par l'évêque ». A la même heure, le procureur Fourcade envoyait Delmas, huissier de la baronnie de Pardailhan, signifier à Ladoux de se démettre du consulat. Le conseil s'étant réuni à nouveau, il y a conflit entre les consuls et l'évêque d'un côté et le prieur et le procureur de l'autre. Que sortira-t-il de cette lutte ? Le conseil, après s'être posé ce point d'interrogation, se décide à nommer d'autres officiers. L'abbaye triomphe, mais doit se préparer à défendre son meunier et son fermier, que la communauté prend déjà pour point de mire.

En effet, Pailhoux, premier consul, protesta, le 21 août, contr'eux : « Les abus, dit-il, deviennent plus nombreux... Les gens du seigneur ne cherchent qu'à augmenter leur pécule, en favorisant des injustices qui vexent le peuple et font gémir les honnêtes gens. En vertu des transactions, on ne prenait que le 30me pain, et on exige aujourd'hui par sétier, en pâte ou en pain, deux livres et souvent au delà... Les fermiers disent qu'ils ne demandent rien, mais on connait leurs dispositions, et les habitants, pour être bien traités, se voient obligés de payer un droit plus fort. Le meunier mesure à part son droit du 16e, et ce qu'il prend en sus fait monter son droit au quart du blé à moudre. Or, on compte 23,000 sétiers de blé apportés dans l'année au moulin..... L'évêque a condamné ces abus: les consuls s'y sont opposés.....; il faut l'autorité du conseil pour y mettre un terme ». Le viguier et le procureur ayant refusé de se retirer pendant la délibération qui allait avoir lieu, la séance fut levée.

Le lendemain, le prieur vint, à la place du viguier, rappeler au conseil l'article de la transaction de 1465 qui défendait à la communauté d'aller contre les intérêts du seigneur et se retira. Pailhoux indiqua alors les mesures énergiques qu'il fallait prendre et, sur ses instructions, le conseil crut devoir requérir une ordonnance pour plaider, tout en protestant à Monseigneur de Grasse qu'on ne voulait entreprendre, en aucune façon, sur ses droits seigneuriaux. En attendant, on surveillerait le four et le moulin.

La délibération fut autorisée le 22 août ; mais le prieur obtint un arrêt qui favorisait les intérêts de l'abbé et il le signifia assitôt aux consuls. On déclara, au conseil tenu sous les auspices d'Auzias, capitaine-châtelain et magistrat de

Cessenon, que le décret susdit était subreptice et on le repoussa, d'autant plus qu'il y était question de la présidence du conseil qu'on accordait au juge et non au premier consul; or, l'évêque et deux avocats étaient d'avis que les droits de la communauté se trouvaient violés et qu'il y avait lieu de poursuivre. Le 5 février 1741, l'Intendant évoqua la cause devant lui. L'abbé, sachant que le roi n'était rien moins que favorable aux droits honorifiques des seigneurs, se hâta d'écrire à l'évêque de Saint-Pons que, sans vouloir soutenir l'arrêt, il viendrait à Saint-Chinian, au printemps, pour rétablir la paix. La victoire restait cette fois à la communauté.

Le prieur prit sa revanche en 1744, en faisant signifier par voie d'huissier au maire Raboul un arrêt du parlement qui obligeait les consuls à assister aux cérémonies religieuses, desquelles commençait à les écarter l'esprit philosophique du XVIIIe siècle. Raboul de Grandsaignes, homme pieux, s'efforça de réveiller le sentiment chrétien chez ses collègues. On lit dans la délibération du 21 février : « représente encore le sieur maire qu'il convient aux consuls d'édifier par leur exemple et surtout par leur autorité les fidèles, et qu'il est indécent qu'aux processions du Saint-Sacrement, qui se font le dimanche dans l'église, il ne se trouve aucun consul pour porter le dais ».

Autant le prieur trouva de bonne volonté chez le sieur de Grandsaignes quand il s'agit des convenances à garder vis-à-vis du culte religieux, autant il trouva de résistance chez lui quand il fut question de la cérémonie des feux de joie où il ne devait avoir que le second rang. Au mois de juin, un feu de joie fut ordonné à l'occasion de la prise de Nice. Le prieur fit signifier au maire deux requêtes suivies des ordonnances de Lamoignon et de Le Nain, du 4 février 1700 et du 27 juin 1741, prescrivant aux maires et consuls d'aller en chaperon prendre les religieux à leur couvent et de les suivre aux feux de joie commandés par S. M. Raboul, jaloux de sa dignité de premier magistrat, était peu disposé à jouer un rôle secondaire. Il réunit les consuls et leur insinua que les pères avaient toujours cherché à ravir à la communauté les privilèges dont elle jouissait. Et pour prouver que les consuls n'étaient pas tenus à céder le pas aux religieux, il leur représenta Mouly résistant à leur prétention, en 1723 et 1724; il leur montra dom Arribat allant lui-même à la maison consulaire pour se rendre de là au feu; Pailhoux de Cérénolles ne se soumit pas en 1725. Que si, dit-il, Andral alla au monastère en 1708, ce fut à la prière de dom de Fleyres « par honnêteté et sans conséquence ». Raboul obtint d'abord qu'on écrirait au père prieur qu'il serait attendu à la maison commune, pour de là aller allumer le feu, en même temps que les consuls, avec des flambeaux d'égale dimension. Mais les consuls repoussèrent la proposition qu'il fit de répondre aux requêtes et ordonnances qui avaient été signifiées. Raboul ne se rebuta pas; il insista pour qu'on lui prêtât main-forte dans les demandes qu'il avait à cœur de faire auprès de l'Intendant, ayant pour but de conserver à la communauté le privilège dont elle avait joui. Le sieur de Campredon entraîna la majorité à l'idée de Raboul, en s'appuyant sur la conduite de dom de Fleyres. Nous avons dit qu'on devait fatalement résoudre ces questions de rivalité en faisant allumer le feu, à la fois et avec des torches égales, par les seigneurs et les maires.

Malgré tous ces tiraillements, l'abbé d'Anthelmy s'intéressait vivement à l'éducation des jeunes filles du pays, dont le nombre s'accroissait tous les jours, à l'occasion des progrès de la manufacture des draps. De concert avec l'évêque de Saint-Pons et l'archevêque de Narbonne, il attira, en 1742, deux sœurs de La Croix de la maison de Narbonne, et ensuite une troisième, se chargeant lui-même de leur entretien. En attendant de les installer dans un local que Daniel Geoffre avait laissé pour une maison d'école par son testament de 1711, on les avait logées chez George Pailhoux, sur la Barbacane. Elles y étaient encore en 1752. Or, cette année, les biens de Pailhoux furent saisis, mais la maison de Geoffre était libre. Au lieu d'y transférer l'école, on préféra faire l'acquisition de celle du sieur de Bosquat, près la porte de Chirq, rue droite, plus spacieuse et plus tranquille que celle de Geoffre, située au bout du pont. Le roi donne des lettres-Patentes, le 18 mars 1755, permettant d'aliéner la dernière et reconnaissant d'utilité publique l'établissement des sœurs (1).

Pendant la période dont nous nous occupons, il y eut de graves perturbations atmosphériques : le pays éprouva des désastres sérieux : le vallon fut ravagé par les eaux, les vignes et les mûriers périrent du froid. Huit fois le roi vint en aide à la population. En retour des faveurs reçues, Saint-Chinian fournit des milices et des bêtes de somme pour les campagnes que le roi avait entreprises en faveur de son beau-père Leczinski, chassé du trône de Pologne, et de son gendre Philippe d'Espagne, attaqué par l'Autriche.

Nous devons un mot d'éloge à nos maires et consuls et leurs noms à nos lecteurs. Jean-Jacques Massip était premier consul en 1732 ; il donna, cette année, le jour à un fils qui devait être Paul Massip, curé de Saint-Chinian. On voulut le maintenir premier consul pour terminer un procès engagé avec le seigneur de Villespassans ; l'abbaye fit opposition. Philippe de Tarboriech fut élu à sa place, mais Massip eut la mission de poursuivre le sieur de Villespassans jusqu'à ce qu'il eût rendu les bêtes qu'il avait injustement capturées. Figuières fut nommé en 1733 et resta trois ans en charge. Il s'intéressa à l'amélioration de l'église paroissiale : il remplaça le plancher de bois par la voûte actuelle et paya la dépense avec les deniers de la subvention, ce qui lui occasionna plus tard de graves

---

(1) *P. J.*

ennuis. Andral *La Chapelle* venait d'obtenir l'office de maire, quand, par ordre supérieur, les consuls de toutes les communautés durent être renouvelés. Ladoux eut à régler au sieur de Bosquat le loyer de sa maison, sise auprès de l'église, qui servait de maison d'école pour les garçons. Pailhoux ordonna d'attacher les fausses balances à la muraille de la maison consulaire, 1742. Mouly acheta la maison Sipière pour la donner au curé Robert. On devait bien à ce prêtre un témoignage de reconnaissance autant que d'estime. Il franchit, un jour, nu-pieds, les montagnes pour aller demander à Notre-Dame de Trédos la pluie que la population désirait ardemment. Il donna à l'église un orgue, et il devait laisser tout son bien aux pauvres du pays. Mouly accepta l'orgue, au nom de la communauté, le 12 avril 1742. Cent quatorze signatures suivent la sienne dans la délibération du conseil général. Le même Mouly prit la défense de Figuières poursuivi pour n'avoir pas employé en moins-imposé les deniers de la subvention : il prouva qu'il avait fait des dépenses utiles et que les règlements nouveaux n'étaient pas alors assez connus. Le sieur Raboul fut pourvu de l'office de maire, en 1743 ; en 1745 il acheta celui de maire mytriennial, dont Auzias, baïle de la chatellenie de Prémian, le mit en possession. Il travailla à corriger une foule d'abus, réprima les mauvaises mœurs, délivra la ville des transes où la mettait une bande de brigands, en faisant arrêter et conduire le chef, Delon, aux prisons de Béziers. Nous aurons l'occasion de mieux connaître Raboul et d'apprécier sa valeur.

Comme Monseigneur de Montgaillard, l'évêque de Guénet se trouva en lutte avec les récollets : ce fut dans une circonstance que nous passerions sous silence si elle n'avait pas été dernièrement relevée (1). Un prêtre aux antécédents

---

(1) *Hist. Religieuse de l'Hérault*, par M. l'abbé Saurel. Cet ouvrage est un monument d'érudition.

déplorables mais ignorés était parvenu à s'emparer de la vicairie perpétuelle de Cruzy dépendante de l'abbé de Saint-Chinian. En 1737, accusé de vol et d'assassinat commis dans la juridiction du baron de Pardailhan, il fut traîné par ce dernier devant l'official de Saint-Pons qui l'interdit, et devant le sénéchal de Béziers qui le condamna à mort. Pendant le procès, l'évêque délégua, pour accomplir le service paroissial, un religieux de la maison des récollets de Saint-Chinian à titre de pro-vicaire. Pierre Dec.... réussit à faire casser l'arrêt qui le frappait et à se faire maintenir dans sa cure par le parlement de Toulouse. A la suite de ce succès, il fit chanter une grand'messe d'action de grâces par le religieux qui l'avait remplacé. Le jour choisi fut le 8 juillet, fête de la Ste Élisabeth, reine du Portugal, qu'on célébrait dans l'ordre de récollets. On avait manqué à toutes les convenances vis-à-vis du prélat. Monseigneur de Guénet adressa au clergé de son diocèse un mandement portant interdit contre les récollets de Saint-Chinian et de Saint-Pons, qu'il déclarait responsables de la conduite du pro-vicaire, 14 octobre. Ceux de Saint-Chinian refusèrent de se soumettre et firent appel comme d'abus. Au mandement ils opposèrent une longue apologie. Ils allèrent plus loin. Pendant que leur triste protégé travaillait, à leur instigation, à se faire rembourser les frais de la procédure par le sieur de Pardailhan, ils déférèrent le mandement épiscopal au parlement et obtinrent sans difficulté sa suppression. Mais le baron résista aux revendications qu'on lui adressait, attendu qu'il s'était agi d'un cas royal qui était du ressort du sénéchal et de la répression duquel il n'avait pas lui-même à répondre; d'un autre côté l'évêque maintint et renouvela plusieurs fois l'interdit à l'endroit de récollets : ainsi le 6 novembre 1743, il lançait, de son château de Saint-Chinian, l'interdit contre eux pour la quatrième fois, et, le 9, le grand-vicaire Galibert fulminait la sentence épiscopale (1).

(1) *Arch. du Presbytère.* — *Arch. de Montpellier.*

L'année 1752 vit la mort de l'abbé d'Anthelmy, qui fut enseveli à Grasse, et celle du curé Robert, qui, d'avance, avait marqué, par humilité, sa place à l'entrée du cimetière, pour être foulé aux pieds par tous ceux qui entreraient dans ce lieu.

VI

1752-1789

La Communauté est arrivée à son apogée de prospérité : la ville et les hameaux sont dans une situation florissante. — La ville défend avec zèle son indépendance, ses intérêts, sa dignité, en faisant respecter les libertés qu'elle a acquises du côté de ses seigneurs et les droits que lui a donnés la Monarchie, et en demandant à entrer à l'Assiette et aux États. Les hameaux se jugent dignes d'être érigés en paroisse et en communauté distinctes. Ils obtiennent le titre de succursale, mais ne parviennent pas à former une communauté séparée, à cause des charges et devoirs qui leur sont communs avec la ville.

Mais bientôt éclatent des désordres à la campagne et dans la ville : ce sont les signes avant-coureurs de la Révolution, qui est l'objectif du philosophisme du siècle et que les sociétés secrètes préparent sourdement. Constatons pour le moment que Saint-Chinian n'est rien moins que partisan des idées impies et subversives de l'autorité qu'on cherche à répandre.

Denys de Pégulhan de Larboust

Denys Pégulhan de Larboust, clerc du diocèse de Paris, reçut en commande, à l'âge de 18 ans, l'abbaye-seigneurie de Saint-Anian, en 1752.

Il parut pour la première fois à Saint-Chinian, en 1755, et fut l'objet d'une grande démonstration. La jeunesse fut mise sous les armes ; on plaça à la porte de la ville et à celle du monastère ses armoiries peintes par Valentin ; Vallat avait confectionné des *cocardes* pour 18 livres onze sols. La foule, à la suite des magistrats, l'attendit à l'entrée du lieu et le conduisit, au son de toutes les cloches et au bruit de l'artillerie, jusqu'à son palais dont il prit possession avec toutes les cérémonies voulues. Il administra Saint-Chinian par procureur.

Pendant que l'abbé était occupé au sujet des réparations que la négligence de ses prédécesseurs et de Monseigneur d'Anthelmy surtout avait rendues nécessaires à la grande chaussée et dans l'abbaye, l'attention de la communauté se portait sur la belle source de la Rive dont elle convoitait les eaux pour la ville. L'Évêque de Saint-Pons, qui en était le maître, alla au devant de ses vœux, et lui offrit même de prendre part à la construction d'un aqueduc qui amènerait cette eau dans un réservoir commun au château et à la ville (1). L'excellente pensée de conduire dans le lieu une abondance d'eau ne devait se réaliser qu'un siècle après. Pour le moment, on songea à assurer aux moulins celle qui leur était indispensable, en relevant les ponts de Tailhade et de l'Hermite ; l'abbé et la communauté se donnèrent un mutuel concours.

---

(1) Celle du canal de l'abbé servait à arroser le jardin du parc.

Le conseil politique était donc en bons termes avec le seigneur. En effet, il accueillit, en 1758, la demande que lui fit l'abbé par le viguier Fourcade au sujet de la réparation du clocher, qui semblait à la veille de tomber et d'écraser le chœur de l'église. Le chœur était à la charge des décimateurs; le clocher, au contraire, comme distinct du chœur, était à celle de la communauté. En retour, le viguier promit aux consuls l'appui de l'abbé pour leur faire obtenir la faculté de porter des robes rouges, à l'égal des consuls de Saint-Pons. Ces insignes étaient un objet de convoitise et un sujet d'orgueil. Longtemps les consuls de Saint-Chinian travaillèrent à les obtenir. Ils se crurent certains d'en jouir, plus tard, en 1768, le jour où l'abbé fut nommé conseiller d'État; mais nos édiles jouaient de malheur, car Saint-Pons se mit toujours en travers de leurs desseins. Nos consuls ne devaient jamais se revêtir de la toge tant désirée ni être ensevelis dans ses plis éclatants. En 1759, les consuls remirent avec bonne grâce, toutefois contre récépissé, leur compoix entre les mains de l'abbé, qui le demandait pour régler les reconnaissances féodales qui allaient être faites. Quelque temps après, ils firent preuve de jugement et de justice, eu égard aux droits féodaux attaqués injustement. Une première fois, ils détournèrent le conseil de sa résolution à soutenir Bermond et Chauffour, jardiniers, contre les fermiers de la prémice du curé au sujet du regain des prés, en leur montrant que, quoiqu'insolite, cette dîme avait été attribuée au sieur Andoque de Sériége. Une deuxième fois, ils calmèrent la population soulevée contre le fermier seigneurial, en mettant en vigueur la délibération du 17 août 1740, qui défendait aux agents de l'abbé d'exiger et même de recevoir, de gré à gré, au delà du 30me pain, et aux habitants de donner plus, sous peine pour les uns et les autres de 300 liv. d'amende, d'en être enquis, à la diligence des consuls, et d'être poursuivis eux-mêmes criminellement avec punition corporelle.

A la tête de l'administration se trouvait le maire Raboul, toujours soucieux du bien général. En 1753, il secondait le zèle qu'avait pour son église Jean Cusanian de Mynard, successeur de Robert ; en 1755, il céda aux sœurs de la Croix une ruelle qui joignait la rivière auprès de leur maison ; en 1756, il fit réparer la place Barbacane, la Grand'rue et l'esplanade des Ayres. C'est lui qui aida aux religieux à relever les ponceaux du canal de l'abbé. Il fut énergique contre les contrebandiers qui faisaient entrer en fraude le vin étranger, et contre les fournisseurs de la viande qui trompaient le public : payant de sa personne, il surveillait les uns, destituait les autres, quelquefois au péril de la vie. En deux circonstances surtout, sa situation fut délicate. Dans la première, il eut à protéger les commis de l'équivalent que l'on voyait de mauvais œil partout, mais en particulier à Bédarieux, où le maire Fab..... à la tête de 300 hommes les avait poursuivis en les menaçant de la mort. Dans la deuxième, il eut à prévenir les troubles que les procédés tyranniques de l'assemblée de l'assiette de Saint-Pons allaient faire éclater dans la ville. Cette assemblée ne tenait pas seulement les consuls loin d'elle, elle écrasait Saint-Chinian par des impôts exagérés. La ville avait eu beau protester et crier contre le chiffre de sa capitation, contre l'impôt sur l'industrie et celui du 20e sur les maisons. Le peuple allait se soulever ; Raboul demanda au maréchal de Thomond, commandant en chef de la province, deux compagnies de grenadiers du régiment de Nice, qu'il logea dans la maison de George Pailhoux, 1752.

Jean O'Connel, qui peut-être appartenait à la famille du fameux O'Connell d'Irlande (1), fut promu à la cure de Saint-Chinian, en 1755 ; on lui donna pour secondaire le jeune Paul Massip, qui devait le remplacer un jour.

(1) Un rameau de cette famille aurait bien pu se détacher et venir dans nos pays à la suite des manufacturiers qui allèrent débaucher des ouvriers étrangers en Hollande et peut-être en Angleterre.

Paul Massip venait de recevoir les saints ordres. A cette occasion, « M. l'abbé Paul Massip, lit-on dans le cahier des délibérations, fils d'un des plus anciens citoyens de la ville qui rendit de grands services à la communauté et par son consulat et par l'administration de cette paroisse, voulut faire un présent de 230 liv. qu'il avait sur la communauté ; il les destinait à la refonte des cloches de l'église qui étaient cassées ». Placé à côté d'O'Connel, tout en l'aidant dans son ministère, le jeune prêtre se prépara, par l'étude, à conquérir le grade de docteur en théologie qui lui valut bientôt l'archiprêtré d'Azillanet.

Jusqu'en 1763, le service des hameaux avait été fait par un secondaire de la paroisse résidant à Saint-Chinian. Les hameaux réclamèrent alors la présence habituelle du prêtre au milieu d'eux, avec d'autant plus de raison que l'évêque, par une ordonnance du 12 juin 1762, avait exaucé leur désir et fixé le lieu de la résidence du secondaire au masage de la Servelière. Il fallait cependant loger le prêtre ; le syndic des hameaux demanda pour lui un presbytère. Le maire Raboul et le grand-vicaire Galibert se transportèrent sur les lieux et firent choix de la maison de Jean Salvagnac et du pré de son frère Gabriel, situés près du béal. Les difficultés qui survinrent les forcèrent à traiter avec Robert, de Bouldoux, pour un emplacement qui existait entre Bouldoux et la Servelière. Coural, maçon, fut chargé de la construction du local. Il se présenta encore des difficultés et les masages durent attendre. Mais la paroisse était fondée. — Nous ne tarderons pas à voir se manifester la prétention des hameaux à vouloir s'ériger en communauté distincte de celle de Saint-Chinian. Les populations, sentant leur force, travaillaient à avoir leur indépendance.

Le sentiment de la dignité personnelle existait aussi chez les individus. Le 26 janvier 1766, Monseigneur de Guénet devait assister dans l'église des récollets « à un service en l'honneur du dauphin décédé. Les consuls et plusieurs membres du conseil politique se rendirent, sur l'appel du maire, au palais épiscopal, afin de faire cortège à Sa Grandeur. Pour tout accueil, le prélat dit à ces messieurs qu'il était fâché qu'ils se fussent dérangés et qu'il désirait aller seul à la cérémonie. Sur ce, de son propre mouvement et « avec un air de mépris » fut-il dit, Raboul aurait congédié ses conseillers, retenant néanmoins les consuls. Mais l'un de ces derniers, Bousquet, froissé d'un pareil procédé, déclara qu'il ne se séparerait pas de son corps et il se retira avec lui..... Quelques jours après, Bousquet dénonçait au conseil la conduite du maire qu'il jugeait déloyale, et il fit prendre la détermination de ne jamais faire une démarche commune sans entente préalable. La situation du maire devint fausse et on garda rancune à l'évêque.

Raboul se retira des affaires et mourut l'année suivante. Louvrier, premier consul, signa la délibération du 4 mai, comme maire. Pendant son administration qui dura peu, il fit faire des réparations à l'église et mit à exécution l'arrêt de Versailles qui introduisait les notables dans le conseil politique.

Cependant la situation demeurait tendue entre le conseil et l'évêque. L'abbé de Larboust écrivit aux consuls pour les engager à rapporter la délibération du 31 janvier. Sa lettre, dont il fut fait part au conseil, fut prise en considération (1). Le roi avait écrit lui aussi, mais sa missive, égarée en route, arriva seulement après qu'il eut été résolu que les consuls feraient, en chaperon rouge, la visite qu'ils auraient faite, sans l'incident survenu, à l'évêque à l'occasion de leur élection, avec la condition toutefois que ce serait sans préjudice pour les droits de la communauté. Nos magistrats pouvaient maintenant, sans faire tort à leur dignité, porter l'hommage de leur respect au prélat qui les accueillerait avec bienveillance. Cela ne les empêcha pas, quelques jours après,

---

(1) P. J.

de maintenir, malgré ses instances, une surtaxe qui avait été imposée sur ses gens.

La glace était cependant rompue. Monseigneur de Guénet voulut bien donner, dans le mois de décembre, une preuve de sa sympathie pour la ville, en présidant lui-même les prières qu'il avait autorisées à cause d'une épidémie. Le fléau ayant disparu, les consuls assistés des sieurs Louvrier, conseiller politique, et Caraguel, conseiller de renfort, se firent auprès de l'Évêque les interprètes de la reconnaissance populaire qui attribuait à son concours la cessation presque miraculeuse du mal, et l'Évêque se montra depuis, plus que jamais, généreux pour les pauvres et dévoué pour la population. Dans l'enthousiasme qu'excita sa conduite, la municipalité s'engagea à faire célébrer tous les ans, le 2 janvier, une messe solennelle pour la conservation de son existence.

L'année 1767 amena des jours de tristesse et quelques heures de joie. Le pays dut fournir au roi « des milices pour délivrer le Vivarais des brigands qui le dévastaient ». Or, seules, les bonnes familles eurent à procurer les recrues, car tous les jeunes gens des ateliers avaient émigré faute de travail, et les valets de ferme étaient exempts du service militaire. Le départ des fils de famille contrista Saint-Chinian. Les fêtes qui entourèrent la nomination de Roussel de Saint-Amans, comme gouverneur de la ville, vinrent faire une agréable diversion. Une autre fête fut ménagée à la population. Les cinq cloches qui, avant la Révolution, formaient un carillon splendide, venaient d'être refondues et allaient être bénites. La plus grande d'entr'elles eut pour parrain le seigneur de Larboust et pour marraine la princesse Guistella et reçut leurs noms : Marie-Denise. Cette cloche subsiste encore.

Dès ce moment, les cahiers consulaires font défaut pendant une dizaine d'années; nous trouvons cependant quelques détails épars çà et là dans les vieux papiers. En

1768, une grosse réparation du canal de l'abbé est confiée à l'ingénieur Villacrose. Les frais sont répartis entre l'abbé, la ville et les propriétaires des moulins foulons, mais ces derniers déclinent ceux qui sont mis à leur charge. Le 8 septembre, un cyclone ravage la campagne et enlève les toits dans la ville. Nous signalons ensuite un tiraillement entre l'Évêque et les marchands fabricants : Monseigneur de Guénet veut bien travailler à faire réduire le chiffre de la capitation de Saint-Chinian, mais à la condition de se rendre un compte exact de la fabrication des draps; les fabricants refusent de lui soumettre leurs livres. Cette même année, 1768, les récollets, ne pouvant réunir le nombre de religieux exigés par les règlements royaux, quittent Saint-Chinian, et leur maison est supprimée.

Nous avons déjà dit que Monseigneur de Guénet mourut en 1769. M. Martin est maire et consul en 1774; il est désigné pour subdélégué de l'Intendant en 1776, et cède sa place de maire à Andral, qui achève sa gestion et est maintenu après, malgré Valentin, procureur fiscal.

Le 18 juin 1766, M. l'abbé Massip, ayant permuté avec M. O'Connel, avait abandonné l'archiprêtré d'Azillanet pour prendre possession de la cure de Saint-Chinian, avec l'idée arrêtée de se poser en véritable curé, en face des religieux de Saint-Anian et des magistrats du pays. Le lecteur sait les efforts qu'il fit pour se délivrer du joug du monastère; il nous reste à parler des luttes qu'il soutint contre la municipalité pour l'indépendance de son ministère.

Après avoir donné à son église le plus bel éclat, il voulut procurer aux saintes cérémonies le concours assuré des orgues de l'église. Les bancs du lieu saint lui auraient fourni l'honoraire de l'organiste et les frais d'entretien de l'orgue; mais ils n'existaient pas. Il les obtint de la communauté, à la condition de s'assujétir à lui rendre ses comptes, 1768. La déclaration du roi de 1772 sur l'institution des nouvelles fabriques paroissiales lui occasionna de graves difficultés avec la municipalité au sujet de la reddition des comptes. Il en eut d'autres. Les consuls chassèrent le sonneur des cloches et le remplacèrent sans l'avis du curé, 1775. M. Massip se récria, et le sénéchal rendit une sentence en sa faveur. Les consuls firent appel, mais ne le poursuivirent pas, faute de fonds. La division exista et fut si caractérisée que le curé refusa la messe du Saint-Esprit, à chaque nouvelle élection des officiers municipaux, jusqu'en 1783. Les choses ne pouvant rester en cet état, le conseil politique « donna pouvoir au maire et aux consuls de solliciter le jugement du procès et demander de plus fort la maintenue en leur faveur du droit de nommer et destituer le sonneur, conformément à l'usage ancien ; comme aussi de consentir à l'établissement de la fabrique paroissiale en exécutant la déclaration du Roy du 10 mars 1772 et l'arrest du 9 juin 1769, pour la formation et administration de la fabrique, sy mieux la Cour déclarait n'y avoir lieu d'ordonner led. établissement à cause de son existence ancienne, et demander spécialement que le produit de la location des bancs et chaises servira à l'entretien de l'orgue et de l'organiste, et le reste à l'entretien et décoration de la nef, le tout conformément à la fondation de l'orgue et à l'établissement des bancs..., et le résidu... être jouy par la fabrique, suivant le droit commun ; et à l'égard de la sonnerie des cloches, s'en rapporter à la prudence de la Cour ». D'après une de nos notes, « la nomination du sonneur et la perception du revenu des bancs furent accordées aux consuls, à condition qu'ils continueraient à payer le sonneur, en le laissant sous les ordres du curé pour les offices religieux, et qu'ils n'oseraient prétendre aux rentes destinées au sanctuaire, qui revenaient aux décimateurs chargés de son entretien ». D'après une autre note, M. Massip aurait fini par se faire reconnaître le droit de nommer le sonneur et celui d'administrer avec sa fabrique ancienne les revenus des chaises et bancs.

Dès que les masages furent en possession du desservant, ils réclamèrent une église; et, à peine les fondements de l'église sortaient de terre, à l'ouest du presbytère, dans le champ de Louis Salvagnac, qu'ils entreprirent de se constituer en communauté. Ils formèrent un syndicat ayant pour but d'obtenir leur séparation de la mande et du compoix général. Quoique nous ne puissions approuver leur dessein, nous n'admirons pas moins leur généreuse tentative.

La requête *ad hoc* du syndic, repoussée par le conseil politique, fut portée aux États de Languedoc. Elle s'appuyait sur les motifs suivants. Le taillable de la communauté se trouvant « immense », la levée des impositions était longue et difficile; les masages pourraient se rédimer des charges ordinaires de la livrée des consuls, des gages des régents, de l'entretien des édifices communs et autres dépenses dont, disaient-ils, les hameaux ne tiraient aucun profit; les hameaux étaient délaissés, le consul qui devait les représenter n'étant jamais appelé au conseil politique. D'un autre côté, les quatre masages pouvaient faire une communauté, « renfermant 74 feux, soit 482 habitants, qui payaient 81 liv. 4 sols et 11 deniers des 295 livres du compoix, presque le tiers des impositions de Saint-Chinian ». La requête fut renvoyée aux consuls pour qu'il y fût répondu.

Le 10 février 1782, le maire Andral la réfuta. D'après lui : 1° l'étendue du taillable n'était, du *cers* au marin, que d'une lieue, et d'aquilon au midi, de trois quarts de lieue; encore comprenait-il beaucoup de terrain inculte; 2° tous les habitants étaient liés par les transactions passées avec les seigneurs en 1465, par la sentence arbitrale de 1698 et par des concessions obtenues à des prix onéreux; 3° les registres prouvaient que le consul forain était régulièrement convoqué aux assemblées et que les hameaux profitaient des deniers communs; 4° les capitations des masages ne fournissaient que 828 liv. sur les 4928 liv. environ des capitations totales, et l'impôt de l'industrie n'était que de 28 liv. sur 2234 livres ; 5° le fonctionnement d'une communauté distincte serait moralement impossible dans des lieux peuplés de gens pauvres et complètement illettrés.

Pendant qu'on envoyait aux États une délibération prise en ce sens, on signifiait aux masages que s'ils persistaient dans leur tentative de séparation, la communauté allait suspendre et peut-être écarter définitivement la construction de leur église. Sommé de répondre, le syndic garda le silence. Persuadé qu'il ne donnerait pas de suite à ses démarches, le conseil continuait à s'occuper des intérêts religieux des hameaux, lorsque dans le mois d'avril 1783, les consuls furent avisés que la question suscitée par le syndic serait posée à l'assiette, et qu'ils étaient autorisés à y défendre les droits de la communauté.

M. Martin des Albières, qui avait pris la place d'Andral, fut chargé d'étudier l'affaire. Il la traita à la réunion du 23 avril, comme il suit : L'article XLV de l'accord de 1465 obligeait les habitants en commun à payer au seigneur une taille de cinq marcs d'argent, en retour d'usages supprimés ; or, cette taille fut éteinte, en 1698, par suite de l'engagement que prit la communauté de payer le prix d'achat du fonds de terre où le four du faubourg devait être construit et celui de sa construction, et par suite aussi de la promesse de ne pas exiger la taille du four et celle du moulin foulon dont le seigneur avait fait un moulin à blé, dit le moulin bas. Quoique nulle par le fait de la déclaration du roi de 1684 sur les biens ruraux, cette transaction fut maintenue, mais aujourd'hui, au lieu de procurer un bénéfice à la communauté, elle lui vaut une perte considérable, à raison de la dépréciation de l'argent. Or, en se séparant, les hameaux réfractaires laisseraient à la ville et aux masages unis à elle une charge que la justice exige devoir être commune à tous les hameaux et à la ville. Il existe une obligation indivise pour tout le terroir d'entretenir la chaussée, le béal et les ponts ;

lesdits masage n'ont pas le droit de s'y soustraire. La séparation priverait une partie des habitants de la juridiction de droits certains et incontestables sur les bois du pays, qui sont en majeure partie dans le terroir desdits masages ».
Et il ajouta : « En cas de succombance, nous avons la ressource de pouvoir faire annuler la transaction de 1698, ce qui nous donnera, sans aucun doute, le droit aux tailles que nous avons cédées et forcera les masages à se soumettre aux obligations premières qui les liaient envers le seigneur. »
Il fut résolu qu'au besoin on ferait casser l'acte de 1698.

La perspective du procès qu'on voyait poindre à l'horizon mit en émoi les hameaux dissidents. Aussitôt le syndic lança dans le public un mémoire dans lequel les consuls étaient accusés de vouloir jeter le pays dans une affaire interminable et ruineuse et de plus attentatoire aux droits de l'abbé. Mais M. Martin fit justice du factum, quelques jours après, tout en annonçant au conseil que le syndic du diocèse lui avait fait savoir que le délégué, sieur Fourcade, pouvait se dispenser d'aller à l'assiette, la question des masages ne devant pas être mise sur le tapis, car les pièces du syndic n'avaient pas été remises en temps opportun.

Les hameaux n'insistèrent plus. On leur fit une belle église à La Servelière, et on leur donna une nouveau cimetière par l'échange de l'ancien avec un champ appartenant au sieur Tricou. Si les masages n'avaient pu être constitués en communauté, ils n'étaient pas moins érigés en paroisse, et malgré tout ce qui put se dire dans les heures d'une lutte passionnée, leur séjour n'était pas sans ressources ni sans agréments ; l'importance et l'aisance des divers centres de population devaient grandir ; quant à leurs intérêts temporels, ils ne péricliteraient pas en restant confondus avec ceux de la ville de Saint-Chinian. On n'avait pas d'ailleurs le droit de traiter les forains eux-mêmes de gens complétement illettrés. Les abbés seigneurs avaient eu soin de favoriser l'instruction aussi bien dans les hameaux que dans la ville. Bouldoux avait pour *maistre d'escolle*, en 1629, un nommé Jean Cazal ; en 1660, c'était Antoine Picon, et en 1667, Antoine Fajet. Babeau avait pour *régent des escolles*, en 1732, Jacques Gelly ; Pouzany avait aussi, en 1772, *son escollier*, nommé Vidal.

Les désordres qui régnaient depuis quelques années à la campagne et à la ville tenaient en éveil la sollicitude des consuls : des bandes de voleurs parcouraient les hameaux et pénétraient dans Saint-Chinian. « Le maire Andral avait représenté, en 1780, les vols et autres excès commis sans nombre depuis six mois par des scélérats répandus dans le pays ». Il avait ensuite proposé l'établissement d'une garde bourgeoise qui serait renforcée par la brigade de Saint-Pons. Le commandant en chef de la province avait autorisé la ville à s'armer. Le procureur fiscal, Valentin, avait fait arrêter plusieurs de ces malfaiteurs. Ses jours étant menacés, le roi lui avait accordé sa sauvegarde. En 1783, l'un des consuls disait, au conseil : « Il est inouï combien peu est respectée l'autorité consulaire, qui cependant émane du roi. Hier soir, 2 avril, elle a été insultée et a reçu des voies de fait dans la personne de Coulouma. Le berger de Guiraud, celui de Guilhaumon d'Assignan, les frères Combes, et autres..... fondirent sur lui et le frappèrent avec leurs bâtons ». Les ouvriers des manufactures causèrent aussi des troubles. Martin des Albières, alors maire, fit un règlement de police dans lequel on voit qu'on sonnait le couvre-feu tous les soirs au moyen de la cloche de l'église. Il nous semble qu'on peut constater dans ces faits le résultat des doctrines que les sociétés secrètes répandaient dans les rangs intimes du peuple. Ces révoltes de bas étage iront en augmentant, faisant écho aux tendances de la bourgeoisie à renverser toutes les prérogatives de la féodalité.

Nous ferons assister le lecteur aux dernières luttes entre la municipalité et les seigneurs. Le nouveau compoix avait classé parmi les biens roturiers le château de l'évêque avec le jardin et autres dépendances, le pré capiscol et la métairie sacresténarié des bénédictins et le champ des pauvres acquis par Jaussouy, articles 6, 7 et 8 de la fondation royale. On ne voit pas comment on pouvait contester la nobilité de ces biens que les siècles avaient consacrée. Quoi qu'il en soit, il fut facile aux propriétaires de la faire ressortir par les anciens compoix et les déclarations royales de 1721 et 1740. Les consuls voulurent d'abord rendre responsable de cette erreur prétendue Abauzit, qui avait refait le travail du géomètre Constans ; mais ensuite, faisant volte-face, ils se décidèrent à plaider contre la nobilité qu'on avait cependant établie. Ils furent battus. Avec la confiance cependant d'avoir une revanche certaine, ils contestèrent alors au juge le droit de présider les assemblées politiques que leurs prédécesseurs avaient réclamé en 1733. Grâce aux nouveaux règlements de la Monarchie, ils purent reléguer le viguier seigneurial au second plan, et le procureur juridictionnel aux simples attributions de la police. Fiers de leurs succès, ils exigèrent que le seigneur améliorât les prisons de la juridiction qui étaient malsaines, qu'il eût un auditoire pour rendre la justice, qu'il rétablît le droit de fournage au 30ᵉ pain et celui des lods et ventes au 9ᵉ denier, en ne faisant plus usage de l'humiliante formule : « Nous nous sommes contentés de...... et avons fait don du reste ».

Par le nombre de ses habitants et l'importance de ses manufactures, la ville de Saint-Chinian allait de pair avec celle de Saint-Pons, mais par son exclusion de l'assiette, elle était tenue dans une situation compromettante pour ses intérêts autant que pour son honneur. Le sieur maire Martin se fit interprète « du vœu général de la population », le 15 novembre 1783, en proposant de faire des démarches pour entrer à l'assiette. L'évêque, Monseigneur de Chalabre, lui avait promis son appui. Fourcade fut choisi pour porter les doléances du pays à l'assiette prochaine, et Martin dut le suivre pour demander avec lui que le premier consul y eût voix délibérative.

Les gens de Saint-Pons ne se contentèrent pas de repousser le consul de Saint-Chinian, ils donnèrent ordre au syndic de combattre les démarches qui seraient faites auprès des États. Nos consuls demandèrent à l'Intendant d'être entendus dans une affaire où les intérêts de leur communauté étaient gravement en jeu. Ils furent avisés par le syndic général de la Province qu'une députation serait accueillie par les États. M. Martin fut délégué par le conseil.

Les réclamations de Saint-Chinian parurent raisonnables, et l'évêque du Puy, président des États, promit de faire admettre son consul à l'assiette, sur le vu d'un mémoire qui lui serait adressé; mais par cinq voix contre quatre, Saint-Chinian fut éloigné de l'assiette. L'un des motifs qui fut mis en avant fut celui-ci : « Les États observèrent économiquement, entr'autres prétextes spécieux, qu'il coûterait au diocèse pour l'admission de notre député 40 livres, tandis qu'il venait d'être accordé à Saint-Pons 6,000 livres pour une dépense de luxe et d'embellissement, 1785 ».

Gabriel Garriguenc, dit le chevalier de Lagarrigue, fut mis en 1786 à la tête de la municipalité. Il se trouva en présence d'une population calme et honnête, dans les rangs de laquelle marchaient, en première ligne, les sieurs de Catelan de Caumont, conseiller au parlement de Toulouse, de Campredon, seigneur d'Assignan, Jullien, seigneur de Villespassans, Martin des Albières, noble Martin fils, Flottes de Pouzols, Tricou, Fourcade, de Grandsaignes, Sèbe, Albert, etc. Mais les malfaiteurs de 1780 cherchaient à la gagner aux idées nouvelles. Des plaintes nombreuses arrivaient tous les jours au conseil. La rue était le théâtre de désordres quotidiens ; dans la campagne, les vols se succédaient ; on y usurpait les *vacants*, on s'emparait des chemins et des *drayes;* les bois n'étaient plus respectés. Dans la ville, les consuls étaient parfois insultés ; dans les champs, les propriétaires étaient menacés : Denis de Sorteillo avait failli être assassiné. La tâche de maire était difficile à remplir; Lagarrigue l'accepta cependant, parce qu'il pouvait compter sur l'ensemble de la population amie de l'ordre et honnête; il avait, du reste, à côté de lui, un homme sûr et énergique, le viguier-juge Coulon, dont la juridiction embrassait les terres dépendantes de l'abbaye, et rayonnait autour de Saint-Chinian, sur les villages de Villespassans, Aygues-Vives-le-Roy, Pardailhan, Lacaunette et Aigne : Jean Antoine Gabriel avait prêté serment, le 28 juin 1786, au parlement de Toulouse.

VIII

1789.

Résumé des progrès accomplis sous les seigneurs abbés N. de Saint-Geyrat.

N. DE SAINT-GEYRAT, chanoine théologal du chapitre de Saint-Pons et vicaire général de Monseigneur de Chalabre, obtint en commende l'abbaye de Saint-Anian, dans les premiers mois de 1789. Au mois d'août, il devait être dépouillé de toute prérogative seigneuriale.

Nous sommes à la veille des plus graves événements. La Révolution, préparée de longue main, va renverser tout l'ancien ordre de choses. Que sera le nouveau ?

Jetons, avant d'aller plus loin, un regard sur le chemin que nous avons parcouru, et rendons-nous compte des progrès obtenus pour juger les institutions qui les ont produits.

Il y a dix siècles, on ne voyait autour de l'abbaye de

Saint-Anian que quelques serfs logés dans de pauvres cabanes et des malheureux que la charité des moines nourrissait chaque jour ; aujourd'hui nous avons le spectacle d'une population de 4,000 âmes installées dans des maisons confortables et quelquefois luxueuses. A la place de pauvres laboureurs, on trouve de riches industriels ou des artisans aisés. La terre du Vernazoubres, qui n'était qu'une immense forêt, est devenue un vallon splendide. Partout la vie matérielle est dans son plus grand épanouissement et la civilisation dans son bel éclat. L'intelligence est développée dans les écoles, la piété se nourrit dans plusieurs belles églises. Le peuple a à sa disposition des places publiques, des promenades, des routes, des fours, des moulins. Les manufactures de drap, s'unissant à l'agriculture, ont amené l'aisance dans la cité et dans les villages. On se respecte, on honore les maîtres de céans, on obéit aux autorités supérieures. Ce n'est pas la crainte, mais le devoir qui impose la soumission : il n'y a chez nous que des hommes libres qui ne courberaient pas la tête sous le joug de la servitude.

A qui Saint-Chinian doit-il une aussi heureuse situation ? C'est d'abord aux religieux de l'abbaye et ensuite à lui-même. Attirée par les moines, instruite, dirigée, défendue par eux, la population a grandi et s'est formée aux vertus chrétiennes et aux qualités civiques. Dès le moment où elle a été émancipée, elle s'est conduite par elle-même, en élargissant chaque jour le cercle de ses libertés, grâce à son énergie et aux traités passés avec les seigneurs. Il est vrai qu'elle a toujours eu des maîtres, mais leur joug a dû être supportable puisque, lorsqu'on a voulu les supprimer, elle s'est levée comme un seul homme pour les conserver. Il a fallu encore que l'ancien régime ne fût guère tyrannique à son égard, puisque, comme nous le verrons tout-à-l'heure, le cahier des doléances du pays, qui a dû figurer à l'assemblée de Béziers, ne contient qu'un vœu, celui de voir Saint-Chinian admis à l'assiette diocésaine et aux États de la province.

LIVRE III[1]

SAINT-CHINIAN SOUS LA RÉVOLUTION

I

La Municipalité

Le 8 février 1789, au moment de la convocation des États généraux, M. Tarbouriech parla ainsi, au conseil politique : « Nous avons consigné, dans le vote du 2 décembre dernier, une réclamation qui nous intérese, et nous nous sommes réservé des droits longtemps méconnus. Nous ne pouvions, à cette époque, prévoir qu'un cri général s'élèverait contre la constitution des États de la province, dont le vice se fait sentir surtout à notre municipalité. Ne pouvant voter hautement une réforme que personne ne réclamait, nous voulions, du moins, pour ce qui nous concerne, diminuer l'influence d'une excluante adminis-

---

(1) Les détails contenus dans ce livre ont été puisés à trois sources principales. : 1° Les cahiers des délibérations communales; 2° les cahiers de la Société populaire ; 3° les cahiers des procès-verbaux de la muuicipalité.

Les dates que nous donnons indiquent celles des délibérations prises par la municipalité, celles des séances du club et les dates des procès-verbaux.

tration, et nous réclamions contre le refus constant d'admettre nos députés. Nous sommes un exemple fatal de la vicieuse organisation de nos États. Il est prouvé que la population de Saint-Chinian est, pour le moins, au niveau de celle de Saint-Pons ; que les impositions personnelles de notre ville surpassent celles de toutes les autres municipalités du diocèse, sans en excepter la capitale ; que ses impositions réelles égalent celles de plusieurs lieux qui députent aux États et à l'assiette ; que les deux manufactures royales rendent son commerce précieux et alimentent un grand nombre des habitants du diocèse. Or, malgré tous ces avantages, nous avons toujours été exclus, même de l'assemblée diocésaine ».

« ....Enfin le temps amène un autre ordre de choses, et nos plaintes particulières sont confondues dans les réclamations générales. Nous espérons que le droit de fixer l'impôt ne sera plus l'apanage exclusif de quelques privilégiés. Osons croire que le rang, la naissance et le domicile ne seront plus des motifs pour écarter les autres citoyens. Réunissons-nous auprès du meilleur des rois pour obtenir de sa justice ce qu'il vient d'accorder au Dauphiné, une constitution plus équitable. Alors, Messieurs, en offrant généreusement une partie de nos biens pour le soutien de l'État, il nous sera permis de savoir ce que devient le reste, et chaque citoyen pourra avoir part à l'administration provinciale ou diocésaine...»

Le maire Lagarrigue, Fourcade, Coulon, viguier, et Salvagnac furent chargés de porter ces doléances à l'assemblée de la sénéchaussée de Béziers, où les trois ordres étaient appelés pour élire les députés aux États Généraux (1).

---

(1) M. Massip représenta à l'assemblée de la sénéchaussée le clergé de Saint-Chinian, et l'abbé de Foncaude, des Moulins de l'Isle ; dom Chauchon représenta l'abbé du monastère de Saint-Anian. — Fourcade fut nommé scrutateur de l'élection pour le Tiers-État. — Rossel

M. Roques, de Saint-Pons, fut élu pour représenter le Tiers-État et chargé spécialement de défendre les vœux de la province relatifs à la constitution des États.

Notre municipalité, on le voit, marchait avec la cour des Comptes de Montpellier dans son entreprise contre les États de Languedoc. A la suite de Montpellier, Saint-Chinian célébra le témoignage de confiance que le roi avait donné à la nation en consentant à une nouvelle constitution destinée à la France : on chanta un *Te Deum* commandé par l'évêque de Saint-Pons, et on alluma un grand feu de joie sur la *Barbacane*, 25 juillet. Autre sujet de vive allégresse : au mois d'octobre, le roi promit de créer des États provinciaux sur un pied nouveau. Mais il était écrit que, dans sa marche rapide, la Révolution renverserait toutes les institutions provinciales pour faire la France *une et indivisible*. Nos États devaient donc disparaître à jamais. Sans doute, ils avaient été injustes, en nous refusant un honneur et une faculté qu'ils avaient accordés à des localités peut-être moindres que la nôtre ; mais ils avaient été la gloire du Languedoc, le défenseur de ses intérêts et la sauvegarde de ses libertés. Le but qu'on se proposait, en demandant leur réforme, allait être dépassé.

Pendant que la municipalité fêtait d'avance son triomphe sur les États, la population, surexcitée par la nouvelle de la prise de la Bastille, voulut faire une manifestation contre les abus de l'ancien régime. Elle se porta en foule à l'hôtel-de-ville pour demander justice contre le fournier et le meunier de l'abbé. C'est en vain qu'elle s'était déjà plaint à

concourut à la rédaction des doléances en un seul cahier. (1893-1894). *Bulletin de la Société Archéologique de Béziers. — Béziers sous la Révolution* par M. Soucaille). Ce travail est le plus complet et le plus exact qui ait été fait sur la vie communale pendant la Révolution. Il nous a servi de guide à travers cette époque de trouble et de confusion. La haute compétence de M. Soucaille (secrétaire de la Société), en fait d'Histoire, est depuis longtemps connue et appréciée.

l'endroit de Bouttes, « qui gâtait le pain, et de sa femme et ses filles qui, par leurs propos indécents et injurieux, éloignaient les clients du four banal ». Aujourd'hui elle exigeait des mesures énergiques contre le fournier et aussi contre le meunier Pagès, qu'elle accusait « d'accaparer le blé, d'exagérer le droit de mouture et de faire acception de personnes ». Lagarrigue dut se présenter au balcon pour entendre les réclamations des habitants et promettre d'y faire droit. Après avoir examiné la question avec le conseil, le magistrat reparut et déclara que si Pagès ne résiliait pas de plein gré le bail du moulin, on l'y ferait contraindre par l'abbé, et que Bouttes serait condamné à l'amende pour avoir pris au delà du 30º pain. Le peuple se retira satisfait d'avoir fait reconnaître ses droits, 2 août.

Mais voilà qu'arrivèrent subitement des bruits capables d'émouvoir la population entière. On annonçait, à la fois, de Bédarieux et de Béziers, que des bandes de malfaiteurs parcouraient le pays. On demanda à l'Intendant 400 fusils pour former une milice bourgeoise. Les brigands ne parurent pas ; mais le lieu fut pourvu d'armes qui, au besoin, pouvaient servir au triomphe de la Révolution. Les auteurs de ces bruits, qui se reproduisirent par toute la France, avaient obtenu leur but.

C'est dans ces circonstances qu'on fit tomber le système féodal. La nuit du 4 août vit périr tous les privilèges et descendre les seigneurs au niveau de leurs vassaux ; les justices féodales furent abolies ; les jurandes et maîtrises allaient disparaître. Égaux devant la loi, tous les citoyens pouvaient aspirer aux charges et aux dignités, en s'appuyant sur le mérite personnel.

Après les difficultés qui s'étaient si souvent élevées entre les abbés et les emphytéotes au sujet des droits seigneuriaux, il était à craindre qu'il y eût des représailles du côté des habitants. Constatons que, lorsqu'on voyait presque partout les châteaux maltraités et leurs possesseurs insultés par la populace, sûre de l'impunité, il ne se produisit dans Saint-Chinian aucun désordre. La population se contenta de se regarder comme libre vis-à-vis des usages du moulin et du four, et encore avec tant de modération qu'il fut permis aux religieux de se plaindre du dommage qui leur était causé. Les officiers municipaux leur répondirent qu'ils ne pouvaient forcer les gens à observer des usages que la loi avait détruits, et qu'en tout cas, les règlements de 1463 les empêchaient d'intervenir dans leurs différends avec leurs sujets.

Les habitants de Saint-Chinian n'étaient rien moins que révolutionnaires. Ce n'est pas sans ennui que Lagarrigue et son conseil se virent obligés de suivre la Révolution dans ses excès. Le concours qu'elle leur demanda, à l'occasion de la déclaration *des Droits de l'homme*, de la constitution civile du clergé, de la confiscation des biens ecclésiastiques (2 novembre), leur créa de graves soucis. La misère du peuple, causée par la cessation des travaux et les rigueurs de l'hiver, allait encore les augmenter. Il leur fallait, en outre, prendre de sérieuses précautions pour empêcher les idées nouvelles de se répandre dans le peuple, que les émissaires des clubs étrangers travaillaient déjà à gagner à la Révolution.

Il y avait à prévoir des désordres. C'est pour cela que partout, suivant les ordres reçus, on proclama l'état de siège. Le juge, en matière criminelle, eut, à Saint-Chinian, trois assesseurs, Martin aîné, Fourcade père et Andral, notaire.

Dès que la misère commença à se faire sentir, on s'occupa d'un grenier d'abondance. Le maire et Fourcade furent chargés du soin de le former, pendant que Gynicis, de Maraussan, Bousquet, greffier consulaire, Massot, de Cessenon, et Lapeyrouse, de Cruzy, allivraient les biens privilégiés pour rendre l'impôt des biens roturiers moins lourd. L'État ne demandait pas moins une souscription patriotique. Flottes fils et Martin des Albières dressèrent les listes ; **Monseigneur de Chalabre** y figura pour 1200 livres.

L'aspect de Saint-Chinian était alarmant, en janvier 1790, lorsque les élections prescrites par le gouvernement mirent Victor Herménégilde Tricou à la place du maire Lagarrigue. Le mauvais temps avait entièrement fait suspendre les travaux des champs ; tous les ateliers étaient fermés, faute de fonds ; le chemin de la sénéchaussée était abandonné ; l'abbé, déchu de la propriété des biens du monastère (1), ne fournissait plus la rente de 68 sétiers de froment que les pauvres avaient toujours eue. La cruelle famine arriva. La faim est mauvaise conseillère : bientôt il se forma des attroupements et on entendit des cris séditieux. Tout était à redouter de la part de 1200 ouvriers affamés. Tricou tint tête à l'orage, grâce au concours qu'on lui prêta pour conjurer l'émeute. Il ne manqua pas de gens courageux qui répondirent à son appel et prirent les armes. D'un autre côté, les familles aisées mirent leurs bourses et leur bonne volonté à sa disposition. Les sieurs de Grandsaignes et Jullien de Villespassans lui prêtèrent 6000 livres, et les manufacturiers, ayant obtenu la garantie de la municipalité, reprirent leur commerce.

Mais sous quelque point de vue que cet homme intelligent et énergique envisageât sa tâche, il la voyait hérissée de difficultés. Les complications de la politique rendaient sa mission délicate et pleine de périls. Heureusement il rencontrait une collaboration sérieuse et dévouée dans son conseil, formé des sieurs d'Assignan, Viala, Décor, Verdier, Valmegère. Ils travaillèrent ensemble à procurer le bien public, et ils jouiraient de tout notre suffrage s'ils n'eussent eu rien à démêler avec la religion. Nous voulons bien croire qu'ils eurent la main forcée, quand ils agirent contre

(1) 13 février 1790. — Suppression des ordres religieux.

le clergé et le culte ; nous aimons même à supposer qu'en se mettant à la tête des affaires, ils avaient le désir et l'espoir d'enrayer le char de la révolution ; mais ils acceptèrent des charges qui exigeaient de leur part le sacrifice de leurs convictions religieuses, et ils consentirent à être les agents d'un pouvoir impie et tyrannique à l'égard de l'Église. Ce rôle ne pouvait convenir à leur honnêteté.

La nouvelle administration trouva les religieux dépossédés des biens de l'abbaye ; ils en conservaient cependant la régie et jouissaient d'une rente que leur faisait l'État. Le Maire eut la surveillance des gérants du domaine abbatial ; il eut des mesures à prendre contre les agents du couvent ; il dut intenter des procès aux abbés qui n'avaient pas fait les réparations de la chaussée ; se faire rendre des comptes qui, à la vérité, furent toujours d'une exactitude scrupuleuse ; et dresser des inventaires, en attendant d'assumer, en avril 1791, la charge odieuse de chasser les religieux et de prêter ses mains à la spoliation de leurs effets et à la vente de leurs moulins. Il nous est impossible de croire que cet homme, d'ailleurs honorable, ait accompli sa triste besogne sans éprouver de la répugnance.

Plus répugnantes durent paraître à nos magistrats les rigueurs qu'ils furent forcés d'exercer à l'encontre du clergé, à raison des nouvelles lois qu'on fit contre lui. Nous rapporterons ces rigueurs à l'article du clergé.

Tricou se trouva plus à l'aise quand son conseil l'engagea à demander une justice royale pour la ville de Saint-Chinian, « la deuxième du diocèse », justice qui devait profiter, comme celle qui l'avait précédée, à tous les villages voisins. Il y avait dans cette ville tous les éléments nécessaires, avocats, procureurs, huissiers, etc. Le 10 décembre 1890, les électeurs désignèrent deux Juges de Paix : l'un, Coulon, pour la ville ; l'autre, Sabatier, pour les lieux de Pardailhan, Ferrières, Pierrerue, Assignan et Cébazan. La gestion de Tricou fut d'ailleurs très sérieuse et lui mérita des éloges :

il s'occupa des indigents et des malades. Il fit rouvrir pour les premiers les chantiers de la route de Poussarrou, mais hélas! l'entrepreneur ne put conserver qu'une partie des travailleurs, les autres étant incapables de supporter un labeur auquel ils n'étaient pas habitués. Quant aux malades, il accorda ses soins et tout son dévouement à l'hôpital, dont il voulut même prendre la direction; mais l'administration supérieure ne lui donna pas cette satisfaction. Il prit intérêt aux écoles, soutint particulièrement les sœurs de la Croix; il entreprit une réparation à la grande chaussée, d'après les plans de Dallard, et fit tout ce qu'il put pour conserver au culte la belle église des bénédictins.

Les luttes, au contraire, qu'il eut à soutenir à l'occasion des gardes nationales du pays, en absorbant une partie du temps qu'il avait à accorder aux affaires, lui attirèrent des désagréments. Nous les raconterons au lecteur. On commençait, en haut lieu, par tenir pour suspectes les gardes bourgeoises, comme les municipalités qui les avaient sous leur main. L'ordre fut donné de former de nouvelles milices qu'on devait unir entr'elles par les liens d'une fédération, toute au service de la Révolution. A côté de la garde civique, déjà établie chez nous, on vit bientôt une légion, dite *patriotique*, comptant 107 hommes recrutés dans la ville et les lieux de Pierrerue et de Cébazan, et commandée par le Colonel de Maureillan, beau-frère de Carion, maître du Tandon. Le 24 juin 1790, elle prêta serment, concurremment avec la garde civique, ou légion dite *volontaire*, ayant pour chef Flottes jeune. L'effectif des deux corps, 235 hommes, souscrivit à la fédération. Le 14 juillet les troupes fraternisèrent, lors de la cérémonie religieuse qui eut lieu sur les *ayres*. Mais la division allait se mettre entr'elles.

Le 19, les officiers municipaux se dirigeaient en toute hâte vers la Rive. On venait de les informer que les gardes nationales s'entr'égorgeaient. Les deux troupes s'étaient, en effet, donné rendez-vous, — d'après la délibération municipale du 6 mars 1791 —, pour vider par le sabre un différend, qui ne pouvait être qu'une question de rivalité ou une divergence d'opinions politiques. Déjà il y avait eu des voies de fait, et la lutte menaçait de devenir meurtrière. La foule, qui était accourue, se divisait en deux camps pour prendre part au duel, lorsque l'arrivée des municipaux arrêta subitement l'ardeur des milices et dispersa le rassemblement des habitants.

Le conseil politique fut aussitôt convoqué. Belpel, procureur de la commune, fit son rapport. Coulon, administrateur du département, s'adjoignit à Belpel pour demander l'instruction de cette affaire. L'instruction qui fut faite fit d'abord soupçonner que la provocation venait du côté de la légion *patriotique*. Mandés sur le champ, les officiers Carrion, Sabatier, Pradal, Jarla, Sénégas, Coulouma et Mirepoix et les sous-officiers Bousquet et Batifol déclarèrent, par l'organe de Dallard, lieutenant-colonel (en l'absence de Maureillan), qu'ayant reçu de la part de la légion *volontaire* l'invitation de se rendre à la Rive, ils avaient été assaillis sur le chemin par leurs hôtes transformés en ennemis, et ils présentèrent une lettre qui convainquit Coulon de la responsabilité de la légion *volontaire*. Sur sa réquisition, les officiers Flottes, Courbil, Salles, Cathala, de la légion *volontaire*, comparurent pour affirmer qu'ayant été traités par Carrion chez Coulouma, ils avaient, en effet, voulu rendre la politesse qu'on leur avait faite. On leur demanda s'ils avaient ameuté les ouvriers présents contre l'officier Mirepoix; ils nièrent. Mirepoix, au contraire, soutint que Théron, Viala, Rieux et sa femme s'étaient jetés sur lui pour le désarmer et le jeter dans le béal. Les légions avaient caché le vrai motif de leur rencontre.

Il était évident pour tout le monde que la paix ne pouvait plus exister entr'elles. Sur la proposition de Coulon, les chefs des deux corps firent le sacrifice de leurs titres et laissèrent la municipalité maîtresse de ne former de leurs troupes qu'une seule compagnie et d'en nommer les officiers. Séance tenante, tous les grades furent abolis, et le scrutin désigna pour commandant de la légion reconstituée le sieur Jullien, pour capitaine Bonnel, pour lieutenant Coulouma, vitrier, et pour chirurgien-major Pagès. Le lendemain, sur la place publique, tous les anciens officiers renoncèrent ouvertement à leurs dignités, et les nouveaux titulaires prêtèrent serment entre les mains du maire Tricou.

Trois semaines après, quelques-uns des anciens chefs de la *volontaire* ayant manqué à l'appel furent frappés d'une punition. Les hommes qui avaient jadis servi sous eux protestèrent en leur faveur, et firent appel à l'administration du Département. Courbil, au défaut de Flottes démissionnaire, s'était mis à leur tête, et il ne faisait pas petite bouche pour dire qu'il dressait ses batteries contre le maire, qui avait outrepassé ses pouvoirs en supprimant les deux légions et en dépouillant les chefs de leurs qualités. Instruite des démarches de Courbil, la municipalité le déclara perturbateur de l'ordre, l'exclut des affaires publiques et lui intima l'obligation de quitter l'uniforme dont il se parait illégalement.

Le directoire du Département dit, le 8 octobre, qu'il n'y avait pas eu lieu à punir les officiers de l'ancienne *volontaire* et donna, à ce sujet, un arrêté qui devait être affiché dans Saint-Chinian. Mais la nouvelle légion se trouvant offensée par certains termes de l'arrêté, il y avait à craindre quelque soulèvement. Le maire ne jugea pas à propos d'exécuter l'ordre qu'il avait reçu, avant d'avoir informé le directoire de la disposition des esprits. Appelé à la barre du directoire, comme pour refus d'obéissance, Tricou sut justifier sa conduite, le 20; mais il déclara que désormais il se désintéresserait des affaires. Sa noble fierté fit impression sur les administrateurs, qui le prièrent de conserver ses fonctions, lui promettant de surseoir à toute décision jusqu'à ce que les pièces de l'affaire fussent arrivées du district de Saint-Pons. De retour à Saint-Chinian, Tricou reçut une députation du conseil politique, chargée de le féliciter et de l'amener triomphalement à la maison commune, 31 octobre.

Le succès qu'avait obtenu Tricou à Montpellier et l'accueil qui lui avait été fait à Saint-Chinian, irritèrent ses ennemis. Au moment où le conseil allait se renouveler par moitié, 14 novembre, ceux-ci lancèrent un libelle dans lequel la municipalité était dénoncée comme « aristocrate, despote et révoltée contre le gouvernement », et ils poussèrent ensuite Sèbe, de la Servelière, syndic des masages, à protester contre les élections, en accusant les officiers municipaux d'avoir refusé d'inscrire son nom et ceux de plusieurs citoyens actifs sur les listes électorales.

Or, pendant que Tricou était préoccupé par cette nouvelle affaire, Courbil agissait auprès du directoire et parvenait à lui faire confirmer l'arrêté qu'il avait pris. Lorsque le maire se rendit de nouveau à Montpellier, le 30 novembre, au sujet de ce même arrêté, il lui fut répondu qu'il venait trop tard et qu'il n'avait qu'à obéir aux injonctions du directoire, qui étaient maintenues. N'eût été la question de dignité, qui le retint dans sa charge, Tricou eût donné sa démission ; du reste, il fallait venger la municipalité contre Sèbe et compagnie. Il s'imposa l'humiliation de donner lecture de l'arrêté sur la place publique, en présence des deux anciennes légions, 8 décembre, en attendant d'entrer en campagne contre Sèbe.

Sèbe avait fait déclarer nulles les dernières élections, et un arrêté du directoire du 24 décembre ordonnait une nouvelle convocation des électeurs. L'arrêté ayant été signifié à Tricou, le 3 février 1791, celui-ci réunit son conseil. « Par des pétitions clandestines, dit-il, nous sommes accusés d'avoir exclu du vote les citoyens actifs, de laisser attaquer les personnes et les propriétés, et de garder l'inaction la plus coupable au milieu des troubles qui règnent dans la ville. » Ce fut un cri général à la calomnie, et il fut délibéré de porter cette imputation mensongère à l'Assemblée nationale. Tricou se mit alors en mouvement. Il commença par interdire l'usage des masques (on était en temps de carnaval). Ne fallait-il pas prévoir des désordres dont les adversaires eussent tiré parti pour prouver l'indifférence de la municipalité vis-à-vis du bon ordre ? Il n'eut pas, après cela, du repos jusqu'à ce qu'il eut arraché à Sèbe l'aveu des manœuvres dont on s'était servi pour le faire agir. Quand Sèbe lui eut déclaré qu'il avait été un instrument presque inconscient, Tricou se hâta d'en informer l'Assemblée Nationale et demanda au directoire des commissaires pour l'entendre contradictoirement avec ses dénonciateurs. Les registres, en ne parlant plus de cette difficulté, font supposer légitimement que les plaintes portées contre la municipalité n'eurent pas d'autre suite. De fait, il n'y eut pas d'autres élections.

Le dernier mot n'avait pas été dit à l'occasion de l'affaire concernant les gardes nationales. Après s'être soumis aux ordres du directoire, le maire s'était tourné vers l'Assemblée nationale. Le 11 février, le comité des rapports, qui avait été saisi de l'incident, écrivit au directoire : « Le comité a pensé, Messieurs, que vous n'étiez pas autorisés à connaître, encore moins à statuer sur l'organisation des gardes nationales de Saint-Chinian, qui avait été fixée par le règlement du conseil général de la commune, en date du 19 août. Il est persuadé que si cette affaire était soumise à l'Assemblée nationale, le règlement serait maintenu et vos arrêtés, notamment celui du 23 septembre, seraient annulés..... La fermentation qui règne à Saint-Chinian, doit vous engager à prendre un arrêté par lequel vous retirerez ceux que vous avez pris le 20 octobre et le 23 septembre ».

Dès ce moment, le directoire ne voulut avoir aucune relation avec la municipalité. Le 6 mars, le maire s'étant plaint au conseil du refus opiniâtre que le directoire affectait de communiquer avec Saint-Chinian, il fut décidé qu'on le forcerait à observer la loi, et aussi qu'on répandrait partout la lettre du comité des rapports. La publication de cette lettre froissa le directoire, qui prit un nouvel arrêté et lança aux quatre coins du département un imprimé destiné à apprendre à toutes les municipalités que celle de Saint-Chinian était en révolte contre le directoire. Mais la garde nationale actuelle continua à fonctionner suivant le mode et le règlement du 19 août 1790. Elle fonctionnait encore au mois de juin 1791 ; le 2 de ce dernier mois, on demandait des armes pour de nouvelles recrues qui portèrent son effectif à 600 hommes. Il s'agissait de se garantir contre les gens hostiles qui traversaient le pays et les 1200 ouvriers qui se remuaient dans la ville.

Le 28 juin, les cloches sonnèrent à toute volée ; le soir, les maisons furent illuminées ; un feu de joie fut allumé. On célébrait le retour du roi dans Paris après sa tentative d'évasion. Tricou présidait à ces réjouissances. Il présida aussi à la fête qui eut lieu lorsque le roi eut accepté la nouvelle constitution. Nos cahiers disent que le maire et ses conseillers montèrent à cheval pour proclamer dans la ville la sanction que la constitution avait reçue de la part du souverain. Les vœux de la France honnête et sage étaient accomplis : autant la panique avait été grande, lorsque Louis XVI, en prenant la fuite, rendait impossible l'établissement de la monarchie constitutionelle ; autant la joie fut grande, au moment où le peuple ayant été admis à participer au pouvoir, les esprits sérieux crurent que l'ordre était assuré.

La confiance qu'avaient fait naître les concessions faites à la nation, se dissipa dès les premières séances de l'Assemblée législative, octobre 1791. En la voyant porter atteinte aux prérogatives qui restaient au prince, les gens clairvoyants purent prévoir la chute de la Monarchie. Les lois que fit cette assemblée contre les émigrés et contre les prêtres opposés à la constitution du clergé, révélèrent ses mauvais instincts. En déclarant la patrie en danger et en ordonnant aux gardes nationales d'être toujours sous les armes, elle fit comprendre qu'elle se préparait à un coup terrible. Sortie des rangs du peuple, elle avait, pour faire prévaloir ses principes démocratiques, l'appui de la multitude déjà imbue par les clubs des idées nouvelles. Les gardes nationales devaient faire sa force ; un décret ordonna leur nouvelle organisation.

La municipalité nouvelle, ayant à sa tête M. Joseph Tarbouriech (époux de Madeleine Massip), se préoccupa, dès son installation, novembre 1791, de la formation de la garde nationale d'après le plan qui fut indiqué. En ce moment le peuple ne rêvait que des armes, ne parlait que de liberté. Les travaux des champs et de l'atelier étaient abandonnés pour les préoccupations politiques et les manifestations guerrières. La garde nationale se composa de cinq compagnies, formées de citoyens pris à Saint-Chinian, à Pierrerue, à Cébazan, à Ferrières, à Pardailhan et à Assignan. Le 1er avril 1792, la troupe se trouva réunie à Saint-Chinian, sur la place d'armes, entourant l'état-major, formé de Flottes père, commandant, de Salvagnac, sous-commandant, de Bousquet, porte-drapeau, de Cathala, adjudant, et de Carrière. Le maire reçut le serment de l'état-major, l'état-major celui des officiers, les officiers celui des soldats. On promit à la troupe un drapeau à trois couleurs qui porterait, sur un côté, pour devise : *Le Peuple Français,* et sur l'autre: *La liberté ou la mort.* La ville fut divisée en quatre sections, placées chacune sous la conduite d'un capitaine (1).

Débordée par l'opinion politique qui avait gagné la

(1) Section de Saint-Laurent, capitaine Martial Fourcade ; section de l'ancienne ville, capitaine Bessière ; section des Récollets, capitaine David ; section de Bagnesolles, capitaine Courbil.

masse du peuple, la municipalité se laissait entraîner par le courant des idées du jour. Aussi, nous ne sommes pas surpris de lire, dans la délibération du 13 juillet, ce qui suit : « C'est demain que se renouvelle le serment fédératif, en mémoire de cette fameuse journée où la Nation Française, par un acte de sa souveraineté, brisa les chaines du despotisme » ; et ensuite : « Il sera dressé un autel de la Patrie devant la porte principale de l'enclos du ci-devant évêque de Saint-Pons. Les citoyens gardes nationaux et la gendarmerie se rendront à midi, pour y prêter le serment. Le sieur curé sera prié d'y célébrer la messe, avec les prêtres de la paroisse, pour remercier le Tout-Puissant de la protection spéciale qu'il accorde à l'empire et lui demander de lui continuer sa sainte bénédiction. » Les gardes nationales firent, dès ce jour, un service permanent.

Pendant ces jours troublés, M. Tarbouriech, assisté de ses conseillers, se consacre avec une sollicitude admirable aux intérêts du pays. Il veut, à tout prix, conserver au culte l'église abbatiale. Nous dirons plus loin le peu de concours, pour ne pas dire l'opposition, que lui apporta Pouderous, dans cette circonstance. L'insuccès ne refroidit pas le zèle du maire pour le bien public, car nous voyons M. Tarbouriech poursuivre, avec une ardeur soutenue, ses pressantes démarches auprès du district pour réclamer la part de libéralités qui revenait, du côté de l'État, à l'établissement de charité de Saint-Chinian. Il lui demanda aussi du blé pour le général de la population, et n'ayant pu en obtenir qu'une quantité insuffisante, il eut recours au Département.

Pendant que la ville s'émerveillait d'être transformée en place forte, la disette était survenue, ennemi terrible contre lequel les armes ne sont d'aucun secours. La grêle avait emporté les récoltes, et il était difficile d'acheter le peu de provisions qui existaient, car on refusait partout les assignats qui avaient cours. Le malaise qui régnait dans la ville atteignit l'hôpital : pendant plusieurs mois les pauvres n'eurent pour subsister que les générosités d'une bonne sœur. La situation s'aggrava encore. Grâce à la mauvaise répartition faite à Montpellier pour l'Hérault et imprudemment acceptée par Saint-Pons, les terrains de montagne avaient été mis sur le même pied que ceux de la plaine. Le chiffre de l'impôt fut presque triplé à Saint-Chinian. C'était à 25,938 livres qu'arrivait l'ensemble des impositions. Il fallait, en outre, faire face aux dépenses locales et fournir 5,000 livres de haute-paie aux volontaires. La municipalité demanda des commissaires pour estimer le terrain de Saint-Chinian ; il s'agissait de dégrever la population. En attendant, dans le but de lui procurer du travail, elle présenta à l'assemblée départementale des vœux pour l'achèvement du chemin de la Sénéchaussée. « Trois millions, disait-elle, ont été dépensés ; trois cent mille livres suffiraient pour mettre à tout jamais en communication l'Hérault et le Tarn, au moyen d'une voie magnifique, facile et rapide ».

La République ayant été proclamée le 21 septembre, M. Tarbouriech dut exiger le serment de tout fonctionnaire rétribué par l'État, après l'avoir prêté lui-même avec ses conseillers. Le 30 septembre, parurent donc sur la place publique le maire, les conseillers, les notables, le procureur et le secrétaire de la commune pour jurer de maintenir la liberté et l'égalité ou de mourir. Après eux, se présentèrent Tastavin, ex-bénédictin, aumônier de la garde nationale, et son ancien confrère Méric, Massip, curé, Affre, vicaire, Bourdel, régent des écoles, Jullien, commandant de la légion, Coulon, juge de paix, et Bousquet, son greffier, Fabre, régent, Bec, vicaire de la Servelière, Salvagnac, régent, Andral aîné, ancien curé de Bassan, Sabatier, juge de paix, et son greffier Autié, l'huissier Poirier et Laromiguière, huissier au district de Saint-Pons. Quelques jours après, ce fut le tour d'Andral, notaire, d'Andral, receveur des droits de l'enregistrement, de Coulouma et de Salvagnac, assesseurs du juge de paix, de Salvagnac, commandant en second de la garde nationale, des Tricou père et fils et de Garriguenc, ancien officier du régiment royal d'Infanterie. Le 15 août, M. Tarbouriech dut signifier aux confréries qu'elles étaient abolies, et le 25, il retira des mains du clergé les registres de l'état civil, qui remontaient à 1599.

Le 19 décembre, eut lieu une nouvelle élection administrative. M. Tarbouriech fut réélu maire, et il eut pour conseillers les sieurs Albert, Béral, Gondard, Lignon, Babeau, Décor et Sidobre; Belpel, quoique âgé et infirme, accepta la charge de procureur de la commune. Pradal fut nommé juge de la ville, et Claude Bousquet, juge du canton rural. La police municipale fut confiée à Béral, Décor et Babeau. Tous adhérèrent à la forme nouvelle de gouvernement.

Nous ne pouvons raconter ce qui se passa chez nous dans les premiers mois de 1793, époque de la grande catastrophe de la Monarchie; les cahiers de ces jours sinistres ont disparu. Ce qu'il nous est permis d'affirmer, c'est que la mort violente du roi affecta la population, en général, et que celle-ci en regretta un jour les fatales conséquences. Forcée de se défendre contre les ennemis du dehors qu'avait soulevés le crime de la Convention, la France dut s'armer et voler aux frontières attaquées, et Saint-Chinian eut à payer sa part de frais de guerre et de défenseurs de la patrie; il eut aussi à héberger constamment les corps de volontaires du Haut-Languedoc qui passaient par ses murs pour courir à l'armée des Pyrénées.

Hélas! ces recrues au patriotisme exalté devaient couvrir Saint-Chinian d'un opprobre éternel, en répandant le sang de cinq malheureux prêtres qui s'expatriaient pour fuir la persécution. Nous rapporterons la scène de carnage qui se passa à la maison commune, et nous établirons les responsabilités, dans le chapitre que nous réservons au Clergé. Mais nous ne voulons pas qu'on puisse, un seul moment, soupçonner nos magistrats de connivence ni de faiblesse. Le maire et les conseillers firent tous leurs efforts pour arracher aux bourreaux leurs victimes ; ils allèrent jusqu'à exposer leurs vies, et il ne tint pas à eux que les assassins ne fussent punis selon toute la rigueur des lois.

En face de la municipalité venait de s'établir une société populaire, ou club des Sans-culottes. Les sociétés de ce genre avaient pour but de surveiller les municipalités et de leur suggérer les idées révolutionnaires. Au besoin, elles se chargeaient de soulever l'opinion populaire contre elles. De fait, l'administration communale de Saint-Chinian avait dans le club des Sans-culottes un ennemi qui, la tenant pour suspecte dans ses convictions politiques et religieuses, allait s'attacher à ses flancs pour l'empêcher d'agir contre la Révolution et la forcer à entrer dans ses voies. Il fallait certainement du courage pour lutter contre une faction qui aspirait à s'emparer de la direction du pays et devait se servir de la perfidie et de la violence ; il fallait aimer son pays pour être résolu à opposer une digue aux excès des passions politiques. Mais notre municipalité avait la conscience de sa valeur et elle comptait sur une population, en général, amie de l'ordre et religieuse.

M. Tarbouriech resta au pouvoir jusqu'à la fin de 1795. Il y a à considérer son administration dans ses rapports avec le club, avec le clergé, avec l'État et avec la population. Ses rapports avec le club et le clergé devant être montrés spécialement ailleurs, nous n'en donnerons ici qu'une idée générale pour traiter plus longuement de ceux qu'il eut avec le pays et l'État.

Le maire Tarbouriech autorisa le club, parce qu'il ne pouvait faire autrement ; mais il lui tint tête, quand il dépassait les limites de la convenance et de la justice. Le club se heurta souvent à une énergie qu'il ne soupçonnait pas. Aussi accusa-t-il la municipalité d'être opposée aux institutions révolutionnaires et de favoriser l'ancien régime et le *fanatisme* ou la religion, et finit-il par l'amener à composition, aux jours de la Terreur, après l'avoir déclarée suspecte et rendue responsable devant les autorités supérieures de son défaut de patriotisme. Le clergé, ayant accepté la constitution civile, put accomplir ses fonctions sans être troublé. Tant que l'Église fut ouverte au culte, le peuple s'y porta sans faire la distinction des ministres qui la desservaient. Non seulement il n'y eut pas d'hostilité déclarée de la part de l'administration ; mais on peut dire que, se contentant de leur faire observer les lois, elle leur fut aussi favorable qu'elle le put. Le jour où il y eut dans Saint-Chinian deux églises, l'une, l'église de N.-D.-de-la-Barthe, s'affirmant comme catholique et romaine, l'autre, celle des Récollets, se déclarant constitutionnelle, la municipalité affecta, vis-à-vis du clergé, une neutralité qui lui valut d'être accusée de *fanatisme*.

L'heure n'était point à donner des embellissements à la cité, ni à songer à l'accroissement de son commerce. Il fallait, avant tout, se préoccuper d'approvisionner une population considérable qui manquait de pain. Les magistrats furent autorisés à réquisitionner du blé dans les lieux voisins ; mais la disette se faisait partout sentir et l'on se dessaisissait plus difficilement du grain, depuis que la loi du maximum était en vigueur. La dame Andoque de Sériège promit 500 sétiers de froment ; quand les charrettes de Saint-Chinian se présentèrent pour les retirer, le maire de Cruzy opposa son veto au transport du blé. La subsistance des habitants de notre ville et celle des volontaires de passage se trouvant compromises, l'on dénonça la municipalité de Cruzy au district de Saint-Pons. Le district donna un arrêté pour forcer les communes de Cessenon, Cruzy, Assignan, Pardailhan, Agel, Montouliers, Pierrerue et Cébazan à porter du blé sur le marché de Saint-Chinian. Cébazan et Pierrerue furent seuls à obéir à l'arrêté. La disette augmenta à ce point qu'il fallut recourir aux expédients. Ainsi on refusa de vendre le vin du pays à ceux qui refusaient d'apporter du blé, et on obligea quiconque récoltait du blé chez nous à déclarer la quantité qu'il avait à sa disposition. Le district prit un nouvel arrêté, à la requête de notre municipalité, mais les communes voisines ne nous furent pas d'un plus grand secours. Nos provisions étaient si modiques que le grenier public fut vidé en une seule fois, un jour où, sur les injonctions du club, il fallut satisfaire le peuple, sous peine de le voir se révolter. Les boulangers n'avaient ordre de livrer du pain que sur un billet écrit. On demanda bien du blé au département de l'Aude, mais il y avait menace de mort pour quiconque en vendrait aux étrangers. Il fallut supplier l'Autorité de lever cette défense.

Quel douloureux spectacle que celui d'une ville manquant de pain ! Mais il est beau de voir une municipalité prendre tous les moyens pour venir en aide à une population qui souffre de la faim. Pour apprécier la sollicitude de la nôtre, en pareille circonstance, il n'y a qu'à jeter les yeux sur les comptes du blé fourni seulement par Saint-Pons, du 8 octobre 1793 au 18 juillet 1794 : on voit le chiffre de 86,093 livres. Et cependant, tant est grande l'injustice des hommes ! M. Tarbouriech fut accusé d'avoir défendu aux boulangers de laver le blé pour que le peuple consommât moins de pain. Françon Estimbre, mandée par le conseil municipal, affirma que la veuve Rieux lui avait répété les paroles du maire, et cette dernière vint dire qu'en sa présence ce magistrat avait ordonné de faire cuire le pain aussitôt que le grain serait moulu. Les boulangers déclarèrent, au contraire, que M. Tarbouriech leur avait toujours demandé de faire de bon pain. Il n'y avait qu'à sévir contre une calomnie manifeste.

De précieux concours se présentèrent. Mas, de la Servelière, et Martin, de Bouldoux, firent l'avance, en 1793, de 2,298 livres; en 1795, Vernazobres offrit 96 pièces de drap, dont le prix était destiné à l'achat de blé ; noble exemple qui sera suivi, en 1796, par les sieurs Flottes et Bermond. Ils céderont leurs produits pour en faire l'échange avec du grain sur la place de Marseille, par les soins de Tricou. Une pensée délicate portera le conseil à favoriser dans la distribution du froment les ouvriers qui auront fabriqué les tissus.

On comptait sur le blé de l'Aude. Les commissaires revinrent. Telles avaient été la rareté et la cherté du grain : ils n'avaient trouvé à acheter que 6 setiers de froment, et encore à raison de 50 livres le setier. Il n'y avait pas lieu de s'en étonner : à Saint-Chinian, Gaubert vendait le riz 205 livres le quintal ; faute de blé on avait recours au millet, aux vesces et aux fèves, dont on faisait du pain à 35 sols la livre ; pour abaisser ce prix, on ne mélangea que les vesces et le millet.

Au mois d'août, 4,000 setiers de blé furent reconnus nécessaires. C'était une dépense de 60,000 livres. On décida de s'adresser, pour avoir cette somme, à l'Agence commerciale, en promettant des garanties. Il est fort douteux que cette combinaison ait abouti, car le 30 septembre, en l'absence du maire, le sieur Albert, officier municipal, parlait ainsi : « Depuis que notre marché est déserté, les subsistances sont l'objet continuel de la sollicitude de la commune. Ce n'est que par des précautions continues que nous sommes parvenus à alimenter la classe nombreuse des ouvriers et artisans. Le plus grand nombre gagne, à peine, chaque jour, le pain du lendemain. Depuis longtemps nous ne sommes alimentés qu'au moyen des approvisionnements faits par la commune et par le district, et grâce à la funeste mesure des réquisitions. L'administration du district pourvoit à nos besoins, depuis plus d'un an, par répartition décadaire des grains qu'elle a en magasin. Or, cette ressource va nous manquer, car la Constitution supprime le district... Toutes les provisions du district vont être vendues ; il conviendrait d'en acheter une partie..... ». Sur cette proposition on décida de demander 2,000 quintaux de blé.

Les difficultés ne se bornaient pas seulement à la question du blé. L'huile fit défaut aux habitants et aux manufactures. On en rechercha dans les communes voisines, et cela amena des incidents dont il sera parlé au chapitre du Club. L'hiver fut très rigoureux et fatal aux oliviers et aux vignes. Nos sages administrateurs surent adoucir la rigueur des calamités qui fondaient sur le pays. Toujours sur la brèche, ils veillaient au bien commun; au besoin, ils le défendaient avec courage. Un jour vint où l'on voulut mettre une taxe sur le capital; ils se levèrent alors pour représenter au Gouvernement que Saint-Chinian avait fait de nombreux sacrifices, en formant plusieurs compagnies de volontaires; que, lors de la levée de 300 mille hommes, il avait équipé, à ses frais, 17 soldats, grâce aux dons spontanés du petit nombre de familles aisées qu'il possédait; et que, quoique dépourvu de ressources, il était encore disposé à lui venir en aide lorsqu'il aurait accordé le dégrèvement de l'impôt attendu depuis longtemps.

Le maire Tarbouriech donna souvent des preuves de sa haute valeur morale. Le 14 ventôse an II (3 mars 1794), il se plaignit amèrement contre une catégorie de gens dissolus, qui dépensaient leur argent dans les plaisirs et la débauche, et qui se répandaient ensuite dans la campagne pour y faire un dégât digne des barbares. Pour les arrêter dans leurs mauvaises voies, il leur représenta que leurs frères manquaient de tout à la frontière. Ce discours pathétique couvrit de confusion les coupables, et fit prendre à l'assemblée communale, qui en fut émue, un arrêté, d'après lequel tout bal fut désormais interdit, les cabarets se fermèrent à 10 heures du soir, et toute personne trouvée masquée fut déclarée suspecte. Il y avait une loi qui exemptait des corvées militaires les ouvriers occupés aux champs et dans les manufactures; M. Tarbouriech la fit observer scrupuleusement. Il fit distribuer, selon toutes les règles de l'équité, la part qui revenait à chaque indigent du million donné par l'État, le 1er floréal an II ; et lorsque le 13 du même mois, la Société populaire se permit de le sommer d'exécuter la loi qui réservait des secours aux vieillards, aux enfants et aux infirmes, il put lui répondre, avec fierté, qu'il n'avait pas attendu son injonction pour dresser les listes et les soumettre au district. Le bureau de bienfaisance comme l'hôpital ne furent jamais négligés par cet homme dont le cœur était toujours touché par les souffrances de ses administrés. Le 2 nivôse (12 décembre 1794) il ne put s'empêcher de laisser déborder le trop plein de son âme ; il parla, avec des larmes dans sa voix, de la misère de son peuple, en désignant comme la cause de ses malheurs le déplorable système des réquisitions.

L'État réduisait, en effet, les populations à la plus dure extrémité par des demandes incessantes en faveur de ses armées. Les populations étaient, par coupes réglées, privées de leurs avances et de leurs provisions de tout genre. Argent, denrées, équipements, draps, cuirs, couvertures, armes, chevaux, mulets, charrettes, moutons, cochons, bœufs, etc., tout était requis. L'État s'emparait encore des hommes valides, aux dépens de l'agriculture et de l'industrie.

Offrons au lecteur quelques détails sur les réquisitions opérées à Saint-Chinian ; nous lui ferons voir, en même temps, le concours soumis et zélé de l'administration vis-à-vis de l'État. Le 29 septembre 1793, on vit arriver de Saint-Pons Pradal, juge de paix et administrateur du district, à titre de commissaire du gouvernement, avec un mandat des plus étendus. Il venait faire les rôles des familles ayant leurs enfants au service, dresser un état des officiers de santé, médecins, chirurgiens, pharmaciens ; requérir pour les hôpitaux les voitures de luxe et celles des émigrés, faire le tableau des hommes mariés exempts du service militaire, réclamer les chevaux non employés à l'agriculture, extraire des édifices nationaux tout le fer qu'ils renfermaient et prendre celui qui n'était pas utile aux particuliers, s'assurer enfin si tous les citoyens avaient remis leurs armes, sabres, pistolets, fusils qui avaient été réclamés pour l'armée des Pyrénées par les représentants du peuple. Les officiers municipaux se mirent à la disposition de Pradal, malgré les sentiments pénibles que leur faisaient éprouver les exigences de l'État.

L'armée avait besoin d'effets d'équipement. On ouvrit chez nous un vaste atelier où les ouvriers de Cessenon, Cruzy, Olonzac et La Lavinière se réunirent aux nôtres pour la confection des habillements et des chaussures. Deux commissaires, Joseph Martin et Jean Bermond, le visitèrent deux fois le jour; les ouvriers tailleurs étaient sous la direction de Bouttes et de Pagès; les ouvriers cordonniers répondaient à Barthès et Planès. Il fallait aussi à l'armée du salpêtre : Saint-Chinian fut désigné pour avoir un atelier épuratoire. Estimbre, chargé de l'entreprise, demanda, le 26 mai 1794, le moulin à huile de la Grand'rue pour y monter son atelier. Une société fut formée et il fut stipulé par les actionnaires que les indigents profiteraient des bénéfices. La première opération ne réussit pas; la seconde donna 38 livres de matière explosive, et la troisième 80 livres; mais ce rendement ne satisfit pas le Gouvernement. La société céda son matériel à la commune, qui prit l'atelier à sa charge et vota 2,400 livres pour commencer une nouvelle exploitation, qui n'eut pas plus de succès que la première. Le travail, qui consistait à brûler des plantes, des arbustes, certaines terres; à lessiver ensuite les cendres obtenues et à retirer des produits lessivaires le salpêtre qu'ils contenaient, fut dirigé pendant quatre mois par Ranchard, agent salarié, sous la surveillance de Fourcade et de deux sans-culottes qui passaient à tour de rôle. Les produits lessivaires de l'atelier de Pardailhan venaient s'épurer à Saint-Chinian.

Lorsqu'on demanda les chevaux qui pouvaient se trouver dans le pays, Fourcade, chargé de leur vérification, n'en rencontra que trois de la taille voulue. Deux étaient trop vieux ; le troisième était nécessaire au commandant de la place, Jullien. En fait de harnachements, il n'y eut que quelques selles ; en fait d'armes, quelques pistolets et deux sabres, dont l'un espagnol ; pas de porte-manteaux, ni de bottes, ni de *roupes* et de redingotes. Il y avait dix-sept couvertures, mais il les fallait pour les volontaires de passage ; les tapisseries à effigie royale étaient hors d'état de servir. Malgré son bon vouloir, Saint-Chinian ne put accorder le sétier de blé mis en farine qu'on lui demandait pour chaque homme qu'il fournissait à l'armée, pas plus que les 10 quintaux de fourrage qu'on requérait à raison de chaque bête servant au labourage.

On ne trouve pas trace de lutte, ni division apparente entre le gouvernement et M. Tarbouriech. Autant celui-ci était actif pour les intérêts de la population, autant il était désireux de prêter son concours pour le bien général de la nation. Ce que nous n'aurions pas aimé à relever, c'est sa présence au club jacobin et son assistance aux saturnales dont cette société se faisait la promotrice pour le compte de la Révolution. Ces fêtes impies, son esprit et son cœur les réprouvaient sans doute ; mais, une fois fourvoyé dans les rangs d'une société anti-religieuse, il eut la faiblesse de brûler l'encens devant une divinité qu'il devait fouler aux pieds le premier. Il n'eut pas manqué d'imitateurs parmi ceux qui lui offraient un culte, car il faudrait bien se garder de croire que la population adorât en esprit et en vérité la Raison des sans-culottes ou l'Être suprême de Robespierre. M. Tarbouriech put bien s'en apercevoir, le 29 juin 1794, lorsque, après l'abolition du culte catholique, l'église de la paroisse fut convertie en temple de l'Être suprême. Le président du club, Pradal, pérorait sur la chaire ; il fut interrompu à plusieurs reprises, malgré les observations du maire. A la fin, M. Tarbouriech envoya un officier municipal à la tribune d'où partait le bruit. « C'est Valentin, dit Béral, en s'avançant à la rampe, qui refuse de toucher l'orgue, parce qu'il n'est pas payé ». Valentin avait jusque là consacré son talent d'artiste à la gloire du Très-Haut ; il ne voulait pas aujourd'hui l'employer en l'honneur d'un culte indigne de son art. Pagès, membre du comité révolutionnaire, prit la parole pour dire à M. Tarbouriech : « Citoyen maire, je te requiers d'interposer ton autorité ». Le maire, à la vue du tumulte qui allait croissant, fit descendre Béral de la tribune. Mais le peuple scandalisé se retira en méprisant le nouveau culte et ses pontifes. Les officiers municipaux présents quittèrent la place pour aller verbaliser dans la maison commune. La fête, qu'on avait annoncée à grand fracas, était complétement manquée. Notre population ne voulait pas être dupe : les cérémonies qu'on inventait pour la dédommager de la perte des pompes catholiques ne lui plaisaient point.

Le 21 brumaire an IV (14 novembre 1795), c'est-à-dire quelques jours après l'avènement du Directoire, Sabatier, propriétaire, de la commune de Pierrerue, président des Assemblées primaires du canton, installa, entr'autres, l'administration municipale de Saint-Chinian, récemment élue. Joseph Martin aîné fut reconnu comme agent municipal et Flottes fils aîné comme son adjoint. Ils prêtèrent serment.

Les papiers fournissent peu de détails sur l'administration de Martin et sur celles qui la suivirent pendant la durée du Directoire.

Le 10 floréal an IV (30 avril 1796), Martin procéda à l'organisation de la garde nationale, dont firent partie tous les citoyens âgés de 16 à 60 ans. Le scrutin désigna les officiers.

Une troupe était cantonnée en ce moment dans la ville, pour le service du gouvernement. Les vexations dont elle se rendait coupable envers la population faisaient craindre de sérieux conflits. L'agent municipal, pour éloigner tout désordre, fit une proclamation que nous rapportons parce qu'elle jette un jour particulier sur les circonstances actuelles comme sur des circonstances antérieures : « Citoyens, dit-il, jusqu'à ce jour, le bon esprit qui règne parmi la très grande majorité des habitants, a maintenu le calme et la paix, malgré les orages d'une grande révolution. Faudrait-il que pour les motifs les plus légers, le feu de la discorde s'allume parmi nous ? Je ne rappellerai pas des circonstances qu'il faut plonger dans un éternel oubli. Vous êtes instruits de l'objet essentiel de la mission de la troupe, qui est ici en cantonnement, et je n'ignore pas combien son séjour vous est onéreux..... Ne vous abandonnez pas à des pensées de haine, encore moins à des projets de vengeance. Rendons tous justice aux intentions du gouvernement et à la conduite du chef militaire chargé de cette partie de l'armée... Donnez à votre magistrat des preuves de votre confiance...; il ose vous affirmer qu'il en sera digne par sa prudence et son bon vouloir pour vos intérêts. »

Tricou fils fut élu agent municipal, l'an V ; Pierre Flottes lui fut donné pour adjoint. L'administration cantonale avait, nous l'avons dit, Sabatier pour président ; Tricou en était vice-président. En l'absence de Sabatier, qui ne résidait pas à Saint-Chinian, Tricou correspondait avec le Département. Un différend s'éleva entr'eux. Autant que nous avons pu le saisir au moyen de quelques notes éparses, il avait été pris, en dehors de Sabatier, une délibération à l'occasion d'une dénonciation du général Frégeville (1) contre le Département. La délibération la traitait de calomnieuse. Sabatier, ayant surpris la missive qui la renfermait et était destinée au Département, l'empêcha de partir jusqu'à ce qu'on eût autrement apprécié le fait du général. Tricou offrit de rem-

(1) Général de brigade, commandant de place, à Béziers.

placer le mot *calomnieuse* par celui de *mal fondée*. Ce n'était pas assez pour son adversaire qui insista pour annuler la délibération et en prendre une autre. Mais on ne put réunir l'assemblée, et l'affaire fut remise à une séance ultérieure, dont nous n'avons aucune connaissance. Il est probable qu'elle n'eut pas lieu.

Antoine Miquel remplaça Tricou. Le 10 frimaire an VI (30 novembre 1797), il accompagnait avec Sabatier la procession décadaire dans les rues de la ville. Ils trouvèrent devant la maison d'Ebram, tanneur, un étalage de cuirs exposés au soleil, en apparence pour les faire sécher, mais de fait pour un tout autre but. Sabatier appelle le tanneur. C'est sa femme qui paraît à la fenêtre pour répondre. Les officiers municipaux lui reprochent d'avoir violé la loi et méconnu un arrêté pris par eux ; mais cette courageuse citoyenne ne se laisse pas intimider et elle leur dit : « Jadis je tendais mes plus jolis draps pour les processions catholiques ; je n'ai aujourd'hui que mes cuirs à offrir à la procession de la décade ». La femme Ebram fut blâmée et punie pour avoir couvert de ridicule les prêtres de la déesse Raison. Quelques jours après, nouveaux déboires pour eux. On avait déposé une charogne au pied de l'arbre de la Liberté. Les partisans du culte nouveau ne pouvaient que s'attendre à ces ironies sanglantes et à ces représailles du sentiment chrétien qu'ils provoquaient de toutes manières.

Germinal an VI : on était à la veille de nouvelles élections. Ce fut l'occasion d'une scission parmi les électeurs. Un certain Gynieis, de Bédarrieux, était venu se fixer à Saint-Chinian. Par ses intrigues, il eut bientôt obtenu d'être nommé directeur des postes à Milhau et puis commissaire du pouvoir exécutif à Saint-Chinian. A peine rentré dans notre ville, il forma un cercle constitutionnel et prit de allures dictatoriales. Il prétendit tout gouverner et menaça de l'exécution d'ordres sévères, dont il se disait porteur, tous ceux qui seraient hostiles à la République. Il fit revivre la Terreur.

L'agent municipal Miquel s'exprimait, au sujet de cet homme néfaste, de la manière qui suit, dans un de ses rapports : « Depuis le commencement de la Révolution, la commune avait été parfaitement tranquille, sauf un accident passager qui arriva, il y a quelques années, et fut poursuivi juridiquement. Gynieis affecte de ramener la Terreur. Il a établi un cercle constitutionnel où, au lieu de s'occuper de questions politiques, on fait des motions d'où dérivent les mouvements qu'on voit dans cette commune, et où l'on distingue les sociétaires des assistants, à l'instar des clubs. Gynieis s'est joint à quelques agitateurs de l'endroit qui se sont prononcés fortement depuis son installation en qualité de commissaire.... Le 30 ventôse dernier, comme il avait une discussion très-vive avec un citoyen dans un café, je m'interposai, et il me menaça, moi, agent municipal, de me faire arrêter par la gendarmerie. »

Ce Gynieis parvint, par ses agissements, à faire transférer l'assemblée électorale de la mairie à l'église des récollets, pour favoriser ses adhérents qui étaient en grande partie dans le faubourg et pour écarter en même temps les électeurs de la ville.

Cette combinaison réussit à Gynieis. Le 1ᵉʳ germinal, le vote eut lieu aux Récollets au milieu de toute sorte d'illégalités. Le bureau fut formé d'une manière subreptice et on y admit des gens illettrés; on n'exigea pas le serment des électeurs; un membre du bureau fit des faux en écrivant sur des bulletins d'autres noms que ceux qu'on lui avait indiqués, mais il se laissa prendre aux pièges qu'on lui avait tendus. En vain cependant, les opposants firent des réclamations ; en vain ils voulurent faire constater leurs protestations dans le procès-verbal ; ils furent même obligés de s'éloigner devant les menaces qui leur furent faites.

Trente-sept électeurs se retirèrent à la mairie pour y

voter conformément à l'acte constitutionnel, avec un grand nombre d'autres qui ne s'étaient pas présentés aux Récollets. L'agent municipal leur donna acte de leurs déclarations et réclamations, dressa le procès-verbal et instruisit le Directoire, le ministre de la police, etc.

Il s'agissait de savoir laquelle des deux élections serait validée.

On comprend dans quel trouble devait se trouver Saint-Chinian. La lutte était ouverte; les esprits s'exaltèrent. On entendit dans la rue des chants obscènes, des discours provocateurs. Les officiers municipaux ne purent imposer le silence qu'à la condition de prendre les mesures les plus énergiques contre les fauteurs du désordre qui se trouvaient au faubourg.

Le président de l'assemblée cantonale attaqua, le 12 germinal, les procès-verbaux de l'agent municipal. Ce dernier était absent; son adjoint voulut faire renvoyer la séance, mais ne put y parvenir. Miquel, grâce à la pression exercée par Sabatier sur les administrateurs cantonaux, figura au procès-verbal comme un chef de parti et les électeurs scissionnaires comme une faction.

Lorsque Miquel apprit ce qui s'était passé, il s'empressa de consigner dans les registres de la municipalité la réfutation des imputations dont lui et les électeurs scissionnaires étaient l'objet. En voici la substance. Pour ce qui le concerne, il se contente de faire appel à l'opinion publique sur son compte, et il est sûr que son verdict lui sera favorable; il ne pourrait en être de même pour son adversaire. Il défend ensuite ceux qui sont accusés avec lui. Parmi eux il y a, d'après lui, deux juges de paix dont l'un, Bousquet, vient d'être élu par la section foraine à laquelle appartient le président de l'administration cantonale, par conséquent vrai républicain, et dont l'autre, élu par les scissionnaires, est notoirement connu pour ses idées avancées; il y a tous les fonctionnaires publics, les acquéreurs des domaines nationaux, un officier invalide ayant servi sous la République, tous les fabricants de draps, moins un, presque tous les artisans aisés, tous les plus forts contribuables, une foule de propriétaires fonciers tant de la ville que de la campagne. A l'assemblée des Récollets, au contraire, il n'y a pas un électeur qui ait les qualités requises par l'art. XXXV de la loi électorale, à preuve que les certificats que plusieurs se sont fait délivrer ont été démontrés inexacts par le chiffre de leur revenu. Miquel cherche ensuite à repousser l'accusation de fanatiques portée contre « les scissionnaires qui vont à la messe de M. Massip *réfractaire*. Il en est parmi eux, dit-il, qui depuis 20 ans ne sont entrés dans aucune église; les autres allaient à la messe sans faire la distinction de M. Massip lorsqu'il était prêtre *constitutionnel ;* du reste il ne fait aucune fonction depuis longtemps. Lorsqu'il n'y avait qu'une église, tous les habitants s'y rendaient sans égard pour ses ministres ; quand il y en a eu deux, chacun s'est attaché à celle de son quartier, et les agitateurs ont tiré parti de cette opposition pour se faire des créatures en assurant les habitants du faubourg, qui composent en grande partie l'assemblée des Récollets, que s'ils ne nommaient tels ou tels, on fermerait leur église ». Il signale enfin la division qui s'est mise entre le président Sabatier et Gynicis, lequel, abandonné à lui-même, a fini par faire des aveux. En terminant, il laisse au ministre le soin d'apprécier les documents qu'il va lui soumettre.

Le plaidoyer de l'agent municipal en faveur de l'indifférence religieuse de ses protégés nous prouve que c'est surtout la question du culte qui divisait les habitants, et les efforts qu'il fait pour établir que les scissionnaires sont de chauds partisans de la Révolution, nous laissent convaincu qu'ils n'étaient rien moins que révolutionnaires.

Aussi nous ne sommes pas étonné que le Directoire, repoussant l'élection faite à l'Hôtel de ville, ait reconnu celle des Récollets.

Sous la nouvelle administration communale formée de Mir..... et de Jam... qui est en parfait accord d'idées et de sentiments avec le gouvernement, nous trouvons le pays plus agité que jamais il ne l'a été. La garde nationale, commandée par Gaubert, est sans cesse tenue en haleine : tantôt il faut troubler le culte et pourchasser le clergé; tantôt il s'agit de rechercher les réquisitionnaires, jeter en prison les déserteurs ou les ramener à l'armée ; à chaque instant sa présence est requise pour relever les fêtes de la décade ; toujours elle doit surveiller ou arrêter des gens déclarés suspects.

Le 6 pluviôse an VII (26 janvier 1799), l'agent municipal apprend qu'on a bouleversé dans le temple, ci-devant église paroissiale, les bancs que, selon l'ordre ministériel, il avait disposés pour les fonctionnaires, les vieillards, les militaires invalides, etc. Il constate le désordre, l'attribue aux ennemis de la République, et dresse procès verbal, se proposant de rechercher et punir les coupables avec sévérité. Deux jours après, le fauteuil du président du club est renversé. Il s'en prend aux fanatiques. Nouveau procès-verbal adressé au ministre de la justice, à l'accusateur public, au commissaire du Directoire exécutif, à l'administration du canton, etc. Il y avait de quoi exaspérer l'agent municipal, et cependant il n'en avait pas fini avec les représailles. Le 27 germinal, le sol du temple fut trouvé couvert de boue, et la déesse Flore fut barbouillée d'ordures au sein et à l'épaule. Ces révoltes contre le culte de la déesse étaient un écho de l'opinion et des sentiments de toute la France, mais surtout des pays de l'Ouest et du Midi à son égard. Le pays se soulevait contre la tyrannie du Directoire vis-à-vis de la religion catholique. La municipalité répondit en rendant impossible l'exercice du culte catholique par la soustraction des clés de l'église et des objets du culte dont les fidèles jouissaient depuis le 21 prairial an III, à des jours et heures convenus.

Devenue par la violence maîtresse absolue de l'édifice

religieux, la municipalité, pour mieux attirer le peuple à ses fêtes aussi absurdes qu'impies, prenait des dispositions particulières, à l'église, tant dans la nef qu'au sanctuaire, lorsque l'ordre arriva de mettre le temple à la disposition des catholiques pour qu'ils pussent y faire leurs offices, en certains jours et à des heures réglées. Ce n'est pas toutefois sans avoir différé d'obéir qu'elle leur ouvrit les portes de cet édifice.

Vallat succéda à Mir... dans le courant de l'an VIII. — Le 9 novembre, le règne abhorré du Directoire s'effondra devant le brillant général qui était accouru du pays des Pyramides pour délivrer la France de ses pires ennemis.

II

Le Club ou Société populaire de Vernodure

Le 20 avril 1793, une Société populaire ou club de Sans-Culottes fut fondée à Saint-Chinian, à l'imitation du club jacobin de Paris. Dès la première de ses réunions, elle manifesta son esprit et indiqua son but. « Si nous n'avons pas, dit son président, la gloire d'être les pères de la régénération française, ayons du moins celle d'être les fermes appuis, non de ces trônes fragiles que le choc des passions humaines agite, que le despotisme étaye, que l'adulation servile encense ; mais de cette liberté sacrée, dont nous commençons à goûter les fruits. » Cette société se donnait donc la mission de défendre les institutions républicaines et, dans ce dessein, elle se posa comme « une sentinelle vigilante pour découvrir les traitres et les livrer à l'exécration publique »; comme « une enceinte sacrée où se puise le saint enthousiasme qui caractérise les vrais républicains ». Mais aussi elle voulait être « un sanctuaire de paix où, les convictions se confondant en une seule, tous les membres pourraient s'appeler frères et veiller au bonheur commun que menaçaient le despotisme jaloux de privilèges condamnés par la philosophie et le fanatisme qui, sous le nom de religion, agite le flambeau de la discorde ». Les portes du club ne devaient s'ouvrir que « pour des hommes qui auraient juré de maintenir la liberté et l'égalité, comme l'unité et l'indivisibilité de la République, et de dénoncer à la patrie ceux qui conspireraient contre elle.... » La Société populaire s'installa chez Estimbre. Elle comptait vingt-cinq membres payants, avait un président, plusieurs secrétaires, un trésorier, un comité d'admission, un comité d'économie, un comité de correspondance et un comité de surveillance.

Le premier président élu fut un ex-bénédictin, Tastavin. Probablement originaire de Béziers (1), il était entré dans le monastère de Saint-Anian, déjà imbu du philosophisme du dix-huitième siècle. Plus tard il dit adieu à sa cellule avec satisfaction. Comme ses confrères de l'abbaye, il refusa d'abord le serment à la constitution civile du clergé; mais ensuite, pour être digne du poste d'aumônier de la Garde Nationale, il vint, le 11 août 1793, sous le patronage de Chalbosc, prêter le serment devant les officiers municipaux, et il le renouvela, le 30 septembre, avec Bernard Méric. Esprit ardent et cultivé, il se jeta dans le parti avancé et mit à son service un zèle et une intelligence qui peut-être avaient été méconnus dans le cloître. L'ambition de paraître fit d'un enfant de Saint-Benoît un moine apostat.

---

(1) Une famille Tastavin de Béziers hérita au 18ᵉ siècle d'Élisabeth de Noguier de Saint-Chinian.

Tastavin grossit la liste trop longue des religieux qui furent les coryphées des clubs. Pendant quatre mois, il occupa le fauteuil et le plus souvent la tribune. Le 27 avril, à l'occasion d'un recrutement de milices appelées à la frontière espagnole, il mit toute sa faconde à prêcher l'union contre les traitres et fit jaillir de son cœur ulcéré des flots de haine contre les « tyrans couronnés ». Quand il eut épuisé son fiel, Bonnel fils voulut parler aussi, et son ardeur juvénile lui fournit quelques phrases pleines de feu. « Il y a encore, dit-il, en faisant appel à ses souvenirs classiques, des Brutus et des Cassius ».

L'ex-bénédictin et ses discours ne tardèrent pas à être sur toutes les lèvres ; le pays était scandalisé. Le 5 mai, quelque peu ennuyé de la rumeur publique qu'il a soulevée, il paraît à la tribune pour protester que « s'il veut former de zélés patriotes et de vrais républicains, il déteste néanmoins l'anarchie et la licence ». Mais revenant bien vite à son idée fixe, la destruction simultanée du despotisme et du fanatisme, il s'apitoye sur « le malheur des hommes courbés sous le joug des tyrans et abreuvés du fiel de la servitude », et prouve jusqu'à l'évidence que, « quoique enveloppé, dans son enfance, des ténèbres du fanatisme et nourri des préjugés de son état, il a toujours conservé dans son cœur les germes précieux de l'amour de la liberté et de l'égalité, et qu'il a vu naître, avec un plaisir extrême, le moment heureux où la France a donné aux hommes le courageux exemple de rentrer dans leurs droits naturels ». Les applaudissements ne firent pas défaut à l'orateur, et les oppresseurs des peuples furent conspués.

Après les hauts cris poussés par la montagne, il fallait bien s'attendre à quelque enfantement. Ce fut une diatribe contre M. Massip, « toujours esclave des anciens préjugés et observateur zélé de l'ancien régime », qui, au dépens du travail nécessaire au peuple, voulait faire observer le jour consacré au patron du diocèse, Saint-Pons (11 mai), à l'égal des fêtes chômées ». Le président se chargea d'écrire à l'évêque Pouderous; mais, tout de même, une députation fut envoyée vers la municipalité « pour avoir raison du curé ». En voyant les sieurs Fourcade et Flottes au milieu des clubistes députés, on se demande comment ils se trouvent dans cette galère. M. Massip eut l'honneur de recevoir le premier feu lancé par les sans-culottes. Il fut établi que M. Massip n'avait rien moins que forcé le peuple à s'abstenir de ses travaux.

La société se réunit de nouveau, le 9 mai, au moment où l'on venait d'arrêter les cinq prêtres d'Alby qui s'exilaient. Le président, dit le procès-verbal de la séance, annonça leur incarcération et dit que le peuple voulait les égorger. « Pour que le sang ne coule pas dans notre ville, ajouta-t-il, il me paraît à propos qu'on conduise les prisonniers à Montpellier, pour y être jugés selon les lois ». Le tumulte qui augmentait dans la ville, d'un moment à l'autre, força le club à renvoyer la séance au lendemain. Sous l'impression que fit naître l'assassinat des malheureux prêtres, assassinat dont le club pouvait bien être rendu responsable en partie, à cause de la haine qu'il soufflait au cœur de la population contre le fanatisme, les clubistes n'osèrent se réunir jusqu'au 20 mai. Encore fallait-il, ce jour-là, recevoir le sans-culotte Escorbiac, chargé par la société populaire de Béziers d'une mission pour la société de Saint-Chinian.

Escorbiac venait inviter les frères de Saint-Chinian à envoyer un délégué à une assemblée générale des clubs méridionaux qui devait avoir lieu à Toulouse, et dans laquelle, sous prétexte de traiter des affaires de la frontière espagnole, Chabot devait proposer les mesures à prendre pour arrêter le mouvement fédéraliste qui se propageait dans le midi de la France.

Effrayés de la marche des événements qu'ils avaient favorisée jusqu'à ce moment, les Girondins avaient résolu de former un gouvernement modéré. Il s'agissait de faire de chacun des départements un état indépendant et de les unir par les liens d'une fédération. Joseph Martin fut désigné pour se rendre à Toulouse ; la société de Saint-Chinian fut affiliée, en retour, à celle de Béziers.

Martin était à peine parti que le Département donna l'ordre de le rappeler. Coulon, qui se trouvait à Montpellier, fit connaître au club les dispositions du Département favorables au *fédéralisme* et ses agissements auprès des assemblées primaires. La société de Saint-Chinian résolut de garder la réserve la plus prudente et d'attendre que la Convention eût donné son avis et sur le club Toulousain et sur les assemblées primaires du département ; mais il fut entendu qu'elle défendrait envers et contre tous la république une et indivisible, au cri de : Vivre libre ou mourir. Si dans le club il y avait eu encore, le 20 juin, quelque partisan du *fédéralisme*, Pagès l'aurait forcé, sans nul doute, à déserter son drapeau, en dénonçant, comme suspectes, les assemblées primaires et en lançant ses anathèmes contre les ennemis de la République. Mais les membres du club n'étaient rien moins que fédéralistes.

Aussi le club reçut-il avec bonheur l'acte constitutionnel qui consacrait l'unité et l'indivisibilité de la République, « ayant vu dans cet ouvrage le terme des maux qui divisaient la patrie ». Tous les clubs s'encouragèrent mutuellement à l'accepter, dès qu'il fut soumis à l'approbation du pays. C'en était fait de cette généreuse tentative, entreprise contre le règne de la Terreur. La Révolution triomphait. Les clubs virent accourir de nouvelles recrues que la peur poussait de son aiguillon. Chez nous, le comité d'admission présenta, par l'organe de Belpel, les citoyens Simon, Sidobre, Estimbre, Dardé et Moustelon. Tant était grand leur enthousiasme extérieur que l'un d'eux, ne pouvant contenir sa joie, s'écria : « il y a longtemps que je soupirais d'appartenir à la société ». Tous jurèrent de maintenir l'union et la concorde dans le club et promirent aussi de marcher dans le sentier de la Raison. Il ne s'agissait pas seulement d'adhérer à la forme du gouvernement, il fallait encore repousser le joug de la foi.

Sentant accroître ses forces avec le nombre de ses membres, le club allait entrer entièrement dans son rôle, en touchant à tout, en interposant partout son action. Il ne se contentait plus de vouloir diriger la municipalité, il prétendit donner des conseils au Département, à l'occasion de la loi du maximum ; il lui demanda une indemnité pour les volontaires ; il prit aussi les pauvres sous sa tutelle. Son ambition le poussait plus loin et plus haut : il vota des adresses à la Convention, au sujet de l'acte constitutionnel et de son décret rendu en faveur des sociétés populaires.

Le club comptait quatre mois d'existence. Tastavin descendit du fauteuil, « ayant fait, dit-il, tout ce qu'il avait pu pour réchauffer le zèle des républicains et faire prévaloir les doctrines de la Raison ». Martin déclina l'honneur de le remplacer que lui offrit la société. Juin fut élu président.

Le descendant des nobles d'Oupia (était-ce l'ex-bénédictin ou bien un parent ?) (1) lut, le 18 août, un discours dans lequel « il développa avec énergie et loyauté les qualités qui distinguaient les hommes qui s'étaient voués à tous les sacrifices pour maintenir le serment qu'ils avaient dû proférer ». Il demanda ensuite à ses collègues leur concours « pour édifier le sublime édifice de la liberté ».

Le club eut bientôt une belle occasion de montrer son zèle patriotique ; il eut garde de la laisser échapper. On faisait une levée en masse, et les compagnies de volontaires fournies par Saint-Pons et Saint-Chinian étaient désignées

(1) On comprendra notre réserve. Il est certain qu'il y avait deux Juin au club. Est-ce le bénédictin qui fut porté à la présidence ? Le discours prononcé le ferait croire, d'autant plus que, quoiqu'il eût refusé de jurer dans le principe, dom Juin dut plus tard être relevé de censures qu'il avait encourues par M. Massip, délégué du grand vicaire M. Treil de Pardailhan. Mais nous ne voulons rien affirmer.

pour l'armée des Pyrénées-Orientales. Pendant que celle de Saint-Chinian partait de Béziers, où elles s'étaient rendues, pour Perpignan, celle de Saint-Pons reprenait le chemin de ses montagnes. Elle fut arrêtée à Saint-Chinian et enfermée dans l'église des récollets, mais presqu'aussitôt elle partit volontairement pour se diriger vers Narbonne et arriver à sa destination. Les circonstances de cette désertion furent relevées avec soin par la société populaire, et les moindres détails furent signalés aux représentants du peuple près de l'armée des Pyrénées. Un étranger, du nom de Martel, avait dénoncé au club les familles Roque, Thomassin et Fabre, de Saint-Pons, comme les inspiratrices de cette fugue; une enquête fut ordonnée. Mais sans en attendre le résultat, tant il tardait au club de prouver son dévouement pour la patrie ! il s'empressa de rédiger la lettre suivante : «..... Rendus à Béziers, les déserteurs prêtent l'oreille à des insinuations perfides, et soit *terreur panique*, soit faiblesse, ils abandonnent la cause de la liberté. Quels sont les monstres qui s'opposent au progrès de nos armes ? Saint-Pons les enserre dans son sein.. Cette traîtresse cité a sourdement préparé la mine qui doit faire échouer la levée des 300,000 hommes. Trois cents volontaires pervertis par les suppôts des tyrans abandonnent lâchement la carrière de l'honneur. Saint-Chinian voit leur marche fugitive ; le tocsin se fait entendre ; hommes femmes, enfants, tout court à eux et les force d'aller rejoindre, en rougissant, leurs frères au camp....» Arrivant ensuite à une conclusion pratique, il constate que la ville de Saint-Pons est indigne de posséder le district et le réclame pour la vaillante ville de Saint-Chinian.

L'enquête commandée eut lieu en présence du commissaire Brunet. Elle réduisit à de minces proportions la responsabilité des habitants de Saint-Pons dans l'affaire des déserteurs. Seul, le domestique de M. Roque, avait conseillé à trois volontaires, atteints de nostalgie, de regagner leurs hameaux. Leurs camarades, instruits de ce départ, se laissèrent entraîner par le mauvais exemple.

Le résultat de l'enquête ne devait pas contribuer à faire déplacer le district. La Convention, saisie de la pétition que le club avait adressée aux représentants du peuple, félicita bien Saint-Chinian, dont le patriotisme et le courage étaient notoirement connus, mais elle ne jugea pas à propos de satisfaire à ses désirs ni à ceux des villages voisins qui s'étaient joints à lui pour demander le district en faveur de notre cité.

Nous avons déjà fait voir au lecteur la triste situation dans laquelle Saint-Chinian avait été jeté, à cette époque, par la disette du blé et le défaut de travail dans les manufactures de drap. Cette situation s'aggravait par le fait du passage continuel de volontaires étrangers, à la subsistance desquels il fallait pourvoir presque chaque jour. C'était un sujet d'incessante préoccupation pour la municipalité. La société voulut la partager. Nous n'avons qu'à reconnaître l'activité et l'intelligence dont elle fit preuve, et les soins les plus sérieux et les plus empressés qu'elle apporta dans le choix et la distribution des vivres aux troupes et aux habitants. Il ne nous déplait pas de la voir concourir au salut du peuple de son propre mouvement; mais nous trouvons exagérée sa conduite vis-à-vis de la municipalité qu'elle veut reléguer au second plan : vis-à-vis du district qu'elle blâme à tout propos ; vis-à-vis de la dame Andoque de Sériège et du maire de Cruzy qu'elle poursuit comme accapareurs de blé, comme si un maire n'a pas le devoir de songer à nourrir ses administrés avant de penser aux étrangers ; vis-à-vis des communes voisines auxquelles elle impose des charges qu'elles ne peuvent supporter, surtout depuis la fatale loi du maximum.

Nous avons dit que le club prétendait soumettre la municipalité à sa direction. C'est qu'en effet, il se donnait la mission de contrôler ses actes et de les dénoncer si, à ses yeux, ils étaient répréhensibles. Le 30 septembre, il nomma un comité qu'il chargea de « forcer la municipalité à remplir ses devoirs, si elle venait à s'en écarter ». Ce comité fut formé de Viala, Dupoux, Pagès et Estimbre. Il est inutile de dire qu'il devait dénoncer les complots contre la République. On le voit, le rôle du club devenait odieux et sinistre. Qu'on juge de la manière dont il s'exerçait, en lisant l'adresse que le club fit passer aux membres de la Convention ; toutefois qu'on fasse la part du style emphatique du temps :

« Vous avez sapé les fondements du trône sur lequel le despotisme fut toujours assis, et sur ses débris sanglants vous avez fondé le règne de la liberté et de l'égalité...; vous avez fait votre devoir. Il vous en est réservé un autre non moins important. Les droits que l'homme tient de la nature sont méconnus par un fanatisme outré et avilis par un préjugé barbare ; votre philosophie doit les mettre en vigueur. Votre tâche n'est pas finie : il est un plan d'éducation à travailler qui forme la jeunesse aux vertus morales et civiques ; c'est vous qui devez tirer les jeunes gens de l'inertie dans laquelle ils croupissent... Il est des traîtres et des factieux, c'est vous qui devez les frapper..... Les sociétés populaires sont des foyers de patriotisme qui électrisent les cœurs...; elles sont des sentinelles vigilantes que redoutent les corps administratifs et municipaux ; c'est à vous de leur donner cet empire que leurs principes républicains réclament, et à leur assurer la surveillance des autorités..... Le défaut de subsistances menace de nous subjuguer ; c'est à vous de nous donner une loi assez large pour faire trembler les propriétaires qui, par un sordide intérêt, nous causent la pénurie des grains..... 19 octobre. »

Un instant le zèle des sans-culottes se refroidit : les absences devenaient nombreuses. Pour exciter les bonnes volontés et enlever toute excuse à la tiédeur, l'heure des réunions fut annoncée dans les rues par le son d'une clochette. On chercha à raviver le feu sacré qui s'éteignait, en reprenant une vigoureuse campagne contre le culte et l'ancien régime. Il sera question du culte au chapître du clergé. Tout insigne de la royauté et de la féodalité dut être frappé, sans égard et sans distinction de personnes. Le maire eut ordre de produire les titres de noblesse de son château d'Assignan, et on somma le notaire Jougla d'apporter les papiers féodaux des bénédictins dont il était dépositaire. Le club se proposait d'en faire des autodafés. M. Tarbouriech dépista le club en lui faisant savoir que ses titres seraient déposés à Assignan, et il n'est pas probable que l'officier ministériel se soit dessaisi de ses documents. Le nom de Saint-Chinian, qu'on avait déjà transformé en celui de Mont-Chinian, rappelait trop encore son origine féodale et l'abbaye et seigneurie de Saint-Anian; il fut changé en celui de Vernodure. Une députation alla annoncer à la municipalité le triomphe remporté sur le vieux régime. Le bonnet phrygien, insigne du nouveau régime, dut orner, dès ce jour, le chef du président et être aussi installé à la tribune pour servir à chaque orateur.

Le club était par le fait maître de Saint-Chinian; la municipalité, ne pouvant plus lui résister, allait se soumettre. Il ne manquait au club qu'un des attributs de la souveraineté, celui d'avoir la force armée à son service: il demanda au Département un bataillon révolutionnaire pour pouvoir, disait-il, faire exécuter les ordres de la Convention et opérer facilement les réquisitions nécessaires. Il avait pour idéal celui du Lot qui « avec le fer et la flamme venait de mettre en fuite les monstres royaux qui tramaient la perte de la République, et aurait bientôt fait un monceau de cendres des bois, des châteaux et des maisons qui leur servaient de repaires ». Le Département voulut avoir l'avis du conseil général de la commune et celui du district. Les hommes pratiques du conseil posèrent alors la question des finances : les frais seraient-ils à la charge de l'État ou de la ville ? Il fallait aller aux informations.

La Convention triomphait avec l'appui des clubs. C'est sans doute parce qu'elle tirait toute sa force de ces sociétés qu'elle voulut être sûre de chacun de leurs membres; l'épuration fut imposée. Elle eut lieu à Saint-Chinian, le 2 frimaire. « Il fallait s'affirmer et mettre bas les masques .» La municipalité ne pouvait plus lutter avec le club; elle se rendit à discrétion; l'un de ses membres dit que « si l'on avait tardé à se soumettre, c'est qu'on ne croyait pas possible d'être à la fois surveillé et surveillant ». Il fut répondu « qu'il n'y aurait jamais eu de dénonciations, si l'administration avait travaillé de concert avec la société populaire ». On observa que « quelques officiers municipaux, fâchés peut-être de se voir sous la surveillance, s'étaient permis des sarcasmes contre les sans-culottes; mais, pour le bien de la paix, la société n'avait pas donné suite à ces insultes, et elle était prête à les recevoir tous, s'ils se montraient dignes de cette faveur, 25 novembre .» Dès ce jour Raboul, Baptiste Tarbouriech, Tricou, Bousquet père, Fabre fils, Gondard fils, Jougla, Ranchard, Claude Bouttes firent partie du club.

Les séances, qui jusqu'à ce moment s'étaient tenues les jours de dimanche, furent fixées aux jours de décade. On proposa de faire fermer les boutiques les dimanches et fêtes, mais la majorité des sociétaires repoussa cette proposition, parce que le culte était libre. On ne prit pas moins des mesures vexatoires contre le clergé; il en sera parlé plus tard.

Le 30 novembre, jour de décade, devait être mémorable dans les fastes de la société, tant par l'apostasie de Tastavin que par l'admission d'un grand nombre de citoyens au club. L'ex-bénédictin monta à la tribune pour déclarer qu'il était en parfaite communion d'idées avec la Convention, et après avoir attaqué tous les cultes, il renonça à jamais au sacerdoce « qu'il avait, du reste, abandonné depuis longtemps pour le culte de l'Être-suprême, en présence de qui la Convention avait déclaré les droits de l'homme et du citoyen »;

puis il promit de déposer incessamment ses lettres de prêtrise sur le bureau de l'assemblée. Il ne voulait plus travailler qu'à la propagation des principes du club et au triomphe de la Raison. A peine avait-il terminé sa triste harangue, qu'on vit accourir à la barre pour être reçus dans la société : Valentin fils, Joseph Sénégas, Bourdel, Béral, Courbil, Jullien, Cros cadet, Laromiguière, Fabre père, Théron, Lignou, Sidobre, Jean Decor, Joseph Albert. On n'eut à leur reprocher qu'un retard à se faire admettre. Maureillan, pour pouvoir édifier sur son compte le district de Castelnaudary, son pays d'origine, où il était porté comme émigré, obtint du club le certificat suivant : « Maureillan est resté sept ans à Saint-Chinian, sauf une année qu'il passa à Paris pour les affaires de la garde nationale et de la fédération. Capitaine de la garde nationale, fondateur de la Société populaire, ayant honorablement rempli diverses commissions pour la République, il ne mérite pas de figurer sur la liste des monstres qui ont déserté la patrie et pris les armes contre elle ». Il était en ce moment chargé de la direction du magasin des fourrages qu'on avait enlevée à Dépreville pour cause de mauvaise gestion.

Le Département ne jugea pas convenable d'accorder au club le bataillon qu'il demandait. Le club fut froissé ; il voulait insister et passer outre s'il essuyait un nouveau refus. Les opinions contradictoires des clubs de Béziers et de Montpellier sur son cas l'arrêtèrent au moment de former les listes. Celui de Paris lui offrit, comme fiche de consolation, son aide pour former des commissions de subsistances, de renseignements, d'agriculture et d'industrie, et de les mettre en rapport avec celles de la capitale. Le rêve d'une garde prétorienne veillant à la porte du club s'évanouit pour toujours.

Il s'agissait d'introniser le nouveau culte à la place du culte catholique dont la Convention avait décrété la déchéance; mais on se garda bien d'aller l'implanter dans l'église paroissiale ; ce fut l'ancienne église des récollets qu'on choisit pour temple de la Raison. Pour s'encourager à accomplir cette révoltante impiété, les clubistes se firent lire, le 29 frimaire, une lettre de Gondard, devenu administrateur du département, annonçant qu'à Montpellier on avait converti l'église Saint-Pierre en temple de la Raison, et que Lodève avait embrassé la nouvelle religion. La fête fut fixée au lendemain, 20 janvier 1794, et on en donna avis à la municipalité.

Il nous répugne d'écrire tous les détails de cette saturnale. Nous dirons seulement que les membres du club et ceux de la municipalité se réunirent sur la place d'armes et qu'après force hommages de vénération et d'amour faits à l'arbre de la Liberté, ils se dirigèrent, portant tous les insignes de la Révolution, vers l'église des récollets. Nous baissons les yeux à la vue de Juin qui ferme la marche, coiffé d'un bonnet rouge et tenant dans sa main une pique au haut de laquelle se trouve le bonnet phrygien. Tastavin fit l'apothéose de la déesse Raison et poussa l'impudeur jusqu'à mépriser les « vœux des vestales » et exalter « le flambeau de l'hyménée » devant des femmes et des enfants, aux applaudissements d'une assemblée en délire.

La fête pourtant n'avait pas complètement réussi : le commandant de la garde nationale du district s'en plaignit, en constatant que « la majorité du peuple de la commune s'était écartée », et que, « loin d'applaudir aux principes et aux démarches révolutionnaires, elle les avait mal interprétées et blâmées publiquement ». Plusieurs membres du club s'étaient aussi abstenus. Avant de se séparer, on constata l'absence des membres suivants : Miquel, tanneur, Paloc fils, Vié, Lavit, Juin, Claude Bousquet, Gaubert, Toucas, Bonnel père, Passebosc, Fabre fils, Jougla, Joseph Coural, Fourcade aîné, Martial Fourcade et Henri Cros. Lavit se présenta, à ce moment, et ne pouvant offrir d'excuses, il fut condamné, séance tenante, à aller faire amende honorable au pied de l'arbre de la Liberté devant huit membres du club. La présidence de Juin finissait ; elle avait vu la soumission de la municipalité, mais non celle de la population. Pagès fut nommé président pour trois mois ; Estimbre fut désigné comme vice-président.

Pagès avait montré son civisme en renonçant au nom qu'il tenait de la *superstition* pour prendre un nom étranger au catholicisme, celui de Manlius. Il eut d'abord à régler l'affaire des absences que nous venons de mentionner. A part Passebosc, personne n'eut le courage de se défendre : Passebosc fut condamné à faire des excuses devant l'arbre de la Liberté ; on fit grâce cependant au repentir des autres.

La société ayant demandé d'être affiliée au club des Jacobins de Paris, ce dernier exigea qu'elle lui présentât la garantie des clubs de Béziers et de Bédarrieux. Pour avoir leur appui, il était nécessaire de les édifier sur son compte. Estimbre leur prouva par les cahiers du club qu'elle n'avait jamais pactisé avec le fédéralisme et qu'elle avait toujours professé les idées républicaines. Il triompha du reproche que la société de Béziers lui faisait de ne pas s'être démontrée contre le fédéralisme, et promit à celle de Bédarrieux quelques changements dans son règlement. Il rapporta les diplômes de recommandation de l'une et de l'autre des sociétés. Le club envoya les diplômes à Paris, avec la liste des sociétaires, dont aucun, pas même Maureillan, n'était suspect.

Les sociétés populaires, maîtresses en tout lieu, s'affiliaient entr'elles, à cette heure, soi-disant, pour mieux triompher des ennemis de la République ; mais, en réalité, elles voulaient asservir la France au Sans-culotisme. C'était moins les intérêts de la Convention qu'elles servaient que leur propre ambition. Elles se consultaient, se prêtaient main-forte ; elles agissaient de concert. Le club de Vernodure se mettait en communication avec une foule d'autres, notamment avec celui de Clermont-Lodève et celui de Béziers. Il était fier de donner le secours de ses lumières au premier ; il s'empressait de fournir au second les infirmiers qu'il désirait pour le service de l'hôpital militaire. Hélas ! les pauvres blessés ne pouvaient guère compter sur le dévouement de ces derniers, lors même qu'il était salarié. A peine ces infirmiers improvisés avaient-ils respiré l'air méphitique de l'hôpital, qu'ils se prenaient à regretter l'air pur de notre vallon et laissaient à d'autres le soin des pauvres malades.

On vit alors une ardeur extraordinaire dans les clubs ; c'est qu'ils sentaient le besoin de réveiller l'enthousiasme populaire qui s'affaiblissait et il fallait exciter le zèle des sociétaires. On chercha à frapper les yeux du peuple par la solennité des réunions, par la décoration de la salle ; on multiplia les fêtes populaires et on leur donna toute la pompe possible. On fit entendre aux sociétaires, gagnés par la torpeur, que la Révolution les regardait comme les défenseurs de la patrie, et la Convention comme ses soutiens. Chacun d'eux, pendant les séances, fut coiffé du bonnet phrygien et porta la cocarde, pour insignes révolutionnaires. Mais malgré tout le zèle que déployait le club, les réunions étaient troublées et les absences continuaient à se produire. Pour avoir le silence, il fallut multiplier les censeurs et afficher la loi qui portait la peine capitale contre ceux qui causaient des désordres dans les séances ; on eut recours à l'épuration et à la menace d'exclusion pour ramener dans la salle les absents.

La prise de Toulon sur les Anglais parut une occasion favorable pour remuer la fibre patriotique ; le club décida d'en profiter. Il annonça qu'on ferait une fête pendant laquelle on brûlerait l'image de Pitt. On l'eût célébrée dans l'église des récollets, mais cette église servait de magasin pour les fourrages de l'armée. Les cérémonies commencèrent dans la salle du club, qui était alors le temple de la Raison, et elles se poursuivirent sur la place Barbacane, où l'image de Pitt fut livrée aux flammes sous les yeux de la multitude dont on avait voulu piquer la curiosité. Mais on n'avait pu réussir à attirer à la fête tous les sociétaires ; douze avaient fait défaut : Caumette, Bouttes, Jean Fabre, Martial Fourcade, Fourcade aîné, Bousquet, Cros, Fabre fils, Tricou fils, Baptiste Tarbouriech, Sénégas et Rouvière ne répondirent pas à l'appel, Juin ne se présenta qu'à la fin de la cérémonie.

Le 2 pluviôse, Joseph Martin fut élu président et Joseph Bernard vice-président, Tastavin obtint la plume, qu'il n'avait jamais quittée.

Le 10 dudit mois, jour de décade, le petit sans-culotte Gaubert commença par débiter *les droits de l'homme* et obtint en récompense les places qu'il sollicita pour ses jeunes amis. Le club était bien disposé, puisqu'il résolut de faire une tribune pour les citoyennes. Al... eut la parole pour lire son rapport sur les sociétaires qu'on n'avait pas vus à la dernière fête. « Ils ont tous donné, dit-il, des excuses acceptables, si ce n'est Bousquet, Fabre fils et Juin. Obligé d'expliquer son retard, Bousquet s'est refusé à reconnaître la Raison comme divinité ; Fabre et Juin avaient promis de se rendre à la dernière séance, à moins d'empêchement légitime ; c'était un faux-fuyant ». Devant un mauvais vouloir évident il conclut à des mesures rigoureuses. Un membre du club proposa de faire imprimer le rapport et de le transmettre aux sociétés affiliées, comme la preuve des bons principes du club ; mais l'un des sociétaires demanda, toutefois sans vouloir faire du tort au talent du rapporteur, qu'auparavant il fût donné au travail une rédaction convenable et qu'il fût permis aux inculpés d'écrire leur justification, pour qu'au dehors on pût juger l'affaire en toute équité. Cette dernière motion souleva une tempête dans laquelle sombra la proposition de l'impression du rapport. Pendant ce temps-là, Juin était monté à la tribune. Il fit l'éloge de la Raison. On permit à Bousquet de renvoyer sa justification à la réunion suivante. Fabre dit qu'il s'était trop avancé en promettant d'offrir son hommage à la Raison, « qui n'était qu'une faculté intellectuelle par laquelle l'homme est distingué de la bête et n'était point par conséquent une divinité digne d'un culte. Au surplus, ajouta-t-il, je conteste à la société le droit d'obliger ses membres à assister à ses fêtes ». On comprend l'agitation dans laquelle Fabre mit le club en jetant son pavé à la tête de la Raison. Le comité de surveillance fut chargé de présenter ses conclusions sur l'incident de la séance.

La philosophie de Fabre avait ébranlé l'échafaudage sur lequel on voulait établir le système de la divinité de la Raison. Tastavin sentit le rude coup de son contradicteur qu'il osa traiter de vulgaire opposant. Deux jours après, il se mettait en grands frais d'éloquence pour faire prévaloir sa théorie par des subtilités, car il fallait relever la société convaincue de folie dans son nouveau culte : « La Raison, dit-il, est un attribut de Dieu, et, en l'adorant, c'est Dieu qu'on honore..... Les fanatiques, ajouta-t-il, ne prétendent-ils pas honorer certains hommes, en révérant leurs froides reliques, tronçons insensibles de leur ancienne existence qu'ils déifient, en rapportant leur honneur à Dieu..... Pourquoi ne croirait-on pas honorer Dieu, en adorant la Raison qui fait le fond de son être et qui découle sur l'humanité... La vérité comme la justice est Dieu ; la raison doit être aussi Dieu..... ». Tous nos sans-culottes furent-ils persuadés que la raison ou intelligence de l'homme, faible rayon de la raison divine, que les siècles ont montrée sujette à toutes les erreurs de l'esprit et à tous les égarements du cœur, méritait le culte divin ? Ne virent-ils pas, au contraire, que ce faux docteur, après avoir détruit en lui-même le flambeau de la raison divine ou de l'intelligence surnaturelle, seule capable de nous faire connaître d'une manière sûre Dieu et nos devoirs, voulait l'éteindre chez les autres, afin d'établir une religion purement humaine à la place de la religion révélée, dont il trouvait le joug trop asservissant pour l'orgueil et trop gênant pour les passions?

Le club, en général, était préparé par les sophismes de Tastavin à la décision du comité de surveillance à l'égard des ennemis de la déesse. Al.... gravit les degrés de la tribune pour dire que le comité requiert une peine sévère et prompte contre eux. Sur sa proposition, Juin, qui a déjà parlé en faveur de la déesse, est déclaré absous ; Bousquet est condamné à honorer publiquement la Raison pendant la prochaine fête. Fabre est exclu de la société ; il ne pourra y être réintégré que lorsqu'il aura rendu un éclatant témoignage à la divinité qu'il a outragée et qu'il aura satisfait aux questions qui lui seront posées par le président. Fabre eut néanmoins trois voix pour l'absoudre ; ce qui prouve que tous les cœurs ne battaient pas à l'unisson, dans le club, pour la divinité de contrebande qu'on y avait introduite.

La société nous offre un spectacle plus digne de notre intérêt, lorsque nous la voyons s'occuper du bien de la ville et de celui de la France qu'elle s'est chargée de procurer dans la mesure de ses forces et avec toute l'ardeur dont elle est capable.

Après le 15 pluviôse, elle s'oppose à l'invasion d'une multitude d'assignats que le Vérificateur général a dénoncés comme faux ; elle songe à procurer des fourrages à l'armée des Pyrénées ; elle s'entend avec les habitants de Narbonne pour fabriquer des bayonnettes et des chaussures pour les troupes ; elle s'adresse au Ministre de l'Intérieur pour que les indigents du pays ne soient pas exclus des secours qu'accorde le gouvernement ; elle se fait livrer par la municipalité la liste des malheureux qu'il y a lieu de secourir ; elle surveille les distributions de pain ; elle se préoccupe de la propreté des rues ; elle pousse la municipalité à demander deux bataillons de soldats pour suppléer au manque de bras nécessaires aux travaux des champs, à l'entretien des routes, au transport des subsistances à l'armée ; elle vient en aide à l'État en souscrivant pour l'équipement d'un cavalier ; elle fait prolonger jusqu'au lieu dit les *Pères de Bize* le chemin de Saint-Chinian à Villespassans, etc. Nous aimons aussi à la voir sollicitée en faveur du projet d'un lazaret qu'on veut construire près de Cette pour favoriser le commerce de la province dans le levant. Bourret, chef d'une députation envoyée par cette ville pour obtenir l'appui du club auprès de la Convention, dit, dans la séance du 26 pluviôse (15 février), que lors de la peste de Marseille, en 1720, le lazaret créé à Cette rendit de grands services ; mais que Marseille parvint à le faire abandonner pour pouvoir dominer seule toutes les villes maritimes de la Méditerranée et avoir le monopole du commerce. Il ajoute que les États avaient été saisis des plaintes de Cette contre Marseille dans les dernières années et que la question avait été portée à l'Assemblée Constituante, mais que l'or de Marseille avait triomphé de la ville de Cette. Il s'agit donc d'établir le lazaret, avec l'agrément de la Convention, envers et contre Marseille. Flottes répond à Bourret que si l'on considère le bien des communes, le lazaret sera d'une grande utilité ; mais si l'on considère la santé publique, il peut être « la boîte à Pandore de toutes les maladies, et il ne convient pas d'ajouter aux malheurs de la guerre et de la famine celui de la peste ». Le député de Cette affirme que la situation du lazaret entre la mer et l'étang ne saurait constituer aucun danger sérieux. Flottes préférerait, néanmoins, placer le lazaret à Marseille et écarter ainsi tout danger. La discusion, ouverte à 8 heures du soir, durait encore à 11 heures. Le club, dans l'alternative de compromettre l'intérêt du commerce ou celui de la salubrité publique, hésitait à prendre un parti. La sagesse lui indiqua, à la fin, ce qu'il fallait faire, c'est-à-dire de construire l'établissement sanitaire à Cette, si l'autorité supérieure approuvait les conditions dans lesquelles il serait placé pour n'inspirer aucune crainte. Le club fut affilié à celui de Cette.

Mais maintenant le rôle de la société change et se montre odieux. Nantie d'un arrêté du district à l'effet de requérir les grains, elle va employer la violence pour arracher aux communes de Cruzy, d'Agel, d'Aigues-Vives le peu de blé qu'elles ont récolté, et l'on voit, un beau jour, Estimbre et Alary escortés par deux gendarmes partir pour cette expédition. Plus tard, elle se donne un mal infini, auprès du gouvernement, pour lui faire rapporter l'autorisation de traiter de gré-à-gré pour le bétail et l'amener à imposer la loi du maximum sur toutes les marchandises ; elle force les jardiniers à apporter leurs fruits sur la place et leur fixe le prix qu'ils ne peuvent dépasser ; elle vexe les débiteurs des confréries, le curé, les vicaires ; elle s'empare de la cloche de l'église pour annoncer les fêtes de la Raison ; elle s'attaque aux dimanches et aux fêtes chrétiennes, et remplace l'instruction catholique par l'éducation révolutionnaire.

A la troisième décade de pluviôse, il manqua 37 clubistes. Ne serait-ce pas parce que l'ordre du jour portait la délibération à prendre sur l'application de la loi du maximum à l'égard des jardiniers qui ne voulaient pas se soumettre ? Les absents redoutaient-ils la langue des citoyennes du marché aux herbes ? Dans tous les cas, le zèle tombait et la société aurait vu ses jours abrégés si on n'avait menacé de l'exclusion les frères que gagnait la tiédeur.

Le 19 février, Flottes aîné et Estimbre se disputèrent le fauteuil de la présidence que Martin venait de quitter. Flottes triompha ; Pagès fut nommé vice-président. Tastavin ne figura point parmi les secrétaires : il jouait des pieds et des mains auprès du district, pour ne pas aller à l'armée, où il était appelé.

La société, en voulant s'immiscer dans les affaires du pays, avait endossé une lourde responsabilité. Elle ne tarda pas à en sentir tout le poids. L'hiver était rigoureux et le blé fut si rare que la ville manqua tout-à-coup de moyens d'existence, et qu'il fut question de renvoyer les pauvres de l'hôpital. L'armée, à ce moment, réclamait à cor et à cri des fourrages, et le département exigeait de chaque commune qu'elle contribuât à la construction d'un vaisseau qu'il offrait à l'État. Sous peine d'être honni, le club devait faire l'impossible, au moins pour avoir à distribuer des vivres. Il s'adressa au district ; le district lui répondit de ménager la petite provision de blé que venait de fournir Cruzy. Or, cette provision était à peine suffisante pour alimenter le marché suivant. On résolut de se tourner vers le représentant Boisset, et parce qu'il faisait depuis longtemps la sourde oreille quand on lui écrivait, on désigna les citoyens Flottes et Fourcade pour traiter avec lui de vive voix.

Raboul prit alors en mains la cause de l'hôpital. Il fit au club le tableau navrant de la pénurie où était cet établissement : « Les pauvres malades souffrent, dit-il, et ils ne peuvent attendre ». Ses accents émurent l'assemblée. On proposa divers moyens de leur venir en aide ; tous furent trouvés défectueux. « Délions nos bourses et puis tendons la main pour nos pauvres », fut-il dit. On nomma des commissaires pour recueillir les aumônes.

Les délégués retardèrent de quelques jours leur départ pour Montpellier. La faim, mauvaise conseillère, amena les habitants de la ville et ceux des localités voisines autour de la maison commune pour demander le blé qui se trouvait dans le grenier public et s'en emparer de force, si on refusait de le livrer. Le blé ayant été distribué, Hérail avança 2,000 livres pour en acheter une plus grande quantité. Flottes et Fourcade partirent enfin et réussirent dans leur mission.

Les subsistances arrivèrent en effet; on obtint même une somme assez importante pour l'hôpital ; mais la position de Saint-Chinian resta embarrassée. La ville ne pouvait payer le blé qu'elle avait acheté à Cruzy. Il lui fut également impossible de souscrire pour le vaisseau *Sans-culotte* de l'Hérault. Le club en fut profondément humilié, et, de colère, il cria à « l'égoïsme et à l'hypocrisie des bourgeois ». La salle du club retentit des accents indignés de Pagès, de Ranchard et d'Andral, et Tastavin lutta en désespéré « contre les préjugés qui les tenaient captifs dans leur crédule ignorance à l'égard de leurs faux dieux », et les empêchaient de concourir à la défense de la République.

Les rodomontades de l'ex-moine provoquèrent des représailles. Le 27 ventôse, on s'aperçut qu'une main hardie avait fait disparaître l'inscription qui avait été placée sur la porte du Club. Cette profanation méritait la mort; la tête du coupable fut mise à prix.

Pour se venger, la société voulut que les ateliers fussent fermés les décadis, et que les enfants et les femmes fussent forcés d'assister à la décade. Quand on fit cette proposition, le citoyen Valmegère, ne pouvant contenir son indignation, témoigna son mépris par ces mots : « A bas ». Al.,. dit alors : « Fanatiques, vous reconnaîtrez un jour vos erreurs », et se tournant vers Valmegère : « Toi, tu n'es pas digne de rester parmi nous ». Il demanda son expulsion immédiate. Les premières paroles de cette apostrophe prouveraient que la décade n'avait pas que Valmegère contre elle. On voit que tout n'allait pas au gré des clubistes, même dans la salle de leurs réunions. Mais aussi pourquoi ne traitaient-ils pas les affaires de la cité sans mettre le pied dans le domaine religieux ? Et encore pourquoi montraient-ils de l'intérêt pour les voleurs, en demandant, comme ils le firent ce jour-là, avant de se séparer, de faire disparaître les fausses balances que l'ancien régime avait clouées aux murs de l'hôtel-de-ville choisis comme pilori.

Après ce qui s'était passé, l'épuration s'imposait. L'épreuve commença le 1er germinal. Chalbosc, Caumette, Tastavin, Delassus, Flottes, le maire Tarbouriech, Tricou, Flottes cadet et Raboul prêtèrent serment. Quelques jours s'écoulèrent, et Martial Fourcade et Paloc prouvèrent leur civisme en professant publiquement leur foi à la déesse Raison ; mais tout cela ne se fit pas sans tiraillement.

Le président Flottes n'avait occupé le fauteuil que pendant une séance. Pagès l'avait toujours remplacé.

Fourcade succéda à Flottes le 5 germinal. Pour avoir la tranquillité dans la salle, chaque membre fit, à son tour, l'office de censeur, portant pour marque d'autorité un ruban tricolore. Nous doutons que cette précaution ait obtenu un bon résultat. Une période critique s'ouvrait pour les clubs, comme pour le régime qu'ils soutenaient. Les adversaires étaient nombreux et la réaction se formait. Pour se défendre, les clubs n'avaient d'autres moyens que la terreur et la suspicion, et le gouvernement les forçait à en user. Prompts à obéir, ils se livrèrent à des épurations journalières et enrichirent la liste des suspects d'une foule de noms nouveaux. L'administration supérieure ne cessait de leur répéter en particulier que les fanatiques étaient les plus dangereux ennemis des institutions nouvelles. Elle demanda, à plusieurs reprises, à celui de Saint-Chinian s'il avait découvert les scélérats qui avaient arraché l'inscription du temple de la Raison. Son but était d'entretenir la haine des clubistes, et pour les édifier sur la conduite qu'ils avaient à tenir, elle leur faisait savoir, par le moyen de Gau..., qu'à Montpellier on venait de faire périr par la *sainte guillotine* quatre individus qui avaient préparé des biscuits pour les ennemis de la République, et qu'on en avait emprisonné ou exilé d'autres déclarés suspects.

Sous la direction qu'il recevait d'en haut, notre club était prêt à tout sacrifier plutôt que de toucher aux principes révolutionnaires. Quand il fut question d'établir l'atelier de salpêtre dans le pays, Raboul proposait une combinaison éminemment utile aux pauvres, puisqu'ils devaient jouir de tout le bénéfice qui en résulterait ; toutefois son plan accordait aux actionnaires une part d'influence proportionnée aux fonds qu'ils verseraient. Le système égalitaire se trouvait violé ; le plan de Raboul fut repoussé et l'intérêt des pauvres fut délaissé. Périsse le peuple, plutôt qu'un principe : ce fut toujours la devise des faux humanitaires.

Naturellement le club, par ses agissements, s'attira l'animadversion publique, et il perdit chaque jour de son prestige. Quand on fit l'appel des sociétaires, le 27 germinal, il manquait à la réunion 67 membres ; il y eut force récriminations contre les absents. La séance n'en fut pas moins ouverte ; il fallait montrer que la société n'était pas encore près de périr. On eut recours aux grands effets. Laromiguière et Chabbert, enflant leur voix, firent entendre des chants patriotiques, et Tastavin escalada la tribune pour débiter des paroles furibondes contre le fanatisme. Le district fut ensuite pris à parti, parce qu'il avait emprisonné l'agent national Sab..., dont tout le crime était une négligence à l'encontre des charrettes du gouvernement. On le somma de mettre en liberté Sab..., qui était bon républicain. Mais le club n'avait pas, en ce jour de colère, *dies iræ*, achevé son rôle de Jupiter tonnant. Il avait à lancer la foudre contre le club de Paris. Quand donc celui-ci envoyait-il le diplôme d'association qu'il avait promis ? Peut-être n'était-il pas convaincu du civisme de la Société de Vernodure. Eh bien ! les Sans-Culottes montreront *urbi et orbi* leurs sentiments, pour confondre les *parisiens*. Un arbre vivant de la Liberté sera planté. De grandes invitations seront faites. La garde nationale, la municipalité, la gendarmerie, le peuple assisteront à la cérémonie. Le beau sexe sera appelé et « deux déesses choisies marcheront sous les guirlandes tenues par de charmantes compagnes ». A cette douce pensée, les clubistes laissèrent tomber leur air rebarbatif.

Le 30 germinal (19 avril), tous les échos de la vallée se réveillèrent aux sons des cloches et au bruit de la poudre.

Lorsque l'heure de la grande cérémonie fut arrivée, le plus ancien soldat, orné du ruban aux trois couleurs, ouvrit la marche, en portant aussi haut qu'il le pouvait la bannière du club. A sa suite, venaient avec leur air le plus martial les vétérans de l'armée. Un citoyen parut après eux, tenant dans ses mains les Droits de l'homme et l'Acte constitutionnel. Le portrait de Lepelletier était escorté par un piquet d'hommes armés. Le juge de paix et ses assesseurs étaient précédés des huissiers. Suivait le conseil général de la commune. L'image de Marat s'avançait installée sur un autel portatif. Précédée d'un drapeau où l'on voyait l'inscription *Vivre libre ou mourir* et de quatre tambours qui battaient aux champs, venait ensuite la garde nationale. Seules, les déesses manquaient au cortège. Les gendarmes fermaient la marche. Arrivé sur la place d'armes, le cortège se rangea en ordre autour de l'arbre de la Liberté. Paloc, Tastavin et Dupoux prirent successivement la parole. Il y eut des chants, des serments, des vivats à n'en plus finir. Puis eurent lieu le défilé et les accolades à l'arbre de la Liberté. « La fête se termina par de joyeux hommages au dieu Bacchus ». La pauvre humanité ne peut se passer d'une divinité ; quand elle a chassé le Dieu vivant et véritable, elle se crée des dieux absurdes et méprisables. La Convention dut être satisfaite de Vernodure, et le club jacobin de Paris ne put pas ne pas être édifié sur le compte de notre société populaire, quand le rapport détaillé de la fête passa sous leurs yeux.

Le club avait à réparer l'insulte qu'il avait faite à Raboul, en repoussant sa proposition au sujet du salpêtre. Raboul, l'ami des pauvres, fut porté à la présidence, le 1er floréal (20 avril). Il accepta cet honneur pour pouvoir être utile au pays en modérant la fougue des exaltés et en soulageant la population dans sa détresse. Pendant les jours de sa présidence, il y eut plus de tenue au club et de calme dans la ville. Il fallut cependant entendre encore, au club, le 10 floréal (29 avril), une déclamation hostile au culte chrétien. Coulon, juge au Tribunal du district, donna à la société populaire les prémices d'un grand discours qu'il devait prononcer, le 9 mai, à Saint-Pons. Ce discours qu'une main amie mais plus sérieuse a souligné de cette appréciation : « Il y a là de bonnes choses, mais on aurait pu se dispenser de parler contre les dogmes de la Religion et ses ministres », est une compilation de tous les sophismes recueillis par les philosophes contre le christianisme. Raboul ne vécut que pour les autres. Il distribua 1500 livres accordées par la Nation ; il poussa la municipalité à faire une quête mensuelle pour les volontaires de l'armée, et à surveiller les travailleurs et les ingénieurs occupés sur le chemin de la Sénéchaussée. Il ne s'opposa pas à ce qu'on cherchât à faire rentrer l'argent des confréries, misérables sommes qui étaient le cauchemar de la société. Il se préoccupa de la disette de l'huile : l'huile peu abondante ne se produisait guère à cause de la loi du maximum. Le club, 15 floréal, se faisant l'écho des plaintes de la population, allait « prendre des mesures contre l'égoïsme des propriétaires » quand, tout-à-coup, la scène changea ; les fronts assombris s'illuminèrent. Barthés, préposé au salpêtre, entra dans la salle, au son de la musique. Il portait dans ses mains un vase contenant la primeur de son travail, dont il venait faire hommage à la société. On accueillit avec bonheur l'habile artiste et on le félicita de son succès.

Nous avons avancé que, sous Raboul, on vit plus de correction dans l'attitude des clubistes. En voici une preuve. Pendant les fêtes auxquelles donnèrent lieu les bonnes nouvelles qu'on avait reçues de l'armée des Pyrénées, et en particulier du commandant Dugommier et du général Dagobert qui avaient passé pour morts, Al... et Chalbosc s'étaient permis d'autoriser des danses dans l'église des récollets. Dénoncés au club, ils n'eurent pas le courage de venir justifier leur conduite qu'on désapprouva fortement. Il est vrai que quelques jours après on passa l'éponge sur la profanation qu'ils avaient commise : c'est qu'alors la Convention avait lancé des ordres sévères contre les fanatiques, et le club n'osa pas frapper ceux qui entraient dans les vues de l'administration.

Le 30 floréal (19 mai) fut un jour de triomphe pour les sans-culottes. L'agent national parut pour annoncer que M. Massip s'était démis de ses fonctions. (M. Massip, on le verra plus loin, n'avait fait que suspendre momentanément l'exercice du culte dans son église.) Sur ce, Coulon demanda que l'église fût fermée et que les objets du culte fussent mis sous le scellé, attendu que « le curé, seul délégué du peuple pour les affaires du culte, se dépouillait de son mandat ». Une délégation courut à l'hôtel-de-ville afin de régler cette question avec la municipalité et s'entendre avec elle pour aviser le district que, profitant du bénéfice de la loi, on prendrait possession de l'église abandonnée pour en faire le temple de l'Être suprême.

Le 30 floréal fut le dernier jour de la présidence de Raboul.

Le successeur de Raboul fut Pagès, qui devait être à la hauteur de sa mission. Gaubert lui fut donné pour vice-président.

Andral avait demandé la destruction des titres féodaux, et le club était d'avis « de livrer aux flammes tous ces vieux papiers, tristes insignes d'un régime détesté ». Le maire apporta au club le texte de la loi qui s'opposait à ce vandalisme. Le club entendait faire plier la volonté nationale devant la sienne; il insista; caprice inutile. De dépit, il exigea de ses membres qu'ils ajoutassent à leur serment ces paroles : « Je dénoncerai les aristocrates et les fédéralistes. »

Dans ce temps-là, la Convention ordonna de célébrer la fête de l'Être suprême. Le club n'attendit pas que le district lui eût transmis les ordres du gouvernement, pour faire vider l'église. Viala et Chalbosc opérèrent l'emballage de l'argenterie pour la diriger vers Saint-Pons. Sur la proposition de Tricou fils, on écrivit sur la façade du temple le décret de la Convention touchant l'existence de Dieu et l'immortalité de l'âme. On retira alors de sa niche la statue de la Vierge qui se trouvait, il n'y a pas longtemps encore, dans le sanctuaire, pour la placer au milieu de l'église en guise de déesse de la Liberté. La fête fut fixée au 9 messidor (28 juin).

On avait devant soi l'espace d'un mois. On utilisa ce temps, d'abord à faire des démarches pour s'emparer de la maison presbytérale, et ensuite à persécuter les catholiques. L'assassinat de Collot d'Herbois, longuement commenté, provoqua la colère du club contre les ennemis de la République. Le récit des victoires remportées sur le tyran espagnol ranima son audace. Alors commencèrent toutes sortes de vexations contre les prêtres. On les rapporte plus loin. La terreur qu'inspirait le club amena à sa barre, tremblants de crainte, Offarel, curé d'Azillanet, et Mas, curé de Ferrals. Ils renoncèrent au sacerdoce, le 6 juin. On usa de violence pour forcer les gens à assister à la décade. Lavit et Valmegère, qui se récrièrent contre le club, furent chassés, pour un an, du sein de la société, et la municipalité fut contrainte de proclamer l'arrêté qu'on avait obtenu du district pour prescrire l'assistance à la décade.

5 messidor. Pradal, président; Alary, vice-président. Le 9, Pradal, à la tête de la société, se rend au temple de l'Être suprême. Il a été déjà parlé de l'inauguration de la fête de l'Être suprême ; nous ne rappellerons pas le désordre qui eut lieu pendant la cérémonie. Nous n'insisterons pas, non plus, sur la querelle qui éclata, quelques jours après, dans le club, entre le président et le vice-président ; on se hâta d'étouffer l'affaire en passant à l'ordre du jour. L'heure de la

réunion fut assez bien employée : on régla les convenances qu'il y avait à garder dans le temple ; on changea les jours de prise d'eau au béal, à raison des nouveaux jours de repos ; les abus du four furent réprimés ; des précautions furent prises pour que l'huile ne manquât point ; on s'occupa sérieusement des écoles.

Le 16 messidor, le club écoutait avec une joie franche et un légitime orgueil la lecture de deux lettres écrites par deux enfants du pays. Dans l'une, le fils Estimbre racontait à son père qu'ayant été fait prisonnier, il s'était échappé des mains de l'ennemi, et qu'après avoir longtemps erré dans les bois, il était enfin rentré en France. Dans l'autre, le fils Verdier disait à sa famille qu'il avait terrassé, aux environs de Charleroy (Belgique), deux cavaliers qui s'étaient jetés sur lui.

Le 14 juillet, Tricou fils prononça un discours sur l'Être suprême ; il mérita une mention honorable dans le procès-verbal de la fête du jour.

M. Tarbouriech fut porté à la présidence du club, le 3 thermidor (22 juillet) ; Andral fut nommé vice-président. Il semble qu'on ne pouvait faire un meilleur choix que celui du maire de Saint-Chinian, dans l'intérêt général, eu égard aux circonstances qu'on traversait. M. Tarbouriech veilla à tout : il empêcha de porter au dehors les denrées du pays ; il travailla au rétablissement des écoles ; il se montra tolérant pour le clergé et les catholiques, et par cela même procura quelques jours de repos à la ville. Il sut résoudre la difficulté que créait le défaut de l'huile : Cessenon et Roc libre (Roquebrun) lui en fournirent une certaine quantité.

Pendant les jours de la présidence de M. Tarbouriech, Robespierre tomba du pouvoir, entraînant dans sa chute les complices de ses crimes. Le club conspua sa mémoire et félicita la Convention d'avoir sauvé la République en abattant un tyran.

Le 5 fructidor (22 août), le club se donne Tricou fils pour président et Dupoux pour vice-président. Dans les séances qui suivent, les fanatiques sont accusés d'agiter les communes, et les clubs sont poussés à exercer sur eux une surveillance très grande. Al..... et Prad... se donnent du mouvement auprès de la municipalité pour la forcer à recevoir leurs dénonciations et à les transmettre au district.

Pendant ce temps, les bancs du club se dégarnissent à vue d'œil. On note les absences. Tastavin ne tient plus la tribune. A sa place, les membres du comité de l'instruction publique apportent, chacun à son tour, le tribut, sinon de leur éloquence, du moins celui de leur haine contre l'ancien régime.

Estimbre monte au fauteuil, comme doyen d'âge, le 3 vendémiaire an III, pour procéder aux nouvelles élections. Guibert et Viala, portés à la présidence, rassemblent ensuite tous les comités pour trouver le moyen de rendre un peu de vie à la société qui se meurt.

Le gouvernement pousse sans relâche le club à agir contre les fanatiques et les aristocrates. Le club est prêt à prendre les moyens que le district aura prescrits à l'égard des citoyens que la société lui a signalés comme suspects.

Pagès et Jougla remplacent Guibert et Viala, le 1er brumaire. Il faut refaire le catalogue des sociétaires.

Le 1er frimaire, Pradal est désigné pour président ; il n'y a pas de vice-président. Le pays est en proie à la misère la plus complète; on écrit au comité des subsistances de Paris.

9 nivôse. Pradal est maintenu. On inscrira au tableau quiconque n'assistera pas aux réunions.

Le 21 janvier, Bousquet remplit la charge d'officier de morale. Il prononce, au Temple de l'Être suprême, un discours sur « la Bienfaisance qui doit être la vertu du vrai républicain ». Son discours respire la sagesse et la modération ; il ne ressemble en rien aux élucubrations impies et furibondes qu'on est habitué à entendre.

Pradal est encore choisi pour président, le 11 pluviôse (30 janvier 1795). Flottes et Fabre viennent raconter la détresse qui accable tout le pays et la sollicitude que témoigne la municipalité. Le club aussi doit s'intéresser à la situation de Vernodure. On désigne Flottes pour proposer au district un échange de denrées. Pagès engage la société à constituer « une masse » avec toutes les ressources qu'elle a sous la main.

Martin est élu le 1er ventôse. Raboul, trésorier du club, présente ses comptes, qui portent le chiffre des dons volontaires à 1200 livres. Il émeut ensuite l'assemblée par le récit des misères qu'il y a à soulager. Il parle de l'hôpital, dont il est aussi trésorier : « Nous avons dû, dit-il, renvoyer les pauvres. Il est vrai que nous les avons repris ; mais nous sommes à la veille de les renvoyer de nouveau ». Rendons hommage à l'élan de charité dont nos sans-culottes nous offrent le spectacle. D'une voix unanime, ils mettent la caisse tout entière de la société à la disposition des malheureux.

Le club s'effondre. Encore un dernier effort pour ne point périr. Jammes et Viala se répandent dans la ville pour former une liste de gens de bonne volonté. En vain, ils frappent aux portes des anciens membres ; en vain, ils cherchent de nouveaux adeptes : les anciens sociétaires sont fatigués du rôle qu'on leur a fait jouer ; ceux qu'ils voudraient recruter répondent ou par l'indifférence ou par le mépris.

La société populaire a vécu.

Ainsi tomba le club, après avoir duré deux ans environ,

mais sans avoir jamais pu se faire reconnaître par les Jacobins de Paris. La salle des séances fut fermée par la municipalité, le 17 fructidor an IV, en vertu de la loi du 6 de ce mois. La clé avec les papiers de la société furent déposés au secrétariat de la mairie.

Pour juger sainement, avec l'impartialité de l'histoire, cette société et ses travaux, il faut considérer le club sous trois points de vue. Au point de vue politique, il ne fut, et cela de son propre mouvement, que le serviteur d'un pouvoir tyrannique, dont il fut quelque peu suspecté, quoiqu'il cherchât à faire triompher ses principes, même par la violence. Au point de vue social, il fit assez de bien pour inspirer le regret de ne l'avoir pas vu dépenser son zèle et son intelligence au profit d'une meilleure cause. Quant au point de vue philosophique et religieux, cette société, prise dans son ensemble, mérite toutes sortes de blâme, tant à cause des doctrines absurdes et impies qu'elle professa, peut-être sans conviction, que pour la guerre acharnée qu'elle fit au culte. Le trouble qu'elle mit dans le pays ne saurait être trop flétri par le jugement de l'histoire.

III

Le Clergé de Saint-Chinian sous la Révolution

Nous nous proposons bien moins de relever les excès dont la religion eut à souffrir chez nous que de faire ressortir le zèle et le dévouement dont elle fut l'objet.

Les mesures prises contre l'abbaye forcèrent les bénédictins à laisser le soin des affaires religieuses entre les mains du clergé séculier, sous la sauvegarde entière de l'évêque ; mais la protection épiscopale lui fit bientôt défaut, car Monseigneur de Chalabre abandonna son château de Saint-Chinian, le 1er juillet 1790, pour s'exiler, quelques mois après, en Angleterre, et y mourir en 1795. En quittant notre ville, il avait laissé à M. Massip, avec ses instructions, plusieurs objets du culte, d'autant plus précieux qu'il les tenait de la reine Marie-Antoinette.

M. Massip se trouva donc seul en face de la Révolution. Malgré les promesses qu'elle avait apportées comme don de joyeux avènement, il comprit qu'après avoir renversé le trône, elle détruirait l'autel. La lutte était inévitable. Comptant sur lui-même, il résolut de l'affronter, et il resta à son poste.

Le 14 juillet 1790, le peuple voulut célébrer l'anniversaire du triomphe qu'il avait remporté sur l'ancien régime et il réclama les pompes du culte. M. Massip se prêta, sans marchander son concours, comme l'avait fait Monseigneur de Chalabre, le 19 avril, en consentant à la bénédiction du drapeau de la garde nationale, « pour faire voir à quel point il chérissait et désirait la paix ». L'on se rendit aux Ayres, au son des cloches de l'église. Un autel y était dressé. M. Massip célébra la messe ; toutes les confréries, les deux légions, la municipalité, le clergé étaient présents. L'enthousiasme fut grand : en voyant flotter sur l'autel le drapeau, bénit naguère, on pouvait croire qu'il y avait un pacte durable entre la Religion et la Patrie..... A deux pas de là et en face se trouvaient les fils de Saint Benoît, déjà dépouillés de leurs privilèges, de leurs biens et de leurs droits ; les chants de joie de la multitude arrivèrent à leurs cellules pour en augmenter la tristesse.

M. Massip, profond observateur, surveillait la marche de la Révolution. Ne voulant rien laisser au hasard des événements, il mettait à contribution toutes les ressources dont il pouvait disposer pour le bien général de son troupeau. Originaire de Saint-Chinian, M. Massip y jouissait d'un patrimoine assez considérable pour qu'il pût réclamer la qualité de citoyen actif, qui lui assurait le droit de s'intéresser aux affaires publiques. Il ne négligea pas de revendiquer ce titre, au moment des élections communales du 15 novembre, en protestant contre la radiation présumée de son nom des listes électorales.

Les difficultés surgirent entre les municipalités, agents d'un pouvoir despotique, ou volontaires ou contraints, et le clergé qu'on voulait asservir. M. Massip ne devait pas céder les armes sans combat. Dans la lutte inégale qu'il fallut soutenir, on le vit défendre avec énergie les revenus de ses prêtres et ceux de son église contre le fisc et la municipalité. Le fisc voulait faire peser un impôt exagéré sur les pensions qui avaient remplacé les droits des dîmes, et la municipalité avait la prétention de puiser à discrétion dans la caisse de l'œuvre. M. Massip cria contre l'injustice du fisc; il dénonça l'indélicatesse de la municipalité.

Les officiers municipaux affectèrent de paraître dans l'église au banc du clergé. Ennuyé de leur présence insolite, M. Massip finit par leur en défendre l'entrée. Interpellé par le maire, il affirma son droit et s'adressa au district, qui le reconnut. C'est en vain que la municipalité invoqua la propriété du banc : l'arrêt du district lui fut défavorable ; elle dut abandonner au clergé les places contestées.

Le district fut alors accusé par notre conseil politique de faire preuve d'une négligence coupable, en ne forçant pas les communes à exiger le serment des prêtres, prescrit par la loi du 27 novembre. M. Massip et ses amis ne se firent pas illusion sur le but hostile qu'on se proposait : il s'agissait d'éconduire M. Massip qu'on supposait devoir se poser en réfractaire. A son tour, le conseil fut dénoncé pour avoir écarté certains citoyens actifs de l'urne électorale, et l'on demanda que les élections fussent cassées. Tricou, voyant dans cette affaire les mains du clergé, envoya immédiatement à M. Massip l'ordre de lire, le dimanche suivant, à la messe du prône, la loi concernant le serment des prêtres, 12 février 1791. Le piège était habilement tendu. Pour déjouer les calculs de ses adversaires, M. Massip, après entente préalable avec ses vicaires, se rendit, en leur compagnie, au greffe de la maison commune, et écrivit ces mots sur le registre destiné à recevoir les déclarations des ecclésiastiques : « Persuadé que la vraie soumission à une loi ne saurait souffrir de délai ni de tempérament pour obéir, je me conformerai au décret de l'Assemblée nationale relatif au serment imposé aux fonctionnaires, tel jour de dimanche, à l'issue de la grand'messe, que M. le Maire et son conseil le jugeront à propos ». Et il signa avec les prêtres Martin, desservant de la Servelière, Boujol et Amiel, vicaires.

Mais à peine étaient-ils sortis, qu'Amiel retournait au greffe pour retirer son adhésion, disant « qu'il n'hésitait pas à obéir à sa conscience qui ne lui permettait pas de faire un serment qu'il violerait plus tard, et qu'il regrettait de ne pouvoir tenir sa promesse et montrer son dévouement à l'État (1) ».

Le dimanche, 20 février, le serment promis par M. Massip et les vicaires Martin et Boujol fut prononcé dans l'église, en présence de la municipalité et de toute la population, avec une solennité et des formalités affectées de part et d'autre..... Le prêtres de Saint-Chinian avaient manifestement accepté la constitution civile faite pour le clergé, et l'église N.-D. de la Barthe était désormais servie par des ministres, au moins en apparence, constitutionnels.

La conduite de M. Massip étonne. Nous ne ferons pas au docteur en théologie l'injure de supposer qu'il n'avait pas compris ce qu'on exigeait de lui, pas plus que nous ne

(1) P. J.

l'accuserons d'avoir voulu, par un subterfuge, conserver un bénéfice qu'on cherchait à lui ravir. Nous préférons admettre que, Rome n'ayant pas encore parlé, il crut pouvoir agir comme il le faisait, (toujours prêt à se soumettre), dans le but d'éloigner du troupeau les loups dont il était menacé de devenir la proie. M. Massip n'eut certainement pas l'intention de rompre avec l'église romaine : nous nous faisons fort de le démontrer. Si aujourd'hui son auréole se couvre d'un nuage, ce nuage se dissipera pour nous laisser admirer un confesseur de la foi.

Ici, surtout, nous devons déplorer la dilapidation des papiers de M. Massip. L'inventaire, qu'il en a laissé, nous promettait la preuve de son attachement à Monseigneur de Chalabre, « son évêque légitime », et celle de sa répulsion pour « Pouderous l'intrus ». Peut-être nous aurions trouvé, à l'encontre de ce faux évêque, quelque démarche digne de celle de M. Théron, curé de Villespassans : ce courageux vieillard arrêta, à la porte de son église, le prélat sans mission, lorsqu'il se présenta pour faire sa visite pastorale. Il est question, à plusieurs reprises, dans l'Inventaire, d'un acte formel de rétractation de la part de M. Massip. Quand et de quelle manière eut-il lieu? Nous ne pouvons le dire ; mais il est certain que ses ennemis regardèrent ce prêtre comme réfractaire ou le traitèrent comme tel, même avant que l'église paroissiale fût fermée. Toujours est-il qu'il figure dans l'état des prêtres ayant rétracté leur serment, dressé à Montpellier, le 11 mars 1796, d'après les états fournis par les communes. Nous savons, du reste, que lorsque Pierre Décor fit l'acquisition de l'église des récollets pour y fonder une secte constitutionnelle, M. Massip arbora le drapeau catholique romain plus haut que jamais, et qu'il ne cessa de lutter contre son rival jusqu'à ce qu'on eût chassé ce dernier de l'église des récollets.

Plusieurs curés des environs de Saint-Chinian acceptèrent la Constitution civile du clergé. Peut-être dans ces jours troublés et si pénibles pour les ecclésiastiques, ces prêtres, d'ailleurs honorables, se laissèrent-ils entraîner par l'exemple et l'autorité dont jouissait M. Massip. Que leur bonne foi ait été surprise ou qu'ils aient manqué de courage, à son imitation, ils se hâtèrent de réparer leur faute, au moins lors du rétablissement du culte.

Mais s'il y eut des défections, on peut constater de nobles résistances à la tyrannie du serment imposé. A la suite du courageux vicaire Amiel Louis, les religieux de l'abbaye ayant à leur tête l'abbé de Saint-Geyrat, l'ancien curé de Saint-Chinian O'Connel et quatre prêtres du pays, Andral Joseph, curé de Saint-Martial, Pagès Louis, ex-chartreux, Pagès, curé de Cruzy, et Lignon Pierre, refusèrent de prêter serment. Trois de ces derniers furent même déportés avec Amiel : Andral et les deux Pagès.

Pourquoi faut-il cependant que Tastavin, Méric et Juin n'aient pas persévéré dans leur belle ligne de conduite!

Rien ne fut changé dans l'église N.-D. de la Barthe, tant qu'elle fut ouverte au public. Habituée au ministère de M. Massip, et remplie d'estime et de vénération pour le pasteur qu'elle possédait depuis près de trente années, la population ne voulut pas se permettre de discuter sa conduite. L'administration locale, satisfaite d'avoir mis, un jour, M. Massip dans l'embarras, se contenta de ses promesses de ne rien faire contre l'État, sans chercher à pénétrer dans le fond de sa pensée ni à se rendre compte de ce qu'il enseignait dans ses discours. Les rapports entre le clergé et la municipalité restèrent tels jusqu'à la fin de 1793, c'est-à-dire jusqu'au moment où le christianisme fut officiellement aboli. Nous reprenons les événements au point où nous les avons laissés.

La vente des biens de l'Abbaye était imminente en 1791 ; or parmi ces biens figurait la chapelle de N.-D. de Nazareth. On s'occupait à peine du choix des commissaires qui devaient présider à la vente des effets nationaux, qu'éclata une protestation générale en faveur du sanctuaire, 16 avril ; et grâce aux ordres obtenus du district, il ne fut pas alors aliéné. On trouvera au chapitre de N.-D. de Nazareth des détails intéressants sur ce sujet.

La population ne tenait pas moins à sauver l'église de l'abbaye. Le 22 mai, en l'absence du maire, Viala, officier municipal, proposa au conseil de demander au directoire que cette église fût laissée à la ville pour les besoins du culte, vu que l'église paroissiale ne pouvait suffire au pays qui comptait, à l'heure actuelle, 4,000 habitants. Cette église paraissait encore plus nécessaire si, comme il en était question, on devait réunir à la paroisse de Saint-Chinian celles de Pierrerue, de Villespassans et de Cébazan. La proposition réunit tous les suffrages; mais hélas! tant de bon vouloir devait succomber par suite de l'indifférence de Pouderous.

L'annonce de la vente de l'église abbatiale et du *tinal* des moines prouva, le 2 octobre, qu'on n'avait pas pris en considération le vœu public. Cette fin de non recevoir froissa les esprits et ne fit qu'irriter un désir légitime, s'il en fut. Le conseil insista plus vivement, et, cette fois, le Département fut saisi de l'affaire. Le district eut ordre de s'aboucher avec Pouderous : il fut résolu entr'eux de proposer à la municipalité d'acheter l'immeuble pour le convertir en place couverte. Piquée au vif, la population accepta en principe la proposition d'acquérir l'église, se réservant d'en faire l'usage qui lui conviendrait. Nous ne doutons pas qu'elle n'eût réalisé son dessein, s'il ne se fût agi, en ce moment, de consacrer une somme de 28,000 livres à l'achat des divers moulins du monastère : or, ses ressources étaient si modestes, qu'elle dut se faire autoriser par le Département à retirer, pour une dépense particulière, 895 livres de la caisse de la fabrique de l'église. M. Massip remit à la municipalité tout ce qu'il avait entre ses mains, soit 1002 livres, et il ajouta à cette somme 479 livres qu'il tira de sa bourse.

Mais la Révolution ne tint pas compte de sa générosité, pas plus qu'elle n'avait déjà tenu compte de la spontanéité avec laquelle le clergé avait offert, en 1789, de combler lui-même le déficit de l'État. Quelques jours s'étaient à peine écoulés, qu'elle se présenta à M. Massip sous les traits d'agents à mine hostile pour faire l'inventaire des objets contenus dans la sacristie de son église, 23 août. Le trésor de la sacristie venait de s'enrichir, le 16 juin, d'une belle châsse renfermant les reliques de Saint Loup, évêque de Troyes. La confrérie, dite de Saint-Loup, établie le 15 novembre 1790, avait obtenu ces reliques de l'Église cathédrale de Lyon.

La nomination de M. Tarbouriech d'Assignan, comme maire, fit espérer des jours moins agités. Ce magistrat témoigna, en effet, de son bon vouloir et de son esprit religieux, en reprenant l'affaire de l'acquisition de l'église abbatiale qui, malgré tous ses efforts, ne put aboutir; il appuya fortement la demande que fit M. Massip des vases sacrés des bénédictins, soit pour son église, soit pour l'église de la Servelière, soit pour une succursale à établir dans Saint-Chinian; il satisfit aux désirs de M. Massip, eu égard aux ornements et au linge de la sacristie du monastère, entassés sans ordre dans une des salles de la mairie. Il faut dire que Pouderous voulut bien constater que l'église paroissiale n'était pas, sous ce rapport, suffisamment pourvue; il se montra aussi bon prince en faisant modérer les impositions de Tastavin et de Méric, ex-bénédictins, comme celles du prêtre Andral, ci-devant curé de Bassan, et d'autre Andral, ci-devant curé de Saint-Martial, qui s'étaient retirés à Saint-Chinian, lieu de leur origine.

Mais comment notre magistrat aurait-il pu résister au mouvement révolutionnaire qui entraînait dans sa marche vertigineuse tous ceux qui s'étaient offerts pour le diriger, avec l'espoir de l'arrêter sur la pente fatale qu'il suivait?

Le 14 juillet 1792 ramena la fête patriotique; il fallait la célébrer. M. Tarbouriech, pour obéir aux exigences de la situation, annonça, la veille, « que le lendemain on renouvellerait le serment fédératif de cette fameuse journée, où la Nation française, par un acte de sa souveraineté, brisa les chaînes du despotisme ». Le 14, un autel de la Patrie fut dressé devant la porte principale de l'enclos du ci-devant évêque de Saint-Pons, et les citoyens, les gardes nationaux, les gendarmes, les officiers municipaux et les prêtres de la localité s'y rendirent pour prononcer le serment de fidélité que la Révolution ne cessait de faire répéter, afin d'entretenir un enthousiasme sur lequel elle croyait pouvoir si peu compter. Entouré de son clergé, M. Massip célébra une messe solennelle à l'heure de midi, « pour remercier, dit le compte-rendu officiel, le Tout-puissant de la protection spéciale qu'il accordait à l'empire français, et le prier de lui continuer sa sainte bénédiction. »

Les événements se précipitèrent. Le 21 septembre, la République fut proclamée. On réclama aussitôt en vertu des lois du 14-15 août le serment de tous les fonctionnaires, et le 30 septembre ils vinrent « jurer de maintenir la liberté et l'égalité ou de mourir ». Nous renonçons à montrer le défilé devant les magistrats des malheureux prêtres faisant suite aux fonctionnaires civils, spectacle qui inspire une profonde tristesse ! Ils s'inclinent devant un pouvoir qui est prêt à les immoler. *Salutant te morituri !* (1) En effet, ils s'étaient à peine retirés qu'une motion fut portée contre le curé de la paroisse. M. Tarbouriech sortit de la salle ; il était sans doute suspect à cause de sa parenté avec M. Massip. L'officier municipal, Pradal, dénonça la disparition de la lampe d'argent du sanctuaire de l'église, qu'il traita de

---

(1) Ce serment, qui, à l'appréciation de M. l'abbé Emery, n'était pas au fond schismatique, fut prêté par MM. Massip, Affre, son vicaire, Bec, curé de la Servelière, Andral Jean, ex-curé de Bassan et les ex-religieux Tastavin et Méric.

« spoliation criminelle ». « Il y a cependant, dit-il, une loi qui met à la disposition de l'État toute l'argenterie des églises, si l'on excepte les vases sacrés absolument nécessaires au culte. Je requiers l'application de la loi ». Délibération prise, le procureur de la commune eut ordre de faire la recherche de la lampe en question et aussi de séquestrer toute l'argenterie qui revenait à l'État.

Quelques jours après, les marguilliers syndics de toutes les confréries de la paroisse étaient mandés à l'hôtel-de-ville pour entendre la lecture de la loi qui interdisait leurs pieuses associations et leur enjoignait de placer tout leur mobilier sous les yeux des agents de la République, afin qu'ils «en fissent l'inventaire et qu'ils apposassent les scellés». L'on vit apparaître les chefs des confréries du Saint-Sacrement, du Rosaire, de Saint-Sébastien, de Sainte-Croix, de Saint-Loup, de Sainte-Anne, de Saint-Crépin, de Saint-Roch et de Saint-Dominique. En vain protestèrent-ils que leurs sociétés n'avaient jamais été nuisibles ni à l'ordre ni au bien public, et que non seulement elles avaient été des écoles de morale, mais encore des associations de bienfaisance et de secours mutuel. De par une loi qu'avait inspirée une convoitise sacrilège autant que la haine du culte, les confréries n'existaient plus et leurs humbles ressources allaient se perdre dans le gouffre de la Révolution. Les confréries avaient dû mourir pour que la République vécût, 15 octobre.

On retirait, en ce moment, des mains du clergé les registres de l'état civil, tenus jusques là dans l'église paroissiale de Saint-Chinian et dans l'église succursale de la Servelière.

Le 19 décembre, M. Tarbouriech fut réélu maire, et on désigna pour officiers municipaux les sieurs Albert, Béral, Gondard, Lignon, Babeau, Décor et Sidobre. Belpel, quoique âgé et infirme, consentit à accepter les fonctions de procureur de la commune. Ces hommes honorables se trouveront mêlés à un drame terrible, moins Belpel.

Nous voici arrivés aux jours sanglants de la Terreur. La

mort violente du Roi, la guillotine partout en permanence, les routes de l'exil couvertes d'émigrants, les prisons qui regorgent d'innocentes victimes, le système des suspects pratiqué dans toutes les localités, les dénonciations payées au poids de l'or, toutes ces horreurs épouvantent les esprits et glacent les cœurs honnêtes.

L'état des esprits, à Saint-Chinian, commence à inspirer des craintes pour l'avenir.

De retour de l'armée du Rhin, les trois gendarmes Bessieux, Régnier et Séguier sont dénoncés au public comme des déserteurs et des traîtres. La foule entraînée par quelques émeutiers court à l'Hôtel-de-ville demander qu'ils soient pris sans retard et qu'on leur fasse justice. Pour les soustraire à de mauvais traitements, les officiers municipaux se portent au château, lieu de leur résidence, et les mènent à la prison de la ville où ils resteront jusqu'à nouvel ordre. 25 mars.

La formation du club populaire et sa prétention à faire disparaître le clergé et à asservir la municipalité divisent le pays en deux camps, dont il est facile de reconnaître les tendances diamétralement opposées. D'un côté, tout ce qu'il y a de paisible, de sage, de sérieux ; de l'autre, les esprits exaltés, passionnés pour la nouveauté, imbus des doctrines d'une philosophie athée et subversive de l'autorité. Pour le moment, le nombre des gens tranquilles et religieux l'emporte de beaucoup sur celui des gens remuants et sans religion ; mais chez ces derniers l'audace supplée au nombre. Entrons au club. Un moine défroqué inspire à ses collègues, avec des accents d'une éloquence sauvage, la haine contre le fanatisme et la révolte contre les tyrans. Après avoir mis au ban de l'opinion publique les administrations infidèles, il prend à partie le clergé. Sous la parole de feu de ce tribun échappé du cloître, l'assemblée frémit de colère contre le prêtre qui, dit-on faussement, a été assez ennemi du peuple pour lui imposer l'obligation de suspendre son travail le jour de la fête de Saint Pons, patron du diocèse. Tastavin se charge de signaler cette conduite à Pouderous. En attendant, une délégation va se mettre en route pour se rendre à l'Hôtel-de-ville et forcer les agents municipaux à sévir contre le citoyen Massip qui ose interdire aux habitants besogneux les travaux des champs et de l'atelier.

D'un autre côté, le passage continuel des gardes nationales étrangères ne contribue pas peu à surexciter les esprits gagnés aux idées nouvelles. Les milices sans frein ni retenue, que la municipalité ne peut contenir, mettent le désordre dans la ville et y sèment les plus détestables doctrines.

..... Il ne fallait à certains individus qu'une occasion pour devenir criminels. Malheureusement elle ne se présenta que trop vite.

Notre cœur se resserre aux souvenirs que réveille en nous la date du 9 mai 1793, et la plume nous tombe des mains au moment de rapporter la mort de cinq vénérables ecclésiastiques du diocèse d'Alby, que nous avons apprise de témoins oculaires et que nous retrouvons dans les papiers officiels (1). Certes, il faut être forcé par notre rôle d'historien pour relever un événement déplorable qui a laissé une tache indélébile sur le nom du pays qui nous a donné le jour. Sans doute il serait injuste d'imputer à la population un meurtre sans nom comme sans excuse ; mais il n'en est pas moins vrai qu'il se trouva dans son sein des êtres assez dénaturés pour pousser et pour aider à l'accomplir une soldatesque impie et barbare.

Quoique les sieurs Alric, de Vézian, Boyer, Farsac et Nadau ne fussent pas soumis à la loi de la déportation qui n'atteignait que les prêtres fonctionnaires ayant refusé le serment à la constitution civile du clergé, cependant, à la vue de la persécution qui redoublait depuis la loi du 11 avril

---

(1) *P. J.*

1793, ils prirent le parti de fuir en Espagne par la voie de Narbonne. A Alby, on leur délivra, le 5 mai, des saufs-conduits, et même, nous a-t-il été dit, on employa la langue latine pour tromper la surveillance des agents subalternes. Les voyageurs arrivèrent sans accident à Saint-Pons de Thomières, le 8 du même mois. Loin de les inquiéter, la municipalité visa leurs passeports et les avertit du danger auquel ils seraient exposés dans Saint-Chinian, à raison de la présence des volontaires du Tarn qui laissaient, après eux, une mauvaise impression.

Aux portes de notre ville, ils abandonnèrent la grande route pour suivre l'ancien chemin du Saut qui devait la leur faire rejoindre au delà des murs. Seule, la roulante, ou voiture qui portait leurs effets, s'engagea dans Saint-Chinian. Mais à peine se trouvait-elle au bout du pont, en face du corps-de-garde, qu'un traître, venu de Saint-Pons, informait le poste du passage des prêtres, qu'il désigna comme réfractaires, et il les leur montra gravissant la colline du Rocher, 9 mai.

C'était deux heures de l'après-midi, le jour de l'Ascension; les oisifs ne manquaient pas sur la place publique. Un nommé Dar... excita le caporal de service à aller arrêter les prêtres dénoncés. Celui-ci prit avec lui quelques hommes, et grâce au sentier qui va en droite ligne au haut de la côte, il fut bientôt auprès des fugitifs et les somma de descendre à la ville pour exhiber leurs permis de circuler. Ils obéirent sans résistance... Ils allaient à leur calvaire.

Pour arriver à l'Hôtel-de-ville où le conseil de la Commune se tenait en permanence, il leur fallut passer au milieu de la foule que le bruit de leur arrestation avait rassemblée en un clin d'œil. Le maire, M. Tarbouriech, eut bien vite compris qu'on lui amenait des prêtres insermentés; et, après avoir dévisagé les gens qui avaient déjà pénétré dans la mairie, il vit que la situation des ecclésiastiques était compromise.

Il ordonna de les conduire et de les retenir au corps-de-garde, pendant qu'il examinerait leurs papiers. Son but était de les mettre en sûreté, et il se proposait de les faire évader dans la nuit. Il prit ensuite les passeports et chercha à donner le change sur la qualité des voyageurs ; mais Dar... qui lisait des yeux par dessus son épaule, lui dit : « d'Assignan, tu te trompes, prends garde ! », et aussitôt il courut au balcon annoncer à la foule, qui avait envahi la Barbacane, qu'on avait réellement affaire à des prêtres réfractaires...

Des voix s'élevèrent du milieu de la foule pour réclamer qu'on visitât les effets des voyageurs. Le procureur de la commune eut ordre de retirer les valises de l'auberge de Foux où la voiture des ecclésiastiques avait été remisée. Il se fit accompagner par l'un d'eux. Plusieurs volontaires les suivirent. A leur retour, un malfaiteur, J. Cast..., s'étant armé d'une grosse pierre, blessa le prêtre à la tête d'une manière grave, car le sang coula en abondance.

Quelques notables s'étaient réunis pour trouver le moyen de venir en aide aux pauvres captifs, si cela était possible. ..... Quant à disperser l'émeute par la force, il n'y fallut pas songer ; la garde nationale était sans armes depuis les dernières réquisitions. Il ne restait à prendre que la voie de la persuasion... Ils se portèrent à l'hôtel-de-ville pour dissuader le peuple de suivre les conseils perfides qu'on lui donnait ; mais ils ne purent se faire entendre.

Les émeutiers voulaient enlever les prisonniers du corps-de-garde. Dès que les officiers municipaux furent avertis de leur dessein, ils quittèrent la salle pour ramener les prêtres dans la mairie et les placer sous leur protection. L'un d'eux, à la vue du sang de l'ecclésiastique blessé, ne put contenir son indignation et déclara que les prisonniers relevaient de la justice, et que la municipalité les mettait sous son égide. Il ordonna aux conducteurs des volontaires de surveiller leurs hommes et de rechercher l'auteur de la blessure du voyageur; mais une trentaine de volontaires présents refusèrent d'obéir à leurs chefs, et le malfaiteur ne put être découvert.

Quand les émeutiers virent qu'on leur ravissait les prisonniers, ils se précipitèrent sur la porte de la mairie, que défendaient Messieurs Tarbouriech et Denis Fourcade. Les volontaires l'eurent bientôt forcée avec leurs armes, et le flot populaire pénétra dans la maison à leur suite.

Les prêtres avaient été isolés dans un coin de la salle, et les officiers de la commune s'étaient rangés devant eux pour mieux les défendre. Il fallait tenir tête aux forcenés qui voulaient leur faire un mauvais parti et gagner du temps. Peut-être les passions finiraient-elles par s'apaiser ou peut-être ce qu'il y avait d'honnête dans le pays viendrait-il à leur aide ! Le tumulte allait croissant ; ce n'était qu'injures et menaces adressées aux magistrats comme aux prisonniers.

Que se passait-il, à cette heure critique, dans le club ? Tastavin venait d'ouvrir la séance. Il disait « que la garde avait arrêté des prêtres réfractaires et que le peuple voulait les égorger ». Pour que leur sang ne coulât point dans la ville, il émettait l'avis de les faire partir pour Montpellier, où on les jugerait d'après les lois. Les cris de la foule arrivèrent au club et forcèrent les membres à sortir du lieu de la réunion. Sans doute, à la tête de ses collègues, le président allait apporter au peuple de sages et utiles conseils pour empêcher un crime de se commettre ; mais arrêterait-on les fauves qu'on avait ameutés par des discours furibonds contre le fanatisme ? Nous ne sachons pas que les gens du club aient élevé la voix en faveur des prisonniers sur la place publique ni dans l'hôtel-de-ville.

Six heures sonnèrent à l'horloge. La lutte entre les magistrats et les émeutiers avait, en ce moment, un caractère effrayant et sublime. Chez les émeutiers, la fureur atteignait à son plus haut degré ; chez les magistrats, l'énergie de la résistance allait jusqu'à l'héroïsme : ils étaient décidés à donner leur vie pour faire triompher la loi et sauver des innocents. « Citoyens, volontaires, s'écria enfin l'un des gendarmes, qui prenait part à l'émeute, il n'y a plus à parlementer ; on ne veut pas nous livrer les prisonniers pour en faire justice ; il est temps d'agir ». Les sabres et les baïonnettes s'agitent aussitôt. Un premier coup est dirigé contre l'un des ecclésiastiques par dessus la tête des officiers municipaux ; le conseiller Sidobre détourne l'arme. Menacé à son tour, il est obligé de se renverser pour éviter la mort. Le procureur Courbil saisit le sabre qui est levé sur la tête d'une autre victime ; il est blessé à la main. M. Tarbouriech et ses conseillers sont debout et font rempart de leurs personnes aux ecclésiastiques. Ils adressent un suprême mais inutile rappel au respect que la loi réclame et aux sentiments que dicte l'humanité. Les bandits, avides de sang, tournent leurs armes contre eux. C'en était fait de ces hommes généreux, si des mains amies, en les enlevant de force, ne les eussent soustraits aux coups qui leur étaient destinés ! Les prisonniers étaient maintenant à la merci des barbares.

La nature avait doué l'un des ecclésiastiques d'une force physique prodigieuse. Il se constitua le défenseur de ses frères. Placé en face des meurtriers et couvrant de son corps les autres prêtres, il arrachait les armes des mains de ses ennemis et les brisait sur ses genoux, quand il eût pu s'en servir contre eux. Il les aurait longtemps tenus à distance, si, comme il nous a été dit, il avait remarqué dans la salle la présence d'une longue hallebarde dont il lui eût été facile de s'emparer.

Mais les forces de ce vaillant s'épuisèrent et il dut céder sa vie et celle de ses compagnons. Tous, ils firent le sacrifice de leur existence avec le courage et l'esprit de foi des anciens martyrs. Ils ne demandèrent aux bourreaux qu'un moment de répit pour se préparer à mourir. Après s'être bénis mutuellement, ils s'offrirent à leurs coups, en disant :

« Frappez et que Dieu, pour qui nous mourons, vous pardonne le crime que vous aurez commis ».

Jean Vid.. porta le premier coup homicide et incontinent tous les bras se levèrent sur les cinq victimes. Or, pendant que la soldatesque et autres assassins s'acharnaient sur elles, une jeune fille, que nous avons connue, contemplait cette scène de carnage, hissée sur un meuble pour mieux voir. « Femme mondaine, lui dit un des martyrs, votre place n'était pas ici ». Le sang coula à grands flots et inonda la salle....... L'holocauste était accompli. C'était bien en haine de leurs principes religieux que les prêtres avaient été immolés.

Pendant toute l'après-midi, la population avait stationné sur la place, dans le vestibule et l'antichambre de la mairie. Terrifiée par l'audace des émeutiers, elle avait attendu, anxieuse, inquiète, la fin de cette triste affaire. Quand elle eut appris que les prêtres venaient d'expirer, elle se retira, en toute hâte, frappée de stupeur. Chacun rentra dans sa demeure et eut soin de barricader sa porte. Puis, un silence lugubre se fit sur la place publique et autour de l'hôtel-de-ville, et un voile funèbre couvrit la cité de deuil.

Les assassins étaient cependant restés dans l'hôtel-de-ville, en présence des cadavres. Après avoir accompli des horreurs que nous ne pouvons reproduire, ils se transformèrent en ignobles voleurs. Pour dérober leur nouveau forfait à tous les regards, ils traînèrent les corps sous les combles de la maison, (une des victimes respirait encore), et là ils firent main-basse sur l'or qui se trouvait dans les vêtements. Les valises furent aussi visitées. Quand les voleurs se furent partagé les richesses des prêtres, ils prirent leurs corps qu'ils avaient mis dans un état de complète nudité, pour les rendre plus conformes à Celui de la grande victime du Calvaire, et les jetèrent dehors, l'un après l'autre, par les lucarnes de la maison qui subsistent encore. Ayant ensuite roulé les habits, ils allèrent les déposer dans l'égout voisin du Vernazoubres (la Banelle). On dit que l'argent qui était caché dans les plis des étoffes procura une petite fortune au personnage dont M. Tarbouriech ne s'était pas méfié en prenant connaissance des passeports.

Pendant la nuit, une sainte jeune personne, assistée du domestique de sa maison, rangea auprès du petit mur de la place Barbacane les corps qui gisaient épars dans la rue et les couvrit d'un grand linceul pour que le jour ne vînt pas éclairer le plus lamentable des spectacles. Mais l'aurore avait à peine paru que le drap qui avait servi à ensevelir les saints prêtres avait été déjà victime de la rapacité.

La troupe scélérate débarrassa le pays de son odieuse présence, le 10 mai, au matin ; les conducteurs avaient promis de dénoncer eux-mêmes le crime accompli au comité de la guerre, en arrivant à Béziers. Quand toutes les divisions furent parties, les corps des martyrs furent placés dans un tombereau et emportés, sans cérémonies religieuses, au cimetière, pour être jetés dans une fosse commune, qui a toujours été respectée et sur laquelle on ne vit jamais croître un brin d'herbe. Vers les 10 heures, les officiers municipaux dressèrent, à l'hôtel-de-ville, le procès-verbal du malheureux événement de la veille ; mais, sous l'impression de la peur, ils n'osèrent faire mention des scélérats du pays. Les volontaires seuls, avec le titre d'étrangers, furent dénoncés comme les auteurs du crime. Le même jour, ils informèrent de ce qui s'était passé le représentant Rouger et le comité de la guerre, à Béziers, ainsi que les administrateurs du district, à Saint-Pons. Le 11, le procès-verbal fut expédié au comité de la guerre susdit. Le Département fut avisé, le 12, que le comité de la guerre avait mis en arrestation 31 volontaires sur lesquels on avait trouvé les objets volés aux prêtres assassinés, et la municipalité d'Alby fut assurée que les malfaiteurs étaient poursuivis et n'échapperaient pas à la vindicte des lois. Toutes ces pièces sont marquées au coin de l'indignation et de la douleur les plus profondes.

On vit arriver, le 15, dans Saint-Chinian le commissaire de guerre de l'armée bitterroise, suivi d'un détachement de troupes d'infanterie et de cavalerie amenant, la chaîne au cou, les volontaires qu'on avait arrêtés. Il annonça au peuple assemblé que les coupables seraient châtiés avec toutes les sévérités de la loi. Il s'éleva avec force contre les volontaires coupables d'homicide, contre le gendarme sur lequel pesait l'accusation de vol commis et de mauvais conseils donnés, et contre plusieurs habitants qui avaient été les fauteurs de l'attentat (1). Le soir, on dénonça au procureur général à Montpellier Jean Vid.. et Paul Crest.. comme coupables d'homicide et comme capables de tous les crimes. On devait trouver J. Vid.., chez sa mère, à Puisserguier (2).

Qu'advint-il ensuite ? Ces deux scélérats comparurent avec les autres criminels devant la Cour de Montpellier le 3 août. D'après une lettre conservée à la mairie de Saint-Chinian, le maire Tarbouriech, quatre officiers municipaux et le procureur de la commune déposèrent contre eux. Or, au dire de Soulier (3), la peine de mort fut prononcée à l'égard de deux criminels; les autres furent condamnés à cinq ans ou à trois ans de fers. Conduits aux prisons de Béziers, Paul Crest. et Jean Vid. échappèrent au supplice, ou à cause du retard que les événements politiques apportèrent à leur exécution ou grâce à des influences mises en mouvement. Ils gémirent néanmoins longtemps dans leurs durs cachots et n'en sortirent, un jour, que pour traîner une existence malheureuse et abhorrée par la population qui avait été témoin de leur crime. Nous ignorons le sort des autres assassins. On a dit pourtant que l'un d'eux périt dans une émeute qu'il avait provoquée, et nous savons que le malfaiteur qui blessa un des voyageurs à la tête

---

(1) *P. J.* — (2) *P. J.*
(3) Les Loisirs, T. I., p. 313.

d'un coup de pierre, expia ostensiblement sa conduite indigne. La population qui s'éteint a vu son bras criminel, atteint de paralysie, conserver jusqu'à la fin l'attitude qu'il avait en lançant le projectile meurtrier.

Un siècle s'est écoulé et la mémoire des martyrs attend une satisfaction complète. Après la Révolution, on essaya de la réhabiliter, mais la procédure reprise n'aboutit pas. En 1830, Monseigneur Brault, archevêque d'Alby, obtint de Monseigneur Fournier l'autorisation de placer sur la tombe des saints prêtres de son diocèse une belle pierre avec une inscription qui avait le mérite de célébrer leur glorieux trépas et celui de ménager la susceptibilité des habitants de Saint-Chinian; mais les événements politiques ne permirent pas d'ériger ce monument. M. l'abbé Martel a transféré dans l'église paroissiale les ossements des martyrs exhumés secrètement en 1843; mais sa mort prématurée l'a empêché de leur dédier, comme il en avait formé le projet, un souvenir imposant et durable. Le pasteur intelligent et zélé qui lui a succédé réalisera certainement un si noble dessein. Que la ville de Saint-Chinian donne enfin aux martyrs le droit de cité qu'ils ont conquis par leur mort sainte et glorieuse dans ses murs. La foi nous montre les cinq prêtres contemplant avec amour, du séjour des élus, l'arène où ils cueillirent leurs palmes; ils bénissent le calvaire qui leur valut le ciel, et laissent à Dieu le soin de les venger.... en nous faisant du bien. (Voir la note sur les martyrs.)

Le souvenir du crime accompli pendant leur administration pesa sur le cœur de nos édiles comme un cruel cauchemar. Aussi ne voulurent-ils avoir rien à démêler de longtemps avec le clergé du pays. Dans le club, au contraire, le malheureux Tastavin s'exaltait, de jour en jour, avec une frénésie croissante contre le fanatisme et soulevait de toutes ses forces la passion politique contre le culte. Il alla même jusqu'à provoquer la colère de la Convention contre les adversaires de ses idées sur la déesse Raison, qu'il prétendait substituer au Dieu vivant et immortel. Dans son adresse, il disait aux représentants du peuple : « Les droits de la nature sont méconnus par un fanatisme outré et violés par un préjugé barbare..... Votre philosophie doit remettre ces droits en vigueur.... Frappez les traîtres et les fanatiques.... »

Un jour à l'odieux de ces philippiques contre le clergé vint s'ajouter, au club, une motion des plus saugrenues dans sa forme. Un quidam obtint la parole pour dire « qu'il était au désespoir de penser qu'il mourrait sans avoir vu le curé et ses vicaires dépouillés de la soutane ». Il n'en fallut pas davantage aux clubistes, changés tout-à-coup en énergumènes, pour réclamer, à cor et à cri, contre le port du costume ecclésiastique et dénoncer officiellement la violation de la loi au juge de paix, présent à la réunion, sans doute pour cause.. Un autre jour, le vicaire fut accusé de vouloir faire revivre les confréries, parce qu'il avait fait un service funèbre, à l'une des chapelles de l'église. A cette occasion, le club décida qu'il ne devait y avoir aucune cérémonie distincte pour les diverses classes. Il s'inscrivit, dans une autre circonstance, contre les quêtes faites pour le culte, la veille des fêtes. Le luminaire des chapelles devait, disait-il, être interdit. Il fallait enlever les tapisseries les jours de solennités ou les laisser à poste fixe. Le budget n'autorisait, à ses yeux, que l'emploi d'un seul chantre. Le curé se moque de nous, disait-il, toutes les fois qu'il s'agit du casuel. Il eût forcé les marchands à tenir leurs magasins ouverts les jours fériés sans le bon sens d'un membre qui fit observer que la liberté des cultes n'était pas encore supprimée. On décida alors d'attendre que la Convention eût mis pour toujours le culte de la Raison à la place du culte catholique, ce qui ne devait pas tarder à se faire.

L'abolition du christianisme fut, en effet, votée le 10 novembre 1793. Tastavin se prépara à frapper un grand coup, qui devait, disait-il, anéantir le fanatisme. Il monta à la tribune, le 30, et dans un discours de longue haleine, il attaqua tous les cultes et les rendit responsables de tous les crimes accomplis et de tout le sang versé, tant sous l'empire romain que dans les temps modernes. Les pratiques futiles et absurdes du fanatisme devaient enfin disparaître devant les lumières que la Raison apportait au monde. Il n'y avait qu'une seule religion, celle de l'Être suprême. Aussi, disait-il, « j'ai depuis longtemps renoncé au sacerdoce, imitant un grand nombre de mes confrères, et je me crois plus utile à ma patrie, en remplissant les fonctions que m'a données le club et en propageant les principes de la Raison ».

Le pays gémissait du scandale causé par ce moine apostat. Or, pendant que le fils dégénéré de Saint Benoît suait sang et eau pour gagner à sa religion *naturelle* un maigre auditoire, le clergé réunissait autour de lui le grand nombre des habitants qui restait attaché à la foi. Malgré toute son éloquence et sa fougue, l'ex-bénédictin ne pouvait soutenir le parallèle avec M. Massip, qui le dominait par le savoir, la force de caractère et le calme. Sa naissance, son tact, sa prudence, assuraient au curé de Saint-Chinian le respect, la confiance et la soumission du pays. Grâce à l'influence dont il jouissait, il pouvait se flatter de tenir la population sous sa main, assez puissante pour empêcher les passions populaires de se porter à des excès qui auraient pu rappeler les égarements d'un jour de folie furieuse. Il avait sans doute pour adversaires quelques ennemis de la religion : ils pouvaient, avec la loi, lui enlever le trésor de l'église, le priver de son casuel, lui arracher son vêtement d'honneur; mais ils ne pouvaient parvenir à le dépouiller de l'amour de son peuple ; il savait vivre de peu; il conserverait toujours son caractère sacré et la mission que lui avait donnée l'Église.

Quand nous avons affirmé que la population était réellement chrétienne, nous n'avons rien exagéré : elle nous en fournit elle-même la preuve. Pressée, forcée par des ordres supérieurs qui ont eu besoin d'être réitérés, de mettre enfin à exécution le décret du 10 novembre, la municipalité vient de faire abattre, pendant la nuit, les croix qui, depuis des siècles, protégeaient les diverses places de la ville. Saint-Chinian se réveille aux cris et aux gémissements poussés par les premiers témoins du spectacle des croix renversées et gisantes à terre. Bientôt la cité est tout entière sur pied, et le lieu est rempli de murmures et d'imprécations. Les femmes se concertent et n'attendent que l'ouverture du club pour y faire irruption et demander qu'on rétablisse les croix. Ce n'est pas sans raison qu'elles iront directement au club. C'est là qu'est le foyer du mal ; c'est de là que part le mouvement anti-chrétien ; la municipalité marche à sa remorque. Mais c'est en vain qu'elles se présentèrent. Elles furent repoussées, et pour que personne n'ignorât qu'on n'avait rien à attendre de lui sous le rapport religieux, le club fit aussitôt placer sur la porte, à titre d'enseigne, ces mots : « Temple de la Raison ».

Dès qu'on sut, dans la ville, que les clubistes avaient manqué d'égard vis-à-vis des femmes, les hommes entrèrent en lice. Ils coururent rédiger une pétition dans l'église des récollets et vinrent la déposer sur le bureau du conseil politique, en permanence à l'hôtel de ville, demandant qu'il fût sans retard statué sur le rétablissement des croix, qu'ils réclamaient « en vertu d'un décret récent qui autorisait la liberté des cultes ». Les officiers municipaux demandèrent du temps pour connaître l'existence du décret annoncé par les gazettes. Pour tout délai, on leur accorda vingt-quatre heures. Le district immédiatement consulté répondit que l'objet de la demande était autorisé par la loi et qu'il fallait l'accorder pour éviter l'émeute, 16 décembre.

Les croix furent donc relevées, et Saint-Chinian offrit un noble exemple de l'attachement à la religion, quand la foi des populations défaillait presque partout. Il est vrai que, peu de jours après, le club prétendit protester en introduisant le culte de la Raison dans l'église des récollets; mais, nous l'avons constaté, le peuple n'était pas avec lui.

L'église paroissiale restait cependant toujours ouverte, et les fidèles ne cessaient de la fréquenter. Ils ne faisaient aucun cas des déclamations des orateurs du club et résistaient avec calme aux troubles que ses émissaires cherchaient à apporter dans le saint lieu. Un jour le vicaire Raymond Affre, obligé de réclamer le silence, dit avec une ironie facile à saisir : « Nous ne sommes pas ici dans une maison où l'on délibère ». Les espions eurent le bon esprit de ne pas donner à l'assistance la peine de les chasser. Toutefois, de dépit, ils allèrent se plaindre au club, qui décida que « le vicaire était jaloux de la société populaire », et donna ordre au comité de surveillance de faire son rapport « sur la conduite de ce prêtre, qu'il fallait dénoncer ».

La persécution reprit de nouveau sa marche. Le 14 janvier 1794, le procureur de la commune, à l'instigation du club, requit le maire d'exécuter les lois des 25 juillet et 27 septembre derniers, relatives aux prêtres déportés qu'elles assimilaient aux émigrés. Il s'agissait de faire la recherche de leurs biens et de les confisquer. Assisté de deux officiers municipaux, M. Tarbouriech se mit à parcourir les rues de la ville, pour visiter les domiciles qu'avaient occupés, avant de partir pour l'exil, les prêtres Louis Pagès, ex-chartreux, François Pagès, ci-devant curé de Cruzy, et Joseph Andral, ancien curé de Saint-Martial. Les découvertes faites chez Pagès, chirurgien, Viala, et Antoine Andral, prêtre assermenté, auparavant curé de Bassan, parents des exilés, ne durent guère enrichir le trésor national, car les absents n'avaient laissé que quelques misérables meubles et un petit nombre de vieux livres qui furent néanmoins saisis. Or, pendant que la municipalité faisait, à contrecœur, cette triste besogne, le club était heureux de confier à autre Andral, receveur, la mission de recouvrer l'argent des confréries, le legs de Pailhoux et les objets de valeur ayant appartenu à l'église. Et aussitôt le dit Andral de chercher querelle à M. Massip au sujet du livre où il était fait mention des débiteurs des confréries et des redevances fournies par certaines terres et maisons pour l'acquit de fondations. Il s'apercevait bientôt qu'il avait affaire à forte partie. C'est sans doute à cette occasion qu'un mandat d'arrêt fut lancé contre M. Massip et qu'on mit le scellé sur sa maison. Mais il protesta et put triompher de ses ennemis, auprès du district qui « cassa les mesures prises contre lui. »

Mais le club qui avait poussé le Comité de surveillance contre le curé de Saint-Chinian, dans l'intention de l'éconduire de son église qu'il lui tardait de fermer au culte, revint bientôt à la charge. Se voyant de nouveau à la veille d'être incarcéré, M. Massip eut hâte de s'écarter de la ville. Mais laissons-lui le soin de nous dire lui-même ce qui se passa : « Je fus obligé, écrivit-il à l'agent Courbil, le 10 prairial (29 mai 1794), de fuir pendant la nuit, et le 29 floréal (18 mai), un officier municipal vint me découvrir à la campagne... pour m'annoncer qu'en déclarant me retirer chez moi, on me laisserait tranquille parce qu'on ne demandait que la fermeture de l'église. Réfléchissant qu'étant incarcéré ou fugitif, l'église serait également fermée et qu'il s'ensuivrait un plus grand scandale et un plus grand trouble, je remis au susdit municipal un billet dans lequel je déclarais que j'allais quitter ma place et me retirer chez moi ; et pour taire le vrai motif qui me déterminait dont l'exposition eût pu provoquer encore les malveillants, je prétextai mon âge et mes infirmités prétendues, et je priai la commune d'avoir à ma démarche tel égard qu'elle aviserait. Le soir même je fus pleinement justifié par le comité sur mon prétendu délit, et le lendemain l'église fut fermée ». Après ce préambule, il ajouta ce qui suit : « Il m'est advenu que des ignorants ou des malveillants mal intentionnés veulent trouver dans mon billet une démission pure et simple de ma cure. Comme, malgré l'évidence du contraire, un pareil bruit est injurieux à l'attachement que j'ai toujours eu pour mon troupeau, et que je n'ai entendu que céder à l'orage, en suspendant mes fonctions publiques du culte intérieur, sans abandonner un troupeau que je ne puis quitter contre les règles et avec lequel je restais toujours, mon domicile étant dans la commune, je viens protester contre cette calomnie démontrée par le billet, même où il n'est pas dit un mot de ma démission, et par la lettre circulaire de l'administration du district, dans laquelle il est dit que la commune du Vernodure a chassé ses prêtres ».

« Ce pourquoy je te prie faire part à la commune de ma protestation et des mes sentiments, et pour qu'il conste que je les ai manifestés, je te prie de m'accuser réception de la présente, en collationnant la copie cy-jointe, pour m'être rendue et gardée pour servir à ma justification. Salut et fraternité. Massip ». On lit au bas de la lettre : Reçue le 10 prairial 2ᵉ année républicaine. — Collationnée et remise au sieur Massip sur sa demande. Courbil, agent municipal.

Peut-être aurions-nous mieux aimé voir ce grand caractère lutter encore, et M. Massip nous paraîtrait-il plus noble s'il était mort à la peine. Il voulut vivre pour rester au milieu de son troupeau, et pour lui donner ses soins au prix d'un dévouement journalier. D'ailleurs il y avait eu assez de sang répandu dans le pays pour la cause religieuse, et trop pour le déshonneur de Saint-Chinian.

L'église de N.-D.-de-la-Barthe fut officiellement fermée le 30 floréal an II (19 mai 1794). Ce jour-là, il y eut dans toute la ville un mouvement extraordinaire. Les rassemblements qui se formaient firent craindre une émeute. Pour la conjurer, le juge Pradal courut à l'hôtel-de-ville persuader à la municipalité de prendre les mesures les plus sérieuses, en vue de maintenir l'ordre et la tranquillité publique. Le maire eut hâte de faire une proclamation invitant les citoyens au calme et menaçant les auteurs de troubles des rigueurs de la loi, et il demanda main-forte au commandant de la garde nationale.

Le culte catholique étant supprimé, on s'empressa de le remplacer par celui de l'Être suprême ; on savait bien qu'il faut au peuple un culte quelconque. Avec un zèle outré on multiplia les fêtes d'un genre tout nouveau, pour attirer la population à l'ancienne église convertie en temple de l'Éternel; le club, de son côté, poussait le peuple à la célébration de la décade, en menaçant de déclarer suspects tous ceux qui se faisaient remarquer par leur absence.

Nos sans-culottes obtinrent quelques succès et s'enhardirent à la vue de leur triomphe. Le 20 prairial, ils entreprirent une campagne contre les prêtres qui fuyaient les villes pour être plus libres dans les petits centres. Les villages d'Assignan et de Pardailhan furent dénoncés comme conservant le culte catholique, et l'on proposa au district de Saint-Pons de faire appeler les prêtres qui se trouvaient dans ces lieux et de les retenir pour otages jusqu'à ce que les populations eussent accepté la nouvelle religion.

M. Massip, quoique retiré dans sa maison, portait encore ombrage. Le 23 octobre, d'après les notes qu'il a laissées, il fut exilé à 12 lieues de Saint-Chinian, et ne rentra dans le pays que quatre mois après. Ces notes présentent l'exil de M. Massip comme un acte de persécution religieuse, et nous apprennent qu'à la veille de son arrestation, qui se fit *manu militari*, quand on voulait installer la municipalité dans les appartements du presbytère abandonné, M. Massip réclamait le prix des dépenses qu'il avait faites lui-même, et que, tandis que le conseil de la commune reconnaissait le bien fondé de sa demande, les sans-culottes refusèrent d'entendre raison. Nous savons encore qu'au mois de février 1795, l'agent national de Saint-Pons, s'étant enquis à son sujet auprès de son collègue de Saint-Chinian, obtint le renseignement suivant : « Le citoyen Massip n'est pas en état de liberté ; il se trouve à la disposition de Perrin, représentant du peuple, à l'arrêté duquel il a obéi. »

Après la chute de Robespierre, la France fut soumise à un gouvernement moins féroce que celui de la Terreur. Les partis politiques songèrent moins à persécuter le clergé qu'à se disputer le pouvoir et à le conserver lorsqu'ils l'avaient acquis. La Convention, avant d'arriver à la fin de ses travaux, décréta la liberté des cultes, et sa loi du 2 prairial an III (21 mai 1795) autorisa l'exercice du culte catholique dans les édifices non aliénés, mais en laissant tous les frais à la charge des citoyens.

M. Massip, de retour dans son foyer depuis le commencement de mars, « grâce, dit-il, au rappel des exilés », avait déclaré, le 18 floréal, aux autorités qu'il exercerait le culte, avec Raymond Affre, dans sa demeure, et qu'il recevrait les fidèles, les jours de fêtes, à une heure indiquée d'avance à la municipalité.

Dès que la loi du 2 prairial eut été promulguée, Pierre Jaussouy, Bernard Méric et Étienne Lavit, choisis par les fidèles, comme commissaires du culte, réclamèrent les clés de l'église, qui n'avait pas été aliénée, pour y faire réintégrer les offices catholiques, en se conformant aux prescriptions légales. M. Massip s'y installa, le 12 juin, avec Raymond Affre et Antoine Andral. Bec prit possession, en même temps, de l'église de la Servelière et commença le service de N.-D. de Nazareth, le 7 juillet. Decor et Cros, ayant fait, le 25 mai, la déclaration de vouloir exercer leurs fonctions dans l'église des récollets, y entrèrent le 16 juin (1).

---

(1) Decor, natif de Saint-Chinian, prêtre jureur, chassé de la cure de Capestang, qu'il avait obtenue par le vote de l'assemblée primaire, loua les Récollets, le 28 mars, pour y fonder une église constitutionnelle.

La Convention, à la veille de se dissoudre, voulut assurer au Directoire, qui allait la remplacer, la soumission du clergé : elle fit le décret du 11 vendémiaire an IV (2 octobre 1795) qui exigeait des ecclésiastiques un serment dont voici la formule : « Je reconnais que l'universalité des français est le souverain. Je promets fidélité et obéissance aux lois de la République ». Le 1 et le 2 brumaire (22 et 23 octobre) MM. Massip, Affre, Bec, Décor et Cros prêtèrent le serment requis. Au moment de disparaître, le 4 brumaire, la Convention mit encore une arme terrible aux mains du Directoire, en décrétant à nouveau les rigueurs dont on avait usé en 1792 et 1793 contre les fonctionnaires insermentés ou s'étant rétractés, la déportation et la réclusion.

Le Directoire commença son règne, le 27 octobre, règne désastreux pour le clergé fidèle à Dieu, autant par les faveurs qu'il accorda aux prêtres constitutionnels que par les persécutions qu'il suscita contre les prêtres catholiques. Dès les premiers jours de son existence, le Directoire fit appliquer la loi du 4 brumaire concernant les ecclésiastiques qui s'étaient rétractés. M. Massip ne se crut pas soumis à ses prescriptions, et invoqua une exception en sa faveur. La municipalité, chargée par le Département de veiller à l'accomplissement de cette loi, ne jugea pas qu'il lui appartint de décider si M. Massip était atteint ou non par ses dispositions. C'est pourquoi elle le renvoya au Département, en lui donnant un certificat attestant qu'il s'était toujours soumis aux lois et qu'il ne s'était jamais rétracté. L'arrêté du Département fut favorable à M. Massip. Mais l'administration cantonale s'entremêla dans cette affaire. Elle trouva que l'arrêté avait été obtenu par des voies subreptices. « Le président Sabatier et autres prétendirent que, M. Massip s'étant rétracté après coup, la religion du département avait été surprise ». Comme ils se disposaient à écrire au département, Tricou les détourna en déclarant qu'il n'existait dans les papiers publics aucune rétractation faite par le citoyen Massip, et en disant qu'une administration inférieure ne pouvait sans inconvenance prétendre juger une administration supérieure. L'administration cantonale n'insista pas, mais elle n'en demeura pas moins convaincue que M. Massip s'était rétracté, et M. Massip, nous l'avons vu, lui a donné raison. Ou M. Massip s'est rétracté de vive voix, et alors il n'est pas étonnant que sa rétractation ne figure pas, ou il s'est rétracté par écrit et, dans ce dernier cas, l'acte de rétractation a disparu, emporté par une main dévouée ; ce qu'il y a de plus probable.

Du 20 novembre 1795 au 4 janvier 1796, M. Massip fut réduit à se cacher : le pouvoir ne cessait de recommander qu'on pratiquât la plus grande vigilance sur les prêtres qui ne marchaient pas avec lui : M. Massip était désigné par ses ennemis comme suspect. Pendant ce temps, il administra les malades secrètement. Le culte fut interrompu ; c'est à grand peine si Andral, prêtre de 80 ans, pouvait dire la messe dans l'église. Les sépultures se faisaient sans cérémonies : apportés un moment dans le saint lieu, les corps étaient dirigés ensuite vers le cimetière. Le 14 janvier, M. Massip reprit ses fonctions ; mais le 26 un mandat d'arrêt fut lancé contre lui. Il se cacha encore, continuant à secourir les moribonds, grâce à toute sorte de pieux déguisements, mais toujours en danger d'être surpris. Au commencement de 1797, il put célébrer les saints offices pendant quelques jours. Le 14 février, la force armée se présenta. Averti à temps, il avait fui. Au mois de septembre, il se croyait libre, quand il apprit qu'on faisait des perquisitions dans la ville contre les prêtres insoumis.

Le 1ᵉʳ septembre, en effet, l'adjoint Fl...., accompagné de l'unique gendarme qu'il y avait dans le lieu et de plusieurs gardes nationaux, était à la recherche de quelques ecclésiastiques déclarés insoumis. Il était cinq heures du soir. La première perquisition eut lieu chez la mère de Raymond Affre. La maison fut trouvée fermée ; la femme

Affre gardait des cochons dans la campagne ; elle seule habitait la maison. De là, on se porta chez Jaussouy, père de Jaussouy, ex-curé de Mailhac. Une des demoiselles Jaussouy ne laissa pénétrer dans la maison la petite troupe que lorsqu'elle se fut réclamée de la loi. Les recherches furent inutiles ; d'ailleurs, le curé de Mailhac n'avait pas quitté son poste. Chez Étienne Bonnel, on visita, sans résultat, tous les appartements ; la femme Bonnel déclara que ses beaux-frères n'avaient jamais abandonné la commune, voisine de Narbonne, où ils exerçaient le ministère. L'on croyait rencontrer chez Viala, au bout du pont, Pagès, ex-curé de Cruzy, et Pagès, ex-chartreux ; ce fut peine perdue, « quoiqu'on eût fouillé toutes les chambres, greniers, coins et recoins et jusqu'aux caves de la maison » (1). Enfin, on descendit chez Andral, rue Bagnesolles, pour se saisir de l'ancien curé de Saint-Martial ; ce fut en vain. Fl...., peu contrarié de son insuccès, rentra à l'hôtel-de-ville pour dresser le procès-verbal des visites domiciliaires forcées.

Pendant que le Directoire poursuivait à outrance le clergé catholique, il favorisait de toute manière le clergé constitutionnel. Forts de l'appui du gouvernement, les prêtres constitutionnels causaient de graves ennuis aux prêtres catholiques. M. Massip eut à souffrir du côté de Decor, qui ne se contenta pas, après sa fugue de Capestang, de venir élever dans son propre pays autel contre autel, mais forma un parti dans le but de chasser son rival de Saint-Chinian pour se mettre à sa place, au dire de ce dernier. Il est certain que la municipalité du temps favorisa Decor autant qu'elle contraria M. Massip.

Le Directoire ne cessa de vexer les populations catholiques par le spectacle des ridicules cérémonies du culte de la Raison ; il provoqua partout des représailles. On a vu

---

(1) Les deux prêtres étaient cependant cachés dans la maison.

comment furent traités dans notre ville la déesse, l'arbre vivant de la liberté et les processions de la décade. Aussi bien la municipalité retira-t-elle les clés de l'église des mains des commissaires du culte, Jaussouy et autres, le 12 pluviôse (1er février 1799). Ceux-ci ayant appris, le 8, que l'agent municipal M... et J.... son adjoint, revêtus de leurs écharpes, avaient nuitamment enlevé de l'église les objets confiés à leur garde, s'empressèrent de protester devant la municipalité et puis devant l'administration centrale. Le 6 mars, la municipalité eut ordre de remettre les choses en l'état primitif. Les catholiques pouvaient célébrer leur culte, et ils devaient rentrer en possession des objets disparus. Les objets du culte devaient être voilés par la municipalité pendant les cérémonies de la décade. Cet arrêté fut comme non avenu jusqu'au 27 mars. Ce jour-là, fut affiché, sur la place publique, un avis informant les habitants que l'église était ouverte aux catholiques. Sur la demande des commissaires, le juge Pradal constata, aussitôt, l'état de l'église. On n'y trouva « aucun signe religieux. Les autels du sanctuaire et des chapelles étaient détruits.... Dans le sanctuaire, à la place du maître-autel, l'on construisait actuellement une plate-forme terrassée, d'environ quatre pans d'élévation. Au milieu de l'édifice s'élevait l'autel de la Patrie placé sur quatre gradins. Il avait quatre faces et était formé avec les marbres des autels. Sur cet autel était placée une statue représentant la déesse Flore, (statue en pierre tirée des jardins de M. Jullien), aux bras de laquelle on avait attaché avec des rubans tricolores les emblèmes de la liberté..... ». Il est facile de comprendre l'étonnement et l'indignation qui furent témoignés à la vue de la spoliation et de la profanation dont la municipalité s'était rendue coupable.......

La Révolution n'avait pu éteindre le sentiment religieux dans Saint-Chinian. M. Massip veillait et entretenait la foi au milieu de son peuple. Aussi fut-il accusé d'être un sujet de discorde. Les ennemis de la religion obtinrent qu'il fût arrêté, le 4 mai, et qu'on le conduisit aux prisons de Montpellier. Mais les jours du pouvoir persécuteur étaient comptés. Le Directoire tomba, le 9 novembre 1799, devant le nouveau Cyrus que la Providence envoyait à son peuple pour relever ses autels et rendre la liberté à ses ministres.

Bonaparte, premier consul, mit M. Massip en liberté, le 29 janvier 1800.

Le confesseur de la foi rentra triomphalement dans Saint-Chinian. Il avait environ soixante-dix ans ; mais, malgré les labeurs de son long ministère et les tristesses des mauvais jours, il était encore plein de vigueur. Il lui appartenait de relever les ruines morales et physiques que les passions révolutionnaires avaient accumulées. Le jour, où il devait reprendre l'exercice de ses fonctions pastorales n'était pas sans doute éloigné, et il avait la confiance de faire refleurir sa paroisse, car la foi véritable y conservait de profondes racines, grâce aux sacrifices qu'il s'était jadis imposés pour la rendre forte, et aux luttes qu'il avait soutenues pour la défendre. Il était prêt pour son nouveau ministère.

Conclusion.

Si nous comparons la situation avantageuse dans laquelle la Monarchie avait placé notre ville, avec l'état où l'ont laissée les jours désastreux qui viennent de s'écouler, quel changement frappe nos yeux ! *Quantum mutatus !* Quelques années ont suffi pour faire perdre à Saint-Chinian sa tranquillité, sa prospérité, son éclat. Partout nous signalons les ravages de la Révolution : les religieux chassés et leur monastère changé en magasin de fourrages ; l'église paroissiale pillée et profanée ; l'hôpital fermé aux pauvres et privé de toutes ses ressources ; le travail des manufactures arrêté ; les champs sans culture ; aucune amélioration importante ; aucun progrès..... Par quelles péripéties a dû passer la population ! Elle s'est vue dépouiller de tout ; on lui a enlevé tous ses hommes valides. A plusieurs reprises elle a souffert de la faim. La discorde s'est glissée dans les murs de la cité ; les haines s'y sont allumées ; les habitants s'y sont dénoncés les uns les autres. Les mauvaises doctrines ont perverti les esprits ; les mœurs sont devenues rudes et sauvages jusqu'à répandre le sang humain !

On dira peut-être, sinon pour justifier la Révolution, du moins pour atténuer ses excès, qu'elle a établi la liberté et l'égalité. Mais si les privilèges ont cessé et si tous les hommes sont devenus égaux devant la loi, c'est que la Monarchie, devançant son heure pour prendre celle du peuple impatient, a voulu satisfaire au désir et au besoin de la société plus tôt qu'elle n'avait résolu de le faire et qu'il n'eût fallu. Ce qu'il y a de certain, c'est que par sa précipitation et son mauvais esprit, la Révolution a entraîné le pays dans la voie des changements perpétuels et lui a soustrait les moyens de se relever complètement, la considération de l'autorité et l'idée religieuse.

NOTE

LES MARTYRS DE SAINT-CHINIAN

I. — Notre récit du martyre des prêtres d'Alby est confirmé par neuf pièces qui se trouvent à la mairie de Saint-Chinian et dont voici la nomenclature :

1° Le procès-verbal de l'assassinat, 10 mai 1793 ;

2° Une lettre adressée au représentant Rouger, à Béziers, 10 mai 1793 ;

3° Une lettre adressée au Comité de la guerre à Béziers, 10 mai 1793 ;

4° Une lettre adressée aux administrateurs du district à Saint-Pons, 10 mai 1793 ;

5° Une lettre, contenant le procès-verbal du 10 mai, adressée au Comité de la guerre, à Béziers, le 12 mai 1793 ;

6° Une lettre adressée aux administrateurs du département, à Montpellier, le 12 mai 1793 ;

7° Une lettre adressée aux officiers municipaux, à Alby, 12 mai 1793 ;

8° Le procès-verbal de l'enquête du commissaire de guerre, 15 mai 1793 ;

9° La dénonciation de deux scélérats du pays faite au procureur général, à Montpellier, 15 mai 1793.

II. — Il y a dans *Les martyrs de la foi pendant la Révolution* quelques pages consacrées à nos martyrs. L'abbé Guillon ne s'étant inspiré, en 1821, que du procès-verbal du 10 mai, la seule pièce qu'il avait à sa disposition, sa relation ne pouvait qu'être incomplète ; il s'y trouve, en outre, des inexactitudes que nous devons relever pour l'intérêt de la vérité et l'honneur de nos magistrats :

1° La sincérité des officiers est mise en doute. « Ils ont eu soin, dit l'auteur, de donner aux gardes nationaux (lisez volontaires) la

qualité d'*étrangers*.... « Un grand nombre de gardes nationaux *étrangers* se sont jetés sur les prêtres.... Est-ce sans motif qu'ils se sont abstenus de dire d'où venait le bataillon de volontaires? »
— Si l'abbé Guillon avait pu lire le procès verbal du 15 mai, qui montre le commissaire de guerre conduisant à Saint-Chinian trente-un volontaires, arrêtés à Béziers, pour les faire confronter avec les autorités de la ville, sur le théâtre de leurs forfaits, sans doute il n'aurait pas soupçonné la municipalité d'une indigne supercherie. — Les officiers municipaux ont donné eux-mêmes le motif du silence qui offusque l'abbé Guillon. « Vous avez vu, disent-ils dans la dénonciation qu'ils firent au procureur général, que nous n'avions *tarativement* nommé personne dans notre procès-verbal ; nous avions seulement indiqué que les informations donneraient des éclaircissements sur cet horrible attentat. Un motif de prudence nous avait dirigés. Les opérations des communes sont aujourd'hui des actes publics, et les registres peuvent être examinés par tous les citoyens.... L'effervescence durait....: elle fut entretenue par des volontaires qui arrivèrent, le même jour, et parurent approuver les événements de la veille ; ce qui obligea la commune à ne signaler personne. »

2. « On n'ose, ajoute cet auteur, deviner pourquoi les officiers consignèrent les prêtres au corps de garde... » Nous avons fait voir que les prêtres étaient très exposés dans la salle du conseil ; l'événement l'a certainement prouvé. Le poste gardé par des hommes armés sembla aux officiers un lieu plus sûr que l'hôtel-de-ville envahi par des gens hostiles qu'il était difficile de maîtriser ; à l'annonce du danger qu'on leur signala au poste, les officiers s'empressèrent de ramener les prisonniers dans la maison commune, et l'on sait qu'ils s'exposèrent à la mort pour les défendre.

3° Il est dit encore dans la relation : « La municipalité *prétend* qu'il lui était impossible d'employer la force contre les mutins, parce que toutes ses armes lui avaient été enlevées par le proconsul Rouger pour les volontaires qui partaient pour l'armée. » A cette insinuation, toute à la défaveur de nos magistrats, nous répondons nous-mêmes que nous avons constaté dans le pays plusieurs réquisitions d'armes. Les officiers municipaux répondirent eux aussi, d'avance, dans la lettre qu'ils envoyèrent au département, le 12 mai : « Nous nous permettons une observation. Les deux commissaires Bédos et Moureau qui vinrent ici faire partir les chevaux, nous firent remettre les fusils, et le district nous demanda (procès-verbal du 18 avril 1893) les habits de nos gardes nationaux, qui s'en dépouillèrent volontairement.... Nous sommes sans armes, sans un uniforme imposant, ce qui veut dire désorganisés.... Exposés continuellement au passage fréquent des volontaires des divers départements...., nous vous prions de prendre des mesures..., pour que nous ne soyons pas sujets à voir se renouveler des scènes désastreuses. »

4° L'allusion est évidente dans l'affirmation suivante : « On sait trop où étaient, dans cette contrée, les plus irréconciliables ennemis du catholicisme.... » L'abbé Guillon s'est trompé ou il a été mis dans l'erreur par l'écrivain qu'il cite (Bravard) sur le compte des municipalités de nos pays. Généralement elles pensaient bien, quoiqu'elles ne pussent pas toujours agir d'après leurs convictions. La preuve en est que le gouvernement les faisait surveiller par les clubs. La nôtre fut accusée d'être « despote, aristocrate et fanatique ». Toutes celles des petits centres qui entouraient Saint-Chinian furent tenues pour suspectes, et pour cause, car elles favorisaient la pratique du culte. La municipalité du district pouvait-elle faire plus pour les fugitifs que de donner son visa à leurs passeports et de les prémunir eux-mêmes contre l'accident de Saint-Chinian, autant qu'il dépendait d'elle.

III. — En 1891, les semaines religieuses d'Alby et de Montpellier se sont aussi occupées des martyrs de Saint-Chinian. La relation qu'elles ont donnée de leur mort offre l'intérêt d'un récit fait par des témoins oculaires et celui des détails subséquents que le lecteur connaît. Nous avons cependant à relever une erreur sur la date du martyre, erreur qui est reproduite dans l'inscription de la pierre tombale, et une autre erreur sur le lieu du martyre. Ce n'est pas en 1792 ni sur la place publique que le martyre fut accompli, mais bien en 1793 et dans l'hôtel-de-ville.

IV. — L'abbé de Vézian avait été chanoine titulaire de l'église métropolitaine d'Alby et missionnaire diocésain ; Jean-Jacques Farsac était chanoine hebdomadaire de la même église ; Simon-Augustin Nadau était religieux profès de l'ordre de Saint-François et aumônier du monastère de l'Annonciade ; Alric, du diocèse de

Rodez, était religieux de l'ordre des Frères prêcheurs d'Alby, et Boyer, natif d'Alby, était religieux de Saint-Augustin.

V. — Le nombre des prêtres, dont le sang des martyrs semble avoir été, par un fait providentiel, la semence à Saint-Chinian, est considérable. Parmi ceux qui ne sont plus, nous citerons pour honorer leur mémoire, l'abbé Coural, fondateur de la maison de Nazareth, à Montpellier; son neveu l'abbé Denis Coural, qui a écrit un beau livre sur l'institution du refuge de Nazareth; l'abbé Bouttes qui fut grand-vicaire de Monseigneur de Las Cases, à Constantine; l'abbé Riom, vicaire de Mʳ de Bonnes, mort victime de son ministère accompli dans l'hôpital de Saint-Pons; MM. Lautrec, Blanc, Gely; Lacroix, dont le nom rappelle la catastrophe d'une famille nombreuse. Parmi ceux qui survivent, nous aimons à nommer le père Élysée de l'ordre des Carmes, le chanoine Valmegère, curé de Prémian; David, curé-doyen de Florensac; Dor, curé de Graissessac; Clavel, curé de Cournonsec; Brabet, curé d'Autignac; Quercy, curé de Puissalicon; Tarbouriech, curé de Berlou, et l'abbé Do, nouvellement ordonné. Ces Messieurs font revivre les qualités des martyrs, leurs pères dans la foi.

L'auteur de ces lignes aura-t-il, par son zèle pour l'honneur de son pays et pour la gloire des martyrs, mérité d'être compté dans cette belle phalange? Il désire cette faveur et espère l'obtenir.

LIVRE IV

SAINT-CHINIAN APRÈS LA RÉVOLUTION

Après la chute du Directoire, l'on vit longtemps encore régner l'inquiétude et l'agitation dans le pays. Sur des ordres sans cesse renouvelés, la municipalité de Saint-Chinian requérait tous les jours des hommes, des vivres des fourrages. La Révolution avait tant épuisé les ressources et tant fatigué les bonnes volontés, que les appels adressés au patriotisme étaient souvent infructueux. Il faut entendre Vallat pour se rendre compte du malaise général : « Ce n'est pas sans la plus grande affliction, disait le magistrat, le 4 mai 1800, que j'ai été obligé de diriger les réquisitions sur les personnes qui, en thermidor dernier, lors du passage des gardes nationales chargées de combattre les brigands *royaux* dans le Tarn, ont fait l'avance de 3000 fr. de fournitures qui n'ont pas été remboursés. J'ai représenté l'état de détresse des boulangers, bouchers et fournisseurs de fourrages. Je désirerais que les autorités fussent témoins de la situation ; elles verraient que, dans ce pays de fabriques, les trois quarts au moins des habitants sont des artisans vivant au jour le jour, et que les réquisitions portant sur les mêmes personnes deviennent des opérations meurtrières ». Après avoir déclaré qu'il était forcé de contraindre les jeunes conscrits à partir pour l'armée, il tâchait d'exciter la fibre patriotique : « Partez, disait-il, généreux défenseurs d'une belle cause. Le premier Consul, en vous appelant sous les drapeaux, veut hâter l'époque d'une paix solide, glorieuse et durable.... Pères de famille, bénissez vos fils réclamés par la mère commune pour défendre vos foyers. Mères, épouses, sœurs, ne retenez point leurs pas généreux...; dirigez-les vers l'arène de la gloire. »

Quoiqu'il eût à tenir tête à l'Europe entière, le premier Consul songeait à traiter avec le Pape pour le rétablissement de la religion catholique, et la France était heureuse de voir que Bonaparte voulait donner la religion pour base à l'édifice social qu'il allait refaire. On ne saurait exprimer la satisfaction qu'on éprouva chez nous, le 17 février 1800, lorsque l'agent municipal Vallat fit afficher « dans les lieux les plus apparents de la présente commune, qu'au désir de la loi et des arrêtés du Gouvernement, l'administration avait mis le temple décadaire à même de servir pour l'exercice du culte catholique, et que ses ministres seraient autorisés à y faire leurs fonctions. » On le sentait bien : pour remonter au degré de la civilisation qui avait été le fruit du travail de dix siècles, il fallait reprendre les anciennes traditions religieuses.

Or, il y avait deux genres de difficultés à surmonter : l'habitude prise des fêtes de la décade et l'attachement d'une partie de la population au culte constitutionnel; mais avec l'aide du premier Consul on espérait en triompher.

Le 3 juin, cependant, la population éprouva une certaine appréhension en voyant arriver au pouvoir l'administration Tricou, désignée par le Préfet de l'Hérault.

Tricou s'empressa de détruire, autant qu'il le pouvait, la fâcheuse impression produite par sa nomination : « Nous sommes instruit, dit-il dans sa proclamation du 20, que la prévention cherche à faire naître la défiance sur notre future conduite administrative..... On vous dit, peut-être, que nous voulons fermer les églises, vous priver de vos ministres....;

que nous favoriserons les uns aux dépens des autres. Rassurez-vous, vos magistrats ne connaitront jamais que la plus rigoureuse impartialité et les règles de la plus exacte justice. Rappelez-vous leur conduite passée : ils ont toujours secouru les pauvres, étayé les faibles et protégé tous les citoyens. Ils respecteront les opinions religieuses de toutes les sectes, parce que la loi le leur commande...; ils ne cesseront enfin de vous inviter à oublier les animosités particulières... Oui, citoyens, oublions les torts réciproques ; nous vous en donnerons l'exemple et nous forcerons même ceux qui sont prévenus contre nous à reconnaitre nos efforts pour ramener la paix... » Tricou crut avoir tranquillisé les consciences catholiques et, par cela même, être autorisé à aller célébrer la décade dans l'église, sans doute pour y fêter son entrée à la mairie. Il se rendit ensuite à l'hospice avec ses adjoints Flottes Pierre et Bousquet Joseph, pour constater les besoins des pauvres et promettre leur concours pour le succès de l'établissssement de charité.

M. Massip et les autres prêtres de Saint-Chinian firent leur soumission au chef de l'État et indiquèrent le lieu où ils devaient célébrer le culte : Andral et Pagès optèrent pour l'ancienne église paroissiale pendant que M. Massip choisissait la salle basse de sa maison de Tournefeuille ; Decor jeta son dévolu sur l'église des Récollets qu'il avait sous la main.

Cependant, en haut lieu, on avait résolu d'en finir avec les cérémonies de la décade, devenues insupportables à la masse du peuple ; il fallait toutefois user de tempérament et procéder avec prudence. On commença par dispenser les gardes municipaux des communes d'assister aux fêtes de la Nation, dans les chefs-lieux de canton, et pour les fêtes décadaires, on ne put en réclamer, dans chaque localité, qu'un nombre limité. Le motif qui fut mis en avant se tira des besoins de l'agriculture, qui exigeait le plus grand nombre de bras possible. Les fêtes instituées furent ensuite simplifiées. Enfin arriva l'ordre de transférer la célébration de la décade dans les hôtels de ville. Le 18 août, la déesse Flore fut enlevée de l'église et installée dans la mairie, où devaient avoir lieu désormais les publications ordonnées par la loi. Entr'autres considérants qui justifiaient cette translation, on trouve celui-ci : « Considérant que la salle des séances municipales est assez vaste... et que l'église est trop spacieuse pour le petit nombre des assistants..., et que cet édifice serait même malsain, pendant les mauvaises saisons, pour un aussi petit nombre de personnes..... ». On le voit, la décade allait à la dérive.

Le 7 avril 1801, la décade fut abolie et le culte catholique reprit tous ses droits. Le 19, on chanta dans toutes les églises un *Te Deum* en l'honneur de la paix qui venait d'être faite avec l'Allemagne, et le 15 juillet le concordat fut signé par le Pape et le premier Consul. Beau jour pour la religion, qui put relever noblement sa tête ombragée par les palmes du martyre et saluer le prince que Dieu lui avait envoyé pour rebâtir ses temples et relever ses autels !

Il s'agissait maintenant de pourvoir les églises des objets indispensables au culte : partout le zèle s'affirma. A Saint-Chinian, le 8 février 1802, l'un des membres du conseil municipal chercha à faire rentrer la nôtre en possession des richesses dont on l'avait dépouillée. « Notre église, dit-il en pleine séance, fut fermée lors de la terreur de Robespierre ; puis elle fut rendue, en vertu de la loi de prairial an III, aux citoyens qui en jouirent. Or, il plut un jour à l'ancienne administration municipale de s'ériger en despote et de les en chasser. Elle s'empara des clés et fit disparaître tous les signes religieux, qu'elle porta à des heures nocturnes, dans l'église des Récollets, pour y être de nul usage, attendu que cette église était plus que suffisamment garnie par les dépouilles des ci-devant Bénédictins. Il est temps que la grande majorité des citoyens ne soit plus privée des objets de son culte....., surtout maintenant que l'église paroissiale est servie par quatres prêtres soumis à la loi, tandis que les caveaux des Récollets sont encombrés d'ustensiles et de statues qu'on n'a pu placer dans l'église..... Je demande donc que le conseil... engage le préfet à prendre un arrêté pour que les effets extraits de la paroisse par le cit. Mir..., ex-agent municipal, et le cit. Jam..., ex-adjoint, soient réintégrés et que les dilapidateurs soient traduits devant les tribunaux... ». Le conseil reconnut la vérité de ces affirmations et résolut de faire intervenir l'autorité préfectorale, après les démarches qu'on aurait essayées auprès du prêtre des Récollets. Ces démarches n'ayant pas réussi, on s'adressa au préfet, et cela à plusieurs reprises, mais ce fut toujours inutilement.

Decor ne se contentait pas de détenir sans raison les objets appartenant à l'église paroissiale, il fomentait la division dans le pays. Prêtre sans mission, il se regardait comme le curé du faubourg, prétendant exercer ses fonctions usurpées, sans contrôle et même aux dépens des prêtres de l'église de la ville reconnus par l'autorité ecclésiastique. Les gens du aubourg le soutenaient, parce qu'il leur faisait accroire qu'il empêcherait les habitants de la ville d'abolir leur église, sous prétexte de son culte constitutionnel. On ne peut dire si ces derniers avaient un tel dessein, mais on peut affirmer que Decor fournit certainement l'occasion de la faire fermer.

La loi de germinal an X (mai 1802) interdisait le culte extérieur jusqu'au jour où le nouvel évêque serait installé. Le prêtre Decor passa outre et fit procession sur procession dans le faubourg et même dans la ville, après avoir annoncé à l'avance que rien ne l'arrêterait. Il fut dénoncé aux autorités supérieures comme continuant de jouer le rôle de « perturbateur de la paix publique qu'il compromettait depuis longtemps. » Les partisans de Decor ripostèrent aux observations que celui-ci avait reçues par des chansons à l'adresse de l'évêque, monseigneur Rollet ; l'autorité civile menaça de les poursuivre.

Pour prévenir les conflits qui devaient fatalement éclater pendant les processions des Rogations, devant la croix du Pont, à la rencontre des gens de la ville avec ceux du faubourg, le maire régla, en 1803, la marche qu'on suivrait, de part et d'autre, et ordonna qu'on ne dépasserait pas l'entrée du pont. Il fit signifier son arrêté, approuvé par le préfet, aux divers ministres du culte. Decor, en accusant réception de l'arrêté, fit savoir au maire qu'il irait jusqu'à la croix, ainsi qu'il l'avait toujours fait.

Le premier jour des processions, 14 mai, Decor s'avança, en effet, comme il l'avait promis, jusqu'à la croix, fit ses prières et se retira ensuite. Il faut dire que M. Massip ne sortit pas de son église, laissant à son adversaire le champ libre, bien convaincu qu'il abuserait de sa liberté. Enhardi par son triomphe et par l'impunité dont il se croyait sûr, le prêtre des Récollets traversa hardiment, le lendemain, le pont et s'engagea dans la rue de Bagnesolles, avec le parti pris de parcourir les rues de la vieille ville.

Le maire avait informé, la veille, le sous-préfet de Saint-Pons de l'incartade de Decor, et le sous-préfet lui avait répondu qu'avec les ordres qu'il avait déjà reçus, il aurait dû faire arrêter le prêtre révolté. Irrité du mépris que Decor affectait vis-à-vis de son arrêté, le maire Tricou courut à la mairie pour lancer le maréchal des logis à la poursuite du délinquant. Guérin était à peine sorti de l'hôtel de ville, que Decor passait avec sa procession, en chantant aussi haut qu'il le pouvait : « *A fulgure et tempestate libera nos, Domine.* » C'était bien la colère et les foudres du maire qu'il osait braver jusque sous les fenêtres de la mairie. Et de là il se dirigea vers le faubourg, pour rentrer dans son église, sans avoir été rencontré par la maréchaussée.

Le maréchal des logis alla pourtant rejoindre Decor dans son domicile pour l'amener devant le juge de paix, Claude Bousquet. Ayant récusé ce magistrat, comme son parent au 3e degré, Decor fut renvoyé au juge suppléant, le sieur

Mirepoix, qui l'entendit à deux heures de l'après-midi. Interpellé sur sa conduite, il répondit : « Que pour satisfaire à la dévotion de ses paroissiens et en suivant l'usage ancien, il avait fixé ses processions ; que quelques citoyens ennemis de la paix et de l'ordre, méprisant sans doute les lois et le concordat, avaient voulu empêcher les processions et fait agir le cit. maire pour s'opposer à l'exercice du culte; qu'ayant, par la lettre du 24 floréal, écrit que, d'après l'art. ix du 18 germinal an IX, le culte devait être exercé sous la direction des archevêques et évêques et sous celle des curés dans leurs paroisses, il aurait dû s'attendre, au lieu d'être troublé et arrêté comme un criminel, à trouver la protection d'un magistrat afin de faire concorder la paix des consciences et la tranquillité de son troupeau avec l'ordre extérieur ; qu'il ne voyait dans l'arrestation de sa personne qu'un acte destructif de sa liberté pour la satisfaction de quelques autres prêtres qui n'aimaient pas le répondant, parce qu'il avait été toujours soumis aux lois ; que quoiqu'il n'eût commis aucun délit, qu'il n'y eût dans la commune qu'un seul culte catholique et qu'il n'eût fait que le devoir d'un prêtre pieux et zélé, il déclarait que tant le cit. maire que le juge n'étaient pas compétents pour rien statuer à son égard et qu'il réclamait sa liberté provisoire jusqu'à ce qu'il eût fait prononcer par le conseil d'État si c'était lui qui avait abusé de ses fonctions, ou bien si on n'avait pas porté atteinte à l'exercice public d'un culte et à la liberté, dont la loi et les règlements le garantissaient; qu'à cet effet il allait présenter un mémoire au cit. Portalis, conseiller d'État ; qu'au surplus, il lui serait toujours aisé de se justifier des fausses imputations et des rapports arbitrairement avancés pour surprendre la religion du sous-préfet, protestant de tout ce qui serait fait au préjudice de l'incompétence qu'il opposait ». Le juge suppléant admit, sans difficulté, qu'il y avait lieu à recourir à un tribunal supérieur au sien et mit Decor en liberté provisoire. Dès que cette décision fut connue, le conseil municipal fut convoqué. La conduite de Decor ayant été discutée, l'assemblée la déclara digne de blâme, mais elle ne fut nullement surprise de la décision du juge suppléant.

On ne sera donc pas étonné de constater, avec l'adjoint Flottes, une troisième infraction à l'arrêté dont Decor se rendit coupable, le 16 mai. On comprendra encore que le préfet, ému du danger que courait l'ordre par le fait des manifestations religieuses dans les lieux où se trouvaient des prêtres constitutionnels à côté des prêtres insermentés, permit d'interdire les processions jusqu'à l'établissement définitif des curés dans les paroisses.

Le 8 juin, un arrêté municipal suspendit tout culte en dehors des églises. Cet arrêté, on le pense bien, fut mal accueilli dans le faubourg : il y eut des murmures, des cris, des chansons obscènes et provocatrices à l'endroit des habitants de l'autre côté du pont. Decor, se mettant au-dessus de toute autorité, fit la première procession de la Fête-Dieu : on le vit sortir de l'église des Récollets, portant le Saint-Sacrement sous le dais, et revêtu des ornements ravis à l'église de la ville. Il parcourut les rues du faubourg et de la ville, provoquant par son audacieuse témérité des rassemblements tumultueux et exposant son ministère aux plus dures récriminations. Le maire cependant se prodiguait en tout lieu pour calmer les esprits et épargner à la population surexcitée des scènes regrettables, des conflits scandaleux. Decor rentra dans son église au milieu du bruit et de la confusion.

L'audacieuse opiniâtreté de ce prêtre avait atteint ses dernières limites. Le grand-vicaire, résidant à Saint-Pons, lança contre lui l'interdit et chargea le maire de le lui signifier. Decor n'en tint pas compte et fit la seconde procession. Ce fut un nouveau scandale, et le désordre auquel sa procession donna lieu fut encore plus grand, à cause de la nuit qui la surprit dans les rues de la ville. Le pays était bouleversé.

La rébellion de ce prêtre fut signalée au préfet et à l'évêque qui, de concert, réglèrent les mesures à prendre. Le 24 juin, le maréchal des logis de Saint-Pons arriva à Saint-Chinian, à la tête des brigades de Saint-Pons et d'Olonzac. Il portait l'ordre de fermer l'église des Récollets. C'était huit heures du matin. Après avoir informé le maire, il se dirigea vers la maison de Decor pour se faire remettre les clés de l'église et du tabernacle. Decor déclara qu'il ne les céderait à aucune autorité. Sur ce refus, le maréchal des logis revint à la mairie, mais il eut à traverser une foule qui s'était massée sur la place de la Fraternité (plan de l'église des Récollets) et à subir ses provocations ; elle cria : « Decor n'en dira pas moins la messe ».

Ce qu'il y avait à faire fut vite concerté. La gendarmerie monta à cheval. Le maire, suivi du prêtre Andral, se mit à la tête du cortège. Parvenues à l'église des Récollets, les brigades furent rangées en bataille. Le prêtre Decor disait en ce moment la messe ; on ne le troubla pas. Quand il eut fini, le maire entra dans l'église et fit sortir toutes les personnes qui s'y trouvaient. Pendant ce temps la troupe faisait évacuer le plan. Andral, de l'ordre du maire, alla vers Decor qui se tenait derrière l'autel et l'engagea à lui livrer la clé du tabernacle ; la clé lui fut refusée absolument. Le maire s'avança pour insister. Decor voulut lui persuader d'abandonner « sa triste besogne et de prier avec lui ». Tricou répondit qu'il n'avait à recevoir ni leçon ni conseil. « Vous feriez pourtant mieux de profiter de mes paroles », riposta le prêtre.

Il n'y avait plus à parlementer. Le maire fit ouvrir le tabernacle, et Andral s'étant revêtu d'habits sacerdotaux prit la Réserve. Précédé de deux personnes munies de flambeaux, il se dirigea vers l'église paroissiale sous l'escorte de quatre gendarmes portant l'arme au bras.

Après avoir fait l'inventaire des objets du culte, le maire ferma l'église et emporta les clés à l'hôtel de ville. L'exécution des ordres supérieurs avait eu lieu sans trouble, grâce à la force armée. Par prudence, il se fit des patrouilles au faubourg pendant le jour et une partie de la nuit, mais on n'eut à réprimer aucun désordre.

L'église des Récollets était désormais supprimée, et avec elle disparaissait le culte constitutionnel qui avait divisé le pays.

Monseigneur Rollet, dès son arrivée à Montpellier, avait pourvu aux besoins spirituels des populations des anciens diocèses réunis sous sa juridiction, soit en maintenant les curés présents dans les localités, soit en rappelant ceux qui étaient absents. Le 29 juillet 1803, il arrêta, avec le préfet Nogaret, la nouvelle circonscription des paroisses. M. Massip, déjà à la tête de celle de Saint-Chinian, fut officiellement reconnu comme le seul et unique curé de cette ville et son action s'étendit sur les paroisses du canton : une lettre de M. Treil de Pardaillan, grand-vicaire, en résidence à Saint-Pons, prouve de quelle utilité il fut à l'administration épiscopale.

Les habitants de Saint-Chinian réclamèrent alors les pompes catholiques à l'extérieur de l'église. M. Massip profita de cette circonstance pour exiger qu'on le mit en possession de l'ancien presbytère : c'était une question grosse de difficultés. N'importe, il déclara qu'il ne ferait aucune procession dans la ville tant qu'on ne lui aurait pas rendu une demeure que la loi lui attribuait. Pour satisfaire M. Massip, la municipalité devait se retirer avec les divers services de la commune de la maison qu'ils occupaient. Mais où se loger ? L'ancienne mairie avait été vendue, et l'on ne trouvait aucune habitation propre à être convertie en hôtel de ville.

Le conseil municipal ne vit, dans cette conjoncture, d'autre moyen à prendre que celui de contester le droit qu'invoquait M. Massip pour le forcer à déguerpir. Il délibéra donc, le 2 décembre, que « la maison presbytérale avait été réellement aliénée au moyen de l'échange fait, en l'an III, avec le gouvernement, de l'ancienne maison de ville contre le presbytère, en vertu d'un arrêt de la commission des Finances de la Convention; à la suite duquel échange, le gouvernement vendit la dite maison commune à Hérail, en encaissa le prix, et mit la commune en possession du presbytère ».

Quelques jours après, le conseil eut à répondre au sous-préfet de Saint-Pons, qui lui avait soumis la demande officielle du presbytère faite par le curé de la paroisse. Il lui adressa la délibération déjà prise, en offrant toutefois, pour le moment, à M. Massip une indemnité de logement et, pour plus tard, une autre maison, s'il ne voulait pas se contenter de son habitation de Tournefeuille. Persuadé qu'on ne pouvait rien opposer à sa manière de voir, il pria le sous-préfet d'exiger de M. Massip qu'il ne résistât plus à l'impatience du public à l'endroit des processions.

M. Portalis, conseiller d'État, chargé des affaires du culte, fut appelé à résoudre la question. Le curé de Saint-Chinian s'était adressé à lui : il fondait la demande du presbytère sur l'article 72 des articles organiques de la Convention de messidor an IX, qui disait expressément : « les presbytères et les jardins non aliénés seront rendus aux curés et aux desservants des succursales ». En outre, il combattait les prétextes présentés par la municipalité pour se soustraire à l'obligation de sortir du presbytère. Le mémoire de M. Massip revint à Saint-Chinian. La municipalité répondit que « si, l'an III, la commune n'avait pas pris le presbytère en échange de son hôtel de ville,... il n'était pas douteux que le presbytère n'eût été alors aliéné » de fait, et qu'en droit, elle regardait l'échange accompli comme une véritable aliénation. Ce ne fut pas l'avis de M. Portalis.

En effet, le 1er brumaire (23 octobre), le sous-préfet écrivit au maire pour lui dire que le Ministre des cultes avait reconnu la légitimité de la demande du curé, et il lui enjoignit de réunir son conseil pour réintégrer M. Massip dans le presbytère, et aviser au moyen de transférer ailleurs la mairie et la justice de paix.

Le conseil fut convoqué, le jour même, mais il ne se trouva pas en nombre suffisant pour délibérer : les travaux de la vendange en furent, dit-on, la cause. La séance fut renvoyée. Le 6 brumaire, la réunion ne put avoir lieu, le maire et les adjoints manquaient : la femme du maire était en couches; celle du premier adjoint était souffrante; le second adjoint n'avait pas été averti à temps pour présider l'assemblée. Le 10 brumaire, en l'absence du maire et celle du premier adjoint, le deuxième adjoint prit occasion de la décision du ministre des cultes pour dire que la vente de l'ancien hôtel de ville n'avait pas été régulière et qu'il fallait forcer le gouvernement qui, en fait, avait dépouillé la municipalité de sa maison commune, à annuler cette vente. Le 15 pluviôse (4 janvier 1805), il fut impossible de rassembler les membres du conseil; il en fut de même, le 20 pluviôse. On comprend, en quelque sorte, la résistance de la municipalité, et il semble que l'État, ayant profité de la vente de la maison commune puisqu'il en avait encaissé la finance, devait au moins rembourser le prix qu'il avait touché. Mais il fallait, de toute nécessité, restituer le presbytère à qui de droit. Le 28 du même mois, le préfet ordonna au maire de le remettre au curé dans l'espace de trente jours, pour tout délai, et il l'autorisa à traiter avec la dame de Jougran pour s'installer dans sa demeure, en attendant qu'il fût statué sur le rachat de l'ancien hôtel de ville dont il devait être question.

L'affaire du presbytère était définitivement réglée, et il demeurait bien entendu que cet immeuble, d'ores et déjà, restait affecté au clergé paroissial. M. Massip avait assuré à ses successeurs une demeure vaste, bien placée et commode pour le service religieux de la paroisse. Avant la Révolution, il avait mis sur elle une partie de sa fortune; il fit, ensuite, l'avance des fonds nécessaires pour les réparations qu'il exigea au moment d'y rentrer. Ce n'est qu'en janvier 1806 qu'elles furent achevées.

Lorsque l'église s'était rouverte après les mauvais jours, il avait fallu songer à lui procurer les objets nécessaires au culte. La Révolution l'avait entièrement dépouillée : l'argenterie et tout ce qu'il y avait de précieux avait été emporté au district; ce que l'on y avait laissé pour l'exercice du culte et les ornements des Bénédictins, qu'on lui avait cédés, avaient été plus tard cachés dans l'église des Récollets. Dès que la voix de la justice put se faire entendre, la municipalité chercha à faire rentrer l'église en possession des dépouilles que détenait le prêtre Decor; mais elle ne put les obtenir. Les prêtres qui célébrèrent dans l'église paroissiale se servirent « des ustensiles qui leur appartenaient ». M. Massip, ayant été installé comme curé de Saint-Chinian, commença par réclamer tout ce qui était de stricte nécessité. Les municipalités avaient ordre de venir en aide au culte. Celle de Saint-Chinian mit à la disposition du curé tout ce qu'elle avait retrouvé dans l'église des Récollets après s'en être saisie, et se montra résolue à poursuivre Decor jusque « dans le lieu où il faisait son exil », pour ravoir les objets qui avaient disparu.

On ne tarda pas à former une Fabrique paroissiale (1), qui voulut faire intervenir efficacement la municipalité dans les dépenses qu'il y avait à faire pour l'exercice du culte. Elle s'adressa à la nouvelle administration qui avait à sa tête le sieur Martin. Celle-ci, tout en regrettant de ne pouvoir procurer à l'église l'éclat particulier dont elle avait joui autrefois parmi les autres églises du diocèse, se hâta de

---

(1) Martin des Albières, Guill. Jougla, notaire, Jean Salles, homme de loi, nommés le 6 floréal an XII, furent installés le 16 par Flottes, adjoint.

lui accorder la somme de 1500 fr. pour l'aider à se pourvoir de linge et de vases sacrés. Elle fit plus, elle prit à sa charge de payer les honoraires de l'organiste et du carillonneur, comme on l'avait fait dans le passé. « Si l'orgue manquait dans l'église, fut-il dit, les cérémonies religieuses perdraient beaucoup de leur pompe et le culte de sa majesté, et l'orgue en dépérissant occasionnerait une perte considérable à la commune, qui l'a reconstruit à grands frais ». Le sieur Valentin, à qui l'on offrait en ce moment l'orgue d'une cité plus importante, préféra consacrer son talent à sa ville natale... L'église de Saint-Chinian ne fut pas seule l'objet de l'attention de la municipalité, celle de la Servelière fut aussi favorisée, 29 juillet 1804. L'intérêt que la municipalité montrait pour le culte, en ces circonstances, parut encore lorsqu'il fut question des réparations à faire, soit au clocher et à l'église de la ville, soit à l'église des masages. A plusieurs reprises, elle prêta son appui aux marguilliers pour défendre l'édifice religieux de Saint-Chinian contre les voisins Jaussouy, Hérail et Gondard, qui envahissaient le dessus des chapelles du côté du nord.

Grâce au zèle ferme et prudent de M. Massip, au concours de la municipalité et aussi au bon esprit de la population, le service religieux était désormais assuré dans Saint-Chinian. L'église de N.-D.-de-la-Barthe, succédant à l'église matrice de l'abbaye, fut placée sous le patronage de Saint-Anian.

II

Les intérêts temporels de la Commune étaient entre les mains d'une municipalité régulièrement établie et bien choisie, 1805. Autour du maire Martin, successeur de Tricou, on voyait les sieurs Pagès, Jarla, Salles, Valentin, Gaubert, Albert, Martin des Albières, Tricou, Thomas Anselme, Vernazobres, Bousquet, Reverdy et Lignon.

La grande préoccupation du conseil municipal, à cette heure, était l'acquisition d'un hôtel de ville. La dame de Jougran consentait à céder la maison Janssouy qu'elle affermait; il n'y avait qu'à s'aboucher avec M. Martin des Albières, son représentant. L'ingénieur Fontenay avait déclaré « que cette maison était apte à recevoir la municipalité, ses bureaux, ses archives et les prisons »; malgré cela, ce local ne convint pas. Avec l'autorisation du préfet, on se tourna vers l'ancienne mairie. Mais pour traiter, il fallait attendre le retour du possesseur, qui se trouvait en Espagne; il ne fut plus question de ce logement. Le 8 octobre 1806, on se disposait à entrer dans la maison Gaubert attenante au pont-Trompette; ce n'était pas toutefois pour longtemps, puisqu'on parla, au conseil, d'économies à réaliser, afin de se donner un jour un local très convenable. En 1807, M. Tarbouriech d'Assignan offrit sa maison; on ne crut pas devoir profiter des conditions avantageuses qui étaient proposées. La pensée d'une maison commune, digne de Saint-Chinian, à acquérir ou à construire, hantait cependant toujours l'esprit de nos édiles. Voici ce qu'on lit dans une délibération de 1812 : « Le retour à l'ancien état de choses, qui n'aurait jamais dû changer, nous obligea, après avoir aliéné la vieille mairie, à chercher un logement autre que le presbytère qu'il fallut quitter. Toujours à la veille de nous en procurer un nouveau, il convient que nous cumulions des fonds pour en posséder un qui nous appartienne ». La maison Gaubert était encore occupée par la municipalité et la justice de paix en 1815, et on ne devait l'abandonner qu'en 1825. Alors, au lieu de bâtir une maison sur l'ancien cimetière, vis-à-vis la place des Ormeaux, comme on aura déjà convenu, on achètera la maison Vernazobres sur le plan des Bénédictins, qui servira d'hôtel-de-ville jusqu'en 1850. Après, le vaste local de l'ancien monastère, dont M. V. Fourcade aura fait une demeure splendide, sera à la fois le siège de la municipalité, de la justice de paix, de la gendarmerie, des écoles laïques, de la Société philanthropique, etc.

Tous les services qui devaient concourir à l'ordre, au respect de la propriété, à l'observation des lois, à la propreté de la ville, furent créés et entretenus. Claude Bousquet fut nommé juge de paix par décret de l'Empereur, daté du camp de Tilsitt, le 2 juillet 1807. Le suffrage populaire l'avait déjà investi de cette fonction, l'an X. Avec le concours de M. Massip, de grandes mesures furent prises dans l'intérêt de l'hôpital, en faveur de l'instruction de la jeunesse et pour le soin des filles Orphelines. Montrons la sollicitude des municipalités, qui se succédèrent, pour l'utilité et embellissement de la ville et l'amélioration des routes qui la desservaient. Après 1800, on refit les prisons de la mairie ; la rue Bagnesolles fut rehaussée. Le béal qui traversait la Grand'rue entre l'église et le moulin fut comblé, en 1804. En 1811, on restaura la fontaine de la ville. L'esplanade, ravagée en 1813 par les eaux pluviales qui descendaient du Rocher, reçut d'importantes réparations.

En 1807, on avait intéressé le préfet en faveur de la voie de communication entre Saint-Chinian et Cazouls-les-Béziers. Les travaux de la route de Poussarrou furent activés, à partir de 1811. On lit dans les cahiers de la commune, au sujet de cette route : « les avantages de ce chemin furent démontrés longtemps avant la Révolution et reconnus par les État du Languedoc..... ; mais le Révolution arrêta la marche de cette entreprise. Saint-Chinian et Saint-Pons en désirent l'achèvement pour la facilité du commerce, et les autorités supérieures ont déjà voté des fonds... Il est une partie de cette route qui intéresse surtout Saint-Chinian : c'est la dernière rampe, du côté de Béziers, qui, sur le plan de Ladenac, traverse la promenade et va en droite ligne à la croix d'Olive, située à 200 pas de la ville, pour traverser la rivière et se diriger vers Saint-Pons, laissant Saint-Chinian sur sa droite ; de sorte qu'il faudrait rebrousser chemin pour entrer dans la ville, sans compter que, après avoir construit un pont coûteux, on rencontrerait, au delà, de graves difficultés. Ce plan doit être abandonné pour faire la traversée de la ville qu'on s'efforcera de rendre facile... ». Il y avait, en effet, de mauvais pas à franchir, à partir de l'entrée du pont jusqu'à la sortie du lieu vers Poussarou : le pont était étroit et le tournant de la route devant la maison C. Fourcade très dangereux. On n'a triomphé de ces difficultés que plus tard, en rectifiant le chemin et en doublant le pont. On n'a pas oublié l'habile stratagème auquel il fallut recourir pour avoir le concours du département dans la rectification de la route. La voie fut obstruée à dessein dans l'intérieur de la ville, un jour que le préfet venait de Saint-Pons à Saint-Chinian, et une charrette chargée d'une énorme quantité de fourrage était prête à s'engager dans la rue à la suite de la voiture du premier magistrat de l'Hérault. Le préfet fut bloqué et il dut attendre pour pouvoir se dégager de l'impasse. La nécessité de la modification de la route était démontrée. En 1814, on travailla à faire classer, comme route de l'État, le chemin de Narbonne à Lacaune par Saint-Chinian.

Il avait fallu se créer des revenus au lendemain de la Révolution, car le budget se chiffrait seulement par 919 francs de recette. Un octroi fut établi : il devait procurer un boni de 4,000 francs, dont 2,000 seraient affectés à l'entretien de l'hospice, 670 réservés aux besoins de la commune et le restant consacré à l'amortissement des dettes. On tira parti des bois communaux : le pâturage de ceux de la Malebarthe, de Fongastoun et de Landes fut affermé aux masages. Les produits de la vendange furent soumis au droit d'entrée dans la ville. On força les usurpateurs de biens communaux à faire leurs déclarations; on fit même des enquêtes à l'occasion des domaines de Brabet, de Campredon et de Granios. Un tarif fut dressé au sujet des denrées exposées en vente pendant les jours de foires, fixées au lendemain de la Toussaint et du dimanche de Quasimodo; il y eut un mesureur et peseur public, etc., etc.

Pendant que la municipalité mettait toute son intelligence et sa bonne volonté à procurer le bien général, les industriels de la localité ouvraient leurs ateliers et donnaient du travail aux familles. Le gouvernement, de temps à autre, remettait des fonds à la commune pour les faire distribuer aux indigents, et prenait sous sa protection les produits des manufactures du pays, jusque dans le Levant.

Les passions politiques, qui s'étaient déchaînées avec tant de feu pendant les jours critiques, étaient calmées; on acceptait le pouvoir régnant et on le respectait. Le maire Tricou, avait envoyé au premier Consul, lorsqu'il venait d'échapper à la machine infernale, l'adresse suivante : « La Commune que nous avons l'honneur de représenter, ne marque guère par l'importance de son territoire; mais elle le dispute toujours à toutes les autres, quand il s'agit d'exprimer ses vœux et ses sentiments. Si nos cœurs pouvaient vous servir d'égide, vous n'auriez jamais à craindre le couteau des assassins. C'est aux Parisiens... à répondre à la France de son héros, à l'Europe de son pacificateur..... » M. Martin, disait en 1812, à l'occasion de l'anniversaire du couronnement de l'Empereur célébré pour la 8ᵉ fois : « Bonaparte, n'étant que premier Consul, par son courage et sa sagesse nous délivra des orages destructeurs d'une révolution sans exemple... » Le peuple, de son côté, loin de garder rancune de la perte des droits politiques que la Révolution lui avait donnés, suivait ses chefs dans leur soumission et leur dévouement au nouveau régime. Il aida par son vote à élever le premier Consul à la dignité impériale; il célébra avec enthousiasme les fêtes dont l'Empereur était l'objet, prit part à la joie que firent naitre ses victoires et à la tristesse que causèrent ses désastres, il offrit son or pour lui venir en aide contre ses ennemis, et fit éclater sa haine contre ceux qui le trahissaient (1).

---

(1) Bonaparte fit, sans doute, pleurer souvent les mères, en leur prenant leurs fils, mais il réjouit quelquefois leurs cœurs en voulant que les

M. Massip, en particulier, fut sincèrement dévoué à Bonaparte : l'abbé Coural, dans *la Vie et les Œuvres de Pierre Coural*, p. 10, a écrit à son sujet : « le concordat en permettant à l'abbé Massip, qui avait été arrêté et jeté en prison (pendant les mauvais jours), de rentrer dans sa paroisse, l'avait rendu admirateur ardent du premier Consul. Entraîné par un excès de reconnaissance pour le général Bonaparte, à cause du bienfait signalé qu'il venait de rendre à la Religion, et plein d'enthousiasme pour ses insignes victoires, il détermina ses neveux à s'enrôler sous son glorieux drapeau, et, en toute occasion, il lui gagna des partisans et des soldats. »

Au point de vue civil et politique, aussi bien qu'au point de vue religieux, la situation de Saint-Chinian était redevenue bonne.

III

Autant qu'on pouvait l'espérer, après la tempête révolutionnaire, notre ville a repris l'aspect des anciens jours. Son éclat d'autrefois, elle le dut surtout à l'action de l'abbaye ; sa prospérité d'aujourd'hui, elle le doit en grande partie à l'influence de M. Massip. On ne saurait contester au curé de Saint-Chinian la gloire d'avoir fait revivre le culte catholique par sa prudence autant que par sa fermeté ; il faut aussi reconnaître que son ministère a largement contribué à pacifier et à unir les cœurs, que les passions

communes s'occupassent de l'établissement de leurs filles pauvres et en décorant sous leurs yeux les fils qui s'étaient montrés vaillants à son service. Les cahiers de la commune contiennent plusieurs faits de ce genre. Il est fait mention, en particulier, de la remise de la croix d'honneur à Bènes, par le maire, au milieu d'une imposante cérémonie accomplie sur les Ayres, le 16 nivôse an XIII (1805).

politiques avaient aigris et que la différence des conditions, plus accentuée que jamais depuis les mauvais jours, tenait séparés les uns des autres. Ceux qui ont vu M. Massip à l'œuvre ont dit qu'il avait une grande autorité sur la classe inférieure et qu'il savait se faire écouter par la classe supérieure. Ses lumières, sa position de famille, ses mérites personnels d'un côté ; ses grandes charités, son dévouement, sa condescendance de l'autre, lui avaient attiré depuis de longues années l'estime et la soumission de la population en général. Près des grandes familles par ses relations sociales, il défendait la cause des pauvres ; près des pauvres par son ministère, il les formait au respect, à la soumission, à la reconnaissance. Dépositaire des grandes lois chrétiennes, il démontrait aux riches que les pauvres étaient des frères que leur triste condition rendait plus intéressants, et aux pauvres, qu'ils devaient aimer et bénir ceux que la Providence avait constitués ses économes auprès d'eux. Ainsi il résolvait le grand problème qui préoccupe les temps modernes, et contribuait à maintenir le calme et à développer la prospérité du pays.

Ce prêtre qui domine tous ceux qui l'ont précédé et mérite d'être proposé, surtout en fait d'administration et de générosité, à ceux qui le suivront, fut enlevé à son peuple après cinquante ans environ de ministère pastoral, à l'âge de 80 ans. Il mourut en 1812, laissant un testament qui est une preuve frappante de la noblesse de son caractère et de son zèle pour la maison de Dieu. M. Massip veut que personne n'ignore qu'il a vécu et qu'il mourra dans la communion de l'Église catholique et romaine. Pour n'être point séparé de son troupeau après son trépas, ses restes reposeront dans le cimetière commun. Sa riche bibliothèque, ses nombreux manuscrits, ses ornements précieux, ses vases sacrés feront partie du trésor de l'église de Saint-Chinian. Son patrimoine sera mis à contribution pour la régularité et la dignité du service divin et pour la formation perpétuelle de quelques jeunes lévites destinés au sanctuaire. Les pauvres de l'hôpital auront part à ses largesses ; chaque année une fille indigente, mais honnête, sera dotée en vue de son mariage, etc. (1).

On donna pour successeur à M. Massip M. de Raynaud, de la Salvetat. La nomination du nouveau curé fut amenée par les relations d'amitié et de parenté qu'avait sa noble famille avec le pays (2).

Le 30 mai 1814, le maire Martin et son conseil adhérèrent au rétablissement de la Monarchie ; ils firent une adresse à Louis XVIII, le 24 août. Il y eut quelques troubles en 1815, pendant les Cent jours ; mais le nouveau maire, Albert, sut rétablir promptement le calme. On donna à ce dernier pour adjoints les sieurs Sèbe et Viala.

A cette heure, le budget de la commune portait 9,642 fr. de recettes présumées ; les manufactures de drap prospéraient et le terroir était bien cultivé. Saint-Chinian avait devant soi un bel avenir.

Nous nous arrêtons devant les événements et faits qui ont eu pour témoins les générations présentes : nous sommes ainsi fidèle au plan que nous avions tracé d'avance.

Ce n'est pas toutefois sans un sentiment de regret que nous laisserons à d'autres le soin de constater, dans le siècle actuel, l'agrandissement considérable de notre chère cité, les succès magnifiques et les revers de notre manufacture, les progrès de l'instruction publique, les avantages matériels de toute sorte qui ont été acquis, tels que routes nouvelles, gaz, voie ferrée, grande chaussée qui doit défendre la ville contre les inondations futures, etc.

---

(1) Les restes de M. Massip ont été transférés au nouveau cimetière avec ceux de Monseigneur de Montgaillard.

(2) M. de Raynaud mourut en 1816 dans la maison de « sa sœur Lise, rue de Bagnesolles ».

Les noms d'une foule de familles honorables se placeront sous la plume de ceux qui feront l'histoire de Saint-Chinian au XIXe siècle. Les archives de la mairie leur fourniront une longue série de magistrats aussi dévoués au pays qu'intelligents, celles de l'église paroissiale leur rappelleront les prêtres pieux et zélés qui ont fait suite à M. Massip : de Raynaud, Coustaud, Raynaud, Baudassé et son vicaire Bazin, aujourd'hui chanoine de Saint-Denys, de Fonclare, Martel, Virazel. D'un autre côté, la reconnaissance populaire leur dira la science et l'humanité des docteurs Albert, Sèbe, Coural, Bousquet, Berthés, Villebrun. Enfin ils trouveront dans les annales des parlements français un pair de France, de Cathelan, et deux députés, Fourcade et Razimbaud. Nous avons la confiance qu'alors notre pays, si éprouvé dans ces derniers temps, aura repris sa marche dans la voie prospère où nous le quittons.

L'Inondation de 1875

Nous avons remarqué dans le cours des siècles passés beaucoup d'inondations dont a souffert notre belle vallée ; mais jamais le Vernazoubres, même aux jours de ses plus violentes colères, n'avait été fatal à la ville de Saint-Chinian comme il l'a été dans ces derniers temps, le 12 septembre 1875. Nous visitâmes le théâtre de ses sinistres exploits, et notre impression fut si forte que le triste état des lieux et les malheurs causés sont encore présents à notre esprit ; nous voyons encore la consternation des habitants, et nous ressentons l'émotion que nous donna la vue de l'immense désastre. Il nous en coûte d'avoir à raviver des douleurs à peine assoupies; mais nous devons un souvenir aux intéressantes victimes et un récit du malheureux événement à ceux qu'intéresse l'histoire de notre pays.

Pour si fidèle que soit un récit de cet événement, il ne saurait montrer le désastre dans toute sa réalité : il faut, pour s'en rendre compte, avoir vu de ses propres yeux l'étendue des ravages du fléau ; il faut avoir entendu répéter par les témoins de la catastrophe les appels déchirants de ceux qui ont péri et les cris de désespoir des parents et des amis qui se voyaient impuissants à porter le moindre secours à des infortunés voués à une mort certaine.

La trombe épouvantable qui s'abattit sur notre terroir fit, en quelques minutes, plus de mal dans la ville et la campagne que n'en auraient produit la peste et la guerre en plusieurs jours. Il sembla que les cataractes du ciel s'étaient ouvertes pour un nouveau déluge. Mille torrents descendirent des montagnes et se précipitèrent de tout côté dans le lit du Vernazoubres pour former un fleuve, mais un fleuve en courroux qui renverse tout sur son passage et entraîne avec lui tous les obstacles qu'il rencontre. A peine avait-on annoncé le grave péril que faisait présager la masse énorme des eaux qui s'avançaient menaçantes vers la ville, que déjà le redoutable ennemi avait commencé ses ravages, et, dans moins de temps qu'il n'en faut pour les énumérer, il avait consommé son œuvre de destruction dans nos murs.

Quand les eaux dévastatrices se furent écoulées, le quartier du Saut n'offrait plus de traces d'habitations ; la rue de Tournefeuille avait disparu, celle des Tisserands n'existait plus ; les maisons des rues de Villeneuve et de Bagnesolles avaient été emportées. Les constructions de la rue droite étaient ébranlées, l'église était remplie d'un noir limon. Cent-vingt habitants ensevelis dans les eaux, cent-quarante maisons détruites. la plupart de fond en comble, tel était le bilan de l'inondation. La vieille ville eût été détruite presqu'en entier, si le fleuve ne s'était fait à lui-même un barrage avec l'énorme quantité d'arbres qu'il avait entassés dans le jardin de l'ancienne maison Jullien, aujourd'hui docteur Sèbe.

Que de drames se passèrent simultanément dans ces moments de suprême angoisse ! Il faudrait un volume pour les raconter, et certes l'intérêt le plus vif s'attacherait aux scènes émouvantes que le narrateur aurait à décrire.

Au milieu de la désolation qui régnait et de la préoccupation où étaient les esprits et les cœurs (car il s'agissait de ravitailler la ville et de rechercher les corps disparus), nous ne pûmes que recueillir quelques détails que nous voulons sauver de l'oubli. Au Saut, quatorze personnes, sur quinze qui s'étaient réunies dans le foyer paternel pour célébrer une fête de famille, furent victimes du cataclysme; une seule put se sauver à la nage. L'abbé Lacroix, notre ami, membre de cette famille, nous disait dans l'épanchement de sa douleur : « le malheur des miens rappelle celui de la maison de Job. Peut-être, depuis les jours de ce patriarche si éprouvé, l'histoire n'a pas eu à parler d'une famille aussi malheureuse que la mienne ». A Tournefeuille, dans la maison qui abrita M. Massip pendant la Révolution, un jeune homme, l'espoir d'une grande maison, succombait avec toute une famille chargée du soin de sa demeure pendant son absence. O fatalité! le fils Marréaud n'était venu de la campagne que la veille, pour courir au devant du danger. Le docteur Coural se vit arracher des bras par la violence des eaux sa vieille mère qu'il retenait de toutes ses forces pour la sauver. On vit partir de la rue des Tisserands une grappe humaine attachée à la crémaillère du foyer, ancre de salut inutile. La rivière impitoyable enleva, à Villeneuve, une jeune institutrice en visite chez ses parents, qu'elle avait surprise dans son lit. Sur le toit de la dernière maison de cette rue un vieillard contemplait, au début de la catastrophe, en fumant sa pipe, le cours impétueux du Vernazoubres, ordinairement si tranquille. Ignorait-il le péril qui le menaçait ou voulait-il le braver? Il restait impassible, résistant aux sollicitations d'un jeune garçon qui voulait l'entraîner dans sa fuite à travers les toits de la rue. Le malheureux disparaissait avec sa chaumière abîmée dans le fleuve, tandis que l'enfant sentant les maisons s'écrouler derrière lui l'une après l'autre, remontait vers l'ancienne maison Geoffre, qui devait, selon son judicieux calcul, être protégée par la culée du Pont-Trompette. Au moment où, pour plus de sûreté, il passait suspendu sur l'abîme, avec plusieurs personnes, de l'autre côté de la rue, grâce à quelques soliveaux placés en travers, un naufragé accroché à une poutre, sa planche de salut, avait la chance de voir sa course déviée par le parapet du pont et venait heureusement échouer au balcon d'une maison voisine.

Dans cette douloureuse épreuve, Saint-Chinian vit venir à lui mille bonnes volontés à la fois. Si elles furent impuissantes pour un sauvetage impossible, elles firent cependant beaucoup pour réparer les suites du désastre, autant qu'elles pouvaient l'être. Que ne pouvons-nous les citer toutes ! Un certain nombre furent spécialement remarquées et reçurent de la part du gouvernement des récompenses bien méritées. Parmi les dévouements hautement reconnus, nous en avons trouvé un, en particulier, qui nous a procuré un sensible plaisir et un légitime orgueil, c'est le dévouement de celui qui s'est fait le collaborateur de nos recherches sur Saint-Chinian.

Que n'avons-nous le concours d'un signe commémoratif pour perpétuer la mémoire des grands malheurs et des beaux dévouements de 1875; sa voix serait bien plus éloquente que la nôtre. La belle croix qui est consacrée au souvenir de l'infortunée famille du Saut ne semble-t-elle pas provoquer la ville à élever, elle aussi, un monument qui serait chargé de transmettre à la postérité les noms des si regrettées victimes de l'Inondation avec la date de leur lamentable fin.

APPENDICE PREMIER

Les Manufactures de drap de Saint-Chinian

d'après les cahiers du Corps des marchands fabricants (1).

En s'établissant sur les bords du Vernazoubres, les Bénédictins avaient calculé toutes les ressources qu'ils pourraient tirer de ses eaux aussi abondantes que pures. Dans le principe, ils les utilisèrent pour leurs prairies et leurs moulins. Plus tard, ils en accordèrent une

(1) Ces cahiers sont dans les archives de la Mairie.

partie aux habitants, moyennant leur concours à l'entretien du canal de dérivation et à la construction d'une grande chaussée. Et comme ils prévoyaient que le pays ne tarderait pas à entreprendre le commerce de la draperie, ils stipulèrent avec les habitants que les propriétaires des moulins foulons seraient tenus, eux aussi, de contribuer aux réparations de la chaussée et du canal.

L'industrie de la draperie prit naissance chez nous dans le XVIe siècle. Vers les dernières années de ce siècle, les draps du pays étaient déjà estimés : le testament de Salvagnac, de la Servelière, 1597, le démontre. Parmi les biens réservés à ses deux filles, figurent « deux robes nuptiales en drap de Saint-Chinian. » Il existait déjà deux moulins foulons, l'un à la Rive, l'autre au Pont de l'Hermite.

D'après l'*Hist. Gén. de Languedoc*, le Castrais, le Carcassez et le Lodévois ne confectionnaient en général, « avec les laines du pays », au commencement du XVIIe siècle, que des étoffes grossières qui se débitaient sur les lieux. Bientôt pourtant ils fabriquèrent des tissus plus fins et plus riches, et en 1655, les draps de Languedoc étaient connus et appréciés dans la capitale de la France. On les trouvait chez tous les marchands drapiers et merciers. Mais les premiers s'en étant, un jour, approprié le monopole, les seconds établirent une concurrence des plus sérieuses au moyen d'étoffes fabriquées en Angleterre, en Hollande et en Espagne. Les pertes qui furent occasionnées au Languedoc émurent les États de la province ; ils n'eurent pas de repos jusqu'à ce que le monopole des marchands drapiers fût entièrement détruit.

La fabrication reprit alors son cours dans nos contrées. Les délibérations de la communauté de l'année 1676 nous montrent une jurande qui fonctionne dans le lieu. Les jurés-gardes font, en effet, exécuter dans les manufactures les règlements royaux de 1669 ; les étoffes sont soumises à la visite et à la marque, et le préposé à ces opérations est payé avec le produit du sol par pièce de drap approuvée. On trouve deux nouveaux moulins foulons, l'un à Tournefeuille, l'autre au Saut. En ce moment, on répare le chemin qui conduit à l'atelier de teinturerie du Magot, et l'on s'occupe de trouver une salle où l'on pourra aisément vérifier les étoffes confectionnées. Personne n'ignore que l'administration du grand Colbert procurait au commerce des draps les plus larges et les plus solides développements.

Sous le poids d'écrasants impôts, tels que les capitations, les dons gratuits, les réquisitions de tout genre qu'exigea Louis XIV pour tenir tête à l'Europe coalisée, la province cependant sentit faiblir ses forces, mais les États lui vinrent en aide, en votant des secours au commerce. Ils ne craignirent pas de s'opposer aux mesures du Gouvernement qui pouvaient être nuisibles à l'industrie : c'est ainsi qu'ils firent rapporter les prescriptions de Colbert sur la largeur des draps qui contrariaient les fabricants et auraient fini par ruiner les pays du Gévaudan et des Cévennes. A l'imitation de Colbert qui s'était proposé de faire prévaloir les draps français sur ceux de la Hollande et de l'Angleterre, nos États voulurent faire lutter le Languedoc avec la ville de Lyon pour la confection des soieries, et dans ce but, ils ordonnèrent des plantations de mûriers. Une des premières et des plus belles pépinières du Languedoc fut celle de Saint-Chinian.

Le sieur Étienne de Roussel marchait, chez nous, à la tête de la manufacture des draps. A sa suite venaient environ trente fabricants, tous jaloux comme lui de soutenir la réputation des produits de Saint-Chinian.

Vers 1690, parut dans nos murs un industriel de renom, qui devait perfectionner le travail de nos manufactures. C'était Noël de Varennes. M. de Basville disait de lui, en 1698 : « Le sieur de Varennes, il y a vingt-deux ou vingt-trois ans, se mit à faire valoir une ancienne manufacture, à Saptes, établie depuis près de cent ans par des gentilshommes de ce nom, auprès de Carcassonne, dans la vue d'y fabriquer des draps fins pour le dedans du royaume, à l'imitation de ceux de Hollande. Il s'avisa de débaucher des ouvriers hollandais pour parvenir à la perfection de ses draps ; et, pour cela, il fit plusieurs voyages dans leur pays, d'où il amena un nombre considérable d'ouvriers à Saptes, qui lui apprirent à faire des draps fins qu'on porte en Europe, et à fabriquer ceux qui sont propres pour les États du Grand-Seigneur » (1). Par ce moyen, il força les hollandais à falsifier leurs produits pour pouvoir soutenir la lutte ; mais leurs étoffes tombèrent en discrédit. Or, le registre des États de 1692 dit que « Noël de Varennes fit travailler pendant deux ans, avant sa mort, à une manufacture de draps appelés *londrins*, à Saint-Chinian, diocèse de Saint-Pons-de-Thomières » (2). M. de Basville nous apprend aussi que « dans cette fabrique on ne se servait que des laines du pays, et que, par arrêt du 2 décembre 1692, le sieur Augustin Magy, bourgeois de Marseille, directeur de la compagnie du Levant, associé avec Noël de Varennes pour la manufacture des draps *londrins*, lui fut subrogé » (3). Nos cahiers mentionnent ces derniers détails et sont d'accord avec l'*Hist. Gén. de Languedoc* sur les faveurs qui furent faites au sieur Magy : Sa Majesté lui fit grâce des droits d'entrée et de sortie qui frappaient ses marchandises, et la province non seulement lui prêta sans intérêt la somme de 30,000 livres, mais elle lui accorda une gratification de sept livres par pièce de drap qu'il fit confectionner par ses ouvriers. Ces derniers, paraît-il, étaient des étrangers.

Les faveurs dont profitait Magy eurent pour résultat de rendre tout travail impossible aux fabricants du lieu et aux ouvriers du pays. La concurrence ne pouvait exister et la

---

(1) *H. G. L.* T. X, p. 278.
(2) *Ibid.* T. X, p. 279.
(3) *Ibid.*

situation de la localité était compromise. Le corps des marchands, ayant à sa tête les gardes-jurés Louis Caraguel, Antoine Louvrier et Étienne Vieu, se réunit, le 28 juin 1693, par devant le maire, noble Jean de Geoffre, dans la salle du logis du Pont-Trompette, pour faire entendre ses doléances. « Avant l'établissement de la facture, fut-il dit, il y avait dans Saint-Chinian trente-sept marchands facturiers ; leur nombre est réduit à trois ou quatre, parce que ladite facture fabrique seule tous les draps *londrins* pour le Levant, que feu le sieur de Varennes faisait fabriquer aux marchands du pays, comme on le voit par les actes passés entr'eux ». Il fut question des avantages accordés à la compagnie de Magy : « ces faveurs, dit-on, mettent les fabricants dans la nécessité d'abandonner leur commerce... Mais, ajouta-t-on, puisqu'elles ne reposent que sur le fondement que la dite compagnie fera fabriquer 2,000 pièces de drap pour le Levant, meilleures que celles qu'a produites jusqu'ici Saint-Chinian, tous les fabricants s'offrent d'ores et déjà à donner des étoffes non moins appréciables, si Sa Majesté daigne leur octroyer les mêmes privilèges... Dans le cas contraire, ils supplient le Roi de retirer ses faveurs au sieur Magy, pour ne pas empêcher leur ville de conserver la bonne renommée que ses draps lui ont acquise, sous M. de Varennes notamment ».

Séance tenante, le maire de Geoffre proposa aux fabricants de les accompagner chez M. de Lamarque, inspecteur des manufactures, actuellement dans le lieu, leur promettant de défendre auprès de lui les intérêts du corps des marchands en même temps que l'honneur de la cité. La délibération qui fut prise porte, avec les signatures du maire et des gardes-jurés, celles de Roussel, Donadieu, Vallat, Tarbouriech, autre Tarbouriech et Orthola.

La généreuse démarche qui fut faite aussitôt fut-elle inutile? Nous ne le croyons point, surtout quand nous lisons dans le procès-verbal de la séance du corps des marchands qui eut lieu le 15 juin de l'année suivante, dans « la salle du logis où pend pour enseigne le Pont-Trompette », que le sieur de Lamarque, ayant fait appeler le corps des marchands, s'appliquait avec lui à déterminer la qualité des laines qu'il convenait d'employer pour les draps destinés, soit au royaume, soit à l'étranger, et la longueur qu'il fallait donner aux tissus. Sans doute la manufacture royale ne fut pas dépouillée des avantages acquis, mais les fabricants n'auraient pas repris leurs travaux sans que l'État ne fût venu à leur aide ou qu'il y eût eu entente avec la compagnie de Magy, comme autrefois avec le sieur de Varennes.

Nous avons déjà vu qu'en 1695 le nombre des ouvriers des manufactures était si considérable que le four de la ville était occupé, à leur occasion, le jour et la nuit, et que pour couper court aux désordres que l'affluence y causait, il avait été jugé nécessaire d'en avoir un second. C'est une preuve que le commerce de la draperie se faisait alors sur une vaste échelle. Il en était de même en 1697 : cela ressort du chiffre de la finance que la Jurande devait au fisc, 988 livres. Caraguel se chargea de la payer de son propre fonds, à condition qu'il lui serait alloué 3 sols et 9 deniers sur chaque pièce de drap à faire pendant la durée de trois ans.

La guerre de la succession au trône d'Espagne et les soulèvements des calvinistes avaient fait craindre pour le commerce du Languedoc ; mais, malgré le passage continuel des troupes dirigées vers les Pyrénées et les troubles fréquents occasionnés dans les Cévennes par les protestants, la fabrication des draps se poursuivit sans interruption et même avec succès. Encouragé par les États, le zèle de nos marchands drapiers ne fit que s'accroître. On vit, en 1704, les délégués des diverses jurandes se réunir à Montpellier et rivaliser d'ardeur pour éteindre les offices d'inspecteurs généraux, de commissaires, de contrôleurs, de visiteurs des manufactures et aussi la charge de concierges des halles, qui avaient été créés, en 1693, pour les besoins de l'État. On ne recula pas devant le chiffre considérable de 50,000 livres qui avait été fixé pour le rachat des offices. Caraguel, Louvrier et Vallat représentèrent la jurande de Saint-Chinian qui, à elle seule, fournit 1900 livres.

En 1705, le sieur de Roussel avait pris la succession de Magy et faisait fleurir la draperie dans Saint-Chinian. Les archives de la province montrent qu'à cette date « les manufactures de Saptes, de la Grange des Prés, de Bize, de Bédarieux *et la manufacture de Roussel à Saint-Chinian*, assuraient à l'industrie et au commerce du Languedoc une place honorable, et au pays des richesses qui devaient faire oublier les pertes immenses qui avaient été les suites d'une longue guerre civile (1) ».

Quelques années après, le commerce du Languedoc avait faibli. L'abus s'était glissé un peu partout, à cause de la concurrence qui entraînait les fabricants à détériorer leurs produits pour les vendre à bas prix. Mais c'était mal caculer, surtout avec les gens du Levant, qui avaient commencé à se dégoûter des marchandises françaises. Aussi Clermont, Lodève, Saint-Chinian et Saint-Pons virent-ils revenir vers eux leurs draps accompagnés des procès-verbaux de visite qui justifiaient les refus dont ils avaient été l'objet.

Il fallait se réhabiliter sans retard, sous peine de n'avoir plus aucun débouché dans les Échelles de la Méditerranée. L'intendant, M. de Basville, homme entièrement dévoué au commerce du Languedoc, mais avant tout droit dans les affaires, s'empressa d'écrire au Roi. Après lui avoir exposé la fâcheuse situation de la province, il lui disait : « il faut néanmoins espérer que le commerce augmentera tous les jours, mais le meilleur moyen de le mettre dans sa perfection est d'empêcher par toutes sortes de voies que l'on n'expédie des draps défectueux dans le Levant, parce que

---

(1) *H. G. L.*, T. X, p. 414.

les turcs ayant été trompés ne veulent plus en prendre. Ils ne peuvent en revenir à l'égard des français, quoique ceux-ci diminuent le prix de leurs draps, et ils se tournent entièrement vers les anglais et les hollandais (1) ».

Dès ce moment l'État exerça une surveillance plus active vis-à-vis des manufacturiers, auxquels il ne ménagea ni conseils, ni reproches, ni avertissements, ni menaces. Le 9 septembre 1711, l'inspecteur de Lamarque ayant trouvé les draps de Saint-Chinian minces et étroits, Lamoignon de Basville donna ordre aux inspecteurs de remarquer tous les draps qui n'auraient pas les dimensions voulues, « faute de fils et de façon. » Le corps des marchands de notre localité chargea le sieur de Lamarque d'assurer, à ce sujet, l'Intendant que ses draps seraient dans l'avenir irréprochables, et, comme pour soutenir la bonne volonté et les efforts des fabricants, il demanda qu'on modérât, en leur faveur, la taxe qui pesait sur eux, et de plus « que l'impôt du dixième de l'industrie fût aussi appliqué aux corps d'artisans et autres qui trouvaient un bénéfice dans quelque genre de négoce que ce fût. »

L'établissement du sieur de Roussel était sur un pied magnifique. C'était un immense local où 600 ouvriers étaient constamment occupés. Il se trouvait près de la porte de la Vaque. La communauté voulut bien faire abattre cinq ou six maisons et aussi élargir ladite porte pour faciliter le mouvement de la manufacture et rendre plus aisé l'accès des ateliers. De son côté, de Roussel agrandit le pont qui existait sur le canal, à l'angle ouest du jardin des Bénédictins pour livrer un passage plus commode aux matières de fabrication. On aurait dit que la vie de Saint-Chinian était concentrée dans cette partie de la ville ; il y avait cependant, à part la manufacture royale, beaucoup d'autres établissements secondaires qui contribuaient à faire du lieu

---

(1) *H. G. L.*, T. X.

une grande cité industrielle. De Roussel, aidé par Caraguel, qui avait la direction des travaux, semblait être l'âme du commerce ; il employait tout son crédit pour le rendre prospère. Tant était grande son influence, que le corps des marchands obtint par lui la réduction de la taxe de l'industrie, car c'est à sa considération que Milhau, agent des recouvrements, la fit descendre à mille livres, quand elle était de beaucoup plus élevée. C'est de Roussel qui fut chargé d'en faire la répartition sur les fabricants, et ceux-ci acceptèrent le rôle qu'il avait dressé, pleins de confiance en sa droiture et justice.

Les États de Languedoc de 1712 ne marchandèrent pas aux industriels de Saint-Chinian les éloges qu'ils méritaient. On voit, en effet, dans les continuateurs de dom Vaissette, que « le sieur Roussel, de Saint-Chinian, comme Peletan, de Clermont-Lodève, avait mérité les éloges et les secours de la province. Chacune de leurs pièces de draps ayant 30 aunes de longueur leur valut cinq livres de gratification (1). » On voit encore que « le sieur Louvrier, de Saint-Chinian, eut part à cette faveur, ayant livré, cette année, au commerce 248 pièces de drap (2). » Ces détails se rencontrent dans le rapport de l'Évêque de Montpellier, ayant pour but d'obtenir pour les diverses manufactures du Languedoc 55,000 livres de secours et le prix du loyer pour les manufactures royales.

L'État ne se contentait pas de récompenser le mérite quand il s'offrait à lui ; il s'efforçait de le faire naître et grandir par les règlements nouveaux qu'inspiraient les progrès qu'il constatait et qu'il était jaloux de connaître. L'inspecteur Carbon exigeait, en effet, en 1713, qu'il fût tenu un registre où l'on signalerait les heureux résultats de la fabrication. Un an après, le même Carbon imposait à nos

(1) *H. G. L.* T. X, p. 447.
(2) *H. G. L.* T. X, p. 447.

gardes-jurés l'obligation de se réunir chaque année pour indiquer à l'État les moyens qu'ils croiraient les plus propres à perfectionner le genre de travail qu'il nous était permis de faire. Pendant ce temps, l'Intendant réclamait un Bureau pour la visite des draps, et signifiait l'arrêt du Conseil du roi qui portait que toute marchandise du Languedoc reconnue à Marseille, lieu d'entrepôt pour le Levant, comme n'ayant pas les conditions imposées par les règlements, serait renvoyée au sieur Intendant de Basville.

Or, la sollicitude du gouvernement vis-à-vis de la perfection des produits manufacturés était d'autant plus vive et sérieuse, qu'elle prenait sa source dans des considérations d'un ordre plus élevé. Autant que l'intérêt du pays l'honneur national était en jeu, et la monarchie ne voulait pas qu'il fût compromis. Heureuse de prêter son appui à l'industrie, elle voulait pouvoir s'enorgueillir de ses succès. Il nous est agréable de le dire, cette sollicitude ne fut pas vaine chez nous. Le 20 mars 1715, tous nos manufacturiers rassemblés autour de l'inspecteur Carbon rendirent compte de leurs travaux, exposèrent les observations qu'ils avaient faites, soit sur les matières premières du commerce, soit sur les récentes découvertes de l'industrie, proposèrent même certaines modifications à apporter tant à l'outillage qu'à la confection. L'inspecteur ne put s'empêcher de reconnaître la marche progressive de la draperie et de louer le zèle que la corporation mettait à seconder les intentions du roi. Il remercia les gardes-jurés de la surveillance qu'ils avaient exercée, les marchands fabricants de leur fidélité aux règlements. Les ouvriers tisserands eurent une mention honorable à raison de leur intégrité et de leur travail.

Les jours se suivent, mais il arrive souvent qu'ils ne se ressemblent point. La fabrication, si brillante et si prospère en 1713, était, trois ans plus tard, languissante et sans éclat : les fabricants se heurtaient à de graves obstacles, et, malgré leur bon vouloir, ils ne pouvaient observer à la lettre les ordonnances royales. Sur l'ordre de l'Intendant, les gardes-jurés furent mandés par l'inspecteur pour lui faire connaître l'exacte situation de la manufacture. Donadieu prit la parole et montra que le corps des marchands faisait tout pour maintenir le commerce, mais que, depuis plusieurs années, le dérangement des affaires, occasionné par la rareté de l'argent et les banqueroutes qui s'étaient produites, paralysait ses efforts. Les marchandises ne s'écoulant pas, le nombre des fabricants était tombé de 35 à 4, et, faute de travail, les artisans manquaient de pain. Malheureusement la situation des ouvriers était sans issue, car la misère était partout, à la ville, dans la campagne et dans les cantons voisins. Il fallait pourtant résoudre la difficulté, qui ne pouvait qu'inspirer des craintes. Le seul moyen de sortir d'une position critique consistait dans la reprise des travaux par les ateliers; l'assemblée décida de faire un appel pressant au dévouement des marchands fabricants et de les supplier de travailler chacun suivant la mesure de ses ressources.

Revenons sur nos pas pour nous occuper des ouvriers des manufactures. Leur nombre, comme leur condition chez nous, excita de l'intérêt auprès des maîtres aussi bien qu'auprès de l'État. En 1713, l'inspecteur avait loué leur soumission et leur fidélité; il avait cherché, en 1716, les moyens de pourvoir à leur subsistance; les patrons s'imposèrent des sacrifices pour ne pas les laisser sans travail en cette circonstance; il en avait été ainsi en beaucoup d'autres. Il y eut malgré cela des différends entre les artisans et les maîtres fabricants. Doit-on s'en étonner? N'en trouve-t-on pas dans les sociétés les mieux organisées? L'essentiel pour toute association est d'avoir un règlement qui détermine les droits et les devoirs de chacun, et de posséder le moyen de le faire exécuter. Toutes les conditions nécessaires au bon ordre existaient dans nos manufactures; tout y était dirigé d'après les principes de l'équité, de la loyauté, de l'humanité, et s'il surgissait des difficultés, les juges nommés par le conseil politique pour connaître des affaires des manufactures se hâtaient d'intervenir et rendaient justice à qui elle était due. Les parties s'inclinaient devant leur autorité et les débats finissaient.

En ces jours moins troublés que le sont les nôtres par l'amour effréné du lucre d'un côté et par l'esprit d'insubordination de l'autre, l'entente était plus facile et la paix se rétablissait plus promptement. Dans tous les cas, les malentendus n'aboutissaient pas aux conséquences extrêmes que voit notre siècle. A l'heure où nous écrivons ces lignes, la maison qui est le siège de la Société de Carmaux, à Paris, saute par la dynamite, et cinq personnes périssent sous les décombres, victimes des menées révolutionnaires qui ont eu pour but de soulever contre les patrons les ouvriers, qu'elles s'efforcent de rendre solidaires dans leurs revendications et leurs résistances que la loi autorise.

Entre l'ouvrier d'autrefois et celui d'aujourd'hui il y a peut-être toute la différence qui existe entre le chrétien et l'athée. Jadis, l'artisan, formé par le christianisme, était sobre, actif, moral, toujours près de sa famille et capable de tous les sacrifices pour elle. Convaincu de la distinction des classes, il était soumis au patron et prenait ses intérêts comme un serviteur dévoué. Aujourd'hui, sous l'influence des idées de liberté et d'égalité que lui a apportées la Révolution, privé, du reste, des connaissances religieuses par l'enseignement moderne, l'ouvrier méconnaît sa condition, aspire à toutes les jouissances et traite d'égal à égal avec le maître. Il ne veut plus de la qualité d'employé, il ne se contente plus d'un juste salaire ; il veut qu'on le considère comme un associé et qu'on le fasse entrer en part dans le bénéfice que son labeur contribue à procurer au maître. Par une triste fatalité, il est poussé dans cette voie funeste par des ambitieux qui cherchent la fortune à travers les révolutions du pays.

Au temps passé, le patron avait des égards pour les ouvriers qui dépensaient loyalement leur sueur dans l'intérêt de son commerce ; il leur donnait comme à de bons et fidèles serviteurs une place à son foyer et dans son cœur. Maintenant l'artisan n'est pour lui qu'un étranger qui lui vend son travail à un prix aussi élevé que possible : il lui paie le montant du marché conclu et tout est fini entr'eux. Mais tandis que l'indifférence règne dans l'âme du maître enrichi, l'envie mord au cœur l'ouvrier resté pauvre, et l'avenir se montre gros d'orages pour l'Industrie.

L'institution de la jurande offrait au travail des manufactures de précieuses garanties. Il y avait lutte, en 1702, entre les artisans et les marchands. Les juges Bouttes et Raynaud appelèrent les uns et les autres à leur tribunal. Les parties acceptèrent le verdict d'une juridiction dont elles reconnaissaient l'autorité, et les travaux suspendus reprirent leur cours. En 1706, la corporation des ouvriers, dans le dessein d'écarter les étrangers, se permit d'imposer sur chacun d'eux une surtaxe de 20 livres. Les gardes-jurés transmirent les plaintes de ces derniers au sieur Intendant, et aussitôt la communauté eut ordre de faire cesser cet abus et de rétablir la taxe fixée par les règlements. Le 25 avril 1713, quelques tisserands furent accusés par les marchands de *gâter* leurs draps, de voler la *bourrillade*, et d'y mêler, pour mieux la vendre, des bouts de laine qu'ils tiraient des écheveaux qui leur étaient remis. C'était le cas de « Pierre Cathala, de Pierre Guibbert, dit Plégadou, de la veuve Bouissière, etc. ». On avait trouvé dans les déchets des draps qu'ils vendaient « de grands morceaux de filasse ». Invité à délibérer, le corps des marchands fut d'avis et prit la détermination de ne plus confier aucun travail aux ouvriers indélicats, d'interdire le commerce de la *bourrillade,* et de poursuivre criminellement les voleurs ainsi surpris en flagrant délit. Autorisé à se plaindre, il était sûr d'obtenir justice.

Les registres ne disent pas quelle peine fut infligée aux individus que nous avons nommés, mais ils nous apprennent qu'en 1723, un Andrieu, dit Villardounel, convaincu d'un délit identique, fut condamné à être fouetté sur la place publique et à être banni à jamais de la ville. Ayant été surpris un jour, de grand matin, comme il partait pour Béziers, emportant des matières qu'il avait soustraites aux fabricants, il fut jeté en prison par ordre du viguier et traduit à la Cour de parlement de Toulouse. Ladevèze, gouverneur de Saint-Chinian, fournit la somme nécessaire pour agir contre Andrieu ; Marcessus, célèbre manufacturier de Toulouse, avança l'argent qu'il fallait débourser pour lever le jugement, et les consuls se chargèrent de faire arriver, à leurs frais, le condamné pour faire exécuter la sentence infamante.

La corporation des tisserands garda cependant sur le cœur le souvenir pénible de la sévérité dont le corps des marchands avait usé envers l'un de ses membres ; elle attendait de prendre sa revanche... Le moment arriva En 1724, le pays subissait les fatales conséquences de la grêle et de l'inondation qui, l'année précédente, avaient détruit les récoltes, lorsqu'il fut envahi, comme tout le Languedoc, par des sauterelles, qui rappelèrent celles d'Égypte. Ces contre-temps achevèrent de ruiner le commerce des draps, déjà suspendu dans le Levant et, de plus, privé, à cette heure, d'une partie des encouragements des États. Quelques fabricants à peine tenaient ouvertes leurs manufactures. Pour pouvoir se soutenir, ils avaient forcément abaissé le prix de la main d'œuvre ; le roi y avait consenti pour procurer du travail aux ouvriers. Mais le petit nombre seulement pouvait prétendre à cette ressource. Les ouvriers tisserands se révoltèrent et formèrent ce que nous appelons aujourd'hui une grève. « Les marguilliers des corporations et quelques séditieux, disent les cahiers, avaient entrepris de soulever les artisans qui, plus heureux que les autres, étaient admis à travailler. Ils les avaient forcés à prendre par écrit l'engagement de refuser tout travail et même d'abandonner sur les métiers les ouvrages pour lesquels ils avaient traité avec les marchands en consentant à la perte que leur occasionnait la diminution des espèces, sous peine pécuniaire. » Mais les fauteurs du désordre étaient justiciables des juges de la localité et autres, et ils avaient à répondre de leur attentat à la liberté du travail et des violences qu'ils avaient exercées pour empêcher les ouvriers de tenir leurs engagements vis-à-vis des fabricants. Il est certain que les gardes-jurés demandèrent de pouvoir les poursuivre par toutes les voies de droit ; et quoique, par le défaut des registres, nous ne puissions saisir les suites de cette affaire, nous ne doutons pas, un seul instant, que des tentatives aussi criminelles n'aient été réprimées avec autant de rigueur que de promptitude.

Depuis quelque temps on songeait à établir la maîtrise dans la manufacture. L'article XLVII du règlement de 1669 préconisait cette institution, et indiquait les qualités que l'on devait exiger de ceux qui aspiraient au titre et aux avantages des maîtres fabricants, qui seuls avaient l'honneur et le privilège de travailler pour le Levant. On ne pouvait être reçu à la maîtrise qu'après deux ans d'apprentissage passés chez un maître. Persuadés que cette nouvelle mesure serait le meilleur moyen d'écarter les fautes et les abus dont l'inexpérience et la présomption étaient la source, et de donner de fortes garanties à la perfection de la fabrication, les jurés-gardes proposèrent à la corporation de dresser des statuts *ad hoc* et de les faire approuver par le parlement de Toulouse.

La maîtrise fut reconnue par les Lettres-Patentes de décembre 1725, et les statuts furent homologués par la Cour de parlement dans le mois de février 1726. On trouvera plus loin les statuts en question. Ils montreront au lecteur les sentiments chrétiens dont la corparation des marchands était animée. C'est de Dieu qu'elle attendait la paix et l'union entre ses membres ; c'est à Dieu qu'elle demandait presque journellement la prospérité de son commerce. Ces sentiments, elle ne craignait pas de les manifester, le jour de l'Ascension, lorsque tous les membres se rendaient en grande solennité à l'église des Récollets autour de l'autel de la Sainte Vierge. Le lecteur verra encore que les intérêts spirituels autant que les besoins temporels des confrères pauvres et malades étaient l'objet de la sollicitude de l'association. Le sieur Laporte, qui était alors à la tête d'une deuxième manufacture royale établie aux Ayres, prêta son concours au fonctionnement de l'institution de la maîtrise dont il avait été probablement l'instigateur.

Les ateliers de draperie étaient en pleine activité, en 1729 : on peut s'en convaincre par le nombre des draps qu'ils produisirent, cette année. Les manufacturiers qui travaillaient pour le Levant fournirent 6,337 pièces ayant 30 aunes de longueur et obtinrent une gratification de 10 livres pour chaque *londrin second* ; ceux qui travaillaient pour le *dedans* du royaume touchèrent, soit à Carcassonne, soit à Clermont-Lodève, soit à Saint-Chinian, cinq livres pour chacune de leurs 15,470 pièces. Les fabricants des montagnes de Carcassonne, de Limoux et de Saint-Pons reçurent trois livres par pièce de leurs *londrins seconds*, qui arrivèrent au chiffre de 6,530 (1).

C'était sans doute un beau résultat. Le roi le voulut plus considérable, et, pour donner plus d'élan à l'Industrie, il témoigna le désir de voir les manufactures produire des draps *mahons* et *londrins premiers*, offrant un boni de 12 livres pour les uns et de 19 livres pour les autres. Une nouvelle impulsion était donnée à la fabrication. Marcassus, de Toulouse, se fit remarquer par son zèle et par ses succès. Grâce à la qualité supérieure de ses produits, il anéantit dans les Échelles du Levant la concurrence du

---

(1) *H. G. L.*, T. X, p. 510.

drap anglais. Il reçut, pour ce motif, des lettres de noblesse que les États avaient sollicitées pour lui. Le sieur Pailhoux, de Saint-Chinian, inspecteur des manufactures de la province, fut également anobli, à raison de ses services, par Louis XV, à la demande des mêmes États (1).

La manufacture atteignit, en 1738, son apogée de production. La quantité des étoffes confectionnées dépassa de beaucoup le chiffre des commandes qui étaient faites et les draps de Saint-Chinian s'entassèrent dans les entrepôts : il fallut modérer l'ardeur des marchands fabricants. L'État profita de cette circonstance pour exiger une plus grande perfection dans le travail. Il porta son attention, en particulier, sur la teinture des étoffes. Des *échantillons matrices* de teinture furent envoyés aux municipalités pour servir de modèles aux fabricants et aux teinturiers. Le 13 mars, en effet, disent les cahiers, « le consul Symphorian Andral reçut un paquet d'échantillons..., et une lettre adressée aux juges des manufactures pour faire assembler les jurés-gardes des marchands drapiers et les gardes-teinturiers en étoffes de laine, et couper, en leur présence, lesdits échantillons et les *pieds bleus* et les *ciboules* en trois parts, dont l'une devait rester au greffe et les deux autres devaient être remises aux drapiers et aux teinturiers. Cet ordre fut exécuté et les échantillons furent donnés à Jullien et Cabrol pour le corps des marchands fabricants et à Imbert et André pour les maîtres teinturiers ».

On ne saurait trop admirer la protection dont jouit à cette époque l'Industrie. Jaloux de ses succès, l'État lui prodigue sa bienveillance et son attention. Il veut que les noms des fabricants autorisés à travailler pour l'étranger soient inscrits sur un tableau d'honneur et ne permet pas qu'ils soient souillés par le contact des noms de faillis, d'interdits et de ceux qui d'une façon quelconque ont con-

---

(1) *H. G. L.*, T. X, p. 512 et 516.

trevenu aux règlements royaux. Par l'ordre du prince, des inspecteurs visitent journellement tous les corps qui concourent à la fabrication des draps français, et leur apportent des encouragements et des conseils. Le lecteur assistera, avec satisfaction, à la réunion qui se tient le 9 décembre 1739, dans une des salles de notre mairie, affectée désormais à la corporation des marchands drapiers. Là se trouvent les sieurs Notoire, inspecteur des manufactures du diocèse, Paul Pailhoux, inspecteur des manufactures de la province, de Bonneval, inspecteur ambulant de toutes les manufactures du royaume, les gardes-jurés Raboul de Grandsaignes, Figuières et Tarbouriech de Campredon, et le corps des marchands composé des sieurs de Roussel et Laporte, propriétaires des deux manufactures royales, et de Raynaud, Caraguel, Bermond, Jullien, Calmette, Cabrol et Boudet, maîtres fabricants. De Bonneval fait savoir à l'assemblée qu'il a visité successivement les tisseurs, les apprêteurs, les teinturiers et les *foulonniers* de Saint-Chinian, et qu'il s'est rendu compte que les laines employées aux *londrins seconds* ne sont pas suffisantes pour atteindre au degré de perfection voulue, et que le tissage n'a pas été généralement régulier. Partant de là, il donne des instructions sur le choix qu'il faut faire des laines, et des avis sur le mode de tissage qui doit le plus tourner à profit tant au tisserand qu'au maître marchand. Il touche aussi à la question du salaire des ouvriers, qui ne doit être payé d'avance en aucun cas, mais toujours en espèces sonnantes, dans l'intérêt du travail et de l'ouvrier. Nous constatons avec le lecteur que le meilleur accueil est fait à ces observations aussi sages que bienveillantes.

L'intérêt que le sieur de Bonneval témoigna pour les ouvriers parut peut-être exagéré aux maîtres marchands. Les artisans du lieu cherchaient, à cette heure, à s'attribuer le monopole du travail (main d'œuvre), en s'imposant aux fabricants à l'exclusion de tous autres ouvriers étrangers

Dans ce but ils s'étaient fait ériger en maîtrise par le parlement, et ils n'admettaient dans leur corps que les personnes qui leur plaisaient, repoussant les autres par des conditions excessivement onéreuses qu'ils mettaient à leur réception. Forcés de recourir aux ouvriers du pays, ligués contr'eux, les maîtres marchands voyaient disparaître leur liberté et leurs affaires dépendre du caprice des artisans. Les ouvriers reprenaient la campagne de 1706 : comme de nos jours, la tyrannie venait d'en bas. Les maîtres marchands n'entendaient pas néanmoins rester à la merci de leurs employés ; ils prétendaient, au contraire, choisir les travailleurs qui avaient leur confiance. Ils s'adressèrent à l'Intendant de Bernage pour qu'il leur fût permis d'occuper tout ouvrier, étranger ou non, dès qu'il était reconnu capable et digne par les gardes-jurés, et ils demandèrent, à cette fin, que l'accès de la corporation des artisans fût rendu libre et facile à ceux du dehors par le rétablissement de l'ancien droit d'admission. M. de Bernage fit droit à la légitime requête des fabricants, le 23 février 1740.

La susdite corporation ne se tint pas pour battue ; elle maintint ses revendications en faveur des ouvriers reçus dans la jurande du pays. Il fallut un arrêt du Conseil d'État pour rétablir « l'ordre et la subordination qui devaient régner entre les marchands et les ouvriers cardeurs, tisserands, foulonniers, pareurs, etc, de la province de Languedoc, pour le bien et avantage des fabriques de drap. » Le roi permit aux fabricants d'employer tels ouvriers forains ou étrangers, reçus ou non dans les jurandes, qu'il leur conviendrait, avec défense expresse de porter atteinte à leur liberté. Les ouvriers ne purent quitter les maîtres sans avoir terminé leurs ouvrages ; et, pour être employés ailleurs, ils durent présenter un congé, qui, en cas de contestation, serait soumis aux juges des manufactures.

Les prétentions du corps des ouvriers eurent pour résultat certain d'attirer une surveillance plus grande tant sur les patrons que sur les artisans. En effet l'Intendant, à la suite de l'arrêt, enjoignit aux divers fabricants de lui donner par écrit les noms de leurs employés et la qualité et quantité des matières qu'ils leur confiaient, et aux ouvriers de lui faire connaître de la même manière les maîtres marchands pour le compte desquels ils travaillaient et la nature des étoffes qui se trouvaient sur leurs métiers. Les sieurs de Roussel et Laporte furent aussi soumis à ces dispositions, et pour qu'elles fussent observées par tout le monde, Pierre Astruc fut nommé inspecteur de nos manufactures par Ory, contrôleur général des finances, chargé du soin des manufactures; il eut ordre de résider à Saint-Chinian.

Astruc visita constamment les fabriques des marchands ainsi que les métiers des tisserands, à Saint-Chinian et dans les lieux de Cessenon, Roquebrun, la Voulte et Bize qui étaient compris dans notre jurande. Or, il constata, un jour, que les ouvriers se déplaçaient sans congé; il remarqua encore qu'il se commettait d'autres contraventions aux arrêts. Il réunit alors le corps des gardes-jurés pour lui dénoncer les actes d'indépendance qu'il avait découverts et le rendit responsable du retard que sa tolérance apportait à la perfection du travail des manufactures. Les gardes-jurés s'engagèrent à donner une attention plus scrupuleuse à la confection des étoffes et se mirent en devoir de faire de nouveaux états du personnel des ouvriers de la jurande.

Les affaires de la manufacture allaient mal dans le Levant, par suite de la concurrence qui paralysait le commerce du Languedoc; les fabricants de nos pays ne purent se défaire de leurs produits. Les États, jugeant que la liberté du commerce pouvait seule procurer un remède à la situation, se permirent de demander la révocation des engagements pris par le Gouvernement avec Constantinople et les autres échelles, au sujet de la fixation des prix et de la répartition des ventes. Le roi n'eut pas égard à cette demande, mais il autorisa les corps des marchands à avoir des correspondants à l'étranger qui s'occuperaient des intérêts des diverses provinces. Le sieur Tricou, de Lodève, fut chargé de protéger les draps du Languedoc contre la concurrence de Marseille. Cet homme intelligent et actif mérita les éloges des États. Il ne tarda pas à se fixer à Saint-Chinian.

La difficulté de la situation avait entraîné les manufacturiers de la contrée à falsifier leurs produits, ou du moins à leur refuser toute la perfection désirable. L'inspecteur de Bonneval vint surprendre le grand nombre des commerçants, et il leur saisit les marchandises dans lesquelles ils faisaient entrer les laines de Narbonne, malgré l'arrêt de 1708 qui les avait déclarées prohibées. Les registres du corps des marchands énumèrent les procès-verbaux dont les fabricants de presque toutes les jurandes furent l'objet. Il résulte de ces procès-verbaux que les sieurs Denis, Jean et Pierre Flottes, Vicules, Vernazobres et Bonneville qui vinrent, vers la fin du siècle, faire fleurir dans nos murs la manufacture des draps, s'occupaient, en ce moment, de la draperie à Clermont-Lodève, avec douze autres fabricants du pays. Ces industriels, d'ailleurs, très honorables, furent frappés par de Bonneval. Nous ne relevons pas les noms des fabricants de Saint-Pons, de la Bastide, d'Olargues, etc., qui furent trouvés en contravention ; ils n'ont pour nous aucun intérêt. Nous citerons, au contraire, les marchands de Saint-Chinian qui nous touchent de plus près, à savoir Calmette, Caraguel, Bermond, Martin, Raynaud, Figuières, Roussel et la veuve Massip. La mesure était violente ; l'Intendant le sentit ; aussi il donna main-levée des saisies qui avaient été faites, en obligeant les marchands à remanier leurs étoffes, et à promettre de s'abstenir du mélange des laines interdites. Il n'y eut d'exception que pour la veuve Massip.

Un simple morceau de drap attira à cette dame toute la sévérité du règlement. Cette personne avait reçu quelques pans d'étoffe de la part du curé d'Assignan pour les donner aux pauvres. Le drap fut confisqué et la dame Massip fut condamnée à 100 livres d'amende au profit des pauvres de l'hôpital, sans que nous puissions dire les circonstances qui motivèrent cette rigueur.

1742. Le duc de Richelieu, commandant de la province, se rendant à Toulouse, traverse Saint-Chinian. Ses *trompettes*, qui le précédaient, ont été priés de s'arrêter pour assister à l'ovation qu'on lui prépare dans la ville. Au milieu du concours général, la corporation des marchands, suivie de toute l'armée des gens employés aux manufactures, vient au devant du magnifique prince pour lui présenter ses hommages et lui offrir en présent « un volant d'écarlate brodé d'argent à la mousquetaire », ouvrage des mains des ouvriers. Le cadeau est accepté avec reconnaissance, et la protection de son Excellence est assurée, en retour, aux corps des marchands fabricants et artisans, qui, « décorés de la cocarde », défilent heureux et fiers devant le duc émerveillé et bienveillant.

Malgré tout son bon vouloir, l'État n'avait pu faire écouler les marchandises qui étaient sous sa protection. L'ordre arriva de restreindre le chiffre des draps *londrins seconds* à produire. Cet ordre concernait aussi bien les manufactures royales que les autres. La proportion des commandes déterminait pour Saint-Chinian le nombre de 395 ballots formant 3,950 demi-pièces. Les fabricants souscrivirent à la répartition qui suit :

Figuières eut à fournir	24 ballots.		Jullien eut à fournir	40 ballots.	
Raynaud	—	48	—	De Campredon	—	14	—
Béral	—	6	—	Guill. Martin	—	40	—
Bermond	—	24	—	Caraguel	—	12	—
Calmette	—	32	—	Milhé	—	48	—
Bourdel	—	15	—			

Les 50 ballots complémentaires furent attribués à Joseph Martin, Tarbouriech et Thomas.

En acceptant la charge de confectionner la quantité des pièces de drap sus-mentionnées, le corps des marchands formula le vœu de voir s'évanouir, pour l'avantage du commerce, la fixation des prix et les ventes par répartition, et persuadé que son désir allait être une réalité, il fit courir le bruit que la liberté était acquise au commerce. Ce qu'ayant appris, le contrôleur général envoya à l'inspecteur l'ordre de protester bien haut contre des assertions aussi imprudentes que fausses. Et pour montrer que l'État faisait œuvre de sagesse en se mêlant des affaires de l'Industrie, il signifia à la corporation que les étoffes des derniers ballots envoyés avaient été trouvées défectueuses et signalées comme telles au bureau du ministère du commerce, à Paris.

Cela n'empêcha pas qu'à l'exercice suivant, on fit à nos manufactures une commande de 790 ballots. Un nouveau débouché pour les draps du Languedoc venait de s'ouvrir : c'étaient les colonies espagnoles. On travailla donc pour les Indes. Or, jamais l'Industrie ne produisit autant de genres de tissus à la fois : on fit des *londrins* seconds, des draps *nims*, des *londrins* ordinaires, des *londrins* larges, des draps de couleurs mélangées, des draps pour la troupe. La quantité des laines et des soieries mises à la disposition des fabricants fut prodigieuse ; l'argent aussi affluait. L'Intendant Le Nain disait, plein d'enthousiasme, que, depuis M. de Basville, le progrès du commerce n'était jamais parvenu au point où on le voyait, et il ajoutait qu'il devait encore augmenter avec les ressources dont on pouvait se servir. Saint-Chinian participait à cette heureuse situation.

Mais la prospérité de notre ville troublait l'esprit de la population de Saint-Pons. Dans le dessein de faire briller la capitale du diocèse au-dessus des autres villes et de Saint-Chinian surtout, les fabricants Saint-Ponais s'avisèrent de réclamer pour leurs manufactures les ouvriers des lieux de Nages, de La Bastide-Rouayroux, des deux Saint-Amans, de Murat et des hameaux qui en dépendaient, avec défense de prendre de l'ouvrage ailleurs qu'à Saint-Pons. A la vue des agissements déloyaux dont ils étaient victimes, les marchands de Saint-Chinian se tournèrent vers l'Intendant pour réclamer aide et protection en faveur de la liberté du travail. Le Nain put se convaincre que les ouvriers de toutes ces localités avaient jusque là travaillé pour les villes de Carcassonne et de Saint-Chinian, alors que la ville de Saint-Pons pouvait à peine occuper ses propres artisans. L'audacieuse entreprise des marchands Saint-Ponais fut condamnée et les ouvriers de tous les lieux ci-dessus indiqués proclamés libres d'offrir leurs bras à qui bon leur paraîtrait, 1745.

Malgré les entraves qu'on suscitait à notre commerce, il n'en réussissait pas moins. Par deux fois, en trois mois, la corporation trouva moyen de racheter les offices créés par le roi, entr'autres ceux d'inspecteurs et de maîtres ayant droit de conférer la maîtrise et ses prérogatives. Les sieurs de Campredon et de Grandsaignes versèrent la somme de 2,203 livres. Du reste, l'état qui fut dressé du nombre des tisserands en activité montra la marche plus que suffisante de la manufacture. Comparé à celui qu'avait arrêté Astruc en 1741, celui de 1746 fut reconnu comme aussi avantageux. En effet, faisaient travailler chacun pour son propre compte:

Laporte.........	13 métiers;	Boudet...........	3	métiers;
Milhaud.........	18 —	Raynaud.........	11	—
De Campredon...	5 —	Jullien...........	13	—
Calmette........	8 —	Martin fils........	3	—
Bermond........	6 —	Martin père.......	10	—
Figuières.......	6 —	Béral............	3	—
Thomas.........	4 —	Andral et Caraguel	10	—
Raboul..........	9 —	Barthès..........	3	—
Donadieu	3 —			
	Total..........	128 métiers.		

Les affaires de la draperie allèrent sur un bon pied jusqu'en 1752; mais alors elles rencontrèrent de grandes difficultés dans la détermination qu'on voulait prendre de soumettre, dans toutes les échelles de la Méditerranée, le commerce du Languedoc aux règlements en usage à Constantinople pour la vente et la répartition des marchandises. C'est Marseille surtout qui se mettait en travers des intérêts de la province. En 1722, le Régent avait accordé au Languedoc la faculté de faire en droiture, par le port de Cette, le commerce avec le Levant, et c'est à cette occasion qu'on avait construit le lazaret de Cette. Mais Marseille avait fini par faire priver Cette de son lazaret et elle voulait aujourd'hui faire disparaître les franchises dont jouissait la province vis-à-vis des échelles autres que celles de Constantinople. La municipalité de Saint-Chinian, voyant la manufacture du pays à la veille d'être ruinée et le peuple menacé de périr de faim, fit au Roi l'adresse suivante : «.....La Cour jugera elle-même s'il ne serait pas plus avantageux à la province de Languedoc de faire passer les marchandises en droiture dans le Levant, sans être assujéties à payer des commissions onéreuses et à subir des frais énormes qui résultent d'un transport indirect, lequel avec les frais qu'on est obligé de payer chez l'étranger absorbent une partie du revenu de la province....» (1)

Sur ces entrefaites, Louis XV, mal conseillé par le duc de Richelieu et l'Intendant Le Nain, voulut établir et faire régler l'impôt du 20ᵉ en dehors des États de Languedoc. Les États réclamèrent leur droit d'intervenir, qui remontait à l'époque de l'union de la province à la Couronne et qui avait été consacré par les accords faits et par un usage constant de ce privilège. Il y eut lutte entre les États et le Prince. Pendant ce temps, la perception des impôts, difficile d'abord, devint impossible..... « Les manufactures ne furent plus encouragées ; les fabricants fermèrent leurs ateliers, laissant ainsi sans travail et sans pain une foule nécessiteuse, qui paraissait prête à prendre part à toutes les entreprises que l'on pourrait tenter contre le pouvoir » (2).

(1) *H. G. L.*, T. X, p. 480.
(2) *H. G. L.*, T. X, p. 547.

Cette situation finit, lorsque le Roi désabusé se fut rendu aux sollicitations aussi fermes que respectueuses des États et eut reconnu les droits du Languedoc qu'on avait voulu fouler aux pieds.

On commença à voir, à cette époque, diverses filatures de soie dans le Languedoc ; les États s'empressèrent de mettre à la disposition de cette nouvelle industrie leur gracieux concours. Ils fournirent de nombreux plants de mûriers et accordèrent des gratifications à ceux qui cultivaient le ver-à-soie ; mais on ne construisit pas encore chez nous de filatures, malgré les désirs de l'Évêque.

Quoique préoccupés de ce côté, les États ne perdirent pas de vue la fabrication des draps, qui faisait vivre le pays. Ils continuèrent à la favoriser d'autant mieux qu'elle paraissait plus digne que jamais de leur encouragement. Les marchands travaillaient avec une prodigieuse énergie et montraient une vive sollicitude pour la perfection de leurs draps. Le sieur Bermond, qui avait pris la place de Bonnafoux à la manufacture royale des Ayres, 1757, ne voulant pas priver ses ateliers de ses soins, préféra renoncer à la charge de consul, malgré les instances que fit la communauté pour le forcer à rester à la tête des affaires du pays. Saint-Chinian ne pouvait suffire aux demandes qui lui étaient adressées. Trop heureux s'il eût su se maintenir dans cette situation ! Mais bientôt, par le pire des calculs, il força la qualité de ses tissus à baisser étrangement, et, par une triste fatalité, ses produits durent abandonner la direction des échelles du Levant et des Indes, pour prendre la route de Mahon, d'Alger et de Gibraltar, dans laquelle les corsaires de la Méditerranée firent souvent main-basse sur eux.

L'absence de plusieurs cahiers de la corporation nous oblige à franchir un espace de temps considérable. Les documents ne reparaissent qu'en 1773, pour indiquer, à cette date, la suspension des travaux dans les ateliers, la misère générale dans la ville et un mouvement extraordinaire qui en est la conséquence. Les tisserands David, Bouttes, Gelly, Berlan et Donadieu ont formé un attroupement illicite et se portent à des voies de fait contre certains confrères pour les empêcher de terminer les draps qu'on leur a donnés à tisser avec salaire convenu et payé d'avance. Les gardes-jurés interviennent et portent plainte à l'Intendant. M. de Montchenu envoie aux agresseurs l'ordre de se rendre devant lui sous peine d'être arrêtés et conduits par la maréchaussée. Cette mesure énergique seconda l'impulsion que les sieurs de Cathelan de Caumont, de Campredon, seigneur d'Assignan, Martin fils et Bermond donnaient, en 1781, à la manufacture.

Enfin, voici une manufacture de soie importante. Le sieur Fourcade a établi son atelier de filature au faubourg, en face de la rue des Tisserands; mais il est contrarié dans son travail par les filateurs de Béziers et surtout par Pelet qui, muni d'une autorisation obtenue d'une manière subreptice, lui a ravi l'ouvrier Nègre, et cherche à lui en soustraire cinq autres, sous prétexte d'un engagement pris envers lui. Le cas est porté devant l'Intendant : le règlement donne droit à Fourcade sur le travail de ses employés jusqu'à la fin de l'année. Les opérations de la filature Fourcade furent dérangées en 1783 par les eaux du Vernazoubres qui envahirent la rue des Tisserands, comme elles l'ont fait, un siècle plus tard.

Deux ans s'étaient à peine écoulés que la manufacture était en décadence dans le Languedoc, tandis qu'elle était en vigueur à Marseille. Pour la relever, les États de Languedoc demandèrent la franchise du port de Cette, tandis que les marchands sollicitaient la décharge du retrait du 10 pour cent qui pesait sur leurs ventes. Ces mesures, croyait-on, devaient suffire pour combattre efficacement le monopole marseillais. C'est dans ces circonstances que les frères Flottes, de Clermont-Lodève, prirent à Saint-Chinian la succession de Bermond et rendirent sa manufacture royale plus florissante qu'elle n'avait jamais été. Le fils Tricou fut adjoint à son père, alors inspecteur des manufactures de Saint-Chinian, avec la charge d'inspecter aussi celles de Carcassonne, Clermont, Lodève, etc. 1786.

Mais déjà nous entendons gronder sourdement l'orage qui doit renverser toutes les institutions du passé.

La protection de l'État est impuissante à défendre la manufacture française contre la concurrence étrangère; elle luttera cependant, mais il lui faut la liberté. Cette liberté, on la réclame à Carcassonne, à Lodève, à Clermont, à Saint-Chinian et en tout autre lieu. Partout, en effet, on dresse pétition sur pétition pour que le commerce, laissé à ses propres forces, soit affranchi de toute sujétion. Il est beau de voir les corporations des marchands fabricants faire des efforts désespérés pour sauver leur industrie. Tout leur espoir est dans les États, qui sont venus en aide à la manufacture pendant ses jours heureux comme aux jours d'épreuve. Pourront-ils lui être utiles?..................

Les jurandes prirent fin en 1789 et toutes les corporations furent abolies en 1791. Le dernier des gardes-jurés de Saint-Chinian, Siméon Fraisse, déposa le bilan de l'association entre les mains de la municipalité : elle était débitrice de la somme de 18,000 livres envers les dames de La Croix, l'hôpital et les hoirs de Gizard et Caraguel; son actif pécuniaire était de 1,875 livres; en fait de mobilier, elle possédait, en tout, un vieux coffre pour y tenir ses archives et un petit coffret où se trouvaient les poinçons propres à la marque des draps. La corporation avait vécu. Chaque marchand fabriqua désormais à ses risques et périls.

L'ingérence de l'État dans les affaires de l'Industrie et du Commerce, on ne saurait le nier, fut loin d'être nuisible au bien du pays. La protection dont jouit la fabrication assura le succès des affaires et l'existence de la partie la plus nombreuse et la plus intéressante de la population; la draperie eut le moyen de lutter avantageusement avec celle des pays étrangers et de se maintenir dans les heures de crise. Le bien public et l'honneur de l'État furent la raison de cette protection et son but.

Pour atteindre un but si noble et si utile, la Monarchie dut diriger les efforts de l'Industrie, la prémunir contre les dangers, la couvrir de sa tutelle. C'est ce qu'elle fit. Que de secours ne lui distribua-t-elle pas? Quelle sollicitude pour faire arriver ses produits à leur perfection et contribuer à leur écoulement? Comme elle sut lui tracer une route sûre! Se fût-elle contentée de lui donner les règlements de 1769 et autres, elle aurait un titre à l'admiration du monde et à la reconnaissance de la France, car ces règlements furent dictés par la plus prévoyante sagesse. Rien n'échappa à sa prudence, ni la qualité des matières à employer, ni la manière de les utiliser; elle porta son attention sur l'honorabilité et l'intelligence des producteurs; le respect pour les maîtres comme les égards pour les ouvriers, tout fut sauvegardé; la bonne volonté fut récompensée et la mauvaise foi flétrie.

Cependant les préjugés, qui se sont formés à la suite des idées modernes, ont fait regarder ces règlements comme des mesures tyranniques, opposées à la liberté du commerce et surannées. Pour nous, ne jugeons pas les institutions du passé avec un parti pris; apprécions plutôt l'arbre par ses fruits.

Sans doute l'autorité qui avait établi ces règles ne souffrait pas de résistance. Mais quel droit aurait-on pu invoquer pour repousser une direction que traçait la plus sûre expérience et le plus entier dévouement? L'histoire des manufactures démontre que tant que les règlements ont été observés, elles ont prospéré, et que les jours où ils ont été négligés, elles n'ont fait que végéter, sans force et sans considération.

Ils ont été contraires, dit-on, à la liberté du travail. Veut-on, par hasard, faire croire qu'ils ont gêné la marche des affaires? Mais il est incontestable que la Monarchie leur a ouvert la voie la plus large et la plus sûre, en se chargeant de la mission d'assurer les marchés, de recouvrer les prix convenus et fixés au meilleur avantage des travailleurs. Le travail était parfois limité, mais l'encombrement, qu'à certaines époques on voyait dans les entrepôts, dit assez que l'intérêt du travail consistait moins dans la quantité des marchandises que dans la régularité des ventes.

Doit-on regarder les règlements comme surannés et à jamais inutiles? Voyons ce que fait le gouvernement quand il s'agit, par exemple, de l'habillement des troupes de terre ou de mer. Le cahier des charges qu'il impose aux manufactures ne semble-t-il pas un chapitre extrait des règlements d'autrefois sur la fabrication des draps *londrins* pour le Levant? Les lignes suivantes que nous empruntons à M. Fabre, de Roujan, dans l'*Hérault Historique*, nous édifieront pleinement à ce sujet.

« Le nombre des manufacturiers admis à la fabrication des draps de troupes ; — la capacité justifiée par l'importance de l'outillage ; — l'obligation de n'employer que certaines qualités de laines pour les draps et autres matières premières pour la teinture des étoffes ; — l'honorabilité constatée des titulaires ; — les visites des fabriques par des inspecteurs officiels, à des jours indéterminés ; — la fixation des quantités à livrer et leur répartition entre les fabricants, suivant leurs forces et l'importance reconnue de leurs usines ; — la vérification des draps et leur admission, quand ils sont conformes au type, ou leur rejet pur et simple ou avec flétrissure suivant leur degré de défectuosité ; — toutes ces mesures si sages, si prévoyantes, l'administration française se les est appropriées pour la fabrication et la fourniture des draps pour l'armée et pour la marine. Quel a été le résultat de ces exigences? La fabrication des draps de troupe est parvenue à une perfection telle que, malgré la rigueur des épreuves, les rejets sont très rares, si ce n'est nuls, et que l'approvisionnement se fait avec une promptitude et une exactitude qui donne toute sécurité pour l'habillement des troupes en temps de guerre ».

Statuts du Corps des Fabricants pour le Levant

20 août 1725. Arch. de la Mairie.

ARTICLE PREMIER. — Le jour de l'Ascension, il sera procédé par l'assemblée du corps des marchands..., en présence de MM. les Consuls, Juges des Manufactures, à la nomination de deux Gardes-Jurés au lieu de trois en exercice, en sorte que le 3e reste pour servir avec ceux qui seront élus...; et prêteront serment entre les mains des Consuls..., de faire leurs rapports aux Juges de toutes les contraventions et abus.....

ART. II. — Ledit jour..., il sera procédé à la nomination d'un trésorier..., et seront nommés deux auditeurs de comptes.

ART. III. — Tous les maîtres de corps seront tenus d'assister à la nomination des officiers du Corps...

ART. IV. — Le jour de l'Ascension, les Gardes-Jurés seront tenus de faire célébrer une grand'messe à l'autel de N.-D. à l'église des R. P. Récollets; et chaque dimanche et fêtes solennelles, seront tenus de faire célébrer une messe basse au même autel, à l'intention du Corps, pour implorer le Seigneur par l'intercession de la Sainte-Vierge, de vouloir répandre sur les maîtres du Corps, leur commerce et travaux, la divine bénédiction, avec la paix, l'amitié et la concorde parmi eux, et les confrères marchands-fabricants seront tenus d'y assister.....

ART. V. — Le lendemain de l'Ascension... feront célébrer une grand'messe de mort ainsi que le jour des Morts pour les confrères défunts...

ART. VI. — Lorsque quelqu'un des confrères sera malade, les Gardes et confrères seront tenus de les visiter et de faire avertir le Corps lorsqu'on l'administrera, pour y assister avec un cierge allumé ainsi qu'aux enterrements.

Art. VII. — La cotisation... sera de cinq livres, payables le jour de l'Ascension..., et de vingt sols pour chaque garçon et apprenti... Le produit sera employé aux services divins, etc., et le surplus à l'assistance des nécessiteux... ou des pauvres ouvriers de passage.

Art. VIII. — Les Gardes ou l'un d'eux seront tenus d'être au Bureau de la Maison-de-Ville, les lundis et vendredis..., pour visiter les draps en toile venant de chez les tisserands, les draps apprêtés et prêts à mettre en teinture et les draps teints et pressés, suivant l'arrêt de 1708, et les marquer et approuver, s'ils sont de qualité requise, sinon de poursuivre les contrevenants devant MM. les Consuls, Juges des Manufactures, pour y faire ordonner les amendes, même la confiscation.

Art. IX. — Les Gardes-Jurés seront tenus de visiter... chaque 15 jours les ouvriers de la ville, des villages ou hameaux de la Jurande... Les villages soumis à l'inspection sont : La Livinière, Siran, Cessenon, Oupia, Azillanet, Minerve, Saint-Martial, Villespassans, Montouliers, Assignan, Cruzy, Olonzac, La Caunette, Aygues-Vives, Lagarrigue, Aigne, Rieussec, Pousselières, Ferrières, Pierrerue, le Bruguet, Cazelles, Prades, Cembejean, Lastroubadariés, Cazedarnes, Cébazau, Castelbouze, Cazo, La Roque, La Moureire, Pouzany, La Servelière, Bouldoux, Lugné, Cauduro, Lascaniés et Saint-Jean.

Art. X. — Les délibérations... seront prises à la pluralité des voix.

Art. XI. — S'il vient à la connaissance des Gardes-Jurés et autres... des vols de laine, filasse, etc., les coupables seront poursuivis aux dépens du Corps jusqu'à arrêt définitif et punition exemplaire ; et les autres affaires du Corps seront aussi poursuivies... aux frais du Corps.

Art XII. — Les Marchands-Fabricants ne pourront suborner les ouvriers les uns des autres..., et seront tenus d'attendre que les ouvriers aient fini leur temps et rendu leurs ouvrages.

Art. XIII. — Les Marchands-Fabricants ne pourront se servir des filoirs les uns des autres, à peine de 100 liv. d'amende et de confiscation.

Art. XIV. — Le Corps se composera des sieurs constituants et constituantes, anciens Marchands-Fabricants de la Ville ou y domiciliés depuis trois ans.

Art. XV. — Il ne sera permis de faire fabriquer des draps pour le Levant... qu'à ceux qui auront été inscrits au rôle des maîtres.... et à ceux qui, pour parvenir à ladite maîtrise... auront fait l'apprentissage et service ci-après prescrit.

Art. XVI. — Aucun ne pourra être reçu à la maîtrise qu'il n'ait fait apprentissage chez un des maîtres du Corps ou dans l'une des manufactures royales, pendant deux années, et qu'il n'y ait ensuite servi de garçon pendant trois années...; et sera passé brevet dud. apprentissage devant notaire et enregistré au livre de la Communauté.

Art. XVII. — L'aspirant remettra le brevet et le certificat des 3 ans de service, celui de la profession de foi cath., apost. et romaine, et celui de bonne vie et mœurs aux Gardes-Jurés, et se fera présenter au Corps, devant les Consuls, Juges des manufactures, où il sera interrogé...; et s'il est jugé capable, il lui sera expédié des Lettres de maîtrise, après qu'il aura payé 300 livres, qui seront employées à payer les dettes de la Communauté..... Lorsque les dettes de la Communauté seront éteintes, l'on reviendra à l'art. XLVIII des règlements généraux et on ne paiera que 6 livres.

Art. XVIII. — Les fils de constituants et de constituantes veuves de fabricants qui auront vingt ans, au jour de l'autorisation de ces statuts, et les fils de ceux qui auront obtenu l'inscription seront reconnus maîtres.

Art. XIX. — Les fils de maîtres pourront être reçus à l'âge de seize ans, sans faire apparoir de leur apprentissage ni payer les 300 livres.

Art. XX. — Les veuves des maîtres pourront faire fabriquer.

Art. XXI. — Les pères de famille pourront être admis à la maîtrise; les enfants nés d'eux après leur réception profiteront seuls de la situation de leurs pères.

Art. XXII. — Les compagnons qui auront fait leur apprentissage dans la ville et épouseront des veuves de maîtres ou des filles de maîtres jouiront des prérogatives des fils de maîtres.

Art. XXIII. — Les prescriptions des règlements généraux de 1669, 1708 et 1720 seront exécutées.

ART. XXIV. — L'usage de faire tisser à tant la pièce ou à tant le rang est pernicieux aux draps... A tant la livre de la traîne qu'ils y font entrer leur procure une plus grande perfection. Le premier usage est aboli; le second est approuvé, à peine de 100 liv., s'il n'est pas observé.

ART. XXV. — Il ne pourra être établi dans les hameaux des filoirs que pour un seul fabricant et pour une année.

ART. XXVI. — Les cardeurs, fileurs, tisserands seront tenus de rendre les laines, filasses, bourrillades, etc., à peine d'être poursuivis comme voleurs domestiques et les complices comme receleurs.

ART. XXVII. — Ne pourront les Marchds Fabricts de la Jurande faire filer et tisser dans la Jurande pour des fabricants étrangers ni leur envoyer leurs fileuses, etc., sous peine de déchéance de la maîtrise.

ART. XXVIII. — Les ouvriers débiteurs envers les maîtres ne pourront les quitter sans avoir payé.

ART. XXIX. — Les draps faits dans le pays y seront apprêtés, teints et pressés et non ailleurs, sous peine d'amende et de confiscation.

ART. XXX. — Les gardes-jurés, après contravention constatée... ne pourront user de condescendance, à peine d'être destitués.....

ART. XXXI. — Après l'autorisation des statuts, un fabricant, non garde-juré, sera nommé, à tour de rôle, p. surveiller les gardes-jurés.

ART. XXXII. — Tous les draps seront aunés par le dos et non par les lisières.

ART. XXXIII. — Si, après l'échaudage..., le drap devient défectueux par le fait de l'ouvrier, on le constatera au Bureau et les juges prononceront des amendes.

ART. XXXIV. — Les règlements de la teinture seront exécutés en toute rigueur.

ART. XXXV. — Les foulonniers établis sur le canal... ne pourront y jeter les eaux de savon depuis 6 heures du matin jusqu'à 11 du matin et depuis 1 heure juqu'à 4 h. du soir, ni y laver les draps noirs et vert-bruns.

ART. XXXVI. — Les consuls, comme juges des manufactures et conservateurs des présents statuts, seront tenus de veiller à leur exécution.

Nous consuls, juges des manufactures, attendu que les 36 articles... ne tendent qu'à la bonne police, au bien du commerce et à l'utilité publique, disons, si c'est le bon plaisir du Roi, *doivent être autorisés lesd. statuts...* 26 août 1725. Pailhoux, 1er consul, Barthès, consul.

Les Lettres-Patentes sont datées du mois de décembre 1725 et leur enregistrement par le parlement de Toulouse porte la date du 2 février 1726.

Arrêt du Conseil d'État pour les cardeurs, fileurs, ourdisseurs tisserands, foulonniers, pareurs, tondeurs, rentrayeurs, affineurs. et autres ouvriers des fabriques de drap de la province de Languedoc, 18 décembre 1740.

Le Roy ayant fait examiner en son Conseil les différents mémoires et projets de règlements envoyés... pour fixer et entretenir entre les marchands fabricants de drap... et les cardeurs, tisserands, foulonniers, etc., le bon ordre et la subordination qui doit y être pour le bien et avantage des fabriques, et notamment les délibérations prises à ce sujet par les fabriques de Carcassonne en 1730, 32 et 35, Sa Majesté, s'étant fait lire l'art. LII des statuts du 25 octobre 1666, concernant les fabriques de Carcassonne, par lequel les fabricants sont en certains égards autorisés à se servir et faire travailler sous eux tels ouvriers qu'ils avisent être bon, soit forains ou étrangers, avec défense de les troubler. Sa Majesté aurait jugé qu'en rendant cette disposition commune pour toutes les fabriques de drap du Languedoc et en l'expliquant suivant ses intentions, il y aurait lieu de penser qu'il produirait l'effet qu'elle s'est proposé, ordonne,

Art. I. — L'art. LII du Règlement du 26 octobre 1666, concernant les fabriques de Carcassonne, sera exécuté et aura lieu dans tout le Languedoc.

Art. II. — Comme conséquence S. M. permet à tous les fabricants de drap ou maîtres drapiers drapants de se servir chez eux ou dans les maisons, ateliers à eux appartenants, des ouvriers qu'ils jugeront à propos, cardeurs, fileurs, etc., reçus ou non dans les jurandes, qu'ils soient forains ou étrangers.

Art. III. — Ordonne S. M. qu'aucun des ouvriers occupés... ne pourra cesser de travailler sans avoir pris et reçu un billet de congé, faisant défense aux autres fabricants de lui donner de l'ouvrage à moins qu'il n'ait représenté son billet.

Art. IV. — Permet S. M. à tous ouvriers reçus en qualité de maîtres dans les jurandes de prendre comme apprentis ou compagnons les ouvriers qu'ils voudront, enregistrés ou non aux bureaux des jurandes ou forains... qui ne pourront quitter leurs maîtres sans un billet... et qu'un autre ne pourra recevoir sans un billet ou permission des juges des manufactures.

Art. V. — Veut, en outre, S. M. que les tisserands, lors de la publication de l'arrêt, ne cessent point de travailler pour leurs maîtres qu'ils n'aient préalablement reçu congé.

Art. VI. — ..... Au cas de contravention pour raison des billets de congé..., sera statué sommairement et sans frais... par les juges des manufactures...

Art. VII. — Enjoint S. M. au sieur Intendant... de tenir la main à l'exécution du présent arrêt...

A Fontainebleau, le 18 octobre 1740. Phelyppeaux.

APPENDICE 2

L'Ancien Hospice ou la Charité sous l'ancien régime

Les murs de l'ancien hôpital tombent en ruine depuis que l'inondation de 1875 en a chassé les hôtes si dignes d'intérêt. Ils abritèrent bien des infortunes et furent témoins de bien des dévouements ; à ce titre ces vénérables débris méritent que nous leur consacrions quelques pages.

I

L'INSTITUTION de la bienfaisance eut chez nous, comme ailleurs, un noble but : obvier aux tristesses, aux besoins et aux désordres qu'entraîne la misère. La charité chrétienne fut son inspiratrice et son soutien. En entrant dans la maison qu'on avait bâtie à grands frais pour eux, les malheureux pouvaient lire cette rassurante inscription : Hôtel-Dieu.

Pendant de longs siècles, les pauvres et les infirmes furent soutenus par les moines : c'était en vue des déshérités de la terre que les religieux avaient reçu du roi de vastes domaines. Lorsque la communauté rurale fut établie, les villages durent s'occuper des pauvres, mais les seigneurs ne se désintéressèrent pas des œuvres de charité, et c'est des châteaux et des abbayes que vinrent les concours les plus utiles et les plus dévoués. La monarchie intervint à son tour : par des règlements admirables elle assura les moyens d'existence à la classe besogneuse et garantit la société contre la plaie de la mendicité.

II

EN 1593, les consuls Routaoult et Lacourt donnèrent, au nom de la communauté, à Estienne Nounés, maçon, ordre et commission de réparer l'hôpital de Saint-Chinian, situé au faubourg. La maison avait été démolie par les bandes fanatiques. Dans le courant du XVIIe siècle, ce *casal* fut abandonné pour un local attenant au moulin de l'abbé dans la rue Bagnesolles. Mais la nouvelle maison était trop étroite et d'ailleurs le service était si mal fait que les malades s'en éloignaient obstinément. La pauvre demeure finit par n'être qu'un lieu de refuge de nuit pour les mendiants qui passaient par la ville. C'est en vain qu'à plusieurs reprises, les évêques de Saint-Pons, dans leurs visites pastorales, avaient demandé qu'elle fût agrandie et appropriée pour recevoir les malades.

En 1675, Monseigneur de Montgaillard constata que cette maison était le théâtre de scènes scandaleuses qu'occasionnait la promiscuité des sexes dans l'unique pièce habitable. Affligé de ce désordre, il résolut de le faire cesser et d'assurer le sort des malheureux. Les ressources ne manquaient pas ; il s'agissait d'avoir un local plus propice et de créer un bureau pour la distribution régulière des rentes destinées aux pauvres. Mais auparavant il fallait s'entendre avec l'abbé, qui fournissait la majeure partie des revenus dont bénéficiait la classe indigente. L'évêque lui demanda s'il se réserverait de distribuer, par lui-même ou par ses moines, les aumônes que, de temps immémorial, l'abbaye faisait aux pauvres de la paroisse, ou s'il permettrait qu'on confiât cette charge à d'autres. Après avoir tenu chapitre, à ce sujet, le prieur répondit, au nom de l'abbé, qu'il consentait à ce que l'on confiât ce soin au trésorier choisi dans le bureau, à condition : 1° que l'abbé ou le prieur, en son absence, présiderait l'assemblée et qu'ils signeraient au registre ; 2° que les séances auraient lieu dans l'abbaye ; et 3° qu'un religieux tiendrait la plume et conserverait dans ses mains le cahier des délibérations. La difficulté était aplanie. Le bureau fut aussitôt constitué ; nous dirons plus tard sur quel pied.

« Il fut alors décidé et convenu qu'on ferait un autre hôpital pour y recevoir les malades et les y servir, duquel hôpital le bureau aurait la direction. Le bureau devrait employer les dames de miséricorde pour aider à soigner les pauvres qui seraient dans l'hôpital ou dans des maisons particulières... Il serait fait au rez-de-chaussée deux membres voûtés pour les passants... On ne devrait pas admettre à l'hôpital des malades de maladie habituelle (1) ».

Cette détermination était à peine prise que la chambre royale envoya un extrait d'arrêt concernant les hôpitaux et maladreries, avec ordre de fournir un état des revenus destinés aux pauvres, et le vicaire général du Mont-Carmel et de Saint-Jean de Jérusalem assigna la communauté en délaissement du vieux local qui leur était affecté. Mais ce local appartenait à la communauté et les consuls furent chargés de veiller à sa conservation (2).

Il ne fut plus question du projet d'un nouvel hôpital jusqu'en 1679. Mais, à cette date, nos documents nous font voir Monseigneur de Montgaillard préoccupé de l'idée de fonder à Saint-Chinian un hôpital général pour tout le diocèse. Dans ce dessein, il suggère à la communauté de faire l'acquisition du château construit par les de Feynes, et s'offre à fournir lui-même la somme de 6,000 livres. Un moment, on sembla adhérer au désir de l'évêque, en voyant que la question de l'hôpital serait résolue; mais bientôt la pensée d'avoir, en quelque sorte, sur les bras tous les pauvres du diocèse détourna les esprits de la proposition de Monseigneur de Montgaillard. Toutefois on fit des réparations au vieux local pour pouvoir y installer les malheureux du pays.

La population augmentait tous les jours et le nombre des infirmes croissait en proportion. Au commencement du XVIII° siècle, on construisit, au bout de la rue Villeneuve, sur le Vernazoubres, la maison dont la ville a joui jusqu'en ces derniers temps. Elle put contenir deux douzaines de malades. Un jardin attenant fut mis à la disposition de ses hôtes. En 1756, on l'entoura d'un mur de clôture pour le

---

(1) Mémoire retenu par M. Just Bousquet.
(2) Délibération de la communauté du 10 décembre 1676.

garantir dans la suite contre les eaux de la rivière, qui venaient de le maltraiter.

Cet établissement prospérait. On y fit une chapelle en 1759. Le 3 novembre, M. l'abbé Massip, secondaire de la paroisse, la bénit au milieu d'une belle solennité, et la plaça sous la protection de Saint Jean-Baptiste.

Quatorze ans plus tard, ce local fut reconnu insuffisant. Les administrateurs sollicitèrent des Lettres-Patentes pour pouvoir acquérir les constructions que les Récollets avaient délaissées en 1768. Quoique le duc de La Vrillière eût déclaré que le roi était disposé à les accorder, on ne les avait pas encore reçues en 1778. Il fut délibéré, en désespoir de cause, de donner « plus d'étendue et de commodité au vieux édifice, d'après un plan que tracerait M. Bermond, administrateur. Un an plus tard cependant, on insistait pour transférer l'hôpital à l'ancien couvent des Récollets, et la communauté intervenait dans cette affaire. Il y avait eu entente entre les consuls et les administrateurs : l'église devait être cédée à la communauté pour une succursale à établir dans le faubourg ; les autres bâtiments, cour et jardin étaient réservés pour l'hospice. L'évêque de Saint-Pons, se trouvant à Paris, agissait pour obtenir, avec l'existence légale que n'avait pas encore l'hôpital, l'autorisation d'acquérir l'immeuble des Récollets.

Le 5 juin 1780, les lettres du roi ayant été accordées, les administrateurs achetèrent la maison des Récollets. La quittance finale, datée du 21 mars 1781, fut déposée sur le bureau du conseil politique, le 16 février 1782. L'église fut déclarée acquise par la ville, à raison d'une rente annuelle de 150 livres, avec la faculté de faire le paiement intégral de la somme de 3,000 livres lorsque bon semblerait à la municipalité.

Quand vint l'heure de transporter les infirmes dans leur nouveau séjour, le prieur des Bénédictins, Bousquet, qui présidait le bureau, prit la parole pour représenter aux administrateurs les dificultés qu'ils allaient rencontrer et parvint à écarter la prise de possession du nouvel établissement. « Messieurs, leur dit-il, l'administration a reconnu depuis longtemps la nécessité de procurer aux pauvres un logement plus vaste et plus commode..... Les administrateurs formèrent le dessein de transférer l'hôpital dans l'ancien couvent des Récollets...; ce vaste plan éblouit les esprits... Sur le point de mettre le projet à exécution, l'administration, frappée des dépenses ruineuses qu'entraîneraient de nouvelles réparations, doit différer de les entreprendre pour en examiner les suites..... Le couvent est entièrement dégradé. Il y a, d'un autre côté, impossibilité de vendre l'hôpital actuel, car les promesses qu'on nous avait faites se sont évanouies... Il n'y a qu'à conclure que le mieux est de réparer notre hôpital et de chercher à vendre le couvent... »

Il fut si avantageux pour les intérêts des pauvres que l'abbé n'exigeât pas son droit de lods, à l'occasion de l'achat du couvent des Récollets, que l'administration de l'hospice, pour lui témoigner sa reconnaissance, s'offrit à élever un enfant trouvé dont la charge incombait à l'abbaye.

A la veille de la Révolution, on réparait, dans le vieil hospice, la salle des femmes et le toit correspondant, et on se disposait à construire un four et à agrandir la chapelle. Les pauvres y furent reçus, non sans une grande gêne, pendant les mauvais jours. On vit ensuite refleurir cette maison pendant le XIXe siècles jusqu'au moment où l'inondation de 1875 la rendit incapable de continuer ses services.

III

Lorsque Monseigneur de Montgaillard organisa le bureau des pauvres, les premières et plus importantes aumônes à distribuer venaient du côté de l'abbaye : 1º dans tous les temps, l'abbé avait procuré aux nécessiteux, chaque année, 60 sétiers de *raunage* ou farine prise au moulin ; 2° il faisait distribuer le jour du Jeudi-Saint, tous les ans, 8 sétiers de froment ; 3° les religieux, de leur côté, fournissaient annuellement une certaine quantité de blé, à raison de deux legs faits par Jean François de Bosquat, l'un en 1650, au moment d'entrer en religion, l'autre quelques jours après sa profession. Le premier assurait aux pauvres 500 livres ; le second assurait à N.-D.-de-Nazareth 300 livres, mais le chapitre s'était dépouillé de cette somme pour en consacrer le revenu aux pauvres. Or, une délibération du chapitre, prise le 19 novembre 1660, avait permis de placer ces sommes sur la tête d'un nommé Courbatier. Mais en 1668, le sieur Placide de Bosquat, voyant que les intentions de son parent Jean-François n'étaient pas régulièrement remplies, força Courbatier à lui remettre, à défaut des espèces, une terre qui en représentait la valeur et la plaça entre les mains des religieux pour en servir le produit aux pauvres. Malheureusement il y avait à craindre que les personnes assistées fussent privées d'une partie de ces ressources ou du moins que la répartition leur en fût mal faite : les fermiers de l'abbé se trouvaient seuls chargés de distribuer les aumônes, et au lieu de livrer de la farine, ils donnaient du pain cuit depuis la Toussaint jusqu'à la Saint-Jean-Baptiste, sans discernement, à quiconque allait frapper à leur porte ; de plus, le pain, auquel les pauvres avaient seuls droit le jour du Jeudi-Saint, était porté indifféremment aux riches et aux pauvres. Ce pain, bénit par les moines, était offert, à titre d'hommage, au nom de l'abbaye.

Il existait d'autres legs en faveur des pauvres, mais comme ils étaient moins connus, l'évêque voulut qu'on en fît la déclaration expresse en sa présence.

Le grand intérêt que le prélat témoigna vis-à-vis de la classe indigente fut un puissant encouragement à la charité publique. Les ressources augmentèrent, et le tableau des bienfaiteurs des pauvres fut surchargé de noms honorables : nous nous contenterons de signaler les principaux, sans vouloir toutefois diminuer le mérite des autres.

Monseigneur de Montgaillard laissa, en mourant, aux pauvres de Saint-Chinian les champs nobles qui depuis ont porté le glorieux nom de *champs des pauvres*, et donna à son exécuteur testamentaire la faculté de faire bénéficier l'hôpital d'une maison achetée à Maurel pour servir de refuge aux mendiants. L'abbé de la Chevallerie inscrivit dans son testament les pauvres de sa seigneurie parmi ses héritiers ; l'hospice devait toucher pour eux, après la mort des sœurs de l'abbé, la somme de 28,000 livres. D'après une délibération du bureau prise en 1740, noble Jean de Geoffre, baïle de Pierrerue, avait légué à l'hospice la maison dite La Boulangerie, moyennant une fondation de messes que le vicaire de Pierrerue devait acquitter, et pour lesquelles le bureau avait à lui compter 40 livres. Cette délibération, que l'évêque avait provoquée, « déchargea le susdit chapelain du droit d'amortissement pour l'imposer au bureau, suivant la jurisprudence universellement établie. » Les pauvres héritèrent aussi d'une vigne que Jean de Geoffre possédait dans le terroir de Pierrerue. Le curé Pradal laissa son bien à l'hospice. En 1740, le curé Robert avait en ses mains un dépôt de 2,000 livres destinées à l'hôpital, et M. Pailhoux, se substituant à la dame Viala, épouse Lavit, donnait hypothèque sur tous ses biens pour la somme de 1652 livres dues à cet établissement. Les recettes de cette année s'élevèrent à 5,213 livres.

En 1752, le bureau des pauvres, héritier de M. de Champlain avec les hôpitaux de Saint-Pons et de la Salvetat, eut à partager avec les cohéritiers la somme de 5,000 livres, dues par ces derniers au défunt pour la rente que l'évêque de Montgaillard leur avait imposée en sa faveur, en les instituant ses héritiers universels.

Les comptes de 1755 se chiffrèrent par 12.848 liv. de recette et 11,275 liv. de dépense.

Le 24 mars 1759, le viguier Fourcade apprit au bureau des pauvres que l'abbé de Larbourst avait découvert le testament de l'abbé de la Chevallerie, et que la sœur de l'abbé, déjà avancée en âge, avait pris ses mesures pour remplir les intentions de son frère, qui étaient celles de M. Bézard, leur oncle. La somme de 28,000 liv. revenant aux pauvres de Saint-Chinian était placée en partie sur les fils de M. de la Feutrière, soit 19,000 liv., et le restant sur M. de Fontagneu, ancien intendant des gabelles. L'abbé de Larboust offrait ses bons offices dans cette circonstance.

Pendant que M. de Larboust s'intéressait, à Paris, pour nos pauvres, Monseigneur Alexandre de Guénet les mettait en possession d'une rente de 120 livres, provenant d'un capital de 2,400 livres placées sur la province de Languedoc, et les administrateurs témoignaient hautement de leur reconnaissance, 31 mars 1760.

Les fonds des pauvres se trouvèrent, à cette époque, dans une situation telle que les administrateurs purent venir en aide au roi qui demandait aux États de France un crédit de 9,000,000 de livres ; ils offrirent 2,400 liv. et assurèrent par ce moyen une rente de 120 liv.

1776. L'hôpital a une hypothèque de 1,000 liv. sur les biens de M. Bermond mis en séquestre. — La reconnaissance des titres du bureau des pauvres ordonnée par le roi pour le remboursement des 2,400 liv. prêtées à l'État met à jour deux créances, de 2,000 liv. l'une, sur les fabricants de Saint-Chinian.

Vingt ans s'étaient écoulés depuis que le seigneur abbé de Larboust s'était flatté d'apporter dans le pays le beau legs de l'un de ses prédécesseurs....... Enfin les successeurs de la Feutrière déposèrent entre les mains du sieur Theulon, chargé d'en faire le recouvrement, la somme de 19,000 liv. qu'il devait à l'hôpital, 29 décembre 1778. Celui-ci offrit d'en faire lui-même le placement avantageux ; mais les administrateurs se réservèrent ce soin, se promettant bien de ne confier l'argent de l'hôpital qu'à bon escient. En effet, une dame de Béziers s'étant présentée à ce moment, ils allèrent aux renseignements sur sa solvabilité, et sans doute parce qu'elle ne leur parut pas absolument certaine, l'emprunteuse fut éconduite.

Les documents font défaut jusqu'au 5 septembre 1779. Ce jour-là, le père Valeton présidait le bureau. Il retraça avec émotion la misère générale qui régnait dans la ville, ayant pour cause la cessation des travaux dans les manufactures et autres calamités qui avaient frappé les habitants. « Le nombre des familles honteuses, dit-il, s'est accru ». Parlant ensuite des sommes « que feu M. de La Chevallerie destina aux pauvres », il ajouta : « il en reste encore assez pour fournir aux plus pressants besoins. » Le trésorier eut ordre de remettre au curé Massip la somme de 5,000 liv. pour être distribuée aux familles honteuses.

Le 3 novembre de la même année, M. de Caumont, héritier de M. de Saint-Amans, fils de M. de Roussel, se libéra d'un legs fait au bureau des pauvres par M. de Saint-Amans, avec charge d'une fondation pour le repos de l'âme de son père : il versa 4,000 livres. Cette somme fut employée à l'acquisition de l'immeuble des Récollets.

Un legs de 300 liv. fait par M. Jullien, receveur des tailles, donna l'occasion aux administrateurs de rendre hommage aux bienfaiteurs de l'hospice. Le 28 août 1782, les membres du bureau furent à l'unanimité d'avis de placer dans la salle des pauvres l'image de M. Jullien et celle de l'abbé de la Chevallerie.

Les 9,000 livres dues par de Fontagneu n'étaient pas rentrées en 1787.

La Révolution, en dépouillant les Bénédictins de l'abbaye, priva les pauvres de leurs aumônes. Le 24 janvier, M. de Saint-Geyrat écrivit à M. Massip que le bureau n'avait plus à compter sur le secours en nature qu'on put lui procurer dans des temps meilleurs.

Cette charge incombait, en toute justice, à l'État, puisqu'il s'était emparé des biens sur lesquels les pauvres avaient un droit acquis et réel. L'État comprit son obligation et obligea le district à payer, en 1791, l'aumône des 68 sétiers de froment, au lieu et place de l'abbé.

IV

« Jusques à l'an 1675, dit le mémoire que nous avons entre les mains, il est prouvé par les actes publics que les consuls et conseillers politiques géraient, en seuls, les revenus qui existaient dans la paroisse en faveur des pauvres, et prenaient soin de la petite maison destinée aux malades de la paroisse ». A partir de cette époque, comme nous l'avons dit, l'administration des biens des pauvres passa au bureau établi par Monseigneur de Montgaillard et présidé par l'abbé du monastère, ou, à son défaut, par le prieur ou un subdélégué.

Tel fut le règlement adopté et mis en vigueur. Le bureau devait se réunir dans l'hôtellerie de l'abbaye. Dans les assemblées, la place de droite, à côté du président, appartenait au curé de la paroisse ; celle de gauche, à l'un des officiers du seigneur abbé. Les consuls se trouvaient auprès de ce dernier, les procureurs et le trésorier venaient après le curé. Les paroissiens qui voulaient assister aux séances du bureau pouvaient se placer indifféremment à la suite des membres titulaires. Tous les premiers dimanches du mois, il y avait réunion. Le rôle des pauvres était fait par un religieux que désignait le président. Le trésorier, nommé chaque année, présentait le recensement de toutes les aumônes distribuées, moins celles de l'abbaye. Six procureurs étaient renouvelés chaque année. Le bureau remettait les aumônes aux malades désignés par un billet du curé et de l'apothicaire. On permettait aux paroissiens présents de signaler les malades qu'ils connaissaient.

Ce règlement fut exécuté jusqu'en 1697 dans tous ses détails. L'année suivante, en vertu d'un édit royal de 1695, qui avait réglé que les évêques présideraient les assemblées des bureaux d'hôpital, les réunions commencèrent à se tenir au château de l'évêque. Il faut noter que, d'après l'édit, le grand-vicaire ne pouvait remplacer l'évêque, et que le juge devait être préféré au curé, en l'absence du président. Ajoutons que l'édit concernait les hôpitaux jouissant d'une existence légale, que n'avait pas celui de Saint-Chinian.

Mais il parut, en 1698, une déclaration qui n'admettait pour directeurs-nés des bureaux d'hôpital que le premier officier de justice des lieux, le procureur fiscal, le premier consul et le curé. L'évêque et le prieur étaient donc éliminés. Cette nouvelle disposition n'atteignit pas pourtant, au moins en fait, le bureau de Saint-Chinian, qui n'était pas reconnu. Son règlement, en dehors du droit commun, continua à subsister, exposé à être attaqué comme n'ayant aucune autorité.

Que se passa-t-il pendant l'espace d'une trentaine d'années, après l'apparition de l'Édit et de la Déclaration? Aucun document n'est là pour nous le dire. Mais, à coup sûr, la présidence du bureau fut disputée entre l'évêque et l'abbé ou son prieur; la délibération du 31 décembre 1731, le fait supposer. Le grand-vicaire présidait en l'absence de l'évêque ; à son instigation, il fut statué que désormais les séances du bureau auraient lieu dans le château épiscopal. De fait, la délibération de fin d'année de 1736 prouve que le château était devenu le siège définitif des réunions du bureau.

Mais si l'abbé et son prieur avaient consenti à laisser, sans contestation, la place d'honneur au premier pasteur du diocèse, ils n'entendaient pas s'incliner devant le grand-vicaire. Aussi bien, le 12 septembre 1744, le prieur protesta contre la prérogative que le grand-vicaire réclamait en l'absence de l'évêque. Et, comme on lui refusait le fauteuil, il se retira avec le religieux qu'il avait amené à titre de secrétaire.

Dolluen, prieur, ne s'en tint pas à une protestation platonique et stérile; il agit, et, le 14 septembre 1746, il mit sous les yeux de l'assemblée un jugement par défaut rendu à la Cour des Requêtes, qu'il déclara avoir déjà fait signifier au grand-vicaire. Ce jugement cassait la délibération de 1744.

L'abbé avait consenti à ce que les réunions se tinssent au château de l'évêque, malgré le règlement qui les avait fixées dans l'abbaye; l'évêque ne fit aucune opposition à la prétention de l'abbé de présider le bureau en son absence, et même de le convoquer, dans ce cas, dans une salle du monastère.

Depuis lors, en effet, les assemblées eurent lieu tantôt dans le château, tantôt dans l'abbaye, là, sous la présidence de l'évêque, ici, sous la présidence du prieur. Il en fut ainsi tant que vécut Mgr de Guénet. Mgr de Chalabre accepta cette situation pendant les premières années de son épiscopat; mais dès l'année 1778, il se désintéressa de l'honneur de présider le bureau des pauvres, comme les prieurs de la faculté qu'ils avaient de convoquer les directeurs chez eux. Les assemblées se tinrent dans une salle de l'hôpital. Le 29 janvier 1790, le prieur Salles parut pour la dernière fois au bureau des pauvres.

Les articles du règlement qui exigeaient le renouvellement annuel du trésorier et des procureurs tombèrent en désuétude. Pour ce qui concerne les trésoriers, nous dirons que M. Martin remplit sa charge de trésorier depuis 1740 jusqu'en 1758 et qu'il ne se fit relever de ses fonctions qu'à cause de son âge et de ses infirmités. M. Jullien, élu à sa place, fut maintenu jusque en 1778. M. de Gransaignes, fils de M. Raboul, lui succéda et ne se retira qu'en 1790. Le sieur Andral fut ensuite désigné pour trésorier. — Il en fut de même pour les procureurs. En 1742, les sieurs Caraguel et Jullien remplacèrent les sieurs de Campredon défunt et Raboul vieux et malade. Un sieur François Pinet, directeur d'une des manufactures royales, fut choisi pour remplacer M. Jullien, nommé trésorier, en 1752, et ne quitta le bureau, en 1755, qu'en se retirant de Saint-Chinian. Son siège fut occupé par M. Saint-Clément de Roussel.

On changea plusieurs fois le mode de distribution du blé fourni par le monastère. Dans le principe, le fermier du moulin donnait de la farine aux pauvres sur un billet signé du curé ou du prieur. Quand on s'aperçut que les pauvres convertissaient en argent le *raunage*, on chargea le curé et les secondaires de distribuer du pain tous les samedis. Ces messieurs s'étant montrés trop faciles dans leur manière d'agir, on leur substitua le bureau de la Charité que l'évêque venait de créer, 1752, pour empêcher la mendicité.

Ce bureau avait pour toutes ressources les cotisations des membres qui en faisaient partie, les aumônes que ces derniers recueillaient et une allocation de 300 livres inscrite au budget de la communauté. Il vit arriver avec bonheur le secours inattendu de 68 sétiers de blé. Les 8 sétiers que fournissait, en plus, le couvent furent réservés pour être distribués par les dames de la Miséricorde. Mais le bureau de la Charité ayant cessé de fonctionner deux ans après, l'Hôpital fut chargé de faire lui-même la distribution du blé, après l'avoir converti en pain.

On choisissait pour le service des pauvres les personnes les plus aptes et les plus dévouées. Avant 1752, les pauvres étaient soignés par la demoiselle Roques; elle leur laissa cette année, en mourant, 160 livres. Sa place fut convoitée par Marie Moustelon, aussi recommandable par sa piété que par son zèle. La sœur hospitalière qui vint après elle fut la demoiselle Frayssinet, de Pézenas. Les infirmes furent soignés par Marie Estimbre, dès 1767; on lui assigna 100 livres d'honoraires, mais elle promit spontanément le fruit du travail de ses doigts, en sus de son travail journalier. Elle vécut longtemps au milieu de ses chers malades et finit par succomber à sa tâche, à l'âge de 52 ans. M. Massip, inséra ces mots dans l'acte de sa sépulture : « Marie Estimbre a été victime de son zèle pour le bien des pauvres ». Elle était maîtresse des novices du Tiers-Ordre de Saint-François.

Les administrateurs ne se bornaient pas à procurer d'excellentes servantes aux pauvres; ils visitaient chaque semaine, à tour de rôle, les salles de l'Hôpital pour s'assurer que le service ne laissait rien à désirer.

L'administration de l'Hospice fut cependant l'objet d diverses critiques. Nous les trouvons dans le Mémoire qui nous a procuré le plus grand nombre des détails que nous avons placés dans cette notice. Lorsque ce Mémoire parut, notre hôpital avait obtenu les lettres-patentes qui lui donnèrent un titre légal, mais il ne fut apporté à son règlement aucune modification dans le sens indiqué par les instructions royales du dernier siècle. Le prieur continua à présider le bureau des pauvres; le trésorier et les administrateurs furent inamovibles en fait; de plus, on se passa de la signature du curé pour distribuer les aumônes. L'auteur du Mémoire cria à l'abus. « Le prieur, disait-il, n'a aucun droit à la présidence du bureau; les intérêts des pauvres sont compromis par le maintien indéfini des administrateurs, et les droits du curé, c'est-à-dire de celui qui est le plus à portée de se rendre compte des besoins des malheureux et de leur être utile, sont évidemment méconnus. »

Le Mémoire ne porte pas le nom de son auteur. S'il n'émanait pas du curé Massip, il avait été assurément écrit pour faire ressortir ses droits. Nous savons, d'un autre côté, que l'antagonisme existait entre lui et le prieur. Depuis un siècle, les vicaires-perpétuels, se considérant comme de vrais curés, repoussaient l'ingérence des moines dans les affaires de la paroisse, et M. Massip travaillait de toutes ses forces à les faire rentrer dans leur couvent pour lui laisser le champ libre. La lutte était vive.

Nous ne nous inscrivons pas contre les affirmations du Mémoire ; nous pensons même que la justice et les convenances exigeaient que le curé occupât une des premières places au bureau des pauvres ; mais nous sommes convaincu que les intérêts des malheureux n'avaient pu péricliter entre les mains d'administrateurs, tels que M*rs* Jullien, de Grandsaignes père et fils, de Campredon, de Roussel, Caraguel, Bermond et autres, qui honorèrent le pays et servirent noblement la cause des malheureux.

Quand le torrent révolutionnaire, plus désastreux que ne pourra l'être le Vernazoubres débordé, eût passé sur l'Hospice, les murs de cet établissement étaient sans doute encore debout, mais toutes ses ressources avaient été détruites. On voulut établir son bilan, et l'on découvrit que les pertes subies se chiffraient par 4,270 francs de revenu, et qu'il n'avait à son actif que de maigres secours de l'État et quelques aumônes particulières pour attirer les malheureux que la misère et la faim en avaient chassés.

Mais la ville de Saint-Chinian ne voulait pas que les pauvres restassent privés de l'asile dont ils avaient joui auparavant. Aussitôt que les jours calmes eurent reparu, elle s'occupa de relever son Hospice. Un octroi fut établi, et la majeure partie de ses recettes fut le lot béni des infirmes ; les consuls les mirent en possession de la part qui leur revenait des quatre millions concédés par l'État aux hôpitaux pour les indemniser des pertes occasionnées par le fait de la Révolution ; ils réclamèrent, en outre, en leur faveur, les biens nationaux invendus. Des secours inattendus leur arrivèrent, ménagés par la Providence, qui n'oublie pas plus les pauvres que les oiseaux des champs et les bêtes de la forêt. La municipalité eut la charge d'entretenir l'Hôpital ; les administrateurs nouveaux, celle de diriger la distribution des fonds, et les bonnes religieuses, qui furent appelées, celle de distribuer aux indigents le pain de chaque jour et de soigner les membres souffrants de Jésus-Christ.

. . . .
. . . .

Depuis le jour de triste mémoire où l'Hospice comme la ville eurent tant à souffrir des eaux du Vernazoubres, les pauvres sont installés dans un local princier que M. Joseph Fourcade, ancien député de l'Hérault, a cédé à la commune de Saint-Chinian. Le prix exigé, en retour, fut si modique, que la transaction semble avoir été plutôt une donation qu'une vente.

APPENDICE 3

Notre-Dame de Nazareth

Pourrions-nous quitter la belle vallée de Saint-Chinian sans offrir nos hommages à la Majesté qui veille sur elle du haut du rocher de Nazareth. Si vous le voulez, cher lecteur, nous ferons un pieux pèlerinage à la sainte montagne ; il ne sera pas sans charme pour nous.

Nous traversons les anciennes aires devenues la splendide promenade de la ville ; elles donnèrent leur nom à la Vierge de la colline. Le peuple appela sa vierge bien-aimée Notre-Dame des Ayres, *de areis*, et les pères de Saint-Benoit consacrèrent le vocable de Nazareth à la solitude qu'elle avait choisie. Suivons la voie que les Religieux tracèrent, tout d'abord, à côté du canal dont ils ont doté la ville et le vallon. Le Vernazoubres est là, au milieu des saules et des peupliers qui dessinent ses gracieux méandres ; ses rives sont couvertes de jardins et de prairies. Le murmure de ses ondes qui s'enfuient, le chant des oiseaux cachés dans le feuillage contrastent agréablement avec le bruit monotone que produisent nos usines pleines de vie et de mouvement.

La montagne bénie est maintenant devant nous. C'est bien la colline de la myrrhe et de l'encens. La vigne végète à sa base ; mais bientôt ses flancs se revêtent de toute sorte de plantes aromatiques qui embaument le séjour de notre souveraine. Cette couronne de rochers qui court du nord au midi, véritable fortification naturelle pour le pays, semble nous dire la protection que nous apporte la mère divine. A droite, le rocher taillé à pic s'élance vers le ciel, menaçant éternellement les moulins de La Rive, qui osent affronter son voisinage, et l'humble ruisseau de Touloubre qui s'acharne en vain à ronger ses fondements. Mais écartons nos yeux de cette effrayante corne dont nos ayeux se firent gloire d'attacher le souvenir au nom de leur cité ; souvent la foudre en atteint la cîme orgueilleuse de ses traits de feu. Le sanctuaire qui nous attire est dans un site plus accessible aux mortels.

Au pied de la montagne une croix nous indique le sentier qui conduit à la maison de la Vierge bénie. Les pieux ermites qui furent les gardiens de la sainte chapelle dépensèrent leur sueur pour le rendre facile et aisé. Tout d'un trait nous arrivons à un gracieux édicule qu'un fils de Saint-Chinian a orné de précieux marbres (1). Une image de Marie nous souhaite la bienvenue et nous offre un avant-goût des délices de la cité de Notre-Dame de Nazareth. La fatigue serait désormais plus grande, car la côte devient plus raide, mais le sentier, dirigé avec intelligence, déjoue la difficulté : il va, vient, se détourne et revient, nous éloignant pour nous rapprocher de notre but. Encore quelques minutes de marche et notre ascension sera accomplie. Mais arrêtons-nous et découvrons nos chefs. Ici, sur cette

---

(1) L'abbé David, c. d. de Florensac.

pierre qu'une main dévouée vient de couvrir de fleurs champêtres, la Mère de Dieu daigna apparaître pour se montrer la protectrice de la vallée ; et, quand elle remonta vers les cieux, elle y avait laissé l'empreinte de ses pieds.

Nous arrivons au sanctuaire que les Pères de Saint-Benoît bâtirent de leurs mains. Les siècles y ont apporté leurs vœux ; il est encore le rendez-vous des populations de la contrée. Que de souvenirs sont attachés à ses murs ! Qui dira le nombre des faveurs célestes dont ce temple a été le théâtre ? On se sent devant une grande princesse, auprès d'une mère aimante. L'âme respire un parfum divin ; l'esprit s'élève, le cœur se dilate. Il fait bon sur ce nouveau Thabor. On dresserait volontiers sa tente à côté de la demeure de Marie. Hâtons-nous de déposer notre hommage aux pieds de la Reine des cieux qui nous accueille avec bonté ; confions nos vœux à une mère disposée à les exaucer.

Le ciel est sans nuage, l'air est calme, nous ne rencontrerons pas la tempête sur le pic de La Corne. Allons visiter les vestiges de la tour que les Romains, dit-on, y élevèrent, et admirer dans son ensemble le vallon dont nous avons étudié les beautés en détail.

En vérité, pour bâtir un fort, on ne pouvait trouver un lieu plus avantageux que le roc que nous foulons. Aucun des mouvements de la vallée ne devait échapper à l'œil vigilant de la sentinelle ; comment attaquer impunément la garnison ? Mais comme il est beau le vallon dans son encadrement de montagnes et de rochers, lorsque le soleil verse sa douce et vivifiante lumière sur sa parure du printemps. La vie est partout, dans la campagne comme dans la ville. Voilà la cité dont la Vierge bénit un jour le berceau ; elle s'étend sans discontinuer dans tous les sens. Là, sous ces hauts platanes qui ont pris la place d'antiques ormeaux, était l'abbaye de Saint-Anian ; la flèche du clocher de l'église paroissiale qui a succédé à la Tour Némorouse indique le lieu du primitif oratoire de Notre-Dame de La Barthe. Plus loin le couvent des Filles de Saint François d'Assise nous rappelle le séjour des évêques de Saint-Pons, si zélés pour Notre-Dame de Nazareth. Dans le faubourg, hélas ! l'église des Récollets est devenue une grange et le vieux monastère de Saint-Laurent est réduit aux proportions d'une masure : c'est l'ombre du tableau !

Une végétation merveilleuse se développe partout sous nos yeux ; elle est entretenue par le vieux Vernazoubres, qui sort des grottes profondes de Cauduro, en superbes cascades, pour se dérouler comme un long ruban d'argent à travers la campagne.

La population se répandit de bonne heure sur tous les points de la vallée pour y fonder des hameaux, des villas, des fermes, et partout fleurit la religion. Là, sous le rocher, était l'église paroissiale de Saint-Celse. Lorsque les albigeois l'eurent détruite, les moines bâtirent l'église de N.-D. la Blanche au milieu des prairies de la Servelière et celle de Saint-Jean d'Orte dans les jardins de Bouldoux arrosés par les eaux de la rivière d'Houvre. Le prieur de l'abbaye construisit au Priou, dans son fief, la chapelle de Sainte-Suzanne.

Le terroir de Saint-Chinian s'arrête, à l'est, au domaine du Tandon, composé de magnifiques prés, d'un beau parc et d'un petit château féodal ; mais la perspective du vallon embrasse le village de Pierrerue, patrie du fanatique Bacou et de Tarrisse, le premier supérieur général des Bénédictins de Saint-Maur, et la délicieuse vallée de Cessenon, ombragée par les grands bois de la Gineste, jadis repaires de brigands et de bêtes sauvages. A l'horizon lointain, les Alpes se confondent avec le ciel.

Ces sites pittoresques et ces superbes paysages qui forment le plus riche des panoramas ont excité l'admiration des amateurs de la belle nature ; ils leur rappelaient ce que la Suisse et l'Italie avaient eu de plus beau à leur offrir.

C'est l'Éden où Notre-Dame de Nazareth a établi son

séjour. Mais n'en est-elle pas, elle-même, le plus bel ornement et n'en fait-elle pas les plus pures délices, elle, la vraie et toujours l'unique Dame du lieu ?

II

On conservait dans les archives de l'abbaye de Saint-Anian les preuves authentiques des faits qui avaient intéressé la montagne de Nazareth dans les temps les plus anciens ; les précieux documents furent anéantis, en 1578, par la main des barbares qui renversèrent les murs du couvent. Les traditions de la sainte colline furent cependant sauvées de l'oubli. Sous la dictée de l'un des religieux qui avaient survécu à la catastrophe, on écrivit une Chronique, qui existait encore, en 1875, dans le presbytère paroissial de Saint-Chinian et n'en sortit que pour être la proie de la fatale inondation. Perte irréparable, si M. Martel, curé, n'eût consigné dans une notice les détails qu'il avait lui-même lus dans l'important manuscrit.

D'après M. Martel, l'auteur de la Chronique avait ainsi fait l'histoire de la montagne de Nazareth. Les Gaulois avaient érigé dans ce lieu couvert de chênes un autel que l'on voyait encore au XIV° siècle ; les druides y offraient le gui sacré à une déesse qui devait enfanter sans préjudice pour sa virginité. Plus tard, les Romains, maîtres du pays de Narbonne, construisirent un fort sur le point culminant, et ce fort eut le nom de *La Tour des Juifs*, ou parce qu'on avait employé les bras des juifs pour le bâtir, ou parce qu'il servit de prison pour les fils d'Israël après leur dispersion. Mais en même temps, ils creusèrent dans les flancs de la montagne un petit temple où ils devaient honorer à la fois le dieu Mercure et Diane la chasseresse. Lorsque le christianisme eut pénétré dans la vallée, la Tour des Juifs s'offrit aux premiers fidèles comme un lieu propice pour leur culte, et la Mère de Dieu y fut vénérée. Or, un jour vint où les serviteurs de Marie se trouvèrent mal à l'aise dans cette étroite enceinte. C'était le moment de consacrer à la Reine céleste un édifice plus digne d'elle.

En cette heure, les disciples de Saint-Benoît, nouveaux venus dans nos parages, construisaient, avec l'aide de Louis-le-Débonnaire, le monastère de Saint-Anian. Des ouvriers nombreux couvraient les bords du Vernazoubres, occupés les uns à rassembler des matériaux, les autres à bâtir; Durand dirigeait les travaux. Un berger paissant son troupeau dans la petite vallée de Costeherbourze, vit, tout-à-coup, au-dessus de lui, non loin du lieu qu'occupe l'église actuelle de Nazareth, une grande et belle dame, environnée d'une vive clarté. Elle l'invitait à aller vers elle. Lorsqu'il se trouva à la distance qu'imposait le respect, une force inconnue l'arrêta et le rendit attentif. Il put alors remarquer que la dame portait sur son bras un enfant dont la beauté surpassait encore la sienne. Pendant quelques instants, la Mère fixa les yeux sur son fils et sembla lui parler. Puis, elle étendit sa main vers le monastère naissant et aussitôt le bel enfant le bénit par trois fois de sa petite main.

Marie et son Fils avaient affirmé leur protection à l'égard de la nouvelle abbaye; l'apparition s'évanouit aux yeux du pâtre émerveillé. Le berger s'approcha, plein de respect, du rocher où la dame et l'enfant s'étaient montrés à lui; il n'y trouva que l'empreinte des pieds de la mère. Mais il ne pouvait oublier la scène admirable qui avait frappé ses regards. L'image des personnages augustes s'était gravée profondément dans son esprit. Le frontal et le collier d'or que la dame portait sur son front et à son cou, la ceinture d'or qui lui serrait la taille; la robe blanche et la mante bleue dont elle était revêtue; la chaussure blanche ornée de roses qu'elle avait à ses pieds avaient fait sur ses sens une impression qui ne pouvait s'effacer.

Le récit de la Chronique, tel qu'il est fourni par M. Martel, nous met en présence de deux sortes de faits, les uns naturels, les autres surnaturels ; il nous apprend en même temps que, comme l'abbaye, la ville conservait la tradition de tous ces événements.

Quant aux faits historiques qui nous montreraient la Sainte Montagne comme prédestinée à devenir le séjour de la Mère Divine, les documents nous manquent pour pouvoir en affirmer l'existence certaine. Toutefois, ils ne nous paraissent pas invraisemblables ; rien n'empêche, en effet, d'admettre que quelques familles gauloises aient vécu dans les bois dont le vallon était rempli, et cela expliquerait la présence de la pierre druidique et le culte rendu à la Vierge-Mère qui devait paraître un jour. On sait, d'un autre côté, que les Romains établirent des postes militaires dans tout le district narbonnais pour en garder les passages : or, la vallée de Saint-Chinian étant une des portes principales des pays de montagne vers le nord, il fut tout naturel de l'occuper militairement. Il n'y aurait alors rien d'étonnant à ce que les grottes qui existent ou l'excavation qui porte, non sans quelque motif, le nom de Trou de Madame, ou bien encore la Tour des Juifs aient servi à l'exercice du culte payen pratiqué par la petite garnison. Ce culte admis, la substitution du culte chrétien ne devait avoir rien que de logique, à l'avènement du catholicisme. Chose digne de remarque, on a pu constater qu'en mille endroits, la vierge du christianisme, déjà préconisée par les druides de Chartres et annoncée par les poètes de Rome, comme le principe d'un nouvel ordre de choses, s'est vu décerner avec empressement les autels des déesses qui n'avaient été qu'une faible idée de la Vierge impatiemment attendue.

Passons aux faits surnaturels, c'est-à-dire aux circonstances de l'apparition miraculeuse. La Souveraine des cieux a daigné souvent se montrer aux pauvres humains, la plupart du temps à la classe des bergers qu'elle aime et favorise depuis que les premiers, ces humbles habitants des champs, sont accourus à la crèche de Bethléem. Le siècle présent s'unit aux siècles passés pour l'attester. Mais l'existence d'un fait de ce genre doit, pour être acceptée, reposer sur un témoignage certain, et le récit de ce fait doit présenter tous les caractères de la véracité.

Comment l'auteur de la Chronique a-t-il connu les détails de l'apparition qu'il rapporte? Il le dit lui-même en ces termes : « De tout temps le peuple manifesta sa foi à l'apparition par la vénération qu'il témoignait pour le rocher qui avait servi de trône à la Mère de Dieu. Je le voyais baiser avec respect l'empreinte de ses pieds qui y était gravée et la couvrir de fleurs comme on l'avait fait dans les âges antérieurs, me fut-il dit par tous les vieillards que comptait la Communauté. Je demandai à l'un d'eux qui se trouvait dans le monastère avant que Bacou l'eût détruit, si jamais il n'y avait eu dans les archives des documents qui mentionnassent le fait de l'apparition. Il me répondit qu'il avait lu de ses propres yeux le récit de cet événement écrit en langue romane avec des caractères gothiques sur un grand parchemin, et il ajouta que jamais la réalité de ce fait n'avait été obscurcie par le moindre doute. »

La certitude du fait miraculeux repose sur le témoignage du berger, qui semble se présenter avec tous les caractères de la véracité qu'on est en droit d'exiger de lui. Le lecteur pourra en juger en lisant les réflexions qu'a faites M. Martel dans son mémoire. « Le langage qu'on fait tenir dans le manuscrit au susdit berger est naturel et candide. Cet homme simple raconte ce qu'il a vu ; il n'apprécie pas. Il ne dit pas qu'il a vu l'auguste Mère de Dieu ; il dit seulement qu'il a vu une grande dame très belle portant un enfant encore plus beau. Il ne fait pas parler la Sainte Vierge...

Evidemment il est sincère. Je ne puis pas ne pas faire remarquer la similitude qui existe entre cette apparition et celle de la Salette aux petits bergers. Le nôtre, comme ceux de la Salette, constate que le vêtement de la dame était blanc et orné de dorures, etc, (c'est-à-dire le même). La Vierge de la Salette disparait en se fondant comme une *quille de beurre* et ici comme *une boule de neige*. A Saint-Chinian, comme à La Salette, la dernière chose disparue, ce sont les pieds. Les contradicteurs sont ainsi mis dans l'impossibilité de dire que les pauvres bergers ont été victimes d'une supercherie, et que c'est une personne qui, voulant abuser de leur simplicité, leur a fait croire à une apparition céleste et s'est ensuite dérobée derrière un rocher ou la montagne, car alors la tête aurait disparu la dernière. A la Salette, la Mère de Dieu parle de son fils qui doit accorder des grâces ou infliger des châtiments. Ce n'est pas elle qui octroie des faveurs, mais elle les obtient par des supplications. Elle n'exerce pas des châtiments, mais elle s'efforce de retenir le bras de son Fils. A Saint-Chinian, elle étend sa main sur la vallée pour montrer que son intention est de la protéger ; elle regarde son Fils pour lui demander des grâces, et c'est son Fils qui bénit. »

Quelle est l'autorité de la Chronique ? Nous pouvons assurer qu'elle a pour auteur un Père Bénédictin, et qu'elle a été écrite sous les yeux de la Communauté, avec des soins et des précautions d'un genre tout particulier, pour qu'elle fût exacte dans tous ses détails.

M. Martel, qui l'a eue entre ses mains, nous le certifie ; mais il y a une autre garantie pour nous dans le soin que M. Massip a pris de nous conserver le manuscrit. Ce prêtre, qui porta le plus vif intérêt à l'histoire de sa paroisse, lui fit le meilleur accueil, parce qu'il avait trouvé son récit conforme aux traditions dont il était le dépositaire et qu'il avait consignées dans son histoire de *Notre-Dame-de-Nazareth* et dans les *Annales de Saint-Chinian,* comme en fait foi la Table Alphabétique qu'il a laissée de ses archives.

Si, en l'absence des documents authentiques, nous ne pouvons donner comme indiscutable le fait de l'apparition de la Vierge sur le Mont-Nazareth, il nous est cependant légitimement permis de réclamer pour lui tout le respect qui est dû à une légende que les siècles ont acceptée et nous ont transmise. On sait que toute légende est le récit d'un événement merveilleux, peut-être agrandi par l'imagination populaire ou par l'art de l'écrivain qui s'en est fait le héraut. L'Histoire, d'ailleurs, sévère dans le contrôle du passé, n'a pas la prétention de vouloir enlever au peuple ses pieuses croyances qui portent l'esprit au-dessus des choses de ce monde, ni mettre des bornes à la confiance que lui inspire le sentiment religieux. C'est pourquoi, s'appuyant sur la foi que leurs ayeux ont eue à Notre-Dame-de-Nazareth, les habitants de Saint-Chinian croient et croiront toujours que la Reine des Cieux daigna visiter un jour leur vallée et la prendre sous sa tutelle.

III

La Sainte-Montagne relèvera maintenant de l'Histoire

Les Pères de Saint-Benoît, se voyant l'objet de la bienveillante sollicitude de la Mère Divine, s'empressèrent de lui consacrer le Mont-Nazareth et de bâtir, en son honneur, une église, à quelques pas du lieu de l'Apparition.

Cette église est mentionnée, en 1102, dans la charte de l'archevêque de Narbonne, Bertrand, qui plaça le monastère de Saint-Anian et ses dépendances sous la juridiction des Religieux de Saint-Pons-de-Thomières.

Nous avions supposé que les hommes pervers dont le monastère avait alors à se plaindre, étaient les hérétiques de l'époque ; l'auteur du manuscrit nous donne raison en affirmant que l'église de Nazareth fut ruinée comme le monastère par les albigeois. La sainte chapelle fut reconstruite avec des proportions plus considérables : elle eut son clocher et un ermitage. Au XIV° siècle, elle était érigée en prieuré et se trouvait sous la direction du capiscol de l'abbaye, qui avait pour la desservir le revenu de quelques prés situés au pied de la colline et la dime prélevée sur les habitants des masages et fermes voisines en faveur desquels un service était fait.

Plusieurs siècles s'écoulèrent sans que la solitude de Nazareth fût de nouveau troublée. La Vierge ne recevait pas seulement l'hommage des habitants du vallon, elle accueillait déjà les vœux des pieux pèlerins qui venaient à elle de tous les points de l'horizon, car on savait au loin que Notre-Dame-de-Nazareth n'était pas invoquée en vain.

Le temple de Marie était florissant, lorsque les protestants des Cévennes portèrent, au XVI° siècle, le fer et la flamme dans notre splendide vallon. Nous avons déjà dit qu'ils égorgèrent un grand nombre d'habitants et détruisirent l'abbaye en 1567; il est plus que probable que leur passage fut nuisible au sanctuaire. Il est certain qu'il tomba sous les coups des huguenots, onze ans plus tard, lorsque Bacou, de Pierrerue, vint piller et détruire le monastère qui se relevait de ses ruines. La Chronique assure, en effet, que ce barbare demanda aux calvinistes qui, en ce moment, assiégeaient Saint-Pons, un renfort suffisant pour prendre d'assaut le mont Nazareth où la population de Saint-Chinian s'était retirée. Beaucoup d'habitants furent tués, soit dans l'ermitage, soit dans l'église. Dans ces derniers temps, en creusant une citerne auprès de la chapelle, on a trouvé en quantité des ossements humains, qui ont fait penser aux victimes de 1578.

Notre église resta à l'état de ruine pendant un certain nombre d'années. Le service, qui avait été interrompu, fut retabli de nouveau, et, en 1623, l'Évêque de Saint-Pons, Pierre de Fleyres, fonda dans la chapelle restaurée une confrérie en l'honneur de la Sainte Vierge. La *Gallia chris-*

tiana semble heureuse d'avoir à faire mention de cet événement. Grâce aux détails qu'elle donne, nous pouvons, par l'imagination, nous représenter une fort belle procession gravissant, le 4 août, la sainte Montagne sous la houlette du prélat; l'abbé Félicien et ses religieux se faisaient remarquer dans ses rangs, formés non seulement par les habitants de Saint-Chinian, mais aussi par ceux de Saint-Pons.

Peut-être, à cette heure, venait de s'accomplir un prodige bien capable d'augmenter la confiance du peuple envers Notre-Dame-de-Nazareth et dont nous parlerons bientôt. Il est toutefois acquis à l'histoire de nos pays que, dès les premières années du XVIIe siècle, la foi s'étant réveillée plus vive et plus ardente, il se forma partout de pieuses associations ayant pour but soit le culte du Saint-Sacrement, soit le culte de la Vierge Marie. C'est aussi de cette époque que date le grand nombre des sociétés de Pénitents établies dans nos pays méridionaux. Les protestants s'agitaient bien encore, mais ils étaient réduits à l'impuissance.

Le fait extraordinaire, que nous indiquions tantôt, donnerait raison à l'élan des cœurs vers la dévotion à Notre-Dame de Nazareth que l'on vit pendant ces jours à Saint-Chinian. Un grand garçon, dans un moment de violente colère, s'oublia jusqu'à vouloir lancer une pierre contre sa propre mère; mais, par une juste et sévère punition du ciel, la pierre resta collée à sa main criminelle. Quelques moyens que l'on employât, elle ne put en être détachée. On s'adressa à l'Évêque : « C'est Dieu qui a puni, dit le prélat, Dieu seul doit pardonner au repentir. Qu'on ait recours à Notre-Dame-de-Nazareth; elle fléchira son Fils ». L'enfant coupable courut se jeter aux pieds de la Vierge et manifesta le regret de sa faute par d'abondantes larmes. Sa mère, qui l'avait suivi, rappelait dans une fervente prière à la Mère des Douleurs combien elle avait souffert en voyant souffrir son fils. Le jeune homme cependant tendait sa main malheureuse vers l'Image de Marie, cherchant à hâter par ses supplications le moment de la délivrance. Enfin ce moment arriva, et d'elle-même, la pierre importune glissa sur ses doigts et tomba devant lui. Précieusement recueilli, le caillou fut enchâssé dans la maçonnerie de l'autel de la Vierge pour y demeurer comme un témoignage de la miséricordieuse puissance de Notre-Dame de Nazareth. Nous ne pouvons donner la date précise de ces faits, mais il nous est permis d'en affirmer l'existence certaine, les ayant appris successivement de MM. Raynaud, Baudassé et de Fonclare, curés-doyens de Saint-Chinian.

Les ermites qui eurent la garde du sanctuaire commencent à paraître dans les papiers, en 1627. Cette année mourut l'ermite Simon ; Il fut enseveli dans l'église de Notre-Dame de Nazareth. Ces hommes pieux attirent sur leur vie obscure et cachée dans la solitude notre respectueuse considération, car souvent l'on put soupçonner, sous l'humble froc dont ils étaient couverts, des personnalités importantes qui étaient venues chercher dans cette retraite éloignée du monde et près du ciel l'oubli des misères humaines et l'espérance d'une vie meilleure.

Nous renvoyons le lecteur à la première partie de notre travail pour y voir le séjour que firent dans l'ermitage de Nazareth, en 1629, six religieux à leur retour de Toulouse où régnait la peste. Il se rendra compte de l'intérêt que leur témoigna la Communauté pendant leur quarantaine. Nous dirons seulement ici que dans la maison et sous les yeux de leur bonne Mère ils ne se regardèrent nullement comme des exilés.

M. Martial fait dire à l'auteur de la Chronique que le sanctuaire fut reconstruit, vers le milieu du XVII⁰ siècle, par un habitant du nom de Bousquet, qui se serait dépouillé de son modeste avoir et serait ensuite entré dans le monastère de Saint-Anian. M. l'abbé Martel, qui a reproduit, de mémoire, le récit de la Chronique, a peut-être confondu ledit Bousquet avec le sieur de Bosquat, qui, à cette époque, se fit remarquer par ses largesses envers Notre-Dame de Nazareth et devint religieux, comme l'établit l'enquête ordonnée, en 1675, par Mgr de Montgaillard, à l'effet de découvrir les rentes dues au bureau des pauvres.

Ce prélat, à l'occasion de la visite pastorale qu'il fit à Saint-Chinian, en 1667, se transporta à Nazareth pour y honorer la Vierge dont il avait appris la haute renommée. « Sa Grandeur fut reçue, dit le procès-verbal de visite, par le prieur du monastère et par le frère ermite, Antoine Altabesse, natif de Leaucous, autorisé par l'évêque Pierre de Fréjus, le 30 juillet 1631, et par Monseigneur Tubeuf, évêque de Saint-Pons, en 1655. »

Altabesse eut pour le remplacer le frère Claude, qui resta 18 ans dans la paroisse et fut l'objet à sa mort, en 1700, de la vénération de toute la contrée. Les fidèles auraient enlevé jusqu'au dernier morceau de son habit ; la marche du convoi était constamment arrêtée par la foule, qui faisait toucher à son corps des chapelets, des livres d'heures, etc. Il fallut clouer la bière, et plus encore, l'enfermer dans le presbytère pendant qu'on célébrait la messe dans l'église de Saint-Anian.

Depuis lors jusqu'à la Révolution, il n'est question de la sainte chapelle qu'en 1720 : le fils du manufacturier de Roussel, revenant de Marseille atteinte de la peste, s'y imposa une quarantaine volontaire.

L'histoire du sanctuaire est particulièrement intéressante pendant la période des mauvais jours. On sait que l'église et l'ermitage faisaient partie des biens du monastère ; aussi cet immeuble fut-il déclaré effet national et saisi comme tel. Les ornements et les vases sacrés furent inventoriés et transférés dans la sacristie de l'abbaye, à Saint-Chinian, et la chapelle fut fermée au mois d'avril 1791, en attendant d'être mise en vente comme les autres immeubles de l'abbaye.

Lorsque la population se vit à la veille d'être à tout jamais privée de la faculté d'aller prier sur la Sainte Montagne, elle se souleva, protestant contre l'aliénation de la chapelle. Les magistrats se défendirent en montrant les ordres supérieurs. Une démarche générale auprès du district fut alors organisée. A la vue d'une pétition couverte de signatures et fortement motivée, le district se prit à réfléchir et rendit un arrêt favorable aux habitants. Le peuple, ayant eu vent de la décision qui avait été prise et qu'on ne faisait pas connaître assez tôt, se porta en masse à la maison commune et somma les agents municipaux de la mettre à jour. Le maire s'empressa de remettre les clés qu'il avait retirées des mains du prieur de l'abbaye. On lui demanda les vases sacrés et les ornements ; il répondit qu'il regrettait de ne pouvoir satisfaire la population sur ce point, à cause de l'inventaire qui avait été fait. « Nous pourvoirons à tout », dit le peuple, et il se retira plus heureux de posséder les clés du sanctuaire que s'il eût emporté un trésor. On ne s'en tint pas là ; le 25 février suivant, la Commune demanda officiellement la radiation de la chapelle de Nazareth sur la liste des biens nationaux, en la réclamant pour elle comme un bien patrimonial.

La chapelle fut placée sous la juridiction de M. Massip, et sa destinée se trouva liée à celle de l'église de N.-D.-de-la-Barthe. En effet, tant que la lampe du Seigneur brûla dans l'église paroissiale, celle de sa Mère ne s'éteignit pas à Nazareth, et lorsque le service divin cessa dans la ville, il n'eut plus lieu sur la Sainte Montagne, 1794.

Le 3 septembre 1795, la chapelle cependant se rouvrit. Profitant de la loi du 11 prairial, les hameaux de La Roque, La Moureyre, Castelbouze et La Rive demandèrent de pouvoir y faire célébrer la messe, comme autrefois, pendant l'époque des grands travaux des champs. Le district accueillit leur placet et, sur ses ordres, la municipalité, après avoir dressé la liste des objets que renfermaient l'église et l'ermitage, remit les clés à Vallat, l'un des principaux habitants des hameaux. Le 23 octobre, Bec, desservant de La Servelière, déclara aux officiers municipaux qu'il exercerait le culte dans cette église.

Ces petites populations ne jouirent pas longtemps du sanctuaire. La Convention, devenue ombrageuse à l'endroit des fanatiques (lisez catholiques), fit suspendre, dans peu de jours, le service de Notre-Dame et afferma pour un an l'église et l'ermitage, au prix de 110 livres, au sieur Louis Salvagnac, de La Servelière 2 décembre 1795. Le bail fut-il renouvelé, l'année d'après, ou bien la vente s'accomplit-elle alors ? Nous ne pouvons le dire ; mais M. Salvagnac finit par être propriétaire de Notre-Dame de Nazareth.

....
....

La Sainte Chapelle avait été convertie en une bergerie. Chaque soir, l'on y enfermait le troupeau qui, dans le jour, paissait sur la montagne. Mais bientôt, lorsque le berger vint, un matin, pour conduire les brebis dans les champs, la mort avait fait une victime parmi elles. Cet accident se renouvela plusieurs fois. A la fin, le berger se persuada que les pertes successives que subissait son troupeau avaient une cause surnaturelle, et il insinua à son maître que la Sainte Vierge, dont l'image était encore dans l'édifice qui avait changé de destination, était peut-être fâchée de la profanation de sa demeure. Ainsi un berger avait fait élever autrefois le temple de Marie, un autre berger le prenait maintenant sous sa défense.

M. Salvagnac, descendant des frères Salvagnac qui avaient bien mérité de l'abbaye, était sincèrement religieux. Au milieu de la tempête révolutionnaire, il crut assez faire pour l'honneur de la Vierge de Nazareth en donnant à son Image l'hospitalité dans sa maison de La Servelière. On a affirmé que le transport s'opéra avec grande difficulté : les bœufs traînaient à regret et forcés le véhicule chargé du précieux fardeau. Il était aisé de comprendre que la sainte statue s'éloignait avec peine de son séjour dix fois séculaire.

Tant que durèrent les mauvais jours, la maison de M. Salvagnac fut le lieu de rendez-vous des fidèles de La Servelière et des villages voisins : ils se rassemblaient autour de l'Image vénérée, objet de leur culte.

Le calme cependant succéda à l'orage, et la Vierge voulut reprendre possession de son ancien séjour. Un soir, lorsque les ombres de la nuit commençaient à se répandre dans le vallon, s'il faut croire à ce que nous avons entendu répéter par mille bouches, dans nos jeunes ans, une dame aux traits nobles et à la démarche pleine de majesté frappait à la porte de la famille patriarcale de M. Salvagnac et demandait à être admise au foyer domestique. Avons-nous besoin de dire que l'étrangère si distinguée, surprise dans sa route par la fin du jour, fut accueillie avec bienveillance.

Lorsque la servante de la maison eut introduit l'hôtesse qui avait été l'objet des égards de tous, dans la chambre où elle devait se reposer de sa fatigue, et qu'elle s'empressait pour lui rendre ses services, la belle et gracieuse dame lui dit : « Mon enfant, je n'ai nullement besoin de vos bons offices ; je vous demande seulement de vouloir bien dire à votre maître que je désire être remise à ma place », et elle disparut aussitôt...... La servante s'acquitta de son mandat, et peu de jours après, la sainte Image fut ramenée avec honneur à la montagne de Nazareth.

L'église de Nazareth demeurait cependant la propriété de la famille Salvagnac ; mais il tardait à la population de Saint-Chinian de posséder elle-même le sanctuaire dont elle avait été dépouillée. En 1813, *l'universalité* des habitants, dans un mouvement de foi et d'amour, apporta aux membres de la Fabrique de la paroisse la somme destinée au rachat du précieux oratoire. La faible somme (200 francs) exigée fut versée, le 13 mars, par M. Martin des Albières entre les mains de M. Martial Salvagnac. M. Martin des Albières avait été désigné par la Fabrique pour la représenter dans l'acte de vente.

La Vierge bénie veilla donc de rechef sur la vallée qu'elle avait prise jadis sous sa sauvegarde. Depuis lors, accessible à tous, toujours prête à favoriser ceux qui ont confiance en son amour de mère, elle se voit entourée de pèlerins. Isolés, ils sollicitent des grâces particulières ; en nombre, ils apportent les vœux des populations. Ils ne se retirent jamais sans avoir obtenu une consolation, une faveur, un secours. Parfois, ils sont heureux d'avoir à exalter son pouvoir dont ils ont eu la preuve éclatante.

Jeune lévite, nous vîmes un jour, et d'autres furent témoins de la merveille, une mère remerciant hautement Notre-Dame-de-Nazareth d'avoir guéri son fils infirme, pendant que l'enfant, jusqu'à ce jour perclus de ses membres, allait et venait tout joyeux dans le saint lieu, sans soutien aucun. Nous avons vu, et toute la population Saint-Chinianaise put le constater, les habitants de Cessenon obtenir par l'intercession de la bonne Vierge une pluie abondante et subite, par un temps splendide, lorsque le ciel inclément avait refusé depuis de longs jours la plus légère rosée à leurs campagnes desséchées.

Aussi bien éprouvons-nous un sensible plaisir à penser à ces années déjà lointaines, où nous allions nous-même prier sur le rocher consacré à notre Mère, soit avec le prêtre que nous avions l'honneur de servir à l'autel, soit avec la foule des fidèles, aux jours de fête de la Vierge, lorsque, pleins d'enthousiasme, ils gravissaient la sainte colline au chant des cantiques sacrés.

Sanctuaire, auprès duquel s'écoulèrent nos jeunes ans, nous ne t'oublierons jamais! Notre-Dame-de-Nazareth, vous reçûtes nos premiers serments ; nous vous serons toujours fidèle!

PIÈCES JUSTIFICATIVES

PIÈCES CONCERNANT L'ABBAYE

I

Ex abbatiis diecesis Sancti Pontii Thomeriarum.
(Gallia Christiana.)

Una vetus dicta Sancti Laurentii in Olibegio vel S^{ti} Laurentii Vernoduprensis primum agnovit auctorem simul et abbatem, anno saltem 794, Anianum qui subinde primus Caunensi monasterio prefuit. Sola per se substitit centum circiter annos; tùm paruit S. Aniani cenobio, cujus abbas Froja jam ab anno saltem 893, concilio Portuensi anno 897 solum abbas S. Laurentii Vernoduprensis nuncupatus subscripsit. Abhinc autem elapso biennio coaluisse utrumque cenobium liquet ex precepto Caroli Simplicis anno 899, in quo primum expressis verbis nominatur monasterium S. Aniani confessoris et S. Laurentii martyris, cujus Bera tunc abbas erat.

Due hactenus perseverant abbatie, altera ordinis S. Benedicti, altera Premonstratensis, nempe S. Anianus, vulgo Saint-Chinian, ordinis S. Benedicti, et Fons calidus, vulgo Fontcaude, ordinis Premonstratensis.

S. Aniani et S. Laurentii quondam monasterium, modo tantum S. Aniani nuncupatum, conditum est, imperante Ludovico Pio, in valle amena pagi Narbonensis dicta olim Vernodubro, Vernazoubre, quam intersecat fluviolus cognominis hujus, de quo ante seculum VI altum ubilibet silentium ; p oindeque non ab illo vallis sed ab hoc potius nomen accepit, quemadmodum urbs vicina, vulgo S. Chignan de La Corne, a S. Aniani monasterio. Situm est Narbonam inter et S. Pontium Thomeriarum.... Auctum fuit exeunte seculo IX alio antiquiori cenobio S. Laurentii in Olibegio vel Vernoduprensis quod exstabat jam anno 794, auctore Aniano primo hujus abbatie et alterius nuncupate S. Joannis in Extorio, ac deinde primo Caunensi rectore, ut supira diximus

II

Ann. 794. — Charte de Charlemagne en faveur d'Anian, abbé de Saint-Laurent et de Caunes.
(*H. G. L.*, T. II, p. 596.)

Karolus..., Rex Francorum... Igitur cognoscet magnitudo seu utilitas vestra quia vir venerabilis Anianus abbas ex monasterio S^{ti} Johannis et S^{ti} Laurentii quod fuit constructum in locis nuncupatis Extorio et Olibegio nostro synodali concilio veniens...... cum omnibus hominibus suis recepimus et retinemus.. sub nostra tuitione.... Similiter concessimus ei et villam Caunas sicuti Milo ad suum monasterium per suas litteras delegavit... Data XIII Kal. aug., anno 26° regni nostri. Actum Franconoforti, palatio regio.

III

Ann. 826. — Charte de fondation de l'abbaye de Saint-Anian
(*Extrait des Priviléges de l'abbaye certifié par le Juge de Narbonne en 1551.* — Arch. du Presbytére de St-Chinian.)

Hludovicus et Hloterius... imperatores augusti.. Notum sit... qualiter Durandus abbas, in Septimania, in pago videlicet Narbonensi, in villa que dicitur Vernodubrus, in proprio, quod ex liberalitate nostra contulimus, monasterium ex nostro opere in honore beatissimi Aniani confessoris Christi, in loco qui dicitur

Holotianus inchoavit..... et nobis perpetuo ad habendum tradiderat.... Proinde notum esse volumus quod predictum monasterium cum omnibus villis..., et cum mancipiis perpetualiter in nostra elcemosyna conservari queat.... totum in servorum Dei ibi Dño militantium necessitatibus consulendum et pauperum curam gerendum.... Precipientes... ut nullus judex.. ad causas audiendas in ecclesias aut loca vel villas.... quas in quibusdam pagis... tenet..., ingredi presumat; nec fieri tributa vel paratas seu mansiones accipere, sive telonium exigere.... Habeant monachi.. eligere abbatem...; neque ad episcopum neque ad aliud monasterium nullo tempore subjiciatur aut in beneficium alicui tribuatur... Actum Carisiaco, anno XIII imperii Hludovici et Hloterii, indictione IIII.

IV

Ann. 894. — Privilège accordé par Charles-le-Chauve
au monastère et a l'abbé Richefroi.

(Privilèges certifiés par le juge de Narbonne en 1551. Arch. du Presb.)

Notum sit... quia Richifredus, abbas monasterii Olociani, quod est in pago Narbonensi, in villa Vernodoverus,... obtulit precellentie nostre... Hludovici preceptionis auctoritatem,... in qua continebatur.... qualiter genitor nostri ipsum monasterium cum sibi pertinente cellula non longe ab eo distante qui dicitur Sanctus Laurentius... sub immunitatis sue tuitione defensionisque munimine, sicut alia Septimanie monasteria clementer susceperit ac retinuerit. Petiit itaque abba Richifredus... ut pred. monasterium cum suprad. cellula Sancti Laurentii.., cum insula Duniana, ... necnon stagnum.. Decimus..., sicut villam Scurifata,... sub immunitatis tuitione... denuo recipere dignaremur. Supplicavit interea id. abbas ut alium monasterium sibi commissum S. Stephani.... in pago Carcassonensi sub rivulum Oliveti situm cum cella S. Johannis eidem adspiciente sub simili immunitatis tuitione constituere non denegaremus........ Precipientes ergo jubemus ut nullus judex, etc.; sed liceat memorato abbati... res prefatorum monasteriorum... quos ex eremi squalore ad cultum frugum excoluerunt quieto ordine possidere et quidquid jus fisci exigere poterit, totum in fratrum stipendiis et in luminaribus earumdem ecclesiarum concinnandis atque pauperibus alendis... omnimodo cedere. Concedimus ut quandocumque abba vel succesores ejus ex hac luce migraverint, licentiam habeant monachi talem inter se... eligere abbatem qui eis.... preesse et prodesse queat... Acta sunt nonis Junii, ind. VII, anno 4° regni Caroli, in mon. S. Saturnini, dum obsideretur Tolosas.

V

ANN. 899 VEL 990. — PRIVILÈGE ACCORDÉ PAR CHARLES-LE-SIMPLE AU MON. DE SAINT-ANIAN.

(*Priviléges certifiés en 1551 par le Juge de Narbonne. Arch. du Presb.*)

Notum fieri volumus quia, sicut in preceptis patrum nostrorum continetur, immunitatis defensionem.... monasterio S. Aniani confessoris et S. Laurentii martyris quod siti sunt in territorio Narbonensi, in loco, cujus vocabulum est Olocianus, seu Berane ven. abbati suisque successoribus, etc. per hoc clementie nostre confirmamus edictum..... necnon et villares Labrociano et Sortiliano et in villas Torrilias..., et ipsos molendinos qui sunt in rivulo Vernodupri cum illorum caput molis, necnon et villares, id est Madernus,.. et mancipiis que ad ipsum locum pertinent que sunt nati de progenie Deodato, et villares Gabiano vel Gabianello cum ecclesia sancti Nazarii et cum illorum salinas, etc., qui est juxtà villam Peyano cum ecclesia sancti Juliani. Et in Narbonensi civitate casales absos cum buaca que sunt ante ecclesiam sancti Marcelli, et insula... Duniana....., et Anseduna et Sigenola cum ecclesia sancti Vincentii et sancte Agnetis et sancte Marie. Concedimus vobis telonium de villaribus quod in preceptis Sancti Aniani monasterio continetur. Actum 8° idus Julii, ind. II^a, anno VI, rege Karolo serenissimo et in successione Odonis 11 pleniter regnante. Apud Turnum villam.

VI

Ann. 974. — Testament de Garsinde, vicomtesse de Toulouse.

(H. G. L. T. III, p. 450.)

.....Placuit mihi Garsinde comitisse facere codicellum breve pro remedium anime viri mei Pontii..... Illos vero mansos, videlicet alode de Porcilis et alode de Palazool et alium mansum de Saviniaco et de Tesano remaneat post mortem Alazaïs et filii ejus, domino Deo et sancto Aniano...; alodem meum Linairolas dono Adraldo filio meo dum vivit; post mortem ejus remaneat ad sanctum Anianum Vernodubrio.

VII

Ann. 977. — Premier testament d'Adélaïde, vicomtesse de Narbonne

(H. G. L. T, III, p. 452.)

..... Ipsa autem alodes de Trolias cum ipsa parte quam habeo in eadem ecclesia remaneat monasterio S. Aniani. Ipsum alodem quam habeo in circuitu castelli S. Martini monasterio S. Laurentii remaneat..... Raymundo filio meo remaneat catinum meum argenteum, etc., et det pro iis solidos L S. Pontio et S. Aniano L..... De alias equas tres partes faciant, unam remaneat in canonica SS. Justi et Pastoris, alia ad canonicos S. Pauli, alia S. Aniano.

VIII

Ann. 990. — Second testament d'Adélaïde, vicomtesse de Narbonne.

(H. G. L. T. III, p. 465.)

.....Ad cenobium S. Aniani dono omnes salinas quas habeo in Scalas quas empsi...., et in terminio de Caput-Stagni, dono ib salinas quas comparavi de Bernardo, eppo Bitterrensi, et mansum quod est in villa Selmas, cum omnibus terris quod ibi empsi, et omnem alodem quod acquisivi per justitiam vel comparavi in villam Cultem-Olivam femine nomine Sposiam, et sunt mansi III cum curtis et pendis ad ipsa ecclesia, cum torculari, cum hortis, quantum ibidem habeo, ea deliberatione ut monachi ibi Deo servientes ista omnia teneant communiter. Et si abbas ista omnia voluerit conferri, unus ex propinquis meis habeat protestatem ista omnia redimendi et ipsum pretium monachis dandi.... Volo ut ad domum S. Aniani cenobii remaneant ipsas salinas et modiatas II de vineas quas commutavi de Ugonem et sunt ipsas salinas in Scalas areas XXXVI, et vineas sunt infra terminos de Aquam-Vivam infra insulam Licii..... Facto testamento die IIII calendas aprilis, annoque 3°, regnante Ugone regis, etc.

IX

Ann. 1102. — L'archevêque de Narbonne soumet l'abbaye de Saint-Anian a celle de Saint-Pons-de-Thomières.

(Gallia Christ. T. VI, col. 973.)

.....Ego Bertrandus..... Narbonensis episcopus et ceteri canonici... videntes quod monesterium S. Aniani juxtà flumen Vernazoubre a pravis hominibus suis possessionibus privatum et ab omni honestate seclusum sancte regule....., donamus, laudamus et concedimus..... monasterio S. Pontii Thomeriarum et tibi dno Petro..... abbatiam monasterii predicti S. Aniani cum omnibus ecclesiis et capellis que ad mouasterium pertinent, videlicet ecclesiam S. Laurentii, ecclesiam S. Celsi cum sua capella B. Marie de ipsa villa S. Aniani, ecclesiam S. Marie de Nazareth, ecclesiam S. Joannis, ecclesiam S. Marie de Reduza, ecclesiam S. Martini de Sabaza, ecclesiam S. Baudilii de Lodoza et ecclesiam de....., videlicet ecclesiam S. Agnetis et ecclesiam S. Vincentii, ecclesiam S. Nazarii de Gabia, ecclesiam S. Juliani de Lapoza, etc. Hoc dominium laudamus.., videlicet monasterium ...cum ipsa villata, cum omnibus juribus, servitiis et pertinentiis et absque omni pretentione..... et omni jugo et potestate et ab omnibus albergis et usatico...., excepto synodo ecclesie S. Celsi, et excepto quod abbas... debét venire ad synodum pro... ecclesia S. Nazarii de Gabia et pro ecclesia S. Juliani de Lapoza... Chrisma vero et oleum ab archiepiscopo Narbonensi accipient. Et nullus abbas..., nisi abbas S. Pontii,.. habeat licentiam mittendi abbatem aut monachos.......

Factum est hoc donum anno... 1102, 14$_a$ calendis aprilis, regnante Philippo. Signum † Petri, episcopi Carcassonenis. S † Izarni, episcopi Tolosanensis. S † Arnaldi, episc. Bitterrensis. S † Godefredi, episc. Magalonensis. Sign Aymerici vicecomitis Narbonensis. S. Bernardi de Narbona. S. Guillelmi Rolandis de Bizano, etc.

X

Anno 1253. — Bulle d'Innocent conférant a l'abbé certains pouvoirs spirituels.

(Priviléges certifiés par le viguier de Narbonne en 1551. Arch. du Presb.)

Innocentius. . dilecto filio abbati monasterii S. Aniani salutem, etc. Pro parte tua fuit a nobis humiliter supplicatum....... Attendentes igitur quod expedit calamum cassatum non conteri et in exigendo jus vas non frangi...., concedimus ut super observationem statutorum que de hac substantia regule non existunt, tu ac successores.... tui monasterii ejusque membrorum monachis... libere dispensare possitis, his casibus dumtaxat exceptis super quibus in eadem regula dispensatio est interdicta; in quibus casibus dispensans super penis adjectis et irregularitatibus, quas tui subditi hactenus incurrerunt vel incurrent de cetero, absolventes ab excommunicationis vinculo quo ipsos ac transgressores pred. statutorum involvi contigit vel contingat, injuncta sibi absolutionis pena salutari, libera sit tibi et successoribus tuis de nostra permissione facultas priori nihilominus monasterii tui et ipsius successoribus concedendi tibique et tuis successoribus hujus dispensationis et absolutionis beneficium, si opportunum fuerit indulgenter auctoritate presentium potestatem, non obstantibus aliquibus litteris ad. ven. fratrem nostrum Narbonensem archiepiscopum aut suffraganeos ejus.... Nulli ergo liceat hanc paginam nostre concessionis infrangere. Datum Assisii, id. Junii, pontificatus nostri anno 15°.

XI

Ann. 1318. — Création des Prieurés de N.-D.-des-Ayres, de Saint-Jean-d'Orte, etc.

(Papiers de M. Salvagnac, de Babeau.)

.... Guillelmo Rogerii et dictum officium vestiarii vobis fratri Raymundo Guilfredi, et vobis fr. Raymundo Ayroherii prioratum d. ecclesie S. Johannis de Orto, et vobis fr. Sicardo de Assinhano officium prepositure ecclesie Sancte crucis de Crucio, ... cuilibet vestrum prenominato committimus, concedimus.....

Et nos prefati Guillelmus Rogerii dictam camerariam...., Raymundus Guilfredi officium d. vestiarii, Petrus Martini officium d. prioratus B. M. de Areis, Raymundus Ayroherii officium prioratus S. Johannis de Orto, et Sicardus de Assinhano officium d. prepositure a vobis ven. patre et dño nostro abbate recipientes per vos nobis gratiose collata, ipsas ordinationes et omnia supra laudamus, approbamus, onera suprad. sumentes, authoritate vestra precedente, et ut melius et sanius dici potest, promittentes vobis quod contra pred. ordinationem numquam veniemus. Acta sunt hec in pred. monasterii capitulo..., in presentia et testimonio d. Arnaudi Nevie vicarii ecclesie de S. Aniano, R. Boverii, clerici de Redorta, R. Arnauldi, clerici de Podio-Serico et mei Fabre, not[ii] publ. de S. Aniano.

Collationné par Girard, au requis de Jean Salvagnac de la Servelière, le 4 septembre 1702.

XII

Ann. 1324. — Confirmation par Charles IV des Privilèges du mon. de Saint-Anian mentionnés dans les chartes de Louis-le-Débonnaire, de Charles-le-Chauve et de Charles-le-Simple.

(Privilèges certifiés par le juge de Narbonne en 1551. Arch. du Presb.)

Nos autem.... predicta ut singula in supra scriptis titulis quibus d. abbas et monachi et successores usque ac hoc pacifice usi sunt rata habeant..., ea volumus et ratificamus... ac nostrarum presentium auctoritate nostra regia confirmamus, nostro et aliorum salvo jure. Datum apud Vincenas, anno 1324, mense maio. Per dictum Regem — ad relationem de Andrea de Florentia. Ambigni collatio facta est cum originali.

XIII

Ann. 1331. — Déclaration du pape Jean XXII.
(*Privilèges certifiés par le juge de Narbonne en 1551. Arch. du Presb.*)

Joannes episcopus servus servorum Dei. Dilecto abbati et conventui monasterii de S. Aniano ad Romanam ecclesiam nullo modo pertinentis, ordinis S. Benedicti, diecesis S. Pontii Thom., salutem et bened. apost.

Cum a Nobis petitur quod justum est et honestum tam vigore equitatis quam ordo exigit rationis et id per sollicitudinem officii nostri ad debitum...... Ea propter dilectis in dño filiis nostris postulantibus grato concurrentes assensu omnes libertates et immunitates a predecessoribus nostris Romanis pontificibus sive per privilegia vel alias indulgentias vobis et monasterio vestro concessas, necnon libertates et exemptiones secularium exactionum a regibus et principibus et aliis Christi fidelibus rationabiliter concessas ...auctoritate apostolica confirmamus. Datum Avenioni, 3e Cal. Junii, Pontificatus nostri anno 15° (30 mai 1331).

XIV

Ann. 1554. — Extrait des Privilèges donnés tant par nos saints Pères les Papes que par les Rois et les Empereurs en faveur du monastère de Saint-Anian au diocèse de Saint-Pons de Thomières.
(*Presbytère de Saint-Chinian.*)

A tous ceux qui ces lettres verront ....Nous Pierre de Monredon, seigneur dud. lieu, Murviel, Sales et Sainte-Croix, conseigneur de Montpezat, escuyer, viguier, et Martin de Lhort, licencié, seigneur de Cers, Valras, Sérignan, Porqueyrolles, juge à Narbonne, salut.... Sçavoir faisons ..avoir leu et tenen ....et par le notaire soubsigné.. fait voir et lire devant nous certains privilèges concédés par les empereurs Ludovique et Lothaire à l'abbé et religieux de Saint-Chinian....., pour n'être subjects à aucune justice spirituelle ni temporelle de l'Évêque de Saint-Pons et moins dud. archevêque de Narbonne; que le monastère n'a d'autre juge séculier ni régulier, si ce n'est N. S. P. le Pape, sans autre moyen, avec pouvoir et jouissance auxd. religieux de pouvoir eslire et créer leur abbé après le décès du vivant..., contenant aussi la fondation dud. monastère de Saint-Chinian expédiée par lesd. empereurs, aussy autre privilège par le feu Charles second confirmatif de l'exception de la subjection de la justice et de toute autre, excepté de celle du Saint-Père avec confirmation de l'élection de l'abbé...., permise par notre feu roi Charles; et autre privilège de confirmation... concernant led. monastère qui n'est subject à l'église romaine sans aucun moyen, concédée par Jean XXII...; et autre par N. S. Père Innocent IV donnée à l'abbé ou au prieur de pouvoir absoudre les religieux. (Toutes ces pièces sont rapportées déjà.)

Donné aud. Narbonne le 14 décembre 1551. Fernand lieutenant aigné. — Par le commandement du viguier et juge. Du Soulier.

XV

Ann. 1569 et 1595. — Prises de possession de la vicairie perpétuelle de l'église N.-D.-de-La-Barthe.

(*Arch. du Presbytère.*)

1. « Le 25 mai 1569, Jean Cabrol, prêtre, ayant fait présentation à noble Jean de Mandefers sr de Solanters, vic. gén. de l'Évêque de Saint-Pons, Jacques de Castelnau, de certaines signatures de Rome portant provision de la vicairie de l'église paroisle de St-Chinian, avec l'ordonnance de la chancellerie de Toulouse sur la vérification de lad. signature donnée à Rome apud S. Petrum, nono Kal. ap. 1569, et lad. provision lui ayant été remise, sauf le droit dud. seigneur Evêque, led. Cabrol a été

mis en possession le 26 de la vicairie perpétuelle par Jean Rocairol, prêtre du lieu de St-Chinian, présent M^{ro} Rigaud Decazes, prêtre de Cruzy,.. et Massip notaire ».

II. « L'an 1595, 21 janvier, devant la porte de l'église de St-Chinian s'est présenté Jean Baudema, lequel parlant à frère Jean Delouvrier, ouvrier et prieur claustral de l'abbaye, a dit qu'il a été pourvu de l'office de vicaire perpétuel de l'égl. parois^{le} de N.-D. de la Barthe et de celle de Monsieur Saint-Celse en dépendant vacante par le décès de Monsieur Dombas, ainsi qu'a fait apparoir des titres de provision et collation à lui faites par Mgr de Saint-Pons (Pierre de Fleyres), requérant être mis en possession.

Lequel Delouvrier prieur, iceux titres veus et leus mot-à-mot,... led. prieur a offert de faire son devoir..... Et se seraient présentés Antoine Routaoult et André Lacourt, conseuls .... Led. Baudema a promis de faire en lad. église, comme ses prédécesseurs..... Led. prieur a pris par la main led. Baudema et l'a mis en possession..... par l'entrée et la sortie de l'église, aspersion de l'eau bénite, son des cloches, baiser de l'autel-mage, séance en son siège, bail des titres, etc.

Comme aussi se seraient transportés dans le casal de la maison presbytérale et jardin dépendant dud. office de vicaire derrière lad. église, desquels aussi aurait été mis en possession..... ; et lesd. Delouvrier et Baudema, présents moi not^{re} et témoins, nous serions transportés en l'égl. champêtre de Mr Saint-Celse...., de laquelle led. Delouvrier aurait mis led. Baudema en possession par l'entrée et issue, baiser de l'autel, etc. Inhibitions de troubler led. Baudema, etc.

XVI

Ann. 1585. — Acte de nouvel achept en faveur des frères Salvagnac de la Servilière. 13 mars.

(*Papiers de M. Salvagnac, de Babeau.*)

Constitué en personne, vén. et religieux, s^r Louis Cabrol, religieux de l'égl. cathédrale de Saint-Pons-de-Thom et sacristain de l'abbaye de Saint-Chinian, lequel, pour et au nom de messire

Jean de Pelet, abbé, ...pour le profit et utilité dudit abbé et augmentation de lad. abbaye, a baillé à nouvel achept et nouvelle inféodation perpétuelle à Hugues et Louis Salvagnac fils, du masage de La Servelière, une pièce de terre au lieu de las Pradasses contenant une sétérée à l'usage annuel de 6 deniers tournois. Pour l'entier lods, le sacristain a dit avoir reçu.... une journée d'homme avec deux ânes à charrier du sable pour remettre l'église de lad. abbaye ruinée... André Gizard, notaire.

XVII

Ann. 1602. — Autre nouvel achept en faveur de Pierre Salvagnac.

(Papiers de M. Salvagnac, de Babeau.)

L'an 1602 et le 14 janvier, ...au lieu de Saint-Chinian,... personnellement constituée vén. et religieuse personne, frère Jean Delouvrier, bachelier en droit canon, religieux, ouvrier et prieur claustral en l'abbaye dud. Saint-Chinian, lequel procureur-général du seigneur abbé,.... a baillé et baille à nouvel achept, etc, à Pierre Salvagnac, du masage de La Servelière, ... une pièce de terre, herme et inculte.... au lieu dit à La Laisse.. contenant 10 sétérées.., à l'usage annuel et perpétuel de 6 deniers par sétérée et dixme dixième de tous les fruits, payables les usages le jour et feste de Saint-Anian, et le dixme à la saison des fruits.... Fait et récité au *plain* du monastère, présents Jean Lavit et Dardé Carles, tisserands, soussignés avec les parties à la note retenue par moi, Jean Gizard, not. roïal.

XVIII

Ann. 1611. — Concordat passé entre le vicaire-perpétuel, l'abbaye et les consuls.

(Arch. du Presbytère.)

Comme ainsin soit qu'en 1556 procès fut introduit en la Cour de M. le Sénéchal de Carcassonne, au siège de Béziers, entre feu Mre. Domaison, vicaire perpétuel, ... d'une part, et d'autre les consuls, pour raison du droit de prémice que led. vicaire prend sur les grains et fruits décimaux.... Par l'instance du 10 9bre avait été ordonné que par provision les consuls et habitants payeraient aud. Domaison 30 sétiers bled et de tous autres grains 1 sétier, 60 charges de foin et de vin 1 charge, 60 chevreaux et agneaux, 60 quintaux de laine, 1 de chanvre, oignons 60 fours, de chaque treize 1 couchon et de chaque maison nourrissant de la poulaille 1 poule. Les consuls relevèrent appel, le 14 Xbre à Toulouse.... où l'instance est encore pendante..., à cause des troubles et guerres civiles.

.... Les consuls reprenant l'instance av. fait assigner M. Dominique Baudema, à présent vicaire perpétuel, s'il entendait s'aider de la sentence, prétendant lesd. consuls réduire la prémice, ... comme aussy pour la réparation de l'église, le vicaire est tenu pour sa portion par sentence du sénéchal de 1549, ensemble pour les ornements, portes et vitres, ... suivant ordre de l'Evêque, de 1581 et autres..... Lesd. parties voulant terminer leur différend, ce jour d'huy, 30 juin 1611, ont été constitués... Dominique Baudema, d'une part; et Balthazar de Bosquat, bourgeois, Jean Bouttes et Michel Tarbouriech, de Cazo, consuls, de l'autre,.... lesquels ont transigé que led. Baudema et ses successeurs ne prendront que de 60 sétiers bled et autres grans *un*, de 60 quintaux de laine *un* et la 60ᵉ partie des lins, chanvres, d'oignons et de tout le reste la 60ᵉ partie.

.... En considération de quoi, afin d'améliorer la prémice du vin, les habitants apporteront, à leurs dépens, lad. prémice à leur maison (des vicaires) et les masages porteront le foin à une même maison, et les vicaires seront déchargés des réparations et dépenses de l'église. Frère Louis de Bosquat, sacristain de l'abbaye, laisse aux vicaires l'offrande du pain et du vin qui se prend en l'église les 4 festivités de Noël, Pâque, Pentecôte et la Toussaint ; et led. sacristain demeure exempt des réparations pour ce qui le concerne. Les vicaires ne seront pas contraints à la garde personnelle du lieu et n'y contribueront en cas de guerre; seront aussy exempts du repas de la Toussaint aux ouvriers et bassiniers le 2 Xbre fête d'*armes* (âmes) immémoriale.

Ont juré les parties, en présence de Cabrol, docteur-ès-droits, prieur-mage de l'égl. cathédrale de Saint-Pons, Pierre Tarbouriech.

docteur en théologie, religieux de Saint-Chinian, Antoine Capre, bourgeois de Sérignan. Le sacristain, Baudema, les consuls signés avec Pierre Planés notaire.

XIX

Ann. 1615. — Procès-verbal de la visite de s' Fornier, procureur-général de l'ordre de Saint Victor de Marseille, faite les 22 et 23 X^{bre}. a l'Abbaye.

(Arch. de la Mairie.)

Cette pièce est fort longue; nous en avons donné la substance dans le cours du récit.

XX

Ann. 1639. — Inféodation de certaines terres a la famille de Feynes et autorisation de construire une maison avec cour, tour, créneaux, etc.

(Arch. de la Mairie.)

Voir parmi les *pièces justificatives* correspondantes à l'histoire de la ville.

XXI

Ann. 1678. — Règlement fait entre l'abbé et les moines.

(Arch. du Presbytère.)

Règlement... pour le paiement des pensions des moines, soit en argent, soit en denrées, payables la moitié à la fête de la Toussaint et la moitié à la fête de Pâques de chaque année.

Mémoire de ce que M. l'Abbé donne aux moines.

En argent:
1° pour les épiceries, verjus et vinaigre.......... 11 liv.
2° pour le companage...................... 120
3° pour le vestiaire........................ 25

PIÈCES JUSTIFICATIVES

  4° pour le linge .... 4 liv.
  5° pour le rhabillage des tonneaux 30
  6° pour le fournage........................... 25
  7° pour les hostes.............................. 100
  8° pour les réparations...................... 160
  9° pour les 3 pensions rétablies............... 270
10° pour l'ustensile............................ 1
11° pour les gages du cuisinier................. 30
12° pour les dragées du Jeudi-Saint........... 1, 10 sols.

En espèces (denrées) :

  1° pour ce qui regarde le blé froment........ 135 sétiers
  2° pour le clerc, en blé froment............. 6 id.
  3° pour le chirurgien... id. 6
  4° Avoine à la récolte....................... 4
  5° légumes pois, lentilles, geysses, 2 quartières de chaque, payables aux hyères (aires) .... 6 quartières
  6° vin...................................... 34 muids
  7° vin pour le clerc........................ 1 muid 1/2
  8° huile à la Saint-Jean.................... 1 charge
  9° sel .... 1 charge 1/2
10° bois à brûler charges d'âne.............. 400 id.
11° bois à brûler charges de mulet........... 400 id.
12° fagots .... 200 fagots
13° foin.................................... 20 quintaux
14° paille.................................. 30 linceuls
15° oignons................................. 24 fours
16° langues de bœuf......................... 15 langues
17° la moitié de la dîme des herbes ; les espèces payables aux aires, le vin à la cave.

Estat fait le 12 mars 1678.

XXII

Ann. 1679. — Concordat entre l'abbé et les moines a l'occasion des réparations faites a l'église paroissiale, avec ratification du visiteur.

(Arch. du Presb.)

Comme ainsin soit que Mgr l'Évêque de Saint-Pons faisant sa visite en l'église paroissiale de Saint-Chinian eut ordonné que l'église serait agrandie aux frais des fruits-prenants en l'étendue de la paroisse, et la manœuvre, charroy et autres choses fournies par les habitants, le sieur promoteur.... aurait obtenu sentence qui condamna messire de Simiane de La Coste. seigneur et abbé, en qualité de décimant à contribuer aux frais....., et ensuite il obtint de faire saisir la dixme de l'huile et autres appartenant aux R^{ds} P^{es} Bénédictins..., et celle de la prémice que possède le sieur curé ... Les R^{ds} P^{es} ayant fait appel, la main-levée des choses saisies leur fut accordée; de laquelle le s^r promoteur ayant appelé, les Pères appelèrent en garantie led. seigneur abbé pour les relever de la contribution à laquelle ils pouvaient être condamnés......., présupposant que lad. dixme de l'huile était destinée pour les frais de la sacristie, et que par contrat de 1383 il était prouvé que le seigneur abbé d'alors et la communauté dud. Saint-Chinian av. fait la réparation de lad. église de paroisse. Ils demandaient aussi que led. seigneur abbé fut condamné à leur payer la chapelle de l'advénement à l'abbaye et les frais qu'ils ont été obligés de faire pour rebâtir leur dortoir, les lieux réguliers et autres de leur monastère, attendu que n'étant que pensionnés, led. seigneur abbé leur devait fournir des logements.....; que, s'agissant d'une réédification, la pension annuelle de 160 livres.... n'était pas suffisante ; sur lequel appel les parties furent appelées à bailler leurs demandes par écrit... Et l'année dernière 1678 les R. P^{es} donnèrent requête à lad. Cour de Toulouse et obtinrent permission de procéder par saisie au baniement des rentes de l'abbaye à faute du paiement de 150 liv. qu'ils prétendaient leur être due de reste de celle de 300 livres des 3 places monacales, que messire Félicien du Faure restablit par le concordat qu'il fit avec la Congrégation de Saint-Maur de la ville de Tholoze, le 24 février 1624, et soutenaient que le nombre de 12 places était prouvé par les transactions de 1313, 1315 et de 1400, etc.... Le seigneur se pourvut en cassation par requête... contre le concordat de 1624, soutenant que les 3 places étaient une pure augmentation..., que la transaction de 1559 qui sort de règle... n'établit que 9 places....; comme aussi led. seigneur abbé prétendait de demander les dépouilles et maisons laissées par les anciens religieux situées hors du cloître et les 600 liv. que les Pères ont reçues de Geoffre et Roubert pour deux chapelles dans l'église de l'abbaye; contre lesquelles demandes soutenaient que led. abbé n'était pas recevable et que la pension de 160 liv. ne se pouvait entendre que pour les réparations ordinaires..., et que les dépouilles et logements des anciens religieux leur appartenaient de droit, led. seigneur n'étant que abbé commendataire, lesd. maisons se trouvant dans la clôture ancienne et les religieux anciens n'ayant laissé aucune dépouille dont le chapitre ait profité, et que loin de devoir rendre 600 liv. desd. chapelles, ils seraient en droit de demander plus de 20,000 liv. et que la batisse de leur église leur coûte au-delà de 7,000 liv. que le seigneur abbé leur a données par la transaction du 11 mai 1644; et prévoyant les parties... qu'elles allaient se mettre dans un long.... procès.... ont transigé comme suit;

Pour ce est-il que, aujourd'hui 19 juillet 1679, dans le monastère par devant moy not. royal et témoins ont été constitués M° Pierre Galfard, de Grenoble, procureur de Messire Alphonse de Simiane, d'une part, et le R. P. dom Anthoine Arnaud, prieur, dom Charles Mouret, dom Henri Cheneau, etc, tous religieux, faisant la communauté, d'autre part;.... ont accordé et convenu que pour raison de la contribution qu'ils doivent à l'agrandissement de l'église paroissiale, ils y contribueront suivant la proportion des dixmes qu'ils prélèvent, comme aussy que, d'après la forme du concordat de 1624 portant la réforme, à l'advenir les seigneurs abbés payeront aux Rev. Pères la somme de 300 liv. pour les pensions des 3 places monacales formant le nombre de 12.......; comme aussy demeure le sieur abbé déchargé de la demande que les Rév. Pères lui faisaient des frais des bâtiments de leur dortoir, lieux réguliers et autres. Quant à ce, led. concordat de 1624, aussy la transaction du 22 octobre 1656 et autres depuis 1559 seront exécutés en tous chefs.... Toutes les dépouilles et bâtiments des anciens religieux, ensemble leurs biens, seront et appartiendront aux Rév. Pères en quelque lieu qu'ils soient sans que le dit seigneur abbé y puisse prétendre ; déclarant led. s^r Galfard, au nom dud. seigneur abbé, ne vouloir contester la dixme de la laine et des agneaux des fiefs cédés par l'échange de 1620 au sacristain dont ils ont joui ;.... led. s^r abbé payera la chapelle ,..., laissant lesd. Pères le prix d'icelle à sa discrétion et honnêteté. Et moyennant ce, lesd. Pères et led. s^r Galfard ...... se départent de toutes autres demandes et procès, ... promettant lesd. Pères de faire ratifier le présent par le fr. Visiteur, et le dit Galfard par le s^r Abbé. Présents Pierre de Nouguier, Antoine Gizard, Thomas Gizard notaire.

L'an 1679 et le 14 décembre a été établi le R. P. dom François de Girord, visiteur de l'ordre de S. Benoit, congrég. de St-Maur, en la province de Toulouse, lequel, après avoir vu l'original de la transaction ,.... veut et consent qu'elle sorte son plein et entier effet. Présents Berthier et Vidal, régents des écoles de Saint-Chinian. Th. Gizard, notaire.

XXIII

Ann. 1681. — Bail a ferme des biens de l'abbaye fait pour l'abbé de La Chevallerie.

(Arch. de la Mairie.)

L'an 1681 et le 27 8bre, à Narbonne.. A esté Denis Anne Bézard, escuyer, procureur de Messire Jean Rose Laisne, clerc du diocèse de Paris, nommé par S. M. à l'abbaye commendataire de Saint-Chinian suivant le décret expédié le 30 mai 1681 ; lequel a baillé en afferme aux sieurs Estienne Roussel et Louis Caraguel, marchnds.... tous et chascuns les droits, fruits et profits, revenus et esmolumens... que la dignité abbatiale prend, consistant en dixmes, lods et ventes, tant des forêts du seigneur que de la rivière et les facultés des bois dudit, herbages et devois d'iceux et autres droits seigneuriaux ; .... comme aussy leur arrente les moulins à bled et four banal, ensemble les dixmes et pentions que led. seigneur prend au lieu et terroir de Cruzy et les intérêts qu'il prend de MM. du clergé de Narbonne; comme aussy la portion que Mgr l'Evêque de Saint-Pons fait aud. seigneur en tant qu'acquéreur des biens de feu Charles de Feynes pour les terres et condomines inféodées au sr de Feynes par les prédécesseurs abbés se montant par an la somme de 125 liv., et au cas que le seigneur abbé vint à retirer lesd. terres et autres aliénées de lad. abbaye, lesd. rentiers ne pourront retirer que les fruits qui en proviendront, au lieu des pentions ; et ce pour le terme de 4 années. Se réservant led. Bézard... le moulin à huile..., ensemble les dixmes des terres dud. seigneur Evêque et aussy les lods desd. terres et de sa maison, en cas qu'elles viendraient à se vendre; et pareillement lesd. rentiers ne pourront prétendre aucun lods des fruits que les Pères Récollets achepteront pendant led. arrentement; ... led. procureur se réserve aussy les langues de bœuf et pieds de pourceau et la 4e partie des lods qui se feront pendant led. arrentement; lequel led. procureur a fait et passé moyennant le prix de 4,700 liv. chacune des quatre années, en deux payements, le jour de la foire de Saint-Hilaire tenue à Montagnac et la veille de Saint-Jean-Baptiste. En outre s'engagent lesd. rentiers à payer 300 liv. chaque année pour l'augmentation des 3 places de religieux et 30 liv. au vicaire-perpétuel pour l'honoraire de la dévotion que les prédécesseurs abbés ont établie.... Plus les rentiers seront tenus payer aux Rév. Pères en nombre de neuf les pentions ordinaires, tant de bled, etc. contenues en la transaction de 1559 : ... Plus seront tenus de payer aud. sr vicaire la pention tant en bled que argent qu'il a droit; ensemble les pentions de viguier-juge, procureur juridictionnel et huissier du seigneur....., mesme payeront celle du chirurgien des Rév. Pères. Plus seront tenus de payer la pention du frère lay ; payeront les deniers ordinaires et extraordinaires et autres charges de lad. abbaye. Encore payeront chaque année 125 liv. pour le prédicateur du carême et aux Rév. Pères 260 liv. pour la 6e partie des fruits devant être employée aux réparations du monastère ou en nourriture des religieux passants; seront tenus d'entretenir les paissières des moulins à bled ; entretiendront lesd. moulins et four et recouverte des égouts. Prendront des consuls et communauté 250 liv. qu'ils doivent annuellement pour les intérêts des tasques et abonnement au fournage....; seront tenus de donner l'aumône que le seigneur doit donner aux pauvres dud. lieu et terroir...; seront encore tenus aux frais de visite à l'abbaye par led. seigneur Evêque de Saint-Pons et religieux de Saint-Victor ou autres....; sans approbation ne pourront couper aucun arbre de haute fustée des forains que pour les réparations de moulins et four des Rev. Pères et sans abuser........

Fait et récité en présence de Pierre Fabre et Jacques Boussac, praticiens de Narbonne ; la note retenue par moy Pierre Boussac notaire, du nombre des réservés.

XXIV

Ann. 1690. — Certificat du curé Soulié

(*Arch. du presbytère.*)

Nous Jean Soulié, vic.-perp. de l'église paroissiale de N.-D. de la Barthe,...... certifions comme en cette qualité jouissons d'une prémice de 660 l. de rente annuelle, plus d'une pension de 12 sétiers de blé, 30 pagelles vin et 45 l. pouvant valoir en tout lad. pension 150 l., soit en tout 800 l. Et de là je suis tenu d'entretenir et payer deux prêtres pour le service de la cure, l'honoraire desquels revient par an à la somme de 400 l. Plus je paie 250 l. de pension viagère au curé de Bonprête et aussi prêtre de Roquefort, du diocèse de Narbonne, que mon prédécesseur avait établie sur ma vicairerie. Plus je paie 45 l. de décimes ordinaires et l'année de l'imposition du don gratuit 75 l. De plus je suis tenu de contribuer pour un 6ᵉ aux réparations et ornements de ma paroisse qui monte par an environ 40 l. Plus dans mon église il n'y a pas de chapelle ni obit de fondation.

Dans led. lieu de Saint-Chinian il y a une abbaye de l'ordre de S. Benoît dont l'abbé est commendataire et les moines de lad. abbaye réformée de Saint-Maur vivant en communauté. L'abbé jouit et possède en son propre la somme de 4,400 l. de revenu quitte que ses fermiers qui sont les sieurs Estienne Roussel, Barthélemy Donadieu et Antoine Ouvrier, Louis Caraguel et Nicolas Théron lui payent. Et outre ce, lesd. fermiers sont obligés de payer pour le s^r abbé à moidit curé la pension dite ci-dessus, auxd. religieux en blé, argent, vin, huile, bois, etc. pour 12 religieux... 2,200 l., 26 sétiers blé pour la pension des officiers de justice, 105 l. pour l'honoraire du prédicateur du carême, 456 l. pour les décimes ordinaires, outre sa cote du don gratuit qu'il paie, et à ses religieux suivant le concordat, plus 68 sétiers raunage et 8 de blé pour l'aumône et charité qu'il est obligé de faire aux pauvres dud. lieu ; plus est tenu de contribuer pour la moitié et un 12e aux réparations de mon église et ornements, ce qui peut lui coûter par an 200 l.

Plus les religieux jouissent de cinq offices claustraux unis à leur mense, savoir le sacristain qui a environ 1,000 l. de revenu, soit en décimes de terre ou rentes obituelles pour lesquelles est tenu aux réparations et ornements de l'église du monastère et entretènement de leur édifice qui leur coûte 300 l. ; plus est tenu à un 5e des réparations... de ma paroisse qui lui coûtent par an 50 l. ; plus est tenu à tenir un clerc à l'égl. abbatiale auquel il paie 6 sétiers blé et un muid et 1/2 de vin par an, le tout évalué à 60 l. ; plus paie 29 l. 10 sols de décimes ordinaires, et pour les extraordinaires ou don gratuit 45 l. 3 sols, 10 deniers, suivant le dernier département. Est encore tenu de supporter la moitié des charges de l'infirmier dud. monastère suivant la transaction entr'eux passée qui reviennent bon an mal an à 200 l. — Plus l'office de l'infirmier... qui jouit une petite dîme de 10 l. de rente par an et de 40 sols de censive, est tenu d'entretenir les malades du monastère, paie décimes ordinaires 3 l. 10 sols et 6 deniers...... — Le capiscol a 80 l. du pré noble appelé *capiscol*, paie 2 l. 10 s. et 8 den., et pour le don gratuit 6 l. 6 s. et 2 den. — Le camérier ne possède rien dans ma paroisse que sa pension monacale, non plus que l'ouvrier.

Il y a encore une autre communauté dans ma paroisse de Récollets mendiants de l'ordre de Saint François.

Plus Mgr l'Évêque de Saint-Pons possède.... le quart de la dîme de la masade de Cauduro qu'il afferme 40 écus et est tenu de contribuer aux réparations de mon église. 30 décembre.

XXV

Ann. 1696. — Mémoire sur les différends entre les Rév. Pères Bénédictins et le vicaire-perpétuel.

(Arch. du Presbytère.)

L'an 1694, la cure de Saint-Chinian ayant été donnée à régir à M. Bonhomme, prêtre, en attendant que le s^r Amans Pradal eût reçu ses provisions, il y eut plusieurs différends entre les Rév. Pères et le sieur Bonhomme qui ne crut pas pouvoir s'assujétir à beaucoup de servitudes à leur égard... Il ne crut pouvoir suivre l'usage de porter les corps morts à l'église de l'abbaye, où un religieux passant son étole sur le froc faisait la fonction de l'enterrement jusques au tombeau, ... ni encore souffrir que le R. P. prieur reçut l'Évêque dans l'église paroissiale, non plus que d'assister à la procession que les Pères faisaient tous les premiers dimanches du mois avant la messe paroissiale qui par là se trouvait retardée.., et ce d'autant plus qu'il faisait la même procession à vêpres pour la confrérie du Rosaire et encore de ne pouvoir prêcher l'après-dîner sans permission, etc.

Les troubles occasionnés forcèrent l'Évêque à porter remède à cette situation. Dans une visite faite à l'égl. paroissiale le 13 9bre 1695, l'Évêque dit en chaire : « Nous ordonnons sur les contestations qu'il y a entre le s^r curé et les Bénédictins touchant les saints offices et droits curiaux, que les Déclarations du Roy seront exécutées selon leur forme et teneur ; et, en cas de contestation entre les parties sur l'intelligence desd. Déclarations, elles pourront convenir par arbitres. »

Le s^r Pradal, mis en possession de la cure le 18 janvier 1696, se mit en devoir de faire exécuter les Déclarations et l'Ordonnance qui retranchaient tous les droits honorifiques des curés-primitifs à dire la messe les 4 festivités et le jour du patron et leur droit utile à percevoir la moitié des offrandes en argent et en cire dans ces cinq jours, comme il paraît dans les Déclarations concernant les portions congrues du 30 juin 1690 : « nous voulons pareillement que lesd. curés et vicaires-perpétuels jouissent à l'avenir de toutes les oblations et offrandes tant en cire et en argent et autres rétributions qui composent le casuel de l'église, ensemble des fonds, charges d'obits et fondations pour le service divin, sans aucune diminution de leurs portions congrues ; et ce nonobstant toutes transactions, abonnements, sentences et arrêts ..... Pourront néanmoins lesd. curés-primitifs, s'ils ont titre ou possession valable, continuer de faire le service divin les 4 fêtes solennelles et le jour du patron.... et percevoir la moitié des oblations..... »

Mais parce qu'on menaçait le curé Pradal de faire casser l'ordonnance dud sr Évêque et de le constituer lui-même en gros frais, à cause des explications que lesd. Pères disaient devoir être données aux Déclarations, led. Pradal se voyant faible contre un si puissant corps consentit à une transaction, le 2 août 1696, dans laquelle pour délivrer sa paroisse d'une infinité de servitudes, ... il se soumit à beaucoup et à de considérables, jusques à payer 45 liv. de rente annuelle et 2 liv. de cire.

XXVI.

Ann. 1696. — Transaction passée entre les Pères de Saint-Benoit et le vicaire perpétuel.

(*Arch. du Presbytère.*)

Il est ainsin que le chapitre régulier de l'abbaye de Saint-Chinian.... en qualité de curé-primitif de l'église paroissiale et jusqu'à ce jour en possession constante, légitime et immémoriale de quantité de droits et privilèges,.... à la possession desquels.... n'a esté dérogé, excepté en l'année 1681 que les Pères Récollets de Saint-Chinian enterrèrent le corps de la damoiselle Bouquejay sans l'avoir représenté dans l'église de l'abbaye, contre laquelle entreprise le syndic des Religieux se pourvut d'abord par une requête qu'il présenta à Mgr l'Évêque de Saint-Pons tendante à ce que le corps fut déterré et conduit par le vicaire dans l'église abbatiale,.... et en l'année 1695 que le sieur Bonhomme, prêtre, servant la paroisse aurait refusé d'assister à quelque procession faite par les Religieux et conduire les morts dans leur église.......

Pourquoy est-il qu'aujourd'huy, 2 du mois d'août 1696,... ont été constitués le R. P. dom Guirbaldy prieur, dom Pierre Villa sous-prieur, dom Pongivi, etc. et M. Amans Pradal, vicaire de N. D. de la Barthe, lesquels, etc. ont transigé comme suit :

1º Les Rév. Pères Bénéd. seront reconnus prieurs et curés primitifs de la paroisse,... et en cette qualité iront célébrer la grand'messe les 4 festivités et le jour de l'Assomption de N. D. patronne de l'église et prendront la moitié de l'offrande suivant l'usage.

2º Que les Religieux recevront dans l'église parochielle Mgr l'Évêque, lui présenteront la croix et feront toutes les fonctions et honneurs accoutumés.

3º Que le s^r vicaire ne prendra jamais la qualité de curé dans aucun acte qu'il passera avec les Religieux.

4º Que les Pères feront toutes les processions générales, celle de la Fête-Dieu, celle du jour de l'Assomption qui se fait pour le roy, celle des Rameaux, celle de la Purification, celle de Saint-Marc, celle des Rogations, celle de Saint-Anian, du Jubilé et autres mandées par l'Évêque ; à toutes lesquelles led. s^r vicaire sera tenu d'assister avec ses prêtres aussy bien qu'à la bénédiction des Cierges et des Rameaux ; après quoy il pourra se retirer dans sa paroisse pour y faire ses offices, sans pouvoir pourtant faire d'autres bénédictions de cierges et de rameaux. Et dans les susd. processions led. vicaire se rendra avant que la procession commence et la reconduira à l'abbaye où elle finit.

5º Les sermons du Vendredi-Saint et du jour de Pâques continueront à se faire dans l'église de l'abbaye ; mais le vicaire pourra prêcher dans l'église parochielle l'après-dîner dans le cours de l'année, excepté les dimanches de carême, le jour de Saint-Benoît et le jour de l'Annonciation, mais jamais à l'heure de l'abbaye ny faire sonner les cloches pendant les concours qui se feront à l'abbaye.

6º Lorsque les Religieux prêcheront dans l'égl. de la paroisse, led. s^r vicaire ne pourra point exiger d'eux qu'ils prennent sa bénédiction, mais eux aussi ne la donneront pas aux prédicateurs qui prêcheront, excepté qu'il n'y ait un bénédictin qui célèbre solennellement.

7º Toutes les fois que le vicaire ira, avec sa croix, à l'égl. abbatiale où qu'il se trouvera avec les Religieux, il aura la liberté de porter son étole et se placera dans les chaises haultes du chœur de l'abbaye après les Religieux.

8° Dans toutes les cérémonies publiques auxquelles le vicaire devra se joindre, il prendra l'heure des Religieux.

9° Toutes les fois que le vicaire recebvra quelque mandement de Mgr l'Évêque pour chanter le *Te Deum*, pour le Jubilé ou autres cérémonies publiques, il sera tenu de le communiquer au supérieur de l'abbaye et ne pourra faire les prières et cérémonies qu'à une heure différente de celle de l'abbaye qui aura toujours le choix et en donnera avis aud. sr vicaire.

10° Lorsque le vicaire voudra qu'il y ait diacre et sous-diacre aux 4 festivités et le jour du patron, ce sera aux secondaires à faire ces fonctions.

11° Les Religieux présidant aux processions, enterrements, etc. diront toujours la grande messe quelque part qu'elle doive se dire et feront l'exposition du Saint-Sacrement, si besoin est.

12° Les Rel. Bénédictins continueront à faire la levée des corps qui doibvent s'enterrer dans l'égl. abbatiale; le susdit vicaire sera obligé d'assister à la levée et enterrement selon l'usage.

13° Les Religieux feront encore la levée des corps et l'enterrement des officiers de M. l'abbé, quoiqu'ils soient enterrés dans l'égl. de la paroisse ou au cimetière d'icelle, à condition pourtant que lesd. officiers l'aient ainsin demandé par écrit ou verbalement.

14° M. le Vicaire pourra faire la levée des corps des petits enfants qui s'enterrent dans l'égl. de l'abbaye, lorsque les Religieux ne voudront pas la faire, et, pour lors, le vicaire conduira le corps à la porte de l'égl. abbatiale où les Religieux le recebvront et feront l'enterrement.

15° Le sr vicaire-perp. ne sera pas obligé d'assister avec les Bénédic. à d'autres processions que celles ci-dessus spécifiées et fera toutes celles que le rituel marque avec les prêtres sans l'assistance desd. Religieux.

16° Toutes les fois que le sr vicaire se trouvera en procession avec les Religieux, sa croix, luy et ses prêtres marcheront devant la croix de l'abbaye que suivront les Religieux; et lorsque ceux-ci seront dans le chœur de la paroisse pendant l'office, ils y occuperont de bonnes places et le célébrant celle du célébrant.

17° Le sr vicaire ne sera plus en obligation de **représenter dans** l'égl. abbatiale les corps qui doibvent être enterrés dans son église ou dans le cimetière, mais fera luy en seul avec ses prêtres toutes les cérémonies sans l'assistance des Religieux ; et pour les dédommager de la cire qu'ils av. accoutumé de prendre et des rétributions qu'ils prélevaient, le s⁵ vicaire leur donnera la somme de 45 liv. annuellement pour la feste de Pâques, et de plus il donnera 2 liv. de cire à la sacristie de l'abbaye, la feste de Saint-Anian chaque année.

Ainsin l'ont transigé le chapitre régulier et le vicaire perp. et promis tant pour eux que pour leurs successeurs d'observer exactement la présente transaction,..... promettant les parties de faire autoriser la transaction par un arrêt du parlement.. Ainsin l'ont promis et juré en présence de M. l'abbé de Montgaillard, entremetteur du présent arrangement, de noble Saint-Clément de Cabrol sieur de Monredon, viguier et juge de Saint-Chinian, Estienne Clauzier, secrétaire de Mgr l'Évêque, qui ont signé avec les parties.

XXVII

Ann. 1770. — Statistique des Revenus de l'abbaye, en 1770.

(*Arch. du Presbytère.*)

L'abbaye, en dehors des charges, a été affermée le 3 avril 1770, pour la somme à verser de.................. 8,216 l.

Or, les charges des fermiers sont :

1° Décimes. — Pour les 2 termes........... 2,868 l.

2° Moines. — Leurs pensions.............. 529 l. 10ˢ.

3° Curé. — Fondation du luminaire de l'Église................................ 68 l. 14ˢ. 6 d.

4° Prédicateur. — Les honoraires.......... 105 l.

5° Hôpital. — Rente annuelle............. 17 l.

6° Moines. — 830 quintaux bois chêne à 7 sols..................................... 290 l. 10ˢ.

7° Pauvres. — 60 sétiers mixture à 8 liv..... 480 l.

8° Moines et Curé. — 161 sét. froment à 2 cribles quittes de fournage (un 30ᵉ), de mouture (un 6ᵉ) et vaut 15 liv. le sétier.............. 2,415 l.

9° Moines. — Quatre sét. sivadiés, huit avoine,
à 5 liv.. 60 l.
10° Moines. — Six quintaux légumes à 2 liv.. 12 l.
11° Moines et autres. — 38 muids de vin à 36 l. 1,368 l.
12° Moines. — 20 quintaux foin à 5 liv. 4 sols. 24 l.
13° Moines. — 30 linceuils paille à 10 sols.... 15 l.
14° Fermiers. — 200 quintaux foin à 20 sols.. 200 l.

  L'abbé retire donc du bénéfice..... 16,668 l. 14 s. 6 d.

Les Religieux perçoivent :

1° Le revenu d'un bénéfice claustral, la Sacristie... .... 1,000 l.
2° Le dîme de l'huile qui n'a jamais été affermée..................................... 3,000 l.
3° Le dîme d'un quartier de la paroisse, blé,
foin, légumes.............................. 352 l.

       Total.... 4,352 l.

M. le Curé perçoit un gros de fruits affermé à. 1,200 l.
Mgr l'Évêque perçoit un gros de fruits affermé à.................................. 300 l.

     Résumé.

L'abbé perçoit............................ 16,668 l. 14 s. 6 d.
Les religieux 4,352
Le curé................................. 1,200
L'Évêque............................... 300

  Total des revenus de l'abbaye....... 22,520 l. 14 s. 6 d.

Fruits décimaux séparés :

Par contrat du 20 août 1764, l'abbé afferma
au sieur Estimbre les fruits décimaux et les fours
pour 4,000 l., avec les charges qui suivent. Or,
les fours ne furent jamais affermés au-delà de
2,000 liv. Il reste donc pour les fruits décimaux
une valeur de............................. 2,000 l.

Le sieur Estimbre paye aux moines et curé 161
setiers blé estimés......................... 2,415 l.

Il paie aux moines (avoine)................. 60 l.
  Id. légumes................. 12 l.
  Id. vin..................... 1,368 l.
  Id. foin.................... 24 l.
  Id. paille................... 15 l.

Id. aux fermiers. foin.....................	200 l.
Les moines ont l'entière dîme de l'huile.....	3,000 l.
et un gros de dîmes.......................	352 l.
M. le curé à un gros de fruits...............	1,200 l.
Mgr l'Évêque a un gros de fruits............	300 l.
Total des dîmes...	10,946 l.

N. B. — La population étant de 4,000 âmes environ la dîme aurait été par tête d'environ 2 l. 15 sols.

PIÈCES JUSTIFICATIVES

CONCERNANT LA VILLE DE SAINT-CHINIAN

I

« Abrégé de l'histoire de Saint-Chinian suivant le rapport de M. Andoque, conseiller au Présidial de Béziers », par Aragon not., de Saint-Chinian. (Au livre des reconnaissances de 1687).

« Saint-Aignan qu'on nomme vulgairement Saint-Chinian pour le différencier de beaucoup de villes du même nom, ne saurait être que très antien puisqu'il conste que lors du fameux establissement de l'abbaye de Saint-Benoit fondé par le roy Louis-le-Débonnaire en l'année 823, ainsin même que le sr Andoque le dit dans sa chronologie des évesques de Béziers et en l'acte de fondation dans lequel sont insérés les mots suivants : damus, laudamus, concedimus et in perpetuum desemparamus totum aulodium ... venerabili monasterio S. Aniani fundatum atque situm in villa nostra dominicata de Cornu nuncupata, etc. Lequel mot *dominicata* nous fait assez cognoistre que la ville de La Corne estoit pour lors assez renommée, qu'elle estoit même la principale de toute la contrée, puisque même il y avoit un chasteau sur le plus haut d'une colline ou montagne qui a depuis retenu le nom de La Corne de laquelle montagne on dit communément, mais mal à propos, que le nom de la ville a dérivé, puisqu'il conste du contraire suivant la tradition appuyée d'ailleurs sur l'histoire antienne des Gaulois au traité des colonies establies par les Romains, notamment de celle de Narbonne. Du temps que Auguste-César gouvernait, un préfet romain nommé Cornus que nous trouvons avoir travaillé aux merveilleux édifices durant 24 ans que dura sa préfecture, voire même que de son mariage avec Oregia ayant eu six enfants, trois masles et trois filles, les logea tous avantageusement au circuit dud. Narbonne et mesme que le quartier de Saint-Chinian estant escheu au premier nay (né) qui aurait retenu le nom de son père Cornus, il fut nommé du mesme nom, que les historiens nous apprennent, pour estre venu au monde chargé de deux cornes sur la teste du petit corps garny partout d'un poil de viche (biche), d'autant que sa mère, autrefois femme du préfet Symmaque, aurait conçu d'un désir très-ardent, lorsqu'elle se trouva enceinte de notre préfet Cornus, de manger de la chair de viche. »

II

Ann. 826. — Commencements de Saint-Chinian.

(*Voir l'acte de fondation. — Pièces Justif. concernant l'abbaye, p. 2.*)

III

Ann. 844. — Le seigneur abbé est maintenu dans sa terre de Saint-Chinian.

(*P. J. de l'abbaye, p. 3.*)

IV

Ann. 899. — Progrès de Saint-Chinian.

(*P. J. de l'abbaye, p. 4.*)

V

Ann. 1351. — Affranchissement de la ville.

(*Histoire de la ville, p. 126.*)

VI

Ann. 1465. — Grande charte de libertés et franchises.

(*Histoire de la ville, p. 131.*)

VII

Ann. 1585. — Saint-Chinian se relève de ses ruines.
(*Hist. de l'abbaye, p. 58.*)

VIII

Ann. 1590. — Accord fait entre la ville et les hameaux
relativement a la garde de la ville.
(*Papiers de M. Salvagnac.*)

L'an 1590 et le 15ᵉ jour de juillet, dans l'égl. parochielle de Saint-Chinian, par salges hommes Anthᵉ Routaoulpt, Bernard Mestre et Pierre Tarbouriech, de Cauduro, conseuls, a esté assemblé le conseil général... crié par J. Passebosc, sergent, auquel assistait M. Jean Massip, viguier ; ont esté présents M. André Lacourt, assesseur, Antᵉ Decamps, Laurens Siffre, P. Tarbouriech, N. Bessière, Antᵉ Granier, Jacques Robert, Antᵉ Mouly, J. Jalvy, P. Domaison, J. Bouttes, N. Marty, J. Chire, P. Rieu, M. Sarret, J. Marcouyre, B. Miquel, A. Robert, A. Affre, P. Milhau, J. Peyrottes, tous de Saint-Chinian ; J. Robert, F. Lanet, de Bouldoux, D. Donadieu, de Pouzany, A Berlan, de La Moureyre, A. Tarbouriech, de La Roque, G. Tarbouriech, de La Forbedarié, R. Oubié, de La Miquelarié ; à laquelle assemblée par Rataoulpt a esté remontré que par commission de Mgr le Duc de Montmorency, pair et premier maréchal de France, gouverneur et lieutenant pour le roy au présent pays de Languedoc, est mandé aud. lieu de contribuer à la nourriture de la compagnie de M. de Montryon, au lieu d'Argelliers, par 18 moutons pour sepmaine et 3 charges de vin, et que despuis lad. commission ont esté ordonnés par Sa Grandeur pour lui ayder les lieux de Pierrerue et de Berlou chacun de six moutons par sepmaine et qu'il est nécessaire satisfaire aux ordres dud. sʳ pour esviter que lad. compagnie ne vienne courir aud. lieu. Et aussy a esté remontré que monsieur le viguier Anian Bouttes conseul l'an passé, Routaoulpt et Robert se sont obligés pour l'université... envers sieur George Grandjean, marchand de Pézénas, de la somme de 376 écus....; et aussy a été mis en délibération que les paysans des masages de la terre ne veulent venir en payement de lad. somme pour avoir esté empruntée pour faire l'achat d'une partie du fournage et du four banier fait par le lieu de Saint-Chinian, sinon au cas que l'université les tiendra quittes et exemptz de la garde personnelle que les paysans faisaient aud. lieu pour laquelle ils ont actionné lesd. conseuls. Par laquelle assemblée a esté arrêté que lesd. conseuls emprunteraient l'argent nécessaire....., au nom de lad. université; lesquels lad. assemblée a promis relever et indemniser; ...et aussy a esté accordé entre lesd. habitants dud. lieu et des masages que pour esviter tout procès,... lad. somme de 376 écus sera esgalizée généralement sur tous les compoix, ...et que les hab. des masages ne pourront refuser leur quotité et pour ce eulx et les leurs à l'advenir à jamais seront quittes de la garde personnelle.

Extrait du livre des délibérations consulaires par Gizard, not.

IX

Ann. 1597. — Testament de Louis Salvagnac.

(*Pap. de M. Salvagnac.*)

.....Je lègue à Jeanne et autre Jeanne Salvagnagues, mes filles légitimes et naturelles..... la somme de 40 écus faisant six vingt liv., deux robes nuptiales drap de Saint-Chinian faictes et garnies l'une de *ruffes* et l'autre de *bizane*, deux linceuils toile de maison, une flécade de Montpellier, ung traversin, vingt-deux moutons et six quartières bled froment, mesure de Saint-Chinian. J'ordonne que mon corps, après ma mort, soit honorablement enseveli au cimetière... de N.-D.-de-la-Barthe, au tombeau de mes prédécesseurs, devant estre appelés tous les messieurs prêtres et religieux, donnant à chacun doutze sols six deniers... sans réfection corporelle.

X

Ann. 1611. — Concordat entre les hab. de Saint-Chinian et le vicaire-perpétuel.

(*Hist. de l'abbaye p. 61.*)

XI

Ann. 1617. — Prise de possession de la seigneurie par l'abbé Du Faure.

(*Hist. de l'Abbaye, p. 64.*)

XII

Ann. 1639. — Inféodation des terres du chateau.

(*Arch. de la Mairie.*)

L'an 1639 et le 6 décembre dans Béziers... constituée religieuse personne frère Louis de Bosquat.... prieur de Florensac, au dioc. d'Agde, comme proc. fondé de messire Louis de Simiane, abbé commendataire et Seign^r foncier du lieu de St-Chinian-de-La-Corne, lequel ayant considéré le peu de revenu que porte à l'abbaye la quantité d'environ 22 sétérées et 1/2 de terres dépendantes d'icelle, situées au terroir dud. lieu : 1° un champ *al pontil de l'hermite*, confronte de cers, marin et aquilon chemin, contenant 5 sét. une quartière ; 2° plus autre champ joignant, le susdit chemin au milieu, contient 2 sét. ; 3° plus autre champ à Magot, confronte de cers chemin, etc., contient 4 sét. et 1/2; 4° plus autre champ joignant, chemin au milieu, allant aud. Magot, confronte de cers esquille, marin et aquilon chemin, midi le s^r abbé, contient 5 sét. ; 5° plus une petite olivette, confronte du midi chemin et Balthasar Marcounier, contient 4 quartières; 6° plus autre champ du Delpel, confronte.... d'aquilon chemin allant au Tandon, contient 4 sét. 2 punières; et 7° finalement autre champ contenant 2 sét. et 3 pun. A cause que lesd. terres se prennent à présent, comme en fief, en mauvais état et incultes, led. s^r abbé a fait procéder à la vérification et enqueste en l'estat et value d'icelles, afin de les bailler à nouveau bail et inféodation au profit de lad. abbaye et après avoir fait faire les proclamations pour savoir qui ferait la condition meilleure.

Sur quoy noble Pierre de Feynes, habit. de Saint-Chinian, en qualité de proc. fondé de nob. Charles de Feyne, son frère, gentilhomme ordinaire de la Chambre de Mgr frère du Roy, s'est trouvé dernier surdisant et la délivrance desd. 22 sét. et 1/2 de terres lui auraient été faites aux conditions suivantes.

A cette cause, led. sr de Bosquat... a baillé à nouveau fief et inféodation perpét. aud. sr Charles de Feynes absent, led. sr Pierre de Feynes son frère... ici présent, et tant pour lui que pour ses hoirs et successeurs à l'advenir, stipulant et acceptant... scavoir les susd. pièces.... avec réservation à l'advenir du droit de lods au profit dud. sr abbé et de ses successeurs, suivant la coutume du pays, sans toutefois que led. sieur de Feynes soit tenu d'en payer aucun pour le présent bail et inféodation, et led. sr de Feynes promet et s'oblige de payer le droit de dîme à raison de vingt un, ... sauf et excepté ce qui sera mis par led. de Feynes en jardin qui sera de tout exempt du droit de dîme et ne pourra contenir que 4 sétérées, et de même sera exempte du droit de dîme toute la terre où sera construite la maison, écurie et autres bâtiments et leurs dépendances. Sera tenu led. sr de Feynes de payer aud. sr abbé pour tout droit d'entrée......... 2,000 liv., dans deux ans prochains à compter d'aujourd'huy et de lui payer cependant les intérêts à raison du denier 16, pour être employée lad. somme en fonds et à pention et rente perpétuelle au profit du sr abbé et successeurs. Comme aussy sera tenu led. sr de Feynes de donner à toute mutation d'abbé une croix d'or de valeur de 6 livres payable dans l'an de la paisible possession.......... Encore s'engage led. sr de Feynes de faire hommage noble et de prêter serment de fidélité aud sr abbé et successeurs, toutes les fois qu'il en sera requis. Et moyennant ce dessus, led. sr de Bosquat s'est dépouillé et dévesti desd. terres et en a investi led. sr de Feynes auquel led. de Bosquat baille les 22 sétérées nobles franches, quittes et immunes de toutes tailles ordinaires et extraordin. pour le présent et l'advenir avec pouvoir de les jouir noblement à perpétuité, estant lesd. terres du fonds et ancien domaine de lad. abbaye, n'en ayant jamais payé aucunes et conformément à l'arrêt donné par la souveraine Cour des Aydes et Finances de Montpellier entre led. sr abbé et les consuls du 2 du présent mois de décembre, avec pacte qu'il sera permis aud. sr de Feynes ou aux siens de faire construire et bâtir une maison avec sa cour, tour et créneaux, sy bon leur semble, un pigeonnier, escuries et autres réparations dans le fonds desd. terres, à l'endroit que bon leur semblera, pour le tout jouir et posséder noblement et paisiblement, à perpétuité, sans que lesd. terres puissent être esvincées ;.... et au cas arriverait aucune esviction led. s^r de Feynes sera préalablement remboursé. Pourra led. s^r de Feynes se servir de l'eau du béal du moulin dud. s^r abbé et jouir de la faculté de lad. eau, tant pour l'usage de la maison que pour arroser le jardin et prés qu'il pourra faire auxd. terres, conformément à la transaction du 9 juin 1465, reçue par Me Barbe, not^{re} de Saint-Pons. Se charge led. s^r de Feynes de bonifier, augmenter lesd. terres et bâtiments, ne les remettre en mainmortes ou personnes prohibées de droit, et led. sieur de Bosquat s'oblige de faire bon valoir, tenir, jouir et paisiblement posséder lesd. terres aud. s^r de Feynes et successeurs....... Et ainsi l'ont juré led. s^r de Bosquat, la main mise sur la poitrine ;..... et incontinent, sans divertir, led. s^r de Feynes a prêté le serment de fidélité et fait hommage aud. s^r abbé...; il a promis de lui être bon et fidèle.

Fait et récité.., présents le s^r Jean Vialles, bourgeois, et Géraud Aude, de Béziers, témoins requis et signés, et moy Fulcrand Amyel, not. roy. de Béziers, qui en ay retenu instrument. Collationné par moy, le 12 septembre 1737, Castilhon.

XIII

Ann. 1679. — Agrandissement de l'égl. paroissiale.
(Arch. du Presbytère.)

L'an 1679, 22 mars, par dev. moy not. roïal et témoins, messire Jean François Charran, promoteur de l'Évêché de Saint-Pons, et le s^r Thomas Roussy, premier consul, assisté de J. A. Guiraud, proc. juridictionnel, Jean Bouttes, Philippe Tarbouriech,... ont baillé à prix-fait à P. Saisset, architecte, de Saint-Pons, l'agrandissement de l'égl. par^{le} de N.-D. de La Barthe, outre et par dessus ce qu'il se trouve obligé de faire par autre contrat du 10 8bre 1673,.... par ordonnance de Mg^r retenue par Me Gizard, notaire.......

Sera tenu de nouveau de démolir les deux arceaux qui restent encore à la nef et l'entière muraille du côté du midy, plus faire creuser les fondements .... ; sur iceux fera construire les murailles avec les appuis et les arcs-boutants, ... élèvera les 4 arceaux à la hauteur de ceux de l'égl. des Bénédictins, ... et la façade de piliers de taille ; plus élèvera l'arceau de l'entrée du chœur de deux cannes au delà ce qui est porté par le contrat retenu par Gizard ; plus élèvera de deux cannes toutes les murailles du chœur et presbytère (sanctuaire); plus sera tenu de voûter toutes les chapelles de la hauteur de 3 cannes du pavé, et aux 4 chapelles du midy y faire un vitrail... comme à ceux des Bénédictins, plus une muraille sur les voûtes des chapelles qui formera la nef jusqu'au couvert, plus fera le couvert porté de poutres, chevrons et aix en bois de sapin ; plus une porte au fond de l'église de pierre de taille de hauteur de 10 pans et 6 de largeur faite en rond et sur la porte une lune, façon de celle des Bénédictins ; ...... élèvera les murailles du clocher de 2 cannes de plus qu'il est obligé par le contrat passé avec les consuls le 27 juillet dernier ;.... plus voûtera le dessus de la maison-de-ville voûté en auvent et y fera un passage et degré pour monter à la maison-de-ville et clocher, et au milieu du porche se fera au dessous de la voûte une porte comme celle de l'égl. des Bénédictins et dans le porche un escalier pour monter au clocher ;........ construira joignant led. porche et maison-de-ville et non au dessus de la sacristie comme il était obligé, et finalement sera tenu enduire et blanchir le dedans de l'église et fournira toutes sortes de matériaux, charroy, manœuvre ; ..... toutes sortes de dépouilles lui appartiendront ; moyennant 3884 liv., l'ouvrage devant être fait en 3 années.... Le prix sera payé, savoir par la communauté 1721 liv. pour le charroy, manœuvre, pavé de la nef et haussement de 2 cannes du clocher, porche et chapelle des fonts baptismaux que la comm^{té} est obligée de fournir et faire un 6e de six mois en six mois et par avance. Et pour la somme restante de 2163 liv., le promoteur s'oblige de la lui faire payer un 6e chaque fois, savoir par Mgr l'Évêque 113 liv. par M. Izarn, vic.-perp. 758 liv. qu'il donne gratuitement, plus 465 liv. de l'honoraire des services des chapelles provenant 231 liv. des chapelles de Ste Anne et de St Blaise que les Rév. Pères ont accoutumé de prendre des marguilliers de ces chapelles, durant trois années...., et l'honoraire de deux carêmes que l'Évêque donne....; et le restant qui se monte à 827 liv. sera pris de 4 particuliers hab. de Saint-Chinian à qui l'on donnera droit de chapelle dans cette église jusqu'à la concurrence des 827 livres..............

XIV

Ann. 1681. — Quittance du prix d'achat du chateau de Saint-Chinian.

L'an 1681 et le 22 août, dans la ville de Béziers..... par dev^t moy not. roy. et témoins... fut présente la dame Fraissinet de Vessas, veuve de nob. Charles de Feynes..... et procuratrice de J^n B^{te} de Feynes son fils, escuyer de Sa Majesté en sa grande Escurie, laquelle de gré et volonté, après avoir leu, etc. la quittance faite par dam^{lle} Anne de Romière à m^{re} Jean Geoffre, ...baîle du lieu de Pierrerue, le 19 du courant,...de la somme de 1375 liv. cédée par elle à lad. de Romière à prendre sur ledit Geoffre et Mgr de Saint-Pons,...... l'a approuvée et ratifiée. — Et au surplus led. Geoffre a payé la somme de 4250 liv. que led. seign^r évêque lui devait encore du reste du prix du château, parc et autres biens à lui vendus..............

XV

Ann. 1703. — Plan des fortifications de Saint-Chinian fait par Mgr de Montgaillard.

(*Délibérations communales.* — *Hist. de la ville, p. 179.*)

XVI

Ann. 1713. — Sépulture de Mgr de Montgaillard.

(*Registres paroissiaux de Saint-Chinian.*)

L'an 1713 et le 15 mars a été enterré dans notre cimetière dans un tombeau voûté de pierre au pied de la Croix,... Illustrissime et Réverendissime Père en Dieu messire Jean François Percin de

Montgaillard, Évêque depuis 49 ans de Saint-Pons, qui s'y était laissé par son testament, mort le 13 âgé de 80 ans, après avoir reçu les sacrements avec édification, ayant laissé les hôpitaux de Saint-Pons et de La Salvetat ses héritiers, présents les s^{rs} Jean Roux, prêt. second^{re} de St Chinian, et Jean Olivier Pradal, docteur en médecine. — Signés Roux, Pradal, Pradal curé.

XVII

Ann. 1713. — Testament de Mgr de Montgaillard.

Après avoir adoré la T. S. Trinité, Père, Fils et Saint-Esprit, je mets ma confiance dans les mérites infinis de N. S., etc.

Je veux être enterré au pied de la croix du cimetière de la paroisse où je mourrai. Je défends toute oraison funèbre et toute dépense qui excède celle que l'on fait ordinairement pour un prêtre.

Je donne à M. Abadie, précenteur, qui sert le diocèse depuis trente ans, à présent promoteur, 300 liv. de pension viagère.

Je prie M. Paris de défendre mon hérédité dans les procès qui m'ont été intentés par le chapitre ou par le théologal de mon église et je lui donne à cet effet une pension viagère de 150 liv. moyennant laquelle somme il ne demandera point de rétribution aux pauvres mes héritiers, mais il se contentera du simple déboursé. Et ces deux pensions se prendront sur les revenus des charges de maire et de lieutenant de maire de Saint-Pons, en la manière qui sera réglée ci-après ou, au défaut de ce fonds, sur le plus liquide de mon hérédité.

Je donne à Crême mon ancien domestique et à tous mes autres domestiques qui se trouveront à mon service le jour de ma mort une année entière de leurs gages...; je donne à Castillon qui a été longtemps à mon service 12 sestiers seigle par an sa vie durant.

J'ai acheté la maison que j'ai à St Chinian dans le dessein de l'unir à l'Évêché; je la donne à mon successeur tant pour lui que pour ceux qui lui succèderont à l'évêché, laissant néanmoins à M. de Champlain, gentilhomme de Beauce qui s'est retiré dans une petite maison au milieu du parc, la jouissance de cette petite maison, de toutes les terres du parc et autres que je possède à St Chinian ; et, au cas que led. Mr Champlain veuille quitter la maison, mes héritiers lui payeront 5,420 liv. que je lui dois. Et comme en unissant mad. maison de St Chinian à l'Évêché de Saint-Pons, mon intention n'a pas été d'en augmenter les revenus, je veux que lorsque mes successeurs viendront à jouir de tout le parc, soit par la mort de M. de Champlain, soit parce qu'il se sera voulu retirer, ils donnent tous les ans 200 liv. de rente à mes héritiers bas-nommés.

Je charge Mr de Marimond, mon grand-vicaire et l'un de mes exécuteurs testamentaires, d'aller visiter après mon décès tous les bénéfices où je suis fruits-prenant et d'y faire aux dépens de ma succession toutes les réparations qu'il jugera absolument nécessaires, tant aux bâtiments dépendants de l'évêché qu'aux églises, et qu'il y fournisse les ornements. Et au cas que le s^r de Marimond ou par maladie ou autrement ne fût pas en état de faire cette visite et les réparations, je nomme M. Paris, curé d'Olargue, pour le faire à sa place.

J'ajoute aux conditions apportées à la donation de la maison et jardin de St Chinian que mon successeur tiendra quittes mes héritiers de toutes les réparations auxquelles il pourrait croire que je suis obligé pour les églises, maisons et autres bâtiments dépendants dud. évêché, et j'espère qu'il ne fera pas difficulté s'il veut bien considérer que j'ai réédifié presque tout l'évêché, fait bâtir plusieurs églises, fait le rebail à gros frais du fief de Villeneuve et de quelque bien à La Salvetat et payé les taxes pour le rachat des moulins, fours et autres biens de La Salvetat et Riols, afin que mes successeurs puissent les recouvrer quand il leur plaira. Que si nonobstant tout cela, mon successeur attaque mes héritiers sous prétexte des réparations des églises, etc., je veux que ad. maison de St Chinian soit vendue pour le prix en être employé au payement des 5400 liv. dues à M. de Champlain et aux susd. réparations, et le surplus être placé en rente et le revenu être distribué par égales portions aux deux hôpitaux de Saint-Pons et de La Salvetat mes héritiers.

J'ai acheté toutes les charges de maire et de lieutenant de maire à Saint-Pons..

Quant au surplus desd. charges, je veux qu'il soit pris tous les ans : 1° la somme de 300 liv. pour les deux pensions (Abadie et Paris) ; en 2° lieu la somme de 1000 liv. pour servir à fonder un collège des Pères de la Doctrine Chrétienne dans la ville de Saint-Pons, et ce qu'il restera, s'il manque quelque fonds, pour achever la réédification du chœur de l'église cathédrale que j'ai entièrement à cœur. Je souhaite que le reste soit employé pour achever de bâtir les logements qui doivent être au dessus du cloître et servir à loger les prêtres du bas chœur, et après que ces édifices auront été achevés ou même auparavant, si les restes des revenus des charges n'étaient pas nécessaires..., ils appartiendront à mes héritiers.

(Dans l'espoir de mettre fin au procès qu'il a avec le chapitre, l'évêque lui lègue sa chapelle, son calice, sa croix pastorale, son ornement noir brodé d'argent, etc.).

Je donne à l'hôpital de St-Chinian les champs qui sont entre le moulin et la maison de Mr Roussel, endroit appelé le pontil de l'hermite, quitte de l'albergue d'entrée à l'abbaye, laquelle je veux que les possesseurs de la maison payent entièrement à la condition que led. hôpital ne pourra les vendre, ny engager, ny dénaturer le revenu, mais il pourra les diviser et alberguer.... et, en cas qu'on n'exécute pas notre volonté, nous transférons le don des champs à l'hôpital de Saint-Pons.

Je donne la maison que j'ai achetée à Maurel qui sert à présent de maison de refuge.., ou pour les invalides ou pour les filles de la Providence, selon la destination que fera mon successeur.

(Suivent divers legs, remise de dettes à tous ses débiteurs, le legs du tableau de la Cène à lui donné par l'évêque de.......... qu'il donne à son tour à M. de Parotier, 1er président à la Cour de Toulouse, le don de sa bibliothèque à M. de Miramond et des portraits de famille à l'abbé de Montgaillard, archidiaire de Saint-Pons, son neveu.)

Et comme il n'y a pas de testament sans héritier, je nomme mes héritiers les deux hôpitaux de Saint-Pons et de La Salvetat pour partager également entr'eux tous mes biens, noms et actions, à la charge d'acquitter tous les legs......

A Saint-Chinian, le 28 fév. 1713, le présent testament a été écrit d'une main étrangère sur six pages.... lesquelles seront signées de ma main **Pierre Jean François de Montgaillard, évêque de Saint-Pons.**

XVIII

Ann. 1754. — Lettres-Patentes données par le Roi en faveur des Filles de La Croix de St-Chinian.

Louis, par la grâce de Dieu, Roy de France et de Navarre...... Nos amées les Filles de la Congrég. de La Croix de Narbonne nous ont fait savoir qu'en l'année 1742 le feu s^r d'Anthelmy, évêque de Grasse, abbé de Saint-Chinian..., voulant procurer aux filles de lad. ville de Saint-Chinian les instructions convenables et une éducation chrétienne, désira qu'on détachât deux d'entr'elles pour l'instruction et l'éducation des jeunes filles... dont le nombre a considérablement augmenté depuis l'établissement des manufactures pour le Levant;..... que par acte du 18 juillet 1746 elles s'obligèrent de fournir une troisième sœur.... moyennant la somme de 9500 liv. constituée en rente perpétuelle par l'Évêque de Grasse; mais que, ne pouvant se loger dans la maison et jardin légués par le s^r Daniel Geoffre par son testament du 5 mars 1711, elles ont loué une maison d'un particulier; et comme cette maison a été saisie, elles sont à la veille d'être dépossédées.... Et comme cet établissement est très utile pour la ville... et pour le surplus du diocèse, où il n'y a pas de couvent de religieuses et où il y a une infinité de religionnaires dont les Sœurs pourront élever les filles dans la religion catholique, apost. et romaine, ...ce qui leur serait impossible si elles n'avaient un logement assez spacieux ; ....qu'enfin cet établissement ne pourrait subsister si elles n'étaient autorisées à vendre la maison et jardin légués et en acquérir un autre...; mais, comme par notre édit d'août 1749 il est défendu aux gens de main-morte d'acquérir aucun immeuble ou rente sans avoir obtenu nos Lettres-Patentes de permission, elles nous ont très-humblement supplié d'autoriser leur établissement et leur permettre de vendre lad. maison et jardin légués. — A ces causes, ... nous leur permettons de vendre la maison et jardin... pour le produit être employé à l'acquisition d'une autre maison convenable. Sy donnons en mandement à nos amés et féaux conseillers les gens tenant notre cour de parlement de Toulouse.. qu'ils aient à faire enregistrer ces présentes, etc.

Donné à Fontainebleau, au mois d'octobre 1754, de notre règne le 40ᵉ. Louis. Par le Roy Phelippeaux. — Enregistré..., le 18 mars 1755. Carrière cadet greffier.

N. B. — Nous avons dit par erreur, p. 197, que la maison Geoffre dont il s'agit était celle du bout du Pont. Elle se trouvait à la rue Droite ou de Turenne, séparée de la maison Bosquat par une maison appartenant à l'hôpital depuis 1740 par don de Jean de Geoffre. La maison fut vendue à Cassan, le 7 avril 1756, pour 2,000 livres qu'encaissa la sœur Boyer. D'après le plan de la ville, ce serait l'habitation occupée dans ce siècle par Jean Delouvrier et sa famille.

XIX

Ann. 1764. — Lettre de l'abbé Larboust aux consuls de Saint-Chinian.

(Arch. du Presbytère.)

Versailles, 12 août 1764 : J'ai reçu hier au soir, Messieurs, en arrivant de mon abbaye de Dreuil, la lettre que vous m'avez écrite au sujet des visites que veut exiger de vous Mgʳ l'Évêque de Saint-Pons. Je ne puis qu'être très-sensible à l'intérêt que vous mettez à soutenir mes droits en qualité de votre seigneur. Il n'est pas douteux qu'il est de l'honneur et de l'avantage des consuls et habitants... de maintenir et conserver leur seigneur dans tous ses droits et prérogatives : cela rejaillit autant sur eux que sur lui. L'élévation d'une communauté dépend de celle qu'elle donne à son seigneur, et il est flatteur pour vous, Messieurs, d'avoir signalé votre consulat de la manière dont vous l'avez fait jusqu'à maintenant par votre bonne conduite.

Mais, en vous exhortant à vous conduire de même, j'ai à vous demander, Messieurs, sans porter préjudice à nos droits, de vous relâcher de la délibération que vous avez prise, et d'aller voir, en corps et en chaperon, dans les occasions, Mgʳ l'Évêque.... ; vous savez aussi bien que moi les respects et les égards que nous devons tous à sa personne.

En conséquence je désire fort et vous exhorte de prendre une autre délibération dans laquelle vous insérerez que c'est pour condescendre à la demande que je vous fais et non pour donner un titre dans la suite contre les consuls à Messeigneurs les Évêques que vous consentez à leur rendre hommage dans les occasions.

Quant à la surcharge de votre capitation, je lui écris en conséquence et j'espère qu'il condescendra à ma demande. S'il n'y avait pas égard, vous pourrez m'envoyer vos représentations pour M. le Contrôleur-général ; je les appuyerai. Je mande à M. Fourcade le plan sur lequel il faut qu'elles soient faites et je le charge de vous dire le désir que j'ay de vous être utile. Je suis, etc.

XX

Ann. 1769. — Sépulture de Mgr de Guénet.

(Reg. paroissiaux de Saint-Chinian.)

« L'an 1769 et le 26 août, est mort, à 4 heures et 1/2 du matin... l'Illustrissime et Révérendissime Paul Alexandre de Guénet, Évêque et seigneur de Saint-Pons, dans la 88° année de son âge, et a été enterré dans le cimetière de notre paroisse, le 27. — Présents MM. P. François Roque prêtre et Symphorian Gondard ecclésiastique, qui ont signé avec nous et plusieurs autres ecclésiastiques. G. Massot vicaire, Jaissoty prêt., Roque prêt., Gondard ecclésq[ue], et Massip curé signés. »

La *France Pontif.* dit que Mgr de Guénet fut inhumé dans sa cathédrale, le 3 septembre 1769. — L'absence de tombeau affecté à cet Évêque dans notre cimetière nous aide à croire que les restes du prélat ensevelis à Saint-Chinian, le 27 septembre, furent ensuite exhumés et portés à Saint-Pons.

XXI

Ann. 1780. — Mariage de Paul... Tarbouriech de Campredon, seigneur d'Assignan, et de Françoise de Niocel.

(Registres paroissiaux.)

..... Messire Paul Joseph Désiré Samuel Amable Ignace Bienvenu Tarbouriech de Campredon, seigneur d'Assignan, avocat en parlement, habit. de Saint-Chinian, fils mineur de feu mess. J[h] Louis

... et de dame M⁰ Madeleine Massip,... et d^lle Françoise Léonie de Niocel..., pensionnaire au couvent des relig^ses de Ste-Ursule, paroisse de la Daurade, à Toulouse, fille de feu noble François... seign. de Tégra et autres lieux et de dame Me Antoinette de Caussade, de la paroisse de Saint-Étienne.....; nous soussigné, curé de Saint-Chinian, du consentem^t de M. Bernadet, curé de St-Étienne.., aujourd'huy 18 X^bre 1780, les avons conjoints en vrai et légitime mariage, etc...; témoins messire Marthe Louis de Niocel de Caussade, baron de Tégra, Messire Jacques Niocel de Tégra, frères de l'épouse,.. Jean Gabriel de Cassaignan de St Félix, seign^r d'Andars, chev. de s^t Louis et Pierre Louis de Lama, seign^r de Garidech et autres lieux..........

(Extrait des registres de l'église métropolitaine de St-Étienne de Toulouse.)

XXII

Ann. 1781. — Acquisition du couvent des Récollets pour y faire un hôpital et une paroisse.

(Délibération des consuls du 21 7bre.)

« Le maire Andral a dit que la comm^té a toujours désiré le bien de l'hôpital et sa translation dans le couvent ci-dev^t occupé par les Récollets; que Mgr de Bruyère Chalabre donna au nom de la commun^té une requête au Roy en son conseil, sur laquelle fut rendu un arrêt revêtu de Lettres-Patentes de S. M., le 19 avril 1780, qui ordonne que led. hôpital sera transféré et permet l'acquisition dud. couvent...., à la charge que l'église sera réservée pour l'usage des hab. du quartier, moyennant une redevance..., Sa Grandeur préjugeant la nécessité d'ériger une cure dans lad. église...; que les Lettres et l'Arrêt, après avoir été signifiés à M. l'Abbé, seigneur haut-justicier et directe, au syndic des Bénédictins et à la communauté, il fut rendu arrêt, le 19 avril suivant, qui ordonna l'enregistrement en la cour de Parlement.....; qu'il est nécessaire de faire avec les députés administrateurs de l'hôpital les conventions sur l'achat de l'église......

Sur quoy il a été délibéré...; et se sont rendus noble Martin et sieur Jean Bermond de Canimals.., lesquels ont décidé de remettre à la communauté l'église et le clocher, ... ensemble un local pour la sacristie, moyennant la rente albergue annuelle et perpétuelle de 150 livres ..., sur laquelle offre il a été délibéré que la somme de 3,000 liv. formant le capital de lad. rente, pourra être éteinte..., quand la communauté le jugera à propos...; la comm{té} se réserve de répéter et se faire rembourser par les décimateurs le prix du chœur et emplacement de la sacristie.

XXIII

Ann. 1785. — Mariage du sieur Melchior de Margarit et de la demoiselle Jeanne de Bruyère-Chalabre célébré, le 30 mai, par Mgr de Chalabre, a Saint-Chinian.

(*Registres paroissiaux.*)

Vu la dispense de la publication d'un ban dans l'égl. de St Jean... de Perpignan.... et dans l'égl. de Chalabre;....vu le bulle de N. S. Père le Pape... portant dispense d'un empêchem{t} du 2 au 3e degré de parenté...., Nous Louis-Henry de Bruyère-Chalabre,..... Évêque de Saint-Pons, conseiller du roy, avons marié et départi la bénéd. nuptiale à très-haut, etc., Monseign{r} Melchior Louis Xavier Geneviève de Margarit et Bieure de Crouylles et Santapan, comte d'Aguillard, cap. de cavalerie au régim{t} royal de Pologne, fils....... de P. F. Ignace de Margarit, etc., chev. de Saint Louis et honoraire de l'ordre de Malte, marquis d'Aguillard, comte de Montagut, Castelfollet et Mosset.... et de feue ... Jeanne Hippolyte Rose de Margarit, etc , née marquise d'Aguillard, etc., de la ville de Perpignan — et à très-haute damoiselle Jeanne Élisabeth-Fortunée de Bruyère-Chalabre fille de....... François Jean de Bruyère, marquis de Chalabre....., baron de La Pomarède, en Lauraguais, capitaine de 50 hommes d'armes des ordonnances du Roy, gouverneur-né de son château de Chalabre, et de très-haute.... dame Louise Françoise Élisabeth Bon, marquise de Chalabre, de la paroisse de Chalabre, diocèse de Mirepoix, après avoir reçu le mutuel consentement..., dans l'égl. abbat{le} de Saint-Chinian....., en présence des parents... et de messire J{n} Ant{e} du Treil de Pardailhan, archidiacre de notre église cathédrale et l'un de nos vic. gén., et de messire Paul Benaben, promoteur de ce diocèse, et messire Paul Massip, curé de la paroisse de cette ville, et de Bonnel, 1er vicaire..., témoins requis et qui ont signé avec nous.

L. H. de Bruyère-Chalabre év. de Saint-Pons. — Le comte d'Aguillard. — Bruyère-Chalabre C^{sse} d'Aguillard. — Le marquis de Bruyère-Chalabre. — Le marquis d'Aguillard. — Bon marquise de Chalabre. — Le comte de Brettes de Thury. — Du Puy de Belvèze. — Saint-Martin. — L'abbé de Bon, Treil de Pard., etc.

XXIV

ANN. 1789. — VŒU DU CONSEIL POLITIQUE EN FAVEUR DE L'ENTRÉE DES CONSULS AUX ÉTATS ET A L'ASSIETTE DIOCÉSAINE.

Il est rapporté dans le corps de l'ouvrage, page 217.

XXV

ANN. 1791. — RÉTRACTATION DE LA PROMESSE DU SERMENT A LA CONSTITUTION CIVILE DU CLERGÉ FAITE PAR LE VICAIRE AMIEL.

(*Délib. consulaires.*)

Je soussigné déclare à MM. les Officiers municipaux..... qu'en souscrivant le 14 du présent mois ma soumission d'obéissance au décret du 27 décembre, à l'effet de prêter le serment exigé de tous les fonctionnaires publics, j'avais entendu, conformément à mes principes, au vœu de mon cœur et au témoignage de ma conscience, rendre à César ce que je dois à César, en protestant solennellement de ma fidélité et de ma soumission la plus parfaite à la nouvelle constitution décrétée par l'Assemblée Nationale et acceptée par le Roy, mais sans préjudice de rendre à Dieu ce que je dois à Dieu, en réservant dans mon serment la même soumission et la même fidélité à la puissance spirituelle dans tout ce qui est de son ressort. Mais aujourd'huy voyant l'impossibilité de faire agréer ces restrictions, vu le nouveau décret du 4 janvier dernier que M. le Maire nous a fait communiquer pour être lu au prône, j'ai cru qu'il était de mon devoir de consigner une manifestation expresse de mes sentiments. En conséquence, je déclare que, regardant un serment comme un acte religieux et sacré qui met le dernier sceau aux obligations qui en sont l'objet par un caractère toujours significatif et imprescriptible, je ne pourrais que trahir ma conscience en prêtant purement et simplement celui qui est exigé, je proteste cependant que c'est avec la plus vive douleur que je me vois obligé de désobéir à la loy et qu'elle me trouvera toujours disposé à prendre Dieu à témoin de la vérité et de la sincérité de mes dispositions extérieures en jurant solennellement de veiller avec soin sur les fidèles qui me seront confiés par l'Église, d'être fidèle à la Nation, à la Loy et au Roy dans tout ce qui tient à l'ordre civil et politique, réservant et exceptant formellement tout ce qui est du ressort de la puissance spirituelle. A Saint-Chinian, le 12 fév. 1791. Amiel prêt. vicaire.

XXVI

Ann. 1793. — Procès-verbal de l'assassinat de cinq prêtres d'Alby commis a Saint-Chinian le 9 mai.

(*Délib. consulaires.*)

Ce jourd'huy, 10 mai 1793, l'an II de la R. F., environ 10 heures du matin, le Conseil général de la Commune assemblé en permanence, profondément affligé de l'événement malheureux qui s'est passé hier dans notre maison commune et qui a été cause qu'il a été dispersé et n'a pa se réunir que ce matin, a délibéré de relater dans un procès-verbal ce qui s'est passé.

Il a été dit qu'hier, neuvième du mois, environ deux heures après midi, une voiture à deux roues, attelée de deux chevaux, passant devant le corps-de-garde, fut arrêtée par la sentinelle ; le voiturier exhiba un passeport qui fut porté à la maison commune... ; ledit voiturier avait déclaré qu'il menait des voyageurs qui avaient pris les devants ; mais sur ce qui fut dit au corps de-garde qu'il y avait des réfractaires, quelques citoyens furent à leur poursuite et les ayant rencontrés sur la grande route qui va à Béziers, à environ 200 toises de la ville, l'un de ces citoy., caporal de garde, dit aux cinq voyageurs qu'on avait arrêté leur voiture et qu'il fallait qu'ils se rendissent à la maison commune pour exhiber leurs passeports..; ils répondirent qu'ils allaient s'y rendre....; ils furent conduits dans la maison commune, et dans le temps que la municipalité était occupée à examiner les passeports, on envoya les voyageurs au corps-de-garde et on les y consigna... La salle du Conseil se remplit successivement de gardes nationaux étrangers qui étaient arrivés dans le jour et étaient armés de fusils et de sabres; parmi eux il y avait aussi plusieurs citoyens de la ville.

Cependant la foule s'accrut, tant dans la maison commune que sur la place; on demandait que les effets qui étaient dans la voiture fussent vérifiés; le procureur de la commune accompagné de deux off. municipaux se transportèrent chez Foux, aubergiste, où la voiture était remisée pour faire transporter les effets à la maison commune; ils étaient aussi accompagnés de l'un des voyageurs, de beaucoup de gardes nationaux étrangers armés de leurs fusils et d'une foule d'hommes et de femmes, citoy. de la ville. Dans le temps qu'on transportait les valises, toujours avec la même escorte, on lança une pierre sur la tête du voyageur qui accompagnait la municipalité. Cette pierre lancée, dit-on, par un garde national étranger blessa le voyageur dangereusement pour qu'il en résultât un épanchement de sang. Pendant ce temps, un citoyen vint avertir la municip^{té} que si on laissait plus longtemps les voyageurs au corps-de-garde, ils courraient risque d'être assassinés. La municipalité se transporta au corps-de-garde et emmena les voyageurs pour les mettre en sûreté dans la salle du Conseil. La foule qui suivait était si considérable qu'il fut impossible d'en empêcher une partie d'entrer dans lad. salle malgré la garde qu'on av. placée à la porte. Un instant après, les cit. qui av. été prendre les valises entrèrent avec le cinquième voyageur. Un off. municipal, s'apercevant que ce dernier était ensanglanté, harangua le peuple pour l'engager à être calme, à ne pas se porter à des excès, en lui observant que les détenus étaient sous la protection de la Loi et qu'il fallait attendre qu'elle prononçât sur leur sort; il dit en même temps aux agents militaires conducteurs des militaires étrangers qu'ils fissent des perquisitions pour connaître celui qui avait blessé le voyageur et le punir.

Les conducteurs promirent de faire tout ce qui était en leur pouvoir.... Cependant la foule faisait tous ses efforts pour forcer la garde qui était à la porte de la salle ; les mun^x engagèrent, au contraire, les citoy. et volontaires qui étaient dans la salle à se retirer afin de laisser à la mun^té, toute la liberté dont elle av. besoin, tant pour la vérification des valises que pour interroger les détenus et dresser procès-verbal ; mais les efforts de la mun^té furent inutiles : elle luttait en vain contre la foule qui voulait entrer.

Plusieurs off. municipaux et plusieurs notables qui étaient accourus se répandirent parmi la foule assemblée dans le vestibule, sur la place et dans l'antichambre du conseil, et tâchaient de persuader aux volontaires étrangers et aux autres citoy. qu'il n'était pas permis de se faire justice à soi-même...., mais tous les efforts étaient inutiles ; des vociférations multipliées demandaient la tête des détenus. La mun^té, qui se trouve dépourvue d'armes parce que les commissaires des départements délégués par le cit. Rouger, représentant du peuple, l'ont requise de remettre aux volontaires qui partaient pour l'armée toutes les armes qui étaient en son pouvoir, n'a pas pu requérir la force armée qui lui était nécessaire pour contenir et arrêter l'insurrection, et malgré tous les efforts qu'elle fit pendant quatre heures, la foule étant entrée dans la salle, un grand nombre de volontaires étrangers se sont jetés sur les cinq prisonniers et les ont percés de coups de sabres et de bayonnettes.

Le cit. François Sidobre, off. mun., ayant voulu parer les coups que l'on portait aux détenus, faillit être percé d'un coup de sabre qu'il n'a évité qu'en se renversant par terre ; le procureur de la commune qui voulait parer aussi un coup de sabre que l'on portait à l'un des prisonniers, fut atteint de la poignée dans le dos de la main ; enfin, le maire et autres municipaux faisant des efforts inutiles furent enlevés par des cit. de la ville pour les soustraire aux dangers dont ils étaient menacés. Rien ne put arrêter l'exaltation de ceux qui se portèrent aux derniers excès. Après leur mort, les prisonniers furent spoliés entièrement, leurs effets pillés et leurs corps jetés nus par les fenêtres dans la rue au devant de la place publique, où ils sont restés jusqu'à ce matin huit heures après le départ de toutes les divisions des volontaires étrangers. On a été obligé d'attendre ce moment de calme pour les enlever et les faire enterrer. Le Conseil est obligé de rendre justice aux conducteurs.... qui ont fait tous leurs efforts pour faire retirer leurs soldats dont un grand nombre obéit à leur réquisition. Il a été impossible de pouvoir désigner les fauteurs de ce malheureux événement, parce qu'on ne put signaler les étrangers qui n'étaient dans la ville que depuis quelques heures. Les informations, s'il y en a, pourront donner des éclaircissements qui ne sont pas au pouvoir de la munté ; elle ne peut que consigner ses regrets de n'avoir pu s'opposer à l'attentat......

Il a été délibéré qu'on consignerait dans le présent verbal quatre passeports délivrés par la municipalité d'Alby, visés par le Directoire et District et enfin par la municipalité de Saint-Pons, les 5, 7 et 8 mai courant, portant les noms de François Alric prêt. ci-dev^t dominicain, domicilié à Alby, Gaspard Vézian prêt. natif d'Alby, Ant. Boyer prêt. domicilié aud. Alby, natif de cette ville, Jean Jacques Farsac prêt. dom^{lié} aud. Alby. Le nom du 5e voyageur, dont le passeport est égaré, est Simon Ange Nadau.

J. Tarbouriech maire, Albert off. mun^{al}, Sidobre off.-mun^{al}, Decor off. mun^{al}, Babeau off. mun^{al}, Gondard off.-mun^{al}, Courbil proc. de la commune, J. Verdier fils, Babeau, J. Berlan, Bourdel, Gache, Martin, Valmegère, Bermond, Falcou, Flotte fils, Delassus, Fourcade, Vernazobres, Tricou fils, notabl^{es}.

—L'an 1793, le 15 mai..., deux heures de l'après-midi, la munté en permanence a été prévenue que le Commissaire de guerre de l'armée biterroise.... était arrivé devant la porte de la maison commune ; le maire s'est détaché et est allé le prendre. Etant entré, le Commissaire.... a témoigné toute l'horreur que lui avait inspiré l'attentat..., avec promesse... de punir sévèrement les coupables..., et a dit que les volontaires arrêtés à raison de l'assassinat ....av. dénoncé un gendarme de Saint-Chinian pour avoir pris part sinon à l'assassinat, du moins au pillage et avoir même donné des conseils violents.......... On a annoncé que le détachement de la cavalerie et de l'infanterie de la garde nationale de Béziers qui conduisait les volontaires arrêtés était aux portes de la ville. Le Commissaire suivi de tout le conseil s'est transporté au devant....................................

Le Commissaire, s'adressant à tous les citoyens assemblés, leur a dit qu'un grand attentat av. été commis....., que les magistrats du peuple av. été méconnus..., et que la Loi ferait un exemple mémorable; mais que plusieurs habitants de Saint-Chinian av. bien des reproches à se faire par les conseils violents qu'ils s'étaient permis ; après quoi il a ordonné que les prévenus au nombre de trente-un fussent conduits dans les prisons...., et de suite a demandé que la séance fût renvoyée à 5 heures pour la remise des effets trouvés sur les détenus...., à laquelle assistera le juge de paix pour recevoir les réquisitions et les dénonciations, etc.

Ont signé tous les officiers et notables ci-dessus et Lequeulx, Comm^{re} de guerre, et Bousquet, secr. greffier.

XXVII

La municipalité au procureur-général syndic a Montpellier,
le 15 mai 1793.

(Registre des correspondances N° 1, Mairie.)

Citoy., vous avez vu dans notre procès-verbal de la malheureuse affaire du 9 que nous n'avions taxativement désigné personne ; nous avions seulement indiqué que les informations donneraient des éclaircissements sur cet horrible attentat; un motif de prudence nous avait dirigés. Les opérations des communes sont aujourd'hui des actes publics et les registres peuvent être examinés par tous les cit. L'effervescence durait encore dans la ville et fut maintenue par des volontaires qui arrivèrent le même jour et parurent approuver les faits de la veille, ce qui obligea la munip^{té} à ne signaler personne dans le verbal.

Un monstre domicilié dans notre ville et qui donna le signal du carnage aurait été arrêté de notre ordre si nous n'avions craint les suites de cette arrestation. Nous avions un moyen plus sûr de nous en assurer et nous allions écrire en conséquence lorsqu'un comm^{re} du district de St-Pons se transporta dans notre ville le 10 au soir. Nous lui dénonçâmes le nommé Vid... ; nous lui rendîmes compte de l'atrocité de ce malheureux. Il avait été nommé agent militaire conducteur de la division de Riols; il devait partir le lendemain pour prendre au district... les ordres et la route de sa division. Vid.. se rendit au Directoire et ce n'est pas sans étonnement que nous apprîmes hier qu'il n'av. pas été arrêté. Nous avons aussi dénoncé Paul Crest., de notre ville, volontaire de la division de Riols : la punition de ce monstre est une mesure nécessaire, soit parce que le crime l'exige, soit parce que nous avons besoin de cet exemple pour contenir certains cit. qui ne respirent que le meurtre pour se porter à la rapine. Nous ajouterons encore que l'impunité de ces assassins peut être funeste à quelques officiers municipaux qui furent menacés de coups de sabre à l'instant du massacre, comme les assassins ne doutent pas qu'on les a dénoncés ; Vid.. se vante hautement de ses projets homicides.

Nous vous prions de prendre dans votre sagesse tous les moyens possibles pour faire arrêter les coupables, soit dans votre ressort, soit dans les départements voisins. Nous croyons devoir vous prévenir que Paul Crest.. pourrait bien avoir l'audace de se rendre à la division de Riols ; on nous assure que Vid.. a couché ici la nuit dernière et qu'il s'est rendu aujourd'huy chez sa mère à Puisserg..... où il est caché.

XXVIII

Ann. 1803. — Lettre de M. Treil de Pardailhan vicaire-général a M. Massip. 15 Xbre.

Je vous aurais écrit il y a deux courriers, Monsieur, sur le compte des deux prêtres dont vous m'aviés annoncé le retour aux principes qu'ils n'eussent jamais dû abandonner, si je n'avais été empêché....... Je viens aujourd'huy vous dire que puisque ces prêtres préfèrent à la voix du légitime pasteur celle d'un prêtre sans mission qui a besoin comme eux d'instruction et qui n'a pas connu la solide gloire et la vraie satisfaction de contribuer à opérer à une réunion qui est au dessus de toute ambition, je vais les remplacer dans les postes que je leur destinais.

Je vois avec plaisir que vous connaissez enfin les prêtres qui vous entourent....... Pour dom Juin, dispensez-le de venir : donnez-lui l'absolution des censures dans le for extérieur ; renvoyez-le à son confesseur ; renvoyez-le à son poste avec la mission que vous pourrez lui donner de ma part.

Il faudra donc placer M. Andral à l'hôpital. Ce qui me console, c'est qu'il vous sera utile et très-utile. Je ne puis plus rien faire pour votre maison, Monsieur le Curé. Si cette affaire a une mauvaise issue, il faut renoncer à l'évidence. M. le Sous-Préfet est persuadé de la justice de votre cause. Voyez-le à son passage, afin qu'il communique ses bonnes impressions à M. le Préfet.

Vous connaissez mon sincère et respectueux attachement, etc. Treil de Pardailhan, v. g. à Saint-Pons, le 15 X$^{b.}$ 1803.

XXIX

Ann. XII. 10 floréal. — Demande de M. Massip a M. Portalis
relative au presbytère de Saint-Chinian.

(Arch. du Presbytère.)

Cit., Conseiller d'État, le curé de Saint-Chinian... réclame le presbytère attaché à son église, non aliéné ; la municip^{té} s'y oppose par toute sorte de moyens futiles que le Préfet a déclaré inadmissibles, ce dont vous serez convaincu par son acte de délibération même dont copie est ci-jointe.

Le curé fonde sa demande sur l'art. 72 des Articles Organiques du 26 messidor an X qui dit : « Les presbytères et jardins attenants non aliénés seront rendus aux curés et desservants des succursales. » Les off^{ers} mun^x, pour s'autoriser dans leur injuste prétention, disent que leur ancienne maison commune a été vendue, que le presbytère leur convient mieux pour leurs assemblées et pour les séances du juge de paix et qu'ils ont fait des réparations dans la cave pour en faire une prison. Réponse.

En 1776, l'Intendant de Languedoc approuva les plans et devis faits par l'Ingénieur en chef de la province des réparations et augmentations à faire à la maison presbytérale. Elles furent reconnues indispensablement nécessaires pour le logement du curé et celui des vicaires ; en conséquence elles furent ordonnées. Le curé actuel, qui alors en était titulaire, par esprit de bien public et par religion sacrifia une partie de son patrimoine ; il paya de ses propres deniers les 3/4 des réparations. A l'époque de l'abolition du culte, la mun^{té} s'empressa de s'emparer du presbytère et de vendre sur le champ à vil prix prix la maison commune. — Les choses étaient dans cet état quand le culte catholique fut autorisé et rendu public. Alors l'ancien curé, rappelé à ses fonctions dans la même ville, s'adressa à la mun.té et demanda l'exécution de l'art. 72 de la loi sur le rétablissement du culte. Il demanda à être réintégré et mis en possession du presbytère non vendu ; la mun.té lui opposa la vente de la maison commune. L'affaire fut portée devant le préfet du département qui déclara inadmissible la fausse prétention d'aliénation. — Aujourd'hui pour éluder la loi et ne point exécuter l'arrêté du Préfet, elle exagère l'impossibilité où elle est de tenir ses séances ailleurs, ainsi que le juge ses séances, qu'elle a fait construire des prisons à grands frais, qu'enfin le curé est logé dans une maison qui lui appartient en propre et que pour le dédommager elle lui accorde une indemnité de 250 francs.

Le curé pourrait s'en tenir au texte même de la loi et en demander l'exécution, mais..... il répondra qu'il existe dans S. Chin. une maison nationale vacante, belle et vaste, grande et commode, le couvent des Récollets non aliéné ; que la mun.té n'a jamais fait aucune dépense sensible pour la prison.... que le curé est effectivement logé dans une maison qui lui appartient, mais qu'elle est une maison champêtre qui convient à peine au plus simple cultivateur, que la distance qui le sépare de l'égl. paroiss.le lui rend ses fonctions pénibles dans un âge avancé.....; au contraire le presbytère joint l'église même ; il est distribué pour y loger le curé et les prêtres ses coopérateurs pour la desserte de la paroisse, qui est considérable.... L'on peut vous assurer, Citoyen Conseiller d'État, que le peuple ne partage pas l'obstination de la municipalité, etc. C'est pourquoi le curé de Saint-Chinian a recours à votre autorité pour faire exécuter une loi dont le violement paralyse les vues du gouvernement, met les pasteurs dans l'impossibilité de remplir leurs devoirs...., prive les fidèles des secours et consolations qu'ils sont en droit d'attendre...... Salut et fraternité. Robin, prêtre, fondé de pouvoir. Rue du Sépulcre, N° 655. Paris, 10 floréal, an XII (1804).

XXX

Statistique des prêtres du canton de Saint-Chinian après la Révolution, dressée par M. Massip.

Paul Massip, né le 15 mai 1732, curé de Saint-Chinian.
Raymond Affre, vicaire, né le 31 janvier 1764.
Anian Andral, né le 31 janvier 1733, aumônier de l'hôpital.
Laurent Crouzet, né le 16 avril 1765, succursaliste de Cessenon.
Pierre Cros, né le 24 mars 1748, succ^{te} d'Aygues-Vives.
Dom Juin, né le 18 avril 1740, succ^{te} de Cébazan.
Philippe Tarbouriech de Campredon, né le 20 janvier 1755, succ^{te} de Cruzy.
Pierre Gondard, né le 24 avril 1740, succ^{te} d'Assignan.
Symphorian Andral, ex-bénédictin, né le 7 octobre 1761, succ^{te} de Villespassans.
Jean Maissonnier, né le 17 octobre 1754, succ^{te} de Babeau.
François Baumel, né le 15 octobre 1758, succ^{te} de Pierrerue.
Didier Estève, né le 24 mai 1763, succ^{te} d'Agel.
Urbin Bas Cesso, né le 25 mai 1763, succ^{te} de Montouliers.
J^h Louis Pagès, ex-chartreux, prêtre, né le 28 septembre 1758.

Insoumis :

Joseph Martin, né le 14 août 1751.
Pierre Decor — 11 septembre 1752.
Jⁿ J^h Cros — 6 mars 1736.
Antoine Autié (à S^t-Ch.) 16 septembre 1755.

XXXI

Ann. 1806. — Testament de Mr Massip.

Je soussigné Paul Massip, curé de la ville de Saint-Chinian....., Je donne et lègue à la fabrique de mon église ma petite bibliothèque....., de même que le bureau, mais à l'usage exclusif et perpétuel de mes successeurs et de leurs vicaires. Des deux catalogues, l'un restera ès-mains du curé et l'autre sera livré à la fabrique pour faire l'inventaire.... tous les ans ou du moins tous les trois ans, mais je veux qu'il ne soit jamais hors du presbytère aucun livre.... Mes héritiers ne pourront retirer de mon cabinet d'étude aucun livre, tableau, médaille, etc...... Plus je donne à la fabrique tous les vases sacrés en argent qui ont servi à mon usage et qui m'appartiennent, de même que tous les ustensiles utiles au culte, tous ornements, chape, etc., ayant presque tout acheté de mes deniers,..... à l'exception des articles suivants Je donne à l'usage exclusif de mes successeurs ma chasuble précieuse, mon étole pastorale et toutes les autres chasubles et ma chape qui se trouveront dans l'armoire de la sacristie à mon usage...... Je donne... à la fabrique une rente de 50 fr. sur le grand Livre... pour salarier en tout ou en partie le bedeau. Je donne... à ma paroisse une rente annuelle et perpétuelle de 300 fr. sans nulle retenue à prendre sur le fermier locataire perpétuel de la métairie de Jougro, terroir de Saint-Pons et de Riols, que j'ai acquise de M. Gleizes Lablance, de Béziers, lad. somme payable en deux termes égaux à St-Jean et à St-Michel ; et c'est pour salarier un instituteur pour enseigner la langue latine uniquement aux enfants de la paroisse, sans préjudice de ce que led. instituteur pourra retirer de chaque écolier... et même des écoliers étrangers qu'il pourra avoir sans que le nombre entier excède le nombre de *trente*. Cet institut^r sera choisi, destitué et remplacé par les curés mes successeurs avec l'agrément des supérieurs ecclésiastiques, et je les invite, comme il est de leur intérêt et celui des enfants, dans le choix... de cet instituteur de préférer toujours un prêtre ou un digne ecclésiastique ; et c'est sous la seule réserve que cet institut^r sera tenu d'enseigner gratuitement deux enfants qui lui seront présentés par mon héritier et ses successeurs, en lui en demandant d'autres s'il voit, sur sa conscience, que les présentés n'ont nulle disposition pour la langue latine. Mon héritier percevra annuellem^t la rente et la remettra à chaque terme à l'instituteur quand il sera en fonction..., et la gardera à son profit pendant tout le temps qu'il n'y aura pas d'instituteur ou qu'il n'exercera pas sa fonction ; et si, par impossible, cette rente venait à se perdre, mon héritier n'en est pas garant.......

Plus je donne à mes successeurs..... la somme annuelle et perpét. de 60 liv. pour marier dans l'année une ou plusieurs pauvres filles qui se seront sagement comportées.

Si jamais on établit dans notre hôpital des sœurs grises de la Charité, mon héritier sera tenu de donner aux administrateurs la

somme de 1,000 fr.; et si l'œuvre de la Miséricorde se rétablit....,
mes hérit. lui donneront une rente annuelle de 24 fr. (Suivent
quelques legs faits à des personnes qui ont donné leurs soins et
leur service au testateur). Et quant à mes autres biens..., j'institue
pour mon héritier universel Paul-Joseph-Désiré-Samuel-Amable-
Bienvenu Tarbouriech, mon neveu, résidant à Toulouse, pour
en jouir et disposer selon sa volonté en faveur de ses enfants... Je
déclare ici que c'est mon testament olographe... Fait à Saint-
Chinian, le 1er 8b. 1806. Paul Massip.

XXXII

An. 1804. Extrait de *l'Authentique* de la Relique de Saint Félicien, martyr, remise a l'Église de Saint-Pons de Thomières par la famille Blanc, de Saint-Chinian, qui en fut dépositaire pendant les jours de la Révolution.

(*Papiers de la famille Blanc.*)

« Nous, Antoine Treil de Pardaillan, vic.-gén^{al} de Mgr l'Évêque de Montpellier, déclarons et certifions que dans une assemblée solennelle, tenue le 28 juin de la présente année.... pour procéder à l'ouverture d'une caisse renfermant le corps de St Félicien, martyr, envoyé par le Pape Benoît XIV à Mgr de Guénet, évêque de Saint-Pons, il a été procédé... à l'ouverture de lad. caisse, et qu'après la reconnaissance des membres du corps du Saint,... nous avons, suivant le pouvoir à nous donné, fait choix du péroné de la jambe gauche pour une destination à laquelle nous ne pouvions nous refuser religieusement, os précieux que nous avons renfermé dans un reliquaire décent et scellé de cinq sceaux, dont nous avons gratifié la famille Blanc, de Saint-Chinian, pour la récompenser du zèle avec lequel elle a conservé, pendant plus de treize ans, la caisse venue de Rome, renfermant le corps de St Félicien, du courage avec lequel elle l'a défendu des attaques des ennemis des Saints et de l'attention avec laquelle elle nous a remis ce dépôt..... Donné à Saint-Pons, le 28 juin 1804, le jour de la tranlation de la châsse de St Félicien dans l'église parois^{le} de cette ville et scellé de notre sceau.

Treil de Pardailhan, vic.-gén. »

XXXIII

PRÉCIS DU RÈGLEMENT SUR LA CHAUSSÉE ET LES EAUX DU VERNAZOUBRES
FAIT LE 15 MAI 1834.
(Arch. de la Mairie.)

ART. I. Les propriétaires d'usines et de terrains qui se servent de la déviation qui amène les eaux... dans la ville de Saint-Chinian, se constituent en association.....

ART. II. Il sera dressé une liste de tous les participants.... pour rester déposée aux arch. de la Mairie..., indiquant la propriété et le revenu net de chacun......

ART. III. La déviation s'étend depuis la chaussée de l'abbé jusqu'au réservoir du moulin de l'abbé.

ART. IV. Les réparations... à faire aux chaussées de l'abbé et de la Rive, aux ponts aqueducs et au béal seront supportées par les participants dans la proportion du revenu des terres et des usines; item pour le recreusement du béal.....

ART. V. Les deux premiers inscrits sur le tableau du Conseil municipal, présidés par le maire, seront les administrateurs-nés ... Ils seront chargés de la surveillance des chaussées, etc. Pour les réparations,... ils dresseront un devis; et ils régleront la part de frais de chaque contribuable.

....

ART. IX. — D'après la sentence de 1465 — Les propriétaires continueront à se servir de l'eau, savoir: pour les jardins, les jours de veille des dimanches et solennités, dès deux heures de l'après-midi jusqu'au soleil couché, et encore tous les mercredis, du point du jour jusqu'à neuf heures du matin ; et pour les prés, depuis le soleil couché desd. jours jusqu'à deux heures de l'après-midi des dimanches et fêtes.

ART. X. D'après la sentence — Chaque propriétaire n'aura qu'une seule prise de quatre pouces de diamètre pour les jardins, et pour les prés d'un pan et demi de largeur, sauf à eux, s'ils ont droit à deux ouvertures, à ne pouvoir jamais prendre l'eau par les deux ouvertures à la fois..... Le seuil des ouvertures sera de douze centimètres et demi au dessus du lit du béal.

Art. XI. — D'après la sentence — Nul ne pourra prendre l'eau à d'autres heures que celles qui sont ci-dessus indiquées... et son heure passée il devra fermer les ouvertures...

Art. XII. Le conseil d'administration fixera annuellement la somme destinée à l'entretien des chaussées..... Cette sentence sera rendue obligatoire par le Préfet.

....

XXXIV

Saint-Chinian (arrondissement de Saint-Pons), à 23 kilom. de Saint-Pons et à 99 de Montpellier, renferme aujourd'hui 2,680 hab. et 3,413 avec Babeau, Bouldoux, Brabet, Campredon, Canimals, Carreaux, Castelbouze, Cauduro, Cazo, la Dournie, Granios, Malivert, le Martinet, Mercadier, la Moureyre, Pierre-morte, Donadieu, le Pourtalet, la Rive, la Sacristie, Saint-Cels, Nazareth, Salavert, Sorteillo et Tudéry. — Son terroir comprend 4,293 hectares 5180 centiares.

Avec le canton dont il est le chef-lieu, Saint-Chinian contient 21.578 hectares 6311 centi., 10,582 âmes, et onze communes formant treize paroisses : St-Chinian, Babeau, Agel, Aigues-vives, Assignan, Cazedarnes, Cébazan, Cessenon, Prades, Cruzy, Montouliers, Pierrerue et Villespassans.

NOTICE
SUR LES
PRINCIPALES FAMILLES DE SAINT-CHINIAN
D'APRÈS NOS DOCUMENTS

NOBLESSE
I
Familles qualifiées nobles

1. ***De Bosquat.*** — Famille remarquée à la Cour des Aydes de Montpellier. — I. Balthasar était consul en 1611 ; il reçut, en 1615, de l'abbé de Réveilles « en arrière-fief, sous l'albergue d'une paire de gants de la valeur de cinq sols, un moulin à drap et un jardin tenant, sis à la Rive » ; frère Louis de Bosquat, sacristain de l'abbaye, lui inféoda, en 1623, au nom de l'abbé du Faure, la maison de la porte de Chirq, près la fontaine d'Alexandre ; en 1628, « dam^{lle} de Savoie, femme du s^r de Bosquat seign^r d'Olivet, fut enterrée dans l'église du monastère ». — II. Jean, fils de Balthasar, épousa la marquise de Las Treulles, fut viguier à Saint-Pons, eut — III. Jean, conseiller à la Cour des Aydes de Montpellier, qui reconnut, en 1688, à l'abbé de La Chevallerie les biens reconnus par Balthasar. — Le moulin du pont de Tailhades appartint à cette maison.

II. ***De Cabrol de Monredon.*** — I. Saint-Clément, fils de Pierre et de Jeanne de Garrigues, parent du moine Cabrol, allié aux de Montarnaud de La Salvetat, épousa, en 1677, Catherine, fille du viguier Guiraud, et fut viguier. Avec le concours de Noguier, il reçut, comme procureur-fondé de l'abbé, les reconnaissances féodales de 1687. En 1703, il fut subdélégué de l'Intendant ; il mourut en 1718. Une grande terre lui fut inféodée dans le terroir des masages pour être convertie en prairies, en 1687. —

II. Saint-Clément, son fils, fut chevalier de l'ordre de Saint-Louis et capitaine au régiment de Gensac ; il mourut en 1730. — III. Joseph, époux Dichéry, fut subdélégué en 1747.

III. De Geoffre. — I. Antoine Geoffre fut enseveli, en 1632, devant la porte de l'église paroissiale. — II. Daniel, viguier, mourut en 1688. — Autre Daniel et Jean, ses fils, firent des reconnaissances, en 1687. Daniel laissa sa maison de la ville pour une école de filles ; Jean anobli fut conseiller du Roi, bailli de Pierrerue, chevalier d'honneur au sénéchal de Béziers ; il avait épousé une demoiselle de Gonet.

IV. De Roussel de Saint-Amans d'Auriac. — I. Estienne, époux Caraguel, à la fin du 17e siècle et au commencement du 18e fit fleurir l'industrie de la draperie. — II. Louis, *escuyer*, conseiller au Parlement de Toulouse, gouverneur de Saint-Chinian, succéda à Estienne ; il avait épousé, en 1696, Jeanne de Cabrol. Il devint acquéreur des seigneuries de Saint-Amans de Valthoret et de La Bastide Saint-Amans ; il mourut en 1733 et fut enseveli dans l'église paroissiale. — III. Étienne, fils de Louis, vendit les deux Saint-Amans à Guillaume Castanier d'Auriac, en 1744. — IV. Pierre-Joseph, *escuyer*, fut gouverneur de Saint-Chinian, en 1766.

V. De Cathelan. — De père en fils les de Cathelan furent conseillers au Parlement de Toulouse ; François fut confirmé dans son titre, en 1616, par Louis XIII ; un des Cathelan fut prisonnier au château de Lourdes. — Jean Louis épousa Marguerite de Roussel de Saint-Amans, en 1720. — De Cathelan de Baumont s'occupait de la draperie à Saint-Chinian, en 1787, ayant succédé aux de Roussel. Il affirma, en 1792, une créance de 18,000 livres sur les biens de la dame Castanier de Poulpry, de Saint-Amans, fille ou nièce de Guillaume Castanier d'Auriac, émigré en Allemagne. L'ancienne maison Hector Flottes a appartenu au sieur de Cathelan, pair de France, dans la première moitié de ce siècle.

VI. De Ladevèze. — Pierre Pol Clair fut capitaine au régiment de Picardie, épousa Madeleine de Portes, fille du baron de Pardailhan (ancienne maison Alphonse Flottes), et fut gouverneur de Saint-Chinian, en 1723. Il eut un fils du nom de Jean-François, en 1713.

VII. **Pailhoux.** — Paul, apothicaire, épousa Élisabeth Delouvrier et eut d'elle, vers 1664, Guy qui fut médecin et épousa une demoiselle Tarbouriech, et — II. Jean Clair. — III. Paul de Cénérolles, époux Andral, capitaine au régiment Lyonnais, fut inspecteur des manufactures de la province, et pour ses services il fut anobli. Il mourut en 1743. — IV. George, fils de Paul, fut reçu à la maîtrise en 1746. — V. Paul, seigneur de Goudrenne et autres places, était conseiller à la Cour des Aydes, en 1790. — Suzanne, fille de César, était mariée à noble Antoine de La Roque, des Verreries de Moussans, en 1679.

VIII. *De Feynes.* — Charles, époux de Vessas, fut attiré dans le pays par son frère Pierre, moine de l'abbaye de Saint-Anian, 1639, et bâtit le château qu'occupèrent les évêques de Saint-Pons. Le frère Pierre y mourut en 1679.

IX. *D'Astruc.* — Pierre fut nommé inspecteur de la jurande de Saint-Chinian, en 1740, par Ory, contrôleur général des Finances, chargé du soin des manufactures. Son acte de sépulture porte : « noble Pierre d'Astruc, scelleur héréditaire en la Chancellerie de Montpellier, inspecteur des manufactures, citoyen de Saint-Chinian ».

X. — Martin des Albières, fils de Jean, épousa, en 1753, Catherine de Campredon dont il eut — II. Guillaume, père de — III. Marie Joseph Alexandre, époux de la dame Ursule de Maintenon, en 1783. — Famille alliée, en 1669, aux Jullien de Pézénas, et dans ce siècle, aux Marréaud de Clermont-l'Hérault.

XI. — Dame de Comeras épousa Antoine Louvrier avant 1772. Antoine descendait du manufacturier dont les travaux furent appréciés par les États, au 18e siècle.

II

Familles qui ont possédé des fiefs nobles hors de Saint-Chinian

I. **Dichéry** aliàs d'*Icher*. — Famille aussi distinguée par son dévouement à l'abbaye que par son ancienneté : Bernard, prêtre, signa la Transaction de 1465 ; N. Dichéry aida le monastère à se relever en 1578 ; Nicolas était capiscol du Couvent en 1592, et Louis ouvrier en 1617.

N. Dichéry semble avoir été la tige de deux branches, celle de Saint-Chinian et celle du Tandon.

La première fut formée par Palamède, qui fit des reconnaissances en 1620, et par Philippe, qui s'allia aux Villebrun, de Roquebrun, famille de laquelle descend M. Villebrun, maire actuel de Saint-Chinian.

Dans la deuxième se sont trouvés le fils ou petit-fils de d'Icher, mari de « Catin de Bernières, femme du s^r du Tandon, ensevelie dans l'église abbatiale et tombeau de Mrs Dichéry, en 1636. » — II. Louis, sieur du Tandon, né en 1630, qui épousa une dem^{elle} de Vic. — III. Charlotte du Tandon, mariée en 1677 au sieur de Pastre du Verger, de Saint-Pons, major de dragons, subdélégué avant 1703. — IV. *Jean*, décédé en bas âge.

Les d'Icher parents ou alliés des Vessas pourraient avoir occupé le Tandon pendant que ces derniers étaient gouverneurs de Cessenon. Pierrerue et le Tandon firent partie de la *Chastellenie* de Cessenon avant qu'elle fût réunie au Domaine. Eustache de Guers, de Castelnau (Pézénas), était seigneur en partie de ces lieux en 1503. Le marquis de Spinola, époux Carrion Nizas, seigneur du Tandon dans le 18e siècle, mit en sa place son fils naturel, de Jougran. Le Tandon fut acquis à la fin du 18e siècle par le s^r Coste, de Béziers, avocat, et se trouve aujourd'hui dans la maison Pélissier-Coste, dudit Béziers.

II. **Tarboriech** ou **Tarbouriech**. — 1. Maison la plus importante de Saint-Chinian ; elle jouit de grands biens, donna des maires et des consuls au pays, des lieutenants à l'armée, des moines à l'abbaye, des avocats au parlement; elle fut alliée à toutes les maisons nobles du lieu. On compte trois branches principales : celle des Masages, celle des sieurs de La Combe et celle de Campredon et d'Assignan.

La dernière, qui domine les autres, nous offre : I. Pierre à qui fut inféodée la métairie de Campredon avec faculté d'élever un pigeonnier, sous l'albergue annuelle de 11 sols et une paire de pigeons, en 1554; — II. Philippe qui fut consul en 1611; — III. Jean et Antoine qui reconnurent à l'abbé du Faure, en 1620 et 28, un moulin à drap et des jardins au pontil de l'Hermite, comme biens nobles, sous l'albergue de 20 sols, et une terre *herme* sise à La Coste du Rocher. — IV. Philippe, héritier de ces derniers, qui reconnut des terres situées à Cauduro, Pousany, La Moureire, Cazo, Saint-Celse, Saint-Laurent, La Dourny, Campredon, et plusieurs maisons dont l'une située entre la rivière et la place près l'église (maison Laurent). — Sa sœur, Madeleine, épouse Pailhoux, séparée de biens, reconnut, en 1687, la métairie de Malivert. — V. Pierre fils de Philippe fut père de — VI. Joseph Louis, lequel fut acquéreur de la seigneurie d'Assignan jouie, au moins depuis 1666, par la famille de noble de Brettes et de Thury, époux de Thézan de Saint-Genyeis. Il épousa Madeleine de Massip et eut d'elle, en 1753, — VII. Paul Joseph Désiré... qui s'unit en mariage, dans l'année 1780, à la noble dem^{lle} de Niocel, de Toulouse, dont il eut : Pierre, Jacques et Joseph, et hérita, en 1812, de M. Massip, curé de Saint-Chinian, son oncle.

III. **Raboul de Grandsaignes.** — I. Pierre, maître marchand drapier, décéda en 1750. — II. Jean, époux Tarbouriech de Campredon, receveur des tailles du diocèse de Saint-Pons, fut longtemps maire de Saint-Chinian et mourut en 1767. — III. Pierre Jean Joseph, fils du précédent, né en 1749, fut père de Sophie Marguerite Madeleine qui épousa le s^r Denis Flottes de Pouzols.

IV. **Flottes de Pouzols.** Famille originaire de Clermont-Lodève qui posséda un fief noble à Pouzols (Gignac); elle fit l'acquisition, vers 1680, de la manufacture royale des Ayres, possédée par le s^r Bermond de Canimals, et donna un grand mouvement au commerce de la draperie jusqu'au milieu du siècle actuel. Du mariage de Denis avec Sophie de Grandsaignes sont nés Alphonse époux de Saint-André, Hector époux de Cesso, et Hélène, ange de piété et de bienfaisance dont la mémoire vit dans les cœurs.

V. *Jullien*, seigneur de Villespassans. — I. Jean époux Boudet, eut Jeanne qui fut mariée, en 1759, à Joseph Gabriel d'Astanières, de Pézénas, fils de Jean Louis et de Gabrielle de Grasset, chevalier de Saint-Louis, et — II. Jean Augustin qui fut curateur de Jean Simon Gabriel, son neveu, interdit ; — Jean était receveur des tailles du diocèse d'Agde ; il acheta la seigneurie de Villespassans. Il habitait la belle maison et le jardin du docteur Sèbe.

III

Familles qui ont possédé des arrière-fiefs nobles dans le pays

Nous avons déjà mentionné les *de Bosquat* comme reconnaissant à l'abbé un moulin et un jardin nobles à la Rive ; — les *Tarboriech* comme possédant un moulin et un jardin nobles au Pontil de l'Hermite et une terre noble à la *Coste* du Rocher. — *Flottes de Pouzols* comme jouissant de la manufacture des Ayres, déclarée en partie bien noble. Il nous reste à nommer : I. Mgr de *Montgaillard* et après lui les évêques de Saint-Pons ses successeurs qui jouirent en arrière-fief des terres et facultés nobles inféodées d'abord au sieur de Feynes. — II. *Jean Bouttes*, époux de Geoffre, qui tenait en arrière-fief noble, en 1687, un moulin foulon à la Rive *(al Moulinas)*, sous l'albergue d'une paire de gants de 5 sols, jadis reconnu par Balthasar de Bosquat. Jean possédait, en outre, une métairie à Las Fayssas avec faculté noble d'une *paissière* pour arroser le pré de La Lauze et servir un moulin projeté (à la font de M. Bouttes). Cette maison est représentée par deux familles dont l'une est propriétaire de l'Hôtel du Grand-Soleil si mouvementé au temps des anciennes messageries. — III. *Mouly*. Famille très ancienne, nombreuse et riche. Il y avait dans l'abbaye, en 1554, un religieux désigné sous le nom de du Moulin. — **Gabriel**, époux de Geoffre, jouissait, en 1687, en arrière-fief noble d'un *ferratjal* reconnu, en 1620, par Anian Bouttes. — IV. **Guiraud**. — 1. Antoine était procureur juridictionnel en 1670. — 2. Pierre était viguier en 1672, et possédait la métairie de La Fourbedarié située à la Combe de *Nostre-Dame* et autres propriétés dont le sʳ de Villeneuve modéra les redevances à quelques sols seulement pour cause de services rendus à l'abbé. — 3. Louis avait une terre noble, la Vignasse, sur le chemin de Cébazan, près les Ayres. — V. **Philippe Viala** eut aussi, en 1687, un ferratjal noble, à La Coste du Rocher.

BOURGEOISIE

I

Familles bourgeoises établies a Saint-Chinian avant 1687.

1. **Massip**. — Les Massip, dont le nom indiquerait une origine Pyrénéenne, (en vieille langue basque *lo massip* veut dire *le petit*), ont occupé soit à Saint-Pons, soit chez nous, un rang considérable, dès le XVIᵉ siècle. — I. N. Massip remplit, dans nos murs, la charge de notaire public de 1557 à 1607. — II. François, époux Montal, était capitaine de compagnie bourgeoise, en 1622. Il reconnut, en 1654, une maison sise près le four banal (de la ville), le Martinet, des terres à la Dourny, à Bel-Soulet, etc. — III. Jean Jacques, époux Fraisse, premier consul, fit les mêmes reconnaissances en 1687. — IV. Jean Jacques, premier consul, fut père, en 1729, de Madeleine qui épousa le sʳ Tarboriech et, en 1732, de Paul qui fut le curé Massip. Cette famille s'est éteinte chez nous, croyons-nous, avec la mère du docteur Sèbe et la dame Peyronnet.

II. **De Noguier**. — 1. Bernard, époux Bouttes, maria sa fille Marguerite, en 1682, au sʳ de Cazis de Lapeyrouse, de Cruzy. —

II. Pierre reçut les reconnaissances de 1687, avec Saint-Clément de Cabrol. Il reconnut lui-même une métairie près Costeherbouze. Il fut juge des Eaux et Forêts.

III. *Aragon*. — I. Antoine était notaire en 1662. — II. Pierre Dominique, notaire, prit les notes des déclarations des reconnaissances de 1687. — III. Autre Aragon était notaire en 1714 ; sa maison se trouvait dans la rue droite de la ville.

IV. *Gizard*. — Il y a eu des notaires de ce nom depuis 1578 jusqu'en 1765. — Anian fit des reconnaissances en 1687. — Joseph était marié, en 1771, à Marie de Saint-Julien, seigneuresse du Puech (dioc. de Lodève).

V. *Granier* ou *Grenier*. — Louis possédait, rue de Bagnesolles, un moulin à drap, un moulin foulon et un moulin à huile qu'il reconnut en 1687, d'après les reconnaissances d'autre Granier faites en 1620.

VI. *Caraguel*. — Famille alliée à celle de Roussel. — Louis et Gabriel reconnurent, en 1687, la moitié d'un foulon, au Saut, et la moitié d'un autre, à Tournefeuille, les autres moitiés des deux foulons appartenant aud. de Roussel. Les Caraguel ont possédé plus tard Granios.

VII. *Fraisse*. — Raymond, riche bourgeois, procureur de l'abbé de La Chevallerie, avait sa maison sur la Barbacane côté du *cers* (couchant), touchant, au nord, à la rivière, avec faculté de construire une tour. Dans sa descendance on trouve des fabricants, un officier, un vieillard passionné pour la poésie patoise. Nous ne saurions oublier que, malgré ses vieux ans, ce dernier fit plusieurs voyages à pied pour nous procurer des documents utiles à notre travail.

VIII. *Roques* et *Rasséguier* reconnurent, en 1687, le moulin à drap du Martinet, confrontant du *cers* Jean Jacques Massip, lequel moulin avait appartenu à François Massip en 1634.

IX. *Fourcade*. — L'importance de cette maison a été déjà relevée. Nous ajouterons qu'elle semble originaire de Cruzy (1672), et qu'au commencement de ce siècle elle a formé trois branches ;

Denis, époux Roque, a eu trois fils : Casimir (né en 1785), Auguste (1786), Victor (1791); il reste de nombreux descendants à Montpellier, Clermont, dans le Tarn, etc.

X. **Andral.** — Jean, droguiste; Antoine, marchand drapier, 1687. — Antoine et Jean notaires, 1753, 1796. Plusieurs prêtres, un receveur du Domaine. Famille alliée aux d'Icher, aux Sabatier-Bousquet; elle possède dans la commune de Villespassans le domaine de Castigno joui autrefois par l'Ordre de Malte.

XI. **Coural.** — Antoine, 1687. Prêtres pieux et zélés, médecins renommés.

XII. **Bousquet.** — François, 1687. Consuls, juges, médecin distingué. M. Just, dernier représentant de cette famille, nous a fait bénéficier des documents historiques qu'il collectionne.

XIII. **Mirepoix.** — Jacques, 1687. Prêtres, notaires, receveurs de l'enregistrement, juges de paix, avocat de renom, officier supérieur de l'armée. — Les familles Carrière, Moustelon, Sauliac se glorifient de leurs alliances avec elle.

XIV. **Delouvrier.** — Jean reconnut en 1687 la maison sise sur le cimetière, reconnue en 1820 par autre Jean, prêtre, et occupée jusqu'au milieu de ce siècle par nos ancêtres paternels. Descendants à Saint-Chinian, Béziers et Paulhan.

XV. Salvagnac de La Servelière, famille venue du Haut Languedoc à l'occasion de la guerre des Albigeois — Decor de Bouldoux possédait Sorteillo en 1687.

XVI. Le livre des reconnaissances fait mention d'une foule d'autres maisons, parmi lesquelles nous aimons à signaler celle de Brabet, escollier, en 1673, celle d'Hérail en 1657, et celles de Lignon, Lavit, David, Guyot, Planès, alliée à la famille Etienne, Chaussony, Cavalier, Calas, Vieu, en 1687.

II

LES FAMILLES DONT LES NOMS SUIVENT SE SONT ÉTABLIES A SAINT-CHINIAN APRÈS 1687

I. **Albert**. George, apothicaire-chirurgien, fils de Jean Honoré, bourgeois de Pépieux (Narbonne), venu dans le pays, en 1700, épousa Marion de Palhoux, fille de Jean Clair et d'Isabeau D'Icher. Ses descendants ont professé la médecine avec éclat. Alliances avec les familles Amat et Ambert.

II. **Sèbe**. — Alexis, étudiant en chirurgie, fils d'Alexis, bourgeois de la Matte (Nages-Castres), épousa en 1771 la demoiselle Join. Famille de médecins tous distingués.

III. **Pagès**. — Maison qui a compté plusieurs pharmaciens et les prêtres honorables dont nous avons déjà parlé.

IV. **Tricou**. — Dominique, originaire de Lodève, inspecteur de la Jurande de Clermont, au 18e siècle. — Gaspard, inspecteur des manufactures de Saint-Pons et de Saint-Chinian. — Son fils, Victor Herménégilde, lui fut adjoint et chargé de surveiller les manufactures de Carcassonne en 1786.

V. **Valentin**. — Denis, fils de Bermond, de Cahors, époux Rataoulpt, s'établit dans le pays en 1666. Au 18e siècle, un procureur juridictionnel. L'orgue de l'église a été tenu, un siècle durant, par cette maison — Patrice, compositeur de musique ; Maximin, député de l'Isère — L'orgue est ensuite échu à Bertrand Darbas, de Saint-Pons.

VI. **Coulon**. — J^n Jacques, notaire, en 1747. — J^n Ant^ne Gabriel, avocat-notaire, procureur de l'abbé Larboust, était fils du précédent et de Jeanne Théron (parents du curé de Villespassans). Il existe un notaire de ce nom.

VII. Les **Laromiguière**, originaires de Lézignan-les-monges, ont figuré dans notre récit. — Nous avons à Paulhan un docteur éminent : M. Nicolas, Laromiguière par sa mère.

VIII. **Rossel**. — Notaires de père en fils, — de 1673 à 1836, à

Cazouls et Cruzy ; — de 1836 à 1880, à Saint-Chinian, ayant succédé aux Jougla, qui remontaient à 1793, pour le moins.

IX. *Anselme.* — Maison établie à Saint-Chinian vers la fin du dernier siècle. Des deux branches qu'elle forma, les descendants de l'une possèdent de nos jours les domaines de Granios et du Martinet ; les descendants de l'autre, alliés aux Rouquet, habitent Clermont et Montpellier.

X. *Estimbre.* — Dès 1771, cette famille s'occupa de la draperie et de la teinturerie, et fut déléguée à l'État civil. Il a été parlé de la sœur Estimbre.

XI. *Gaubert.* — Alliance avec les Hérail. Familles très anciennes. A part la maison du bout du pont, les diverses branches ont possédé le château des Évêques et le domaine de Canimals-le-Haut.

XII. *Valmegère.* — Venue probablement de Hollande à la suite de Varennes, cette famille a travaillé à la draperie.

XIII. *Pigot.* — Originaire de Bize ou de Saint-Pons, alliée aux Jullien et Boudet, cette maison s'occupa de fabrication. Elle est représentée par Louis, notre collaborateur, fils d'un habile armurier qui restaura l'horloge publique, en 1840.

XIV. La famille *Salvagnac* fut alliée à celle des Bermond, propriétaire de la manufacture des Ayres.

XV. Nous nommerons les familles Delassus, Méric, Barre, Conor, Guyot, Rigal, Salvestre.

XVI. Les familles Autié, Malaret, Caumette, Carrière, Moustelon, Miquel firent fleurir la tannerie et la teinturerie. — Le s^r Cavaillé, receveur de l'Enregistrement dans son propre pays, représente aussi la famille Miquel de Saint-Chinian sortie de Baroubio. — Les Moustelon sont alliés aux Dupoux issus de Claude, directeur d'une manufacture royale en 1781.

XVII. Blanc, Planès, Cougnenc. Ces familles sont représentées par Planès, professeur au collège de Bordeaux ; elles se sont signalées par leur dévouement aux prêtres poursuivis pendant la Révolution.

TABLE DES MATIÈRES

INTRODUCTION

1. Fondation des villes abbatiales. — 2. Concours de l'Ordre Bénédictin. — 3. Les abbayes du pays Narbonnais. — 4. Saint-Chinian abbaye et ville a droit à une monographie.............page   1

PREMIÈRE PARTIE
L'ABBAYE DE SAINT-CHINIAN

I
FONDATION ET DÉVELOPPEMENT DE L'ABBAYE DE SAINT-ANIAN.

Au 9ᵈ siècle, l'Abbaye comprend deux monastères, celui de Saint-Laurent et celui de Saint-Anian, sur le Vernazoubres, fondés, le premier, vers 780 par Anian; le second par Durand en 826.............   13

I. — 826. Woïca, Iᵉʳ abbé de Saint-Anian. Charte de Louis-le-Débonnaire. — Privilèges de l'abbaye....................   18

II. — 844. Richefroy rend hommage à Charles-le-Chauve pour les deux monastères. — Leurs privilèges maintenus. — Le vallon défriché..........   19

III. — Froix, abbé de Saint-Anian et de Saint-Laurent...........   21

IV. — 1809? Bern fait confirmer l'union des deux abbayes royales. — Villages fondés et autres acquis. — Moulin et chaussée sur le Vernazoubres.............   21

IXᵉ et Xᵉ siècles. Les invasions. — Fondation de l'abbaye de Saint-Pons-de-Thomières. — Raymond Pons détruit les Hongrois.

31

— Les religieux de Saint-Laurent se réfugient dans le monastère de Saint-Anian. — Donations reçues; acquisitions faites par l'abbaye.. 22

V. — 1001. Renaud acquiert le domaine de Caunas (diocèse de Béziers).. 25

VI. — 1045. Sicard Ier acquiert le domaine de Sériège....... 26

VII. — 1057. Géraud (probablement).... Tyrannie des vicomtes de Béziers. — L'Abbaye dépouillée de ses biens en 1100....... 27

II

Union de l'abbaye de Saint-Anian a celle de Saint-Pons-de-Thomières. Bertrand, archevêque de Narbonne, soumet de sa propre autorité l'abbaye a celle de Saint-Pons en 1102. Pierre, abbé de Saint-Pons, installé :

VIII. — 1102. Ermengaud, abbé de Saint-Anian, qui fera refleurir le monastère pendant son abbatiat de 27 ans. 30

IX. — 1129. Guillaume Ier, nommé par les moines de Saint-Anian *seuls* et confirmé par l'archevêque de Narbonne........ 30

X. — 1140. Pierre d'Adag ou d'Agde............................ 32

XI. — 1152. Guillaume II engage les biens du monastère. — Lutte avec l'Archevêque de Narbonne 32

XII. — 1175. Pierre II repousse l'autorité des religieux de Saint-Pons. — Ermengaud, abbé de Saint-Pons, fait rétablir par le pape Luce la situation créée en 1102. — Les albigeois détruisent l'église de Saint-Celse. — Pierre aliène en partie Capestang et Sériège... 32

XIII. — 1230. Arnaud de Cruzy rachète les usages de la viguerie tenus par le bailli Salles ; procès avec l'archevêque pour Capestang.. 35

XIV. — 1252. Raymond de Figuières, favori du Seigneur de Montpellier. — Rapports de Saint-Pons avec les pays d'Espagne. — Raymond investi par l'abbé de Saint-Pons. — Troubles dans l'abbaye; sentence de l'abbé de Grasse. — Lutte avec l'archevêque. — Ancien cloître. — Délimitation des terres de l'Abbaye par l'abbé de Quarante... 35

XV. — 1289. Arnaud II ; la juridiction de Saint-Anian réclamée par l'abbé de Saint-Pons, l'archevêque de Narbonne et les moines de Saint-Anian.. 37

XVI. — 1301. Bernard Ier de Pons s'occupe de régler l'alimentation des moines... 38

XVII. — 1305. Pons s'accorde avec le vicomte de Narbonne sur les usages du lieu de Cruzy. — Notice sur Cruzy................ 38

XVIII. — 1313. Pierre III fixe le nombre des Religieux à douze et augmente les pensions monacales. — La Chambrerie vacante, il crée divers prieurés et reconstitue la prévôté de Cruzy. — Il assiste à plusieurs chapitres et conciles. — Ses remontrances au Pape au sujet de l'érection de l'abbaye de Saint-Pons en évêché. — Il fait rétablir les privilèges de son abbaye par le Roi et par le Pape.. 39

XIX. — 1340. Sous Sicard II, les moines se révoltent ; l'Ordre des Bénéd. sévit.. 43

XX. — 1350. Pierre IV de Boyer, homme illustre dans l'Ordre, préside divers chapitres ; il affranchit Saint-Chinian, répare les dégâts faits à Sériège par le Prince Noir, devient évêque, et est déposé pour avoir embrassé le parti de Clément VII (Robert de Genève)... 44

III

L'abbaye sous la juridiction de Saint-Victor de Marseille. Le pape Urbain V, pour donner de l'éclat a son abbaye de Saint-Victor de Marseille, lui unit plusieurs abbayes, entr'autres celle de Saint-Anian.

XXI. — 1365. Arnaud III de Verdale assiste à plusieurs chapitres de son Ordre et au concile provincial de Narbonne, tenu sous l'archevêque de La Judie pour la réforme de la discipline ecclésiastique. — Troubles dans l'Abbaye. — Arnaud transige avec Cruzy pour les usages... 46

XXII. — 1400. Sicard III augmente les pensions des douze Religieux.. 49

XXIII. — 1401. Jean Ier préside plusieurs chapitres et prend part au concile de Pise contre le schisme............................ 49

XXIV. — 1425. Raymond II préside le chapitre provincial de

Carcassonne. — Il fait condamner Cruzy à lui payer la rente des olives.. 50

XXV. — 1450. RENAUD DE VALON renouvelle les traités passés avec les habitants de Saint-Chinian, et donne, en 1465, la célèbre charte de libertés qui met fin à tous procès..................... 50

XXVI. — 1490. Antoine de Narbonne, distingué par son origine et ses qualités, est choisi pour diriger les assemblées de l'Ordre. 50

XXVII. — 1517. JEAN DE LA GARDE fait hommage des droits temporels de l'abbaye au Roi de France et reçoit l'hommage des moines investis des offices... 51

XXVIII. — 1540. GUILLAUME III, de la famille de Caissac, se retire dans la maison de son père et tient dans l'abbaye un vicaire général.. 51

XXIX. — 1554. GEORGE D'ARMAGNAC ouvre la série des abbés commendataires. Il est cardinal archevêque de Rodez. Il résigne bientôt l'Abbaye... 52

XXX. — 1555. NICOLAS DE SALERNE calme les moines en augmentant leurs pensions. — Construction d'un réfectoire commun. — Rapport entre l'abbé, curé-primitif de l'église paroissiale, et le vicaire-perpétuel. — La prémice des fruits assurée au vicaire... 53

XXXI. — 1562. HIPPOLYTE D'EST voit son couvent détruit par les Calvinistes; l'abbaye de Saint-Pons a le même sort. — Notre abbé aliène entièrement le domaine de Sériège, 1571, pour rebâtir le monastère, mais il meurt à Rome, un an après. — Il n'y a plus que des administrateurs jusqu'en 1585. — Bacou renverse les nouvelles constructions, en 1578; Jérôme Tudesque, vicaire général de Narbonne, et le chevalier Pelet, aidés par le sieur d'Ichéry, du Tandon, conduisent les affaires et les travaux repris 55

XXXII. — 1585. JEAN III DE PELET, neveu de l'administrateur Pelet de la Vérune, continue son œuvre. — Il a pour vicaire général Cabrol, sacristain de l'abbaye. — Il nomme d'Ichéry capiscol et présente Jean Baudema pour vicaire-perpétuel à l'Évêque de Fleyres.. 58

XXXIII. — 1595. GUILLAUME IV DE PELET DE LA VÉRUNE, vicaire général de l'Evêque de Montpellier, élu abbé, se démet l'année suivante... 59

XXXIV. — 1596. GUITTARD DE RATTE, abbé de Val Richer, est pourvu de l'Abbaye de Saint-Anian et de l'évêché de Montpellier. — Les Religieux, quoique condamnés à se soumettre à l'abbé de

Saint-Victor de Marseille, repoussent son joug. — Guittard de
Ratte a pour procureur Jean Delouvrier, prieur de l'Abbaye..... 60

XXXV. — 1606. Le parlement de Toulouse est saisi du refus
des moines à reconnaître l'autorité de l'abbé de Saint-Victor.
PIERRE DE RÉVEILLES ne prend possession du monastère qu'en
1608, Jean Roger ayant administré pendant deux ans. — Pierre
fait décréter l'union des Religieux à la congrégation des Exempts.
Règlement de l'affaire de la prémice du vicaire-perpétuel en
suspens depuis 1555. — Les moines acceptent la visite d'Henry
Fornier, vicaire général de Saint-Victor, et sa réforme.......... 61

XXXVI. — 1616. FÉLICIEN DU FAURE prend possession de
l'Abbaye... 64

IV

LES RELIGIEUX DE SAINT-CHINIAN EMBRASSENT LA RÉFORME DE SAINT-MAUR

Relâchement de la discipline bénédictine et réforme dite de
Saint-Maur. — Sur la demande des moines, l'abbé du Faure
consent à introduire cette réforme dans le monastère en 1624 ;
Tarrisse de Pierrerue, le premier supérieur général de Saint-Maur,
contribue à cette détermination. — Le nombre de 12 religieux
est rétabli. — Une députation est envoyée à Toulouse pour obtenir des secours pécuniaires ; à son retour elle est forcée de faire
quarantaine à Nazareth comme venant d'une ville où règne la
peste. — On fait des travaux au monastère. — Félicien est vivement regretté à sa mort............................... 66

XXXVII. — 1630. LOUIS DE GORDES DE SIMIANE DE LA COSTE.
L'ordre de Saint-Maur achève la construction du nouveau cloître.
— On bâtira une autre église. — Terres inféodées au sieur de
Feynes avec permission de bâtir une maison avec tour, cour et
créneaux. — Sépultures dans la vieille église ; un père récollet et
Éléonore de Thézan y sont ensevelis...................... 70

XXXVIII. — 1657. Alphonse de Simiane achève la construction
de la nouvelle église, et l'Ordre de Saint-Maur se charge de faire,
à ses frais, un chœur très beau. — Plan de l'édifice. — Église
paroissiale à agrandir ; difficultés surgissent entre les fruits-
prenants, au sujet des frais. — Travaux littéraires de l'abbé de
Simiane... 72

XXXIX. — 1681. L'abbé de La Chevallerie afferme les droits seigneuriaux, et exige des reconnaissances féodales. Services rendus à l'Abbaye par les Salvagnac de Babeau. — Échange de terrain avec la communauté pour faire de nouvelles constructions au monastère. — Cession des droits honorifiques et utiles de l'Abbaye aux Religieux. — L'Évêque de Montgaillard réside au château qu'il a acheté aux de Feynes. — Lutte du clergé paroissial contre le couvent à raison des droits honorifiques. — Transaction par l'entremise du neveu de l'Évêque. — Mort de l'Évêque ; difficultés à l'occasion de sa sépulture. — Mort de l'abbé de La Chevallerie ; son testament................... 74

XL. — 1729. L'abbé d'Anthelmy, évêque de Grasse, établit les Sœurs de La Croix. — Déclarations royales pour diminuer les droits des curés primitifs. — L'Évêque de Guénet préside les solennités dans l'église paroissiale................ 85

XLI. — 1752. Denys de Pégulhan de Larboust en procès avec le séminaire de Grasse, héritier de l'abbé d'Anthelmy, à raison des dégradations de l'abbaye et de la chaussée des moulins. — Le clergé paroissial en procès avec l'abbé de Pégulhan à l'occasion des droits de préséance réclamés par le monastère ; le curé Jean O'Connel. Transaction. — La Servelière érigée en paroisse augmente les charges de l'abbé décimateur, qui se plaint à M. Massip. —La réparation de l'église paroissiale amène des tiraillements entre les fruits-prenants. — M. Massip lutte pour délivrer son église de ses servitudes vis-à-vis du couvent. — L'Abbaye, à la veille d'être supprimée, comme l'a été le couvent des Récollets, est sauvée par la démarche des habitants et le concours de Monseigneur de Chalabre et de l'abbé Larboust.................... 86

XLII. — 1789. — L'abbé de Saint-Geyrat. Pétition des habitants adressée à l'Assemblée Nationale en faveur de l'Abbaye. — Biens confisqués, abbaye supprimée ; moines chassés par la Révolution 97

Notes sur l'abbaye de Saint-Laurent de Vernazoubres........ 103
Liste des abbés... .. 106
Liste des prieurs de l'Abbaye connus...................... 107
Liste des vicaires-perpétuels connus de l'église paroissiale de N.-D.-de-la-Barthe...... 108
Sépultures dans l'église de l'abbaye....................... 109
—   —   —   paroissiale........................ 110
—   —   —   des Récollets 111

2ᵉ PARTIE

HISTOIRE DE LA VILLE DE SAINT-CHINIAN

LE VALLON DE VERNAZOUBRES AVANT LA FONDATION DE L'ABBAYE DE SAINT-ANIAN

Avait-il eu d'anciens habitants? Dénominations primitives... 113

LIVRE I.

SAINT-CHINIAN SOUS LA FÉODALITÉ

780-1350. — Fondation de la ville ; ses premiers habitants. — Les Abbés seigneurs temporels. — Les moines forment la population sous le rapport religieux et sous le rapport politique. — Ils la protègent pendant les invasions des étrangers. — Au XIVᵉ siècle ils affranchissent la ville.................................. 116

LIVRE II.

LA COMMUNAUTÉ (CIVILE) SOUS LES ABBÉS SEIGNEURS

I. — 1351-1490. — La population pour pouvoir s'administrer plus facilement demande des libertés et des franchises plus grandes et plus nombreuses ; grand nombre de procès entre le peuple et les Religieux. — Après de longues luttes, il se fait une transaction : les droits fonciers et juridictionnels des seigneurs sont reconnus ; les facultés accordées aux habitants sont écrites dans une charte célèbre.. 129

II. — 1496-1602. La ville prend des proportions importantes. — Le commerce des draps s'établit, ainsi que l'industrie de la tannerie. — Les guerres religieuses sont fatales à la ville comme au monastère pendant la seconde moitié du 16ᵉ siècle ; malheurs causés par le baron de Faugères et par Bacou, de Pierrerue. —

La population est soutenue par Pelet de la Vérune qui l'aide à relever son église et à réparer ses murailles. — Ravage des fanatiques dans les lieux voisins de Saint-Chinian. — La ville reste fidèle à Dieu, et, pendant les jours de la Ligue, à son roi. — Réduction du droit de fournage; masages exemptés de la garde à faire dans la ville. — Notice sur l'abbé Guittard de Ratte 143

III. — 1602-1703. Apparition des moulins foulons, des tanneries, des métiers de tisserands en plus grand nombre. — Développement des faubourgs; construction du pont de pierre. — Accord entre les habitants et le vicaire-perpétuel sur le droit de prémice. — Abonnement du fournage. — Confréries de N.-D.-de-Nazareth et du Rosaire. — Construction du château de Feynes. — Elan donné aux manufactures de drap. — Monseigneur de Montgaillard, évêque de Saint-Pons. — Les cahiers de la municipalité. — Le conseil politique. — Désordres causés par les troupes dont la guerre d'Espagne impose le séjour. — Embellissements de la ville. — L'Evêque exige l'agrandissement de l'église paroissiale; difficultés qu'il rencontre. — Monseigneur de Montgaillard achète le château de Feynes pour y faire sa résidence... 152

L'Abbé de La Chevallerie reçoit les reconnaissances féodales; la communauté règle ses dettes envers lui. — Nouveau moulin à huile. — On demande un autre four (au faubourg) à cause des désordres inévitables au four de la ville. — Série de difficultés avec l'Abbé ou ses agents; transaction, que les habitants attaqueront plus tard comme subreptice. — Les consuls en bons termes avec le seigneur; les Religieux demandent à être relevés des taxes municipales. — Travaux des consuls et leurs efforts pour entrer à l'assiette du diocèse. — Protection de l'Evêque; système protectionniste; boucherie close; exemption de la *leude* pour tous les lieux de l'ancienne vicomté de Narbonne. — Ordonnance royale relative à la conduite à tenir vis-à-vis des mendiants. — Nouveau cimetière, église refaite, presbytère construit. — Le Conseil politique défend l'Evêque et le clergé contre les Récollets. — Pradal et frère Lizet aux prises, au feu de joie. - les secondaires désertent la procession des Rogations à cause de la présence d'un drapeau qu'ils croient être celui de la jeunesse. — Le clergé paroissial se retire à la Servelière le jour de la fête patronale.... 161

IV. — 1703-1729. En vertu de la Déclaration royale de 1702, les Religieux, investis des droits seigneuriaux par l'Abbé de La Chevallerie, veulent rentrer en possession des prérogatives de l'abbaye ci-devant aliénées. — Résistance de la communauté. — Les Pères portent l'affaire au Conseil du Roi — Tiraillements suivis d'un accommodement. — Sollicitude de l'Evêque pour la ville menacée par les fanatiques des Cévennes. — Fortifications dirigées par Monseigneur de Montgaillard. — Les protestants délogés des forêts du Bousquet (Berlou). — Création et trafic des offices municipaux par Louis XIV. — Geoffre, maire perpétuel ; cérémonies de sa réception. — Les moines veulent faire revivre des usages tombés en désuétude ; représailles du pays. — Roussel de Saint-Amans achète l'office de gouverneur de la ville. — Mort de Monseigneur de Montgaillard ; sa sépulture ; son testament. — Le château, légué à ses successeurs, sera le lieu de séjour des derniers évêques de Saint-Pons ; son emploi dans le XIXe siècle. — Visite de Monseigneur de Crillon à Saint-Chinian. — Construction du chœur de l'église des Récollets. — Abnégation du fils Roussel à raison du danger que fait courir la peste de Marseille et grandeur d'âme du consul Laporte dans la même circonstance. — Précautions prises alors à Saint-Chinian. — Le travail des manufactures est arrêté. — Ladevèze gouverneur de la ville. — Mort du curé Pradal. — Mort de l'Abbé de La Chevalerie 175

V. — 1729-1753. Les consuls souscrivent à une augmentation du prix des usages dû à l'Abbé d'Anthelmy, mais luttent contre ses droits honorifiques. — Ils repoussent la présidence du viguier dans leurs conseils et veulent, avec l'appui de l'Evêque, conserver, en 1740, leur mandat qui expire. — Leurs successeurs crient contre les abus du four et du moulin ; ils veulent allumer les feux de joie avec le seigneur abbé. — Établissement des Sœurs de la Croix ; Lettres-Patentes du Roi. — Intempérie des saisons. — La communauté se rapproche de la Monarchie de plus en plus. Les maires Andral, Ladoux, Pailhoux, Raboul de Grandsaignes ; leurs travaux. — Le curé Robert dote l'église paroissiale d'un orgue. — Mort et sépulture de Monseigneur d'Anthelmy à la Grasse.. 191

VI. — 1752-1789. Honneurs rendus à l'Abbé Denys de Péguilhan de Larboust. — Réparation de la chaussée et du canal de l'Abbé. — L'Évêque consent à donner à la ville l'eau de la source de la Rive ; projet abandonné de la part des habitants. — Les consuls voudraient porter des robes rouges. — Troubles dans Saint-Chinian ; le maire de Grandsaignes fait arriver de la troupe. — Cusanian de Mynard, successeur de Robert, est remplacé par Jean O'Connel ; Massip secondaire. — Les hameaux, érigés en paroisse, réclament une église en règle et un presbytère. — Mal reçus par Monseigneur de Guénet, les conseillers politiques gardent rancune ; il faut l'intervention de l'Abbé et de l'Intendant pour rétablir les bonnes relations. — L'Évêque se dévoue pendant une épidémie et le peuple lui témoigne sa reconnaissance. — Bénédiction des cloches ; parrain de l'une, l'Abbé de Larboust, marraine, la princesse de Guistella, grande d'Espagne. — Le maire Martin nommé subdélégué. — M. Massip résigne l'archiprêtré d'Azillanet pour prendre la cure de Saint-Chinian. — Il fait de grandes réparations à l'église. — Ses luttes avec les consuls à raison de la nomination du sonneur des cloches et de la reddition des comptes de la recette des bancs de l'église ; il succombe, mais finit par avoir gain de cause. Les hameaux font d'énergiques mais impuissants efforts pour se constituer en communauté séparée. Les consuls demandent à entrer à l'Assiette ; les États trouvent leur désir légitime, mais l'intrigue les en écarte. — Brigands autour de la ville ; troubles au dedans.................................... 200

VII. — 1789. — N. de Saint-Geyrat nommé Seigneur-Abbé. — Coup-d'œil rétrospectif sur Saint-Chinian........................ 215

LIVRE III.

Saint-Chinian sous la Révolution

I. La Municipalité. Vœu adressé à l'Assemblée Nationale pour la réformation des Etats de la province. — Saint-Chinian représenté à la sénéchaussée de Béziers pour l'élection des députés. — Manifestation contre les agents du Seigneur. — Abolition du système féodal. — Mauvaises doctrines colportées dans le pays ; état de siège proclamé. - La misère parmi 1200 ouvriers sans travail, prêts à se révolter. — Le maire Tricou tient tête à l'orage, et par ses mesures économiques conjure la famine. — Les Religieux, privés de leurs droits, régissent les biens du couvent sous la surveillance des agents municipaux. — L'élection du 10 novembre 1790 désigne deux juges de paix. l'un pour la ville, l'autre pour les lieux du canton. — Affaire des gardes nationales et ses conséquences. — Joie manifestée à cause du retour du roi fugitif et de son acceptation de la constitution. — Assemblée législative. — Tarbouriech, maire, forme la nouvelle garde nationale. — Serment fédératif fait à la porte du Château. — On veut empêcher la vente de l'égl. des Bénédictins pour la conserver au culte; l'intrus Pouderous conseille d'en faire un lieu de marché. — Le maire lutte contre la misère qui a pour cause le défaut des récoltes et l'augmentation de l'impôt. — La république est établie ; M. Tarbouriech est réélu maire. — Le club se fonde. — L'administration justifiée par rapport au meurtre des prêtres d'Alby. — L'alimentation de la ville, source des plus graves préoccupations. — Les réquisitions de toute nature, dont les habitants sont l'objet, rendent la situation intolérable. — Valeur morale du maire Tarbouriech. — Le Directoire. Martin ainé est nommé agent municipal. — Troubles suscités par la troupe en garnison. — Tricou fils agent municipal et Sabatier président des assemblées cantonales. — Antoine Miquel agent municipal. — La femme Ebram et la procession de la décade. — Gynieis et les élections faites aux Récollets. — Mir..... agent municipal. — Le temple de la Raison maltraité. — Les objets du culte catholique secrètement emportés à l'église des Récollets. — Vallat agent municipal.. 217

II. — Le club ou Société populaire. Fondation du club, son but, sa constitution. — Le président, Tastavin, ex-religieux de l'abbaye, soulève par ses discours la passion politique contre *le despotisme* et le *fanatisme*. — M. Massip attaqué par le club. — Tastavin propose de faire renvoyer les prêtres arrêtés à Saint-Chinian devant les juges de Montpellier, pour que le sang ne soit pas répandu dans la ville. — Escorbiac député par le club de Béziers pour entraîner le club de Saint-Chinian dans la lutte contre le *fédéralisme* ; affiliation du club de Saint-Chinian à celui de Béziers. — L'acte constitutionnel consacrant la République une et indivisible est accepté avec satisfaction. — Le nombre des clubistes augmente et le club commence à toucher à tout. — Juin d'Oupia est élu président. — Le club dénonce la désertion des volontaires de Saint-Pons et demande, mais inutilement, que Saint-Pons soit privé, comme indigne, de la possession du district, et que Saint-Chinian en bénéficie. — Le club partage la sollicitude de la municipalité pendant la disette du pays aggravée par le continuel passage des volontaires ; mais son zèle est outré. — Les prétentions odieuses du club irritent les officiers municipaux et les habitants. — Adresse du club à la Convention. — Haine des clubistes contre tout ce qui rappelle la féodalité. — La peur amène au club des recrues ; la municipalité se rend à discrétion. Tastavin renonce au sacerdoce après avoir attaqué dans un discours tous les cultes. — Le club se voit refuser le bataillon révolutionnaire qu'il voudrait avoir sous sa main. — Fête de la Raison dans l'église des Récollets ; discours de Tastavin. De l'aveu du commandant de la garde nationale du District, la fête a rencontré beaucoup d'indifférence, même de la part des clubistes. — Pagès président. Le club demande à être affilié aux Jacobins de Paris. — Ses rapports avec d'autres clubs. — Les réunions sont troublées ; on multiplie les fêtes. — L'image de Pitt est brûlée sur la Barbacane ; plusieurs absences. — Martin président. Le petit sans-culotte Gaubert débite les droits de l'homme, et obtient une place au club pour ses camarades. — Tribune accordée pour les femmes. — On exige une peine sévère contre les clubistes qui n'ont pas assisté à la dernière fête, Juin, Bousquet, Fabre. — Fabre nie la divinité de la Raison ; grand discours de Tastavin pour combattre Fabre. — Al...., au nom du comité de surveillance, requiert l'exclusion de Fabre. — Le club emploie mieux son temps à procurer des vivres et des secours aux nécessiteux. — Bourret, de Cette, sollicite le concours du club pour l'établissement d'un lazaret à Cette ; le club donne son adhésion et il est affilié au club de Cette. — La loi du maximum est appliquée aux jardiniers. — Flottes président ne siège qu'une fois ; il est remplacé ensuite par Pagès, vice-président. — Embarras que cause au club la disette qui s'est accrue. — Raboul prêche pour les pauvres de l'hôpital. — Impossible de trouver des souscriptions pour le vaisseau le *Sans-Culotte de l'Hérault* ; indignation de Tastavin. —L'inscription de la porte du club a été arrachée ; la tête du coupable de ce crime est mise à prix. — Tous les décadis, les boutiques seront fermées. — Valmegère se récrie contre l'obligation qu'on veut imposer aux femmes et aux enfants d'assister à la décade. — On réclame l'enlèvement des fausses balances clouées au mur de la mairie. — Épuration des membres du club. — Fourcade président. — Troubles au club. — Le club règne par la terreur, la suspicion; les épurations sans cesse renouvelées. — Système de Raboul pour l'entreprise du salpêtre mal accueilli. — Irritation contre les Jacobins de Paris, peu pressés de satisfaire aux désirs du club de Vernodure. — Absence de 67 membres, le 29 germinal an II. — Le lendemain on plante néanmoins l'arbre de la Liberté sur la place de la Barbacane. — Raboul, porté à la présidence, le 1er floréal suivant, lutte contre la misère générale. — Danses dans l'église des Récollets à l'occasion de bonnes nouvelles venues de la frontière espagnole ; indignation publique. — M. Massip suspend ses fonctions. — L'église paroissiale sera affectée au culte de l'Être-Suprême. — Pagès président. Le maire Tarbouriech résiste à Andral qui veut la destruction des titres féodaux. — Préparatifs pour la fête de l'Être-Suprême ; l'église est vidée ; l'argenterie part pour le district. — Plusieurs prêtres répudient l'honneur du sacerdoce et entrent au club. — Lavit et Valmegère repoussent l'obligation de se rendre à la décade ; ils sont chassés du club pour un an. — Pradal président. — Fête de l'Être-Suprême célébrée par le club ; incidents. — Lecture au club des lettres de deux enfants du pays au service de la République. — Tricou prononce un discours sur l'Être-Suprême, le 14 juillet 1795. — M. Tarbouriech président procure au pays une période de calme et de bien-être. — Robespierre tombe ; il est conspué par le club. — Tricou fils président. Sous l'impulsion du Directoire, les mauvais jours arrivent de nouveau. — La tribune du club est occupée par les membres du comité de l'instruction publique. — Les bancs du club se dégarnissent. — Guibert président met en vigueur la loi des suspects. — Pagès remplace Guibert. — Pradal est trois fois président. — La misère est grande dans le pays ; Pagès propose d'établir une caisse de secours. — Martin président et Raboul trésorier persuadent au club de mettre toutes ses ressources à la disposition des malheureux. — Le club est déserté, malgré le zèle qu'on met à avoir des sociétaires. — La salle se ferme par ordre supérieur ; les papiers sont portés à la maison commune. — Jugement sur le club de Vernodure..... 248

III. — Le clergé pendant les mauvais jours. Les Religieux chassés, l'Evêque en exil, M. Massip se trouve seul en face de la

Révolution. — Anniversaire 1ᵉʳ du 14 juillet célébré avec les pompes de l'Église sur les Ayres. — M. Massip fait respecter sa qualité d'électeur et défend ses droits temporels et ceux de ses vicaires. — Le banc du clergé dans l'église qui avait été usurpé par la municipalité est restitué par ordre du District. — Par représaille, les consuls dénoncent le District comme n'exigeant pas le serment des prêtres à la constitution civile du clergé. — Sommé par le maire Tricou, M. Massip prête le serment, tandis que son vicaire Amiel le refuse. — Quand M. Massip a-t-il rétracté son serment ? — Ventes des biens confisqués ; la chapelle de Nazareth est exceptée par ordre du District. — Efforts pour sauver l'église abbatiale. — Générosité de M. Massip envers la municipalité méconnue. — Inventaire de la sacristie de l'église paroissiale ; relique de Saint-Loup. — M. Tarbouriech montre ses bonnes dispositions pour le clergé. — Entraîné par la Révolution, il célèbre la fête du 14 juillet 1792 à la porte du Château de l'évêque. — Les prêtres prêtent serment à la république. — Motion contre M. Massip à l'occasion de la lampe d'argent du sanctuaire qui a disparu. — Abolition des confréries. — Les registres de l'état civil retirés des mains du clergé, à Saint-Chinian et à Babeau. — Le club divise la population. — Tastavin dénonce M. Massip à l'occasion de la fête du patron du diocèse. — Tristes effets des discours de Tastavin. — Assassinat des prêtres d'Alby ; leur mémoire à réhabiliter. — Le moine apostat excite le peuple contre le culte catholique et appelle à son aide la Convention. — Persécution contre le clergé. — Abolition du christianisme, 10 novembre 1793. — Grand discours de Tastavin contre tous les cultes au profit de la religion naturelle qu'il préconise. — On abat les croix dans la ville ; elles sont relevées, grâce à l'énergie des femmes de Saint-Chinian. — Culte de la Raison intronisé dans l'église des Récollets. — Le vicaire est dénoncé au club pour avoir parlé à l'église contre la Société populaire. — Recherche des biens des prêtres déportés, François et Louis Pagès et Joseph Andral, de l'argent des confréries et de la somme léguée par Pailhoux pour l'achat d'un dais. — M. Massip se retire de l'église, qui est fermée le 24 mai 1794 ; tumulte dans la ville à cette occasion ; mesures prises contre un soulèvement à craindre. — Le culte catholique remplacé par le culte de l'Etre suprême et des fêtes populaires sans nombre. — Les prêtres fuient les villes et se retirent dans les villages. — M. Massip envoyé en exil à 12 lieues de Saint-Chinian. — La convention décrète la liberté des cultes. — M. Massip rentre dans son église qui a été réclamée par les commissaires du culte, Jaussouy, Méric et Lavit. — Les églises de la Servelière et de Nazareth sont rouvertes. — Le prêtre Decor afferme l'église des Récollets pour y fonder une église constitutionnelle. — Le gouvernement favorise le clergé constitutionnel. — Cercle constitutionnel formé par Decor. — M. Massip, forcé de se cacher, voit secrètement les malades. — Le Directoire fait une loi à laquelle M. Massip ne se croit pas soumis. L'administration communale le défend contre l'administration cantonale qui l'oblige à se cacher. — 1797, la municipalité forcée de rechercher les prêtres insoumis, Jaussouy, les frères Bonnel, Pagès et autre Pagès. — M. Massip en butte au parti formé par Decor. — Des inconnus dérangent le culte de la déesse dans l'église. — M. et J. enlèvent les clés de l'église aux commissaires des cultes et transportent de nuit les objets religieux à l'église des Récollets, 1er février 1799. — Plaintes des commissaires, l'église est rouverte ; constatation des dégradations et soustractions qu'elle a souffertes. — M. Massip est pris le 4 mai et traîné en prison à Montpellier. — Le 29 janvier 1800, le premier consul lui rend la liberté. — Conclusion du IIIe livre............................ 280

Note. — Les martyrs de St-Chinian 314

LIVRE IV

Saint-Chinian après la Révolution — 1800-1815

1. — Réorganisation du culte. L'agent municipal Vallat fait afficher l'ordre donné par le premier Consul d'ouvrir les églises aux catholiques. — Le culte catholique sera exercé librement à des heures réglées. — Le maire Tricou promet au culte catholique sa protection et célèbre le même jour la décade dans l'église. — Les prêtres de Saint-Chinian, après avoir fait leur soumission au nouveau gouvernement, indiquent le lieu où ils célèbreront : M. Massip choisit sa maison de Tournefeuille, d'autres l'église paroissiale, Decor les Récollets. — La décade n'étant plus favorisée par les autorités supérieures languit, tombe en discrédit ;

elle est finalement abolie. — Concordat de 1801. — Le Conseil municipal songe à pourvoir l'église des objets nécessaires au culte. Il est question des ornements enfouis dans les caveaux de l'église des Récollets. — Decor, sommé de les rendre, s'y refuse; le préfet ne veut pas se mêler de cette affaire. — Decor fomente la division en prenant les allures d'un curé de Saint-Chinian. — Il se caprice à faire des processions au faubourg et dans l'intérieur de la ville, au mépris des ordres de la municipalité et des menaces du sous-préfet de Saint-Pons ; il est interdit par le vicaire gén. résidant à Saint-Pons ; son église est fermée. — M. Massip est reconnu comme le seul curé de Saint-Chinian par Monseigneur Rollet et le préfet Nogaret. Il réclame et obtient, non sans peine, le presbytère, comme non aliéné. — Il n'y entre qu'après des réparations qu'il a exigées et pour lesquelles il a fait l'avance des frais... 318

II. — Affaires communales. La communauté se préoccupe au sujet d'un hôtel-de-ville à acquérir. — La municipalité s'installe dans la maison Gaubert, au bout du pont, en attendant de bâtir une maison convenable ; c'est du moins son projet. — Elle devait y séjourner jusqu'en 1823, époque à laquelle elle acquit la maison Vernazobre, qu'elle a abandonnée en 1830 pour occuper les bâtiments de l'ancien monastère que la ville a achetés et où elle a placé les divers services de la commune. — Beaucoup de réparations furent faites ; les travaux furent repris sur la route de Saint-Pons. — Comme source de revenus, on créa un octroi ; on vendit des bois communaux, on afferma aux masages le pâturage des forêts voisines, etc. — La fabrication des draps fut reprise avec ardeur. — On oublia les rancunes dont la politique avait été l'occasion ; le nouveau régime fut accepté ; la paix régna... 331

III. — Action de M. Massip. Après avoir rendu à la Religion tout son éclat, il usa de son influence pour maintenir la paix des esprits et l'union des cœurs ; il veilla aux bonnes mœurs et soulagea les pauvres. — Son testament montre le zèle qu'il avait pour l'honneur de la maison de Dieu et sa charité envers les malheureux.. 336

La monarchie était rétablie en 1815 et le pays se trouvait dans une brillante situation.................................... 338

Notes sur l'inondation de 1875......................... 339

PREMIER APPENDICE

Les manufactures de drap

Prévisions des moines relatives à la future industrie de la draperie. — Ses commencements dans le XVI⁰ siècle. — Ses progrès au XVII⁰ sous Colbert ; jurande établie. — Roussel de Saint-Amans à la tête de 37 marchands fabricants. — Noël de Varennes introduit à Saint-Chinian la fabrication des draps du Levant ; Magy lui succède ; manufacture royale. — Les fabricants du pays réclament contre les faveurs accordées à Magy. — La fabrication traverse sans difficulté l'époque de la guerre d'Espagne et celle des troubles causés par les fanatiques des Cévennes. — Offices éteints par la corporation des marchands fabricants. — Roussel de Saint-Amans prend la succession de Magy. — Affaiblissement du progrès de l'industrie amené par la falsification des produits ; intervention du gouvernement. — La manufacture protégée par l'État, encouragée par la province, reprend sa vigueur. - Règlements imposés. — La misère et les faillites gênent la marche de la draperie. — Les difficultés entre maîtres et ouvriers sont soumises aux juges des manufactures. — Châtiment de Villardounel. — Les marguilliers des diverses corporations et quelques séditieux du pays forcent les artisans à se mettre en grève. — Les gardes-jurés ont mission de poursuivre les fauteurs du désordre. — Maîtrise établie dans la corporation des marchands fabricants ; ses statuts approuvés. — La manufacture reçoit une vive impulsion de la part du Prince. — Le commerce anglais anéanti dans le Levant ; Marcassus et Pailhoux reçoivent des lettres de noblesse. — Progrès de la teinturerie. — Tableau d'honneur dans les jurandes. — Manufacture royale dirigée par Laporte. — Le conseil d'État réprime l'entreprise des ouvriers de la Jurande qui veulent repousser les ouvriers étrangers. — Astruc établi pour surveiller tous les lieux de la Jurande de Saint-Chinian. — Tricou défend les produits du pays dans le Levant ; il est ensuite fixé à Saint-Chinian à titre d'inspecteur des manufactures. — Procès-verbaux contre l'emploi des laines de Narbonne ; condamnation de la veuve Massip. — Honneurs rendus par le corps des marchands et les ouvriers au duc de Richelieu. — Listes des marchands. — Nouveau débouché ouvert dans les Indes. — Rivalité entre les marchands de Saint-Pons et ceux de Saint-Chinian. — Nombre des métiers de tisserands. — Plantation de mûriers ; on élève les vers à soie. — Filature de soie établie par le sieur Fourcade. — Fin de la Jurande. — Que penser de l'ingérence de l'État dans les affaires de l'industrie et du commerce des draps 342

    Statuts du corps des Fabricants 372

    Arrêt du Conseil d'État concernant les ouvriers de fabriques de drap...................................... 376

2ᵉ APPENDICE

L'ancien Hospice ou la Charité sous l'ancien régime

I. — Les pauvres furent à la charge d'abord des Religieux et plus tard de la Communauté sous la surveillance et avec l'aide de l'État, mais les Religieux leur continuèrent leurs aumônes et participèrent à l'administration de leurs revenus.............. 377

II. — Local affecté aux pauvres. Le premier local se trouva au faubourg ; on transféra ensuite les pauvres dans une maison voisine du moulin de l'Abbé, rue Bagnesolles. Monseigneur de Montgaillard aurait voulu les loger au château de Feynes. On bâtit pour eux la maison qui a été victime de l'inondation de 1875. Vers la fin du dernier siècle, on fit l'acquisition des bâtiments des Récollets pour en faire un nouvel hospice ; on obtint même les Lettres-Patentes nécessaires ; mais ce projet fut abandonné, et les pauvres sont restés dans le local situé rue Villeneuve jusqu'en ces derniers temps.................................... 378

III. — Rentes de l'hôpital. L'abbé fournissait aux pauvres une rente de 68 sétiers de raunage ; les Religieux leur fournissaient aussi une rente ; Monseigneur de Montgaillard leur laissa le champ dit *des pauvres* et une maison ; l'abbé de La Chevallerie fit en leur faveur un legs de 28,000 livres ; ils héritèrent de M. de Champlain, de l'abbé de Larboust, et d'un grand nombre de particuliers... 382

IV. — Les revenus des pauvres furent administrés par les consuls jusqu'en 1675. A cette date, Monseigneur de Montgaillard les remit à un bureau de charité présidé par l'Abbé. — Règlement adopté. — Malgré la Déclaration de 1698, l'Abbé et l'Évêque conservèrent la qualité d'administrateurs, l'hospice n'étant pas reconnu par la loi ; mais la présidence du Bureau fut disputée entre l'Évêque et l'Abbé. — Le grand vicaire ayant un jour présidé en l'absence de l'Évêque, le prieur du monastère fit casser la délibération, 1746. — Les assemblées se tinrent tantôt au château sous la présidence de l'évêque, tantôt à l'abbaye sous la présidence du prieur, pendant l'épiscopat de Monseigneur de Guénet. — Durant les jours de Monseigneur de Chalabre, les réunions eurent lieu à l'hôpital. — Les principaux trésoriers furent MM. Martin, de Grandsaignes, Andral. — Mode de distribution des aumônes. — Charité. — Le service des pauvres confié aux demoiselles Roqne, Marie Moustelon, Frayssinet, Marie Estimbre. — Les administrateurs furent en fait inamovibles, contrairement aux règlements. — M. Massip lutta contre cet abus ; mémoire écrit à ce sujet. — La Révolution dépouilla l'hôpital de ses revenus.. 387

En 1801 une partie des recettes de l'octroi est consacrée à l'hôpital, et l'administration communale se charge de la direction des affaires.   Les pauvres sont transférés, après l'inondation de 1875, à la maison Fourcade.. 392

3ᵉ APPENDICE

Notre-Dame de Nazareth

I. — La chapelle ; le pic de la Corne ; vue du vallon......... 393
II. — Histoire de la Sainte Montagne d'après l'auteur de la notice sur l'abbaye reproduite par l'abbé Martel. — Légende de l'apparition miraculeuse de la Sᵗᵉ Vierge.......................... 399
III. — Récit des faits qui concernent le sanctuaire d'après les documents authentiques. La chapelle existait en 1102. — Elle eut à souffrir des fanatiques au XVIᵉ siècle. — L'évêque de Saint-Pons y établit une confrérie en 1623. — Un fait miraculeux. — Visite de Monseigneur de Montgaillard, en 1667. — Détails sur la chapelle pendant la Révolution. — Elle fut acquise par le sieur Salvagnac de Babeau. — La sainte Statue fut transportée à

TABLE DES MATIÈRES

Babeau. — Elle fut ensuite réintégrée dans la chapelle. — Le sanctuaire fut racheté par la Fabrique de Saint-Chinian, en 1843. **482**

PIÈCES JUSTIFICATIVES..

Notices sur les principales Familles de Saint-Chinian.

www.ingramcontent.com/pod-product-compliance
Lightning Source LLC
Chambersburg PA
CBHW050609230426
43670CB00009B/1334